杨国荣 著 作 集 ｜增订版｜

庄子的思想世界

杨国荣◎著

华东师范大学出版社

·上海·

图书在版编目（CIP）数据

　　庄子的思想世界／杨国荣著. —增订本. —上海：
华东师范大学出版社,2021
　　（杨国荣著作集）
　　ISBN 978 - 7 - 5760 - 2372 - 5

　　Ⅰ.①庄… Ⅱ.①杨… Ⅲ.①庄周（约前 369 - 前
286）—哲学思想—研究 Ⅳ.①B223.55

　　中国版本图书馆 CIP 数据核字（2021）第 277575 号

杨国荣著作集（增订版）

庄子的思想世界

著　　者　杨国荣
责任编辑　吕振宇
特约审读　袁子微
责任校对　陈　易
装帧设计　卢晓红

出版发行　华东师范大学出版社
社　　址　上海市中山北路 3663 号　邮编 200062
网　　址　www.ecnupress.com.cn
电　　话　021 - 60821666　行政传真 021 - 62572105
客服电话　021 - 62865537　门市（邮购）电话 021 - 62869887
地　　址　上海市中山北路 3663 号华东师范大学校内先锋路口
网　　店　http://hdsdcbs.tmall.com

印 刷 者　上海雅昌艺术印刷有限公司
开　　本　700×1000　16 开
印　　张　27.25
字　　数　324 千字
版　　次　2022 年 1 月第 1 版
印　　次　2022 年 1 月第 1 次
书　　号　ISBN 978 - 7 - 5760 - 2372 - 5
定　　价　89.80 元

出 版 人　王　焰

（如发现本版图书有印订质量问题，请寄回本社客服中心调换或电话 021 - 62865537 联系）

目 录

自　序

　　自 20 世纪 80 年代始,我曾从不同的角度,对中国哲学中的有关人物、学派、思潮作过若干考察。90 年代后期,我的研究重心较多地放在哲学理论方面,涉及的论域包括伦理学(道德哲学)、认识论、形而上学等。当然,在史与思的互动中,理论之维与历史之维并非彼此悬隔;事实上,二者在更实质的意义上呈现相互交融的形态。以这种互动和交融为思考背景,2004 年,在完成有关形而上学的论著①之后,我的侧重之点又回到了哲学的历史。相对而言,此前的历史回溯较多地指向儒家一系的哲学,2004 年的“转向”则首先以道家

────────────

　　① 2005 年该书以《存在之维——后形而上学时代的形上学》为题初版,2009、2011 年再版时易名为《道论》。

系统的庄子哲学为对象。

关于庄子思想较为系统的研究虽然开始于上述阶段,但对庄子哲学的兴趣,则可以追溯到更早的时期。从时间上看,自 20 世纪 80 年代以来,我便多次阅读《庄子》;庄子的言与思,一再使我领略到思想的力量。将近 10 年以前(1998 年),我又将道家哲学列入研究之域,并在完成《老子》哲学的初步考察后,拟转入庄子哲学的研究。但不久研究计划发生了一些变化,原定关于庄子哲学的研究设想也暂时搁置。当然,暂时搁置并不意味着放弃该计划,而只是推延研究的进程。2004 年,随着形而上学"沉思"告一段落,庄子哲学始便十分自然地再一次进入我的视野。

相对于先秦其他诸子,庄子其人与庄子其学无疑呈现独特的品格。就"在"世方式而言,庄子的一生体现了为人、为学与为道的统一;从哲学系统看,庄子的思考涉及性与天道的各个领域;在言说方式上,诗意地说、思辨地说、逻辑地说在其哲学中彼此相融。以天人关系为指向,庄子既将人性化的存在提到引人瞩目的地位,又以合于"天"(自然)为理想的形态,并由此突出了自然的原则,人性与天道之间呈现了复杂的关系;从"道通为一"、"以道观之"的视域出发,庄子对如何扬弃世界(包括观念世界)的分裂、达到统一的存在图景作了深入的追问;由肯定真知与真人的互动,庄子具体地考察了向道而思的过程;通过"道"与"德"、"我"与人的论和辩,庄子从不同方面澄明了个体性原则;以逍遥之境为指向,庄子进一步彰显了人的自由问题;如此等等。以上诸种论题的讨论,既呈现多重理论趋向,又内含主导的哲学立场,其中所体现的理论创造性和思想魅力,至今仍吸引人们不断向其反顾。

从更广的视域看,庄子哲学通常被归入道家之列。作为中国哲学中的重要流派,道家在历史上留下了难以抹去的理论足迹,其思想深刻地影响、制约着中国思想的衍化。晚近较为流行的看法有"儒道互补"说，一些论者则更倡"道家主干"论（以道家为中国哲学的主干）。这些看法是否确当或可进一步讨论，但它们无疑也从不同方面反映和折射了一个基本事实，即道家在中国哲学史中写下了不可忽视的一页。道家的这种不可忽视性，同时也表明：撇开或略去了其哲学，便难以全面地再现和把握中国哲学的基本精神。作为中国哲学的重要构成，道家思想并不是以抽象的形态存在，而是体现于历史上的不同哲学系统。其中，《老子》与庄子的哲学，显然是其最为重要的源头和载体；与之相应，有关《老子》及庄子哲学的个案性考察，无疑既有助于更具体地把握道家哲学的理论意蕴，也将在更广的意义上深化对中国哲学的理解。

在文献的层面，本书首先将《庄子》作为统一的整体来考察，以再现其思想系统的完整形态和丰富内涵。以史与思的统一为进路，本书既致力于分析庄子哲学的内在主题及理论张力，并由此进一步把握其真实的哲学精神和思想脉络，也力图在总体上使哲学历史的考释同时体现哲学理论的沉思，从而一方面避免没有历史的哲学，另一方面避免没有哲学的历史。当然，无论从"史"的维度看，抑或就"思"而言，本书都仍难免有自身的限制。这种限制，也从一个方面表现了历史回溯与哲学沉思自身的过程性。

杨国荣

2006 年 6 月

导　论

在中国哲学史上,庄子无疑是一个不可忽视的人物。以汪洋恣肆的文字为形式,以不拘常理的观念为内容,庄子为人们提供了一个独特的思想世界。不过,在进入这一思想世界之前,我们首先要面临庄子其人以及《庄子》其书的问题。

关于庄子其人,现存的资料主要来自《庄子》一书及《史记》等有关记载。尽管据现有的材料我们很难确切地考定庄子具体的生卒年,但仍可大致推断其生活年代约在战国中期①。从有关的生平记载看,庄子

---

① 司马迁在概述庄子生平时,曾指出:"庄子者,蒙人也,名周。周尝为蒙漆园吏,与梁惠王、齐宣王同时。"(〔汉〕司马迁:《史记·老子韩非列传》)崔大华在这方面亦有较详考述,参见崔大华:《庄学研究》,北京:人民出版社,1992年,第2—6页。

虽有一定的社会名声,但并不显达。司马迁曾提及:"楚威王闻庄周贤,使使厚币迎之,许以为相。"①类似的记叙亦见于《庄子·秋水》:"庄子钓于濮水,楚王使大夫二人往先焉,曰:'愿以境内累矣。'""闻庄周贤"云云,表明庄子在当时并非完全不为人所知,"许以为相"则似乎意味着庄子亦曾有步入社会上层的机会,但庄子的实际生活境遇则始终显得清贫而寂寥,后者在《庄子》一书的如下记叙中不难看出:

> 庄周家贫,故往贷粟于监河侯。②
>
> 庄子衣大布而补之,正緳系履而过魏王。魏王曰:"何先生之惫邪?"庄子曰:"贫也,非惫也。"③

"贷粟"使人联想到断粮之虞,家贫至需"贷粟",其生活之窘迫,亦可由此推知。粗布敝履以见王侯,既反映了生活的贫寒,也体现了胸襟的淡泊:所见者虽贵为诸侯,其服饰仍一如往常。事实上,"过魏王"之"过",亦颇有寓意,它表明,往见魏王,并非出于深谋久虑,而仅仅是偶然、随意之举。较之孔子、孟子热切地奔走、往来于诸侯之间,庄子似乎更多地表现出疏远于政治中心的趋向。

作为哲学家,庄子的哲学追求与他的存在方式,往往呈现内在的一致性。从哲学的层面看,庄子由齐物而主张以道观之,由反对以人灭天而崇尚逍遥之境,这种立场同样体现于其自身的生活过程。上文提及楚王曾遣使者聘其为相,按《史记》的记载,庄子对此的回复

---

① 〔汉〕司马迁:《史记·老子韩非列传》。

② 《庄子·外物》。

③ 《庄子·山木》。

是:"千金,重利;卿相,尊位也。子独不见郊祭之牺牛乎?养食之数岁,衣以文绣,以入大庙。当是之时,虽欲为孤豚,岂可得乎?子亟去,无污我,我宁游戏污渎之中自快,无为有国者所羁,终身不仕,以快吾志焉。"①《庄子·秋水》对同一事件的叙述更为形象、生动:"庄子持竿不顾,曰:'吾闻楚有神龟,死已三千岁矣,王巾笥而藏之庙堂之上。此龟者,宁其死为留骨而贵乎,宁其生而曳尾于涂中乎?'二大夫曰:'宁生而曳尾涂中。'庄子曰:'往矣!吾将曳尾于涂中。'""无为有国者所羁",也就是超越外在政治关系对自我的束缚,"曳尾于涂中",则隐喻着回到自然、走向逍遥。按庄子的理解,社会政治关系总是意味着束缚和限定,惟有摆脱这种限定,才能达到合乎天性的逍遥之境;在政治地位与逍遥的生活之间,庄子毫不犹豫地选择了后者。这种选择所体现的,是为学、为道与为人的统一。

当然,追求逍遥,并不意味着从社会之中抽身而去。庄子本人曾为"蒙漆园吏"②,职务虽不高,但却从一个方面体现了对实际社会生活的参与。庄子一再表现出对人的生存状态的忧虑,并反复表达了对窃国者侯等社会现象的不满,其中显然也蕴含着内在的社会关切。《庄子·刻意》更直接地对"离世异俗"的"非世之人"提出批评:"刻意尚行,离世异俗,高论怨诽,为亢而已矣。此山谷之士,非世之人,枯槁赴渊者之所好也。"对庄子而言,逍遥并非简单的离世,理想的形态是"不刻意而高"、"无江海而闲"。③"无江海"意味着非隔绝于社会,而是在与人共处中达到逍遥,"至人"的存在方式便体现了这一特点:"唯至人乃能游于世而不僻,顺人而不失己。"④《庄子·刻意》及

---

① 〔汉〕司马迁:《史记·老子韩非列传》。
② 〔汉〕司马迁:《史记·老子韩非列传》。
③ 《庄子·刻意》。
④ 《庄子·外物》。

《庄子·外物》两篇是否完全出于庄子本人之手,也许是一个可以进一步讨论的问题,但以上批评无疑与庄子关注现实人生的立场相一致,不妨说,它从一个方面反映和阐发了庄子的人生取向。

庄子生平中另一重要的方面,是教育活动。尽管有关的文献并没有具体介绍庄子如何聚徒授业,但从《庄子》一书的记载中,我们仍可依稀看到庄子这方面的经历。当然,相对于孟子"从者数百人"[①]的规模与声势,庄子显得远为低调。同时,从授业方式看,与孔门每每或弦歌诵读、或论诗说礼不同,庄子对文本的传授似乎并不十分重视。《山木》篇曾记载了庄子与弟子的出游和对话:"庄子行于山中,见大木枝叶盛茂,伐木者止其旁而不取也。问其故,曰:'无所可用。'庄子曰:'此木以不材得终其天年。'夫子出于山[②],舍于故人之家。故人喜,命竖子杀雁而烹之。竖子请曰:'其一能鸣,其一不能鸣,请奚杀?'主人曰:'杀不能鸣者。'明日,弟子问于庄子曰:'昨日山中之木以不材得终其天年,今主人之雁以不材死,先生将何处?'庄子笑曰:'周将处乎材与不材之间。材与不材之间,似之而非也,故未免乎累。若夫乘道德而浮游则不然。无誉无訾,一龙一蛇,与时俱化,而无肯专为;一上一下,以和为量,浮游乎万物之祖;物物而不物于物,则胡可得而累邪? 此神农、黄帝之法则也。若夫万物之情,人伦之传,则不然。合则离,成则毁,廉则挫,尊则议,有为则亏,贤则谋,不肖则欺,胡可得而必乎哉? 悲夫! 弟子志之,其唯道德之乡乎!'""行于山中",意味着置身于自然之间。山木因不成材而免予被砍伐的命运,雁却因不能鸣而被宰杀,弟子由此联想到如何处世的问题,而庄子则

---

① 《孟子·滕文公下》。

② 王叔岷认为,此句中"夫"乃"矣"之误,当属上句,《吕氏春秋·必己》所引相关文字无"夫子",而有"矣";"子"则系后人妄加(参见王叔岷:《庄子校释》,北京:商务印书馆,1947年,第35页)。此说似言之有据,或可从。

即景而给予开示。这是一种在自然之中的随处点化，它既体现了自然的原则，也表现了超乎文献、诉诸体验的思考方式。与弟子之间的如上相处和对话、讨论，无疑亦从另一个方面表现了社会参与。

不过，超乎文献，并非隔绝于思想界或学术共同体。从齐是非的立场出发，庄子一再对儒、墨等学派提出批评："道隐于小成，言隐于荣华。故有儒、墨之是非，以是其所非而非其所是。"①这种批评，显然以了解和把握儒、墨各家的思想为前提。对当时学界的一些论题，如坚白之辩，庄子也显得十分熟悉，《庄子》一书，从内篇到外、杂篇，都一再提及这方面的争论："彼非所明而明之，故以坚白之昧终。"②"骈于辩者，累瓦结绳窜句，游心于坚白同异之间，而敝跬誉无用之言非乎？"③如此等等。这一类的评价，显然以洞悉名辩之学的得失为依据。此外，庄子与同时代的学人，如惠施，也有学术的交往，这种交往从一个更具体的方面体现了庄子与思想界的联系。《天下》篇曾对先秦诸子的各家作了系统的梳理，尽管此篇的作者究竟为何人尚可进一步研究，但其中所体现的学术关切（包括对学术源流的关注），无疑与庄子的思想趋向与活动相呼应。这些情况表明，庄子的哲学沉思，始终没有离开哲学衍化的历史。

从学术旨趣看，庄子似乎较多地上承《老子》，司马迁在《史记》中已明确指出了二者的思想联系："其学无所不窥，然其要本归于老子④

---

① 《庄子·齐物论》。
② 《庄子·齐物论》。
③ 《庄子·骈拇》。
④ 这里所说的"老子"，主要与《老子》一书相联系。关于老子其人与《老子》其书的具体关系，学界尚存在不同看法。所谓"归于老子之言"，其实质的含义是肯定庄子与《老子》一书所内含的思想之间的渊源关系。

之言。"①不过,"本归于老子",并不表明庄子的哲学思想仅仅是《老子》的简单沿袭。如本书后文将具体论述的,庄子在哲学上有自身的独特进路,事实上,《庄子·天下》篇在论及各家学术要旨时,便对老子与庄子本身的思想作了某种区分,并分别加以评述,这种区分,显然有思想自身的内在依据。

庄子的言说方式常常被列入诗化之域。② 确实,庄子的思想中充满了诗人的想象,其表述方式每每体现为诗意地说,其文字则常常向人展示诗的意境,著名的庄周梦蝶,便是典型的一例。诗意地说与诗的想象、意境使庄子的哲学既不同于形式推绎,也有别于抽象的思辨,而是内在地渗入了具体的感受与体悟。不过,庄子在总体上并没有停留于文学的想象之中,其思想总是处处显示了哲学的洞见。同时,尽管庄子每每表现出质疑和解构理性世界的趋向,但他没有完全隔绝于逻辑的思维。事实上,在面向存在的沉思中,庄子往往将逻辑的推论视为重要的方式,关于开端、有无的追问,便表现了这一点:"有始也者,有未始有始也者,有未始有夫未始有始也者。有有也者,有无也者,有未始有无也者,有未始有夫未始有无也者。"③这里的上溯首先具有逻辑推论的意义:从逻辑上说,对于开端(始),可以追问在它尚未出现之前的形态;对"前开端"(未始有始也者),则还可以进一步追问它之前的形态。同样,关于"有"与"无",也可以作类似的推论。在此,形上的沉思与逻辑的推绎似乎彼此交融。

与庄子其人相关的是《庄子》其书。司马迁说庄子"著书十余万

---

① 〔汉〕司马迁:《史记·老子韩非列传》。

② 如〔英〕葛瑞汉便认为:"他(庄子)用词不像哲学家,倒似诗人。"(A. C. Graham: *Chuang-tzu: The Seven Inner Chapters and other writings from the book Chuang-tzu*, London: George Allen & Unwin, 1981, p.26)

③ 《庄子·齐物论》。

言"①，但未提及《庄子》一书的篇数。《汉书·艺文志》著录的《庄子》为五十二篇，郭象所注《庄子》，则仅三十三篇。现存《庄子》同时有内、外、杂篇之分，这种区分具体源于何时，现已很难考定，但内、外篇之分，至少在汉代已出现。陆德明在注《庄子·齐物论》"夫道未始有封"句时，曾指出："崔云《齐物》七章，此连上章，而班固说在外篇。"②"崔"即崔譔，曾有《庄子》注文二十七篇。③ 由此似可推断，崔譔或见过班固的《庄子》注，而班固所看到的《庄子》，已有内篇和外篇之分。④ 在郭象之后，内、外、杂篇的分别，大致趋于定型，今本《庄子》基本上便源于此。

在内、外、杂篇的区分之外，尚有各篇的真伪问题。在相当长的历史时期中，对《庄子》之为庄子的作品并没有发生什么疑问，较早明确对《庄子》的某些篇表示怀疑的是苏轼。在《庄子祠堂记》中，苏轼认为"庄子盖助孔子者"，由此出发，他写道："然余尝疑《盗跖》、《渔父》则若真诋孔子者，至于《让王》、《说剑》皆浅陋不入于道。"⑤不难

---

① 〔汉〕司马迁：《史记·老子韩非列传》。

② 〔唐〕陆德明：《庄子音义》上，《经典释文》卷二十六。

③ 陆德明在列举《庄子》的不同注家时，曾提及"崔譔注十卷，二十七篇"，紧接此，又对崔譔其人及其注作了如下说明："清河人，晋议郎，内篇七，外篇二十。"（〔唐〕陆德明：《经典释文·序录》，《经典释文》卷一）

④ 关于内、外、杂篇之分出于何人之手，学界有不同的看法。王叔岷认为："今本内、外、杂篇之名，实定于郭氏。"（王叔岷：《庄子校释·自序》，《庄子校释》卷一，第1页）郭氏即郭象，需要指出的是，王叔岷所强调的是现存（今本）《庄子》的内、外、杂篇之分定于郭象。更早形态的区分为何人所为？张恒寿认为，此种区分始于汉代淮南王刘安及其门客（参见张恒寿：《庄子新探》，武汉：湖北人民出版社，1983年，第22—26页）；唐兰则认为内外之分起于刘向（参见唐兰：《老聃的姓名和时代考》，《古史辨》四，上海：上海古籍出版社，1982年，第341—344页），崔大华亦持类似的看法（参见崔大华：《庄学研究》，第53—55页）。以上看法虽各有所据，但从现有的材料看，似都尚难作为最后的定论。

⑤ 〔宋〕苏轼：《庄子祠堂记》，《东坡全集》卷三十六。

看到，上述质疑并没有实际文献上的依据，而主要基于《盗跖》等篇对待孔子的态度及与所谓"道"是否相合。然而，疑风既开，则不同形式的怀疑便往往随之纷起："《庄子》书自宋苏轼以《让王》四篇为伪书后，元、明、清各代的学者如黄震、吴澄、罗勉道、焦竑、王夫之、姚鼐（见焦竑：《庄子翼》、王夫之：《庄子解》、姚鼐：《庄子章义》等书。）等人都对其中某些篇章，提出怀疑。"①

真伪问题的主要焦点，是《庄子》诸篇是否出于庄子之手。近代以来，这一问题渐渐以各篇成书的先后为实际的关注之点。持存疑立场者通常认为，内篇为庄子所著，外、杂篇则非庄子的作品；对非庄子所作的各篇，或者视为伪作，或者理解为庄子后学之作，前者体现了较强的怀疑观点，后者的存疑倾向则显得相对温和。

关于外、杂篇非庄子所作的断论，每每首先基于思想倾向上的差异，除了前面所引苏轼的推论之外，王夫之的看法亦有一定代表性。在谈到内、外篇之分时，王夫之指出："内篇虽与老子相近，而别为一宗，以脱卸其矫激权诈之失；外篇则但为老子作训诂，而不能探化理于玄微。"②质言之，内篇有原创之见，外篇则仅仅依傍老子，二者表现了不同的思想进路，故非一人所作。近人罗根泽从另一角度提出了类似的看法，按罗氏之见，《骈拇》、《马蹄》、《在宥》等篇的"圣人观"、"仁义礼知观"与内篇不同，他由此得出结论：这几篇"就思想的系统说，可以推定在庄子以后"。③ 怀疑外、杂篇的另一依据，是行文风格的不同，王夫之的看法在这方面也具有典型的意义。在论证《让王》

---

① 张恒寿：《庄子新探》，第 19 页。

② 〔明〕王夫之：《庄子解》卷八，《船山全书》第十三册，长沙：岳麓书社，1996 年，第 184 页。

③ 罗根泽：《〈庄子〉外杂篇探源》，原载《燕京学报》，1936 年第 36 期，参见《罗根泽说诸子》，上海：上海古籍出版社，2001 年，第 232—235 页。

等篇非出于庄子之手时,王夫之写道:"观其文词,粗鄙狼戾,真所谓'息以喉而出言若哇'者。"①根据文词的粗鄙而否定有关篇章为庄子所作,这种推绎亦往往为其他的怀疑者所运用。与之相关但又有不同侧重的思路,是按字词出现的时间或运用的年代来推断某些篇章的真伪。如《庄子·天运》曾运用了"六经"一词,黄震据此指出:"庄子生于战国,六经之名始于汉,而《庄子》之书称六经,意《庄子》之书亦未必尽出于庄子。"②20世纪80年代后,有的学人进一步从词的不同用法上,推论内篇与外、杂篇之异。据其统计,内篇虽用了道、德、性、命、精、神等单个词,但没有使用道德、性命、精神等复合词,按汉语演化的历史,复合词具有后起的特点,从而,运用复合词的外、杂篇亦应后出。③

对《庄子》内、外、杂篇作者归属和成书年代的如上推断,当然并非毫无所据,但从文献考证的角度看,在无原始版本作为参照的情况下,这种推论总是具有清儒所谓"虚会"的性质,而无法视为"实证"。事实上,以思想趋向、行文风格为推断的前提,便很难避免主观的揣测:由于视域的差异、立场的不同,同一类篇章,往往一些论者斥为观点浅薄、行文拙劣,另一些论者则可能赞其意深文佳。④ 用词的时代

---

① 〔明〕王夫之:《庄子解》卷二十三,《船山全书》第十三册,第348页。

② 〔宋〕黄震:《黄氏日抄》卷五十五。

③ 参见刘笑敢:《庄子哲学及其演变》,北京:中国社会科学出版社,1988年,第5—13页。

④ 例如,杂篇每每被视为粗陋之作,但林希逸对杂篇中的《庚桑楚》则极口称道:"此篇文字,何异于内篇!或曰'外篇文粗,内篇文精',误矣!"(〔宋〕林希逸:《庄子鬳斋口义校注》,北京:中华书局,1997年,第371页)又如,朱熹对《天道》篇的有关论点评价甚高(参见〔宋〕朱熹:《朱子语类》卷十六),王夫之则认为其"所见者卑下"(〔明〕王夫之:《庄子解》卷十三,《船山全书》第十三册,第236页)。对同一类篇章的评价之异,由此可见一斑。

差异虽显示了某种历史的特征,但仅据是否运用某些复合词,同样也不足以遽断作者的归属或年代的先后,一个显而易见的事实是:《庄子》内篇中固然未使用"道德"、"精神"、"性命"等复合词,但并非完全不运用一切复合词,诸如"是非"、"天地"、"宇宙"、"有无"、"逍遥"、"仁义"、"阴阳"等复合词,在内篇中便甚为常见。同样,"道"、"德"、"精"、"性"等单个词,也大量地被运用于外、杂篇。仅仅挑选某些单个词或复合词作为立论的依据,至少是不充分的;在内篇与外、杂篇都既运用复合词,也运用单个词的情况下,情况尤其是如此。①

可以看到,仅凭"虚会",缺乏基于原始文本的"实证",显然难以对《庄子》各篇的归属及年代作出完全合乎历史事实的结论。② 如前所述,将《庄子》分而论之者一般把内篇与外、杂篇之分作为判断作者、成书年代的基本前提,以内篇为庄子的作品,外篇与杂篇为后人之作。③ 然而,事实上,内篇与外、杂篇在作者、成书年代以及所谓

---

① 同时,与其他先秦文献相近,在《庄子》那里,篇章与词句也存在某种复杂的情形。原始或早出的篇章在流传的过程中,往往可能掺入某些后起的词句,如《中庸》一书中即有"今天下车同轨,书同文"等表述,这些文句显然出于秦统一六国之后,但若据此将《中庸》完全归入秦以后的作品,则不免过于草率。前文提到的《天运》篇中所出现的"六经"一词,也很可能属这一类情况,我们不能将《天运》整篇与其某些词句简单等同,也不应仅仅根据其中有个别晚出的词句,便判定《天运》的整个篇章都是后起的;正如不能因《中庸》含有"车同轨,书同文"等词句便断定其为秦汉以后的文献一样。

② 有必要再一次指出,关于《庄子》各篇归属问题的各种看法,在发现原始文本依据以前,都具有假说的性质,无法视为定论。

③ 在这方面,任继愈的观点略显特殊:与通常将内篇视为庄子作品、外篇与杂篇看作是后人之作不同,他断定外、杂为庄子所作,内篇则晚出。不过,在以内篇和外、杂篇之分为判断前提这一点上,任继愈与其他论者仍有相通之处。(参见任继愈:《庄子探源》,原载《哲学研究》,1961 年第 2 期,又见《十家论庄》,上海:上海人民出版社,2004 年,第 187—196 页)

"精"和"粗"等问题上,并非如其表面上呈现的那样界限分明。宋代的林希逸已注意到这一点,针对所谓"内篇文精,外篇文粗"之论,他强调《庄子》其书,"本无精粗":"《庄子》三十三篇,分为内外。内篇有七,皆以三字名之,自《骈拇》而下,则只掇篇头两字或三字为名,如《学而》《为政》之例。其书本无精粗,内篇、外篇皆是一样说话,特地如此,亦是鼓舞万世之意。但外篇文字,间有长枝大叶处。或以为内篇文精,外篇文粗,不然也。"①质言之,尽管内、外篇或有文字上的某些差异,但不能由此以"精"、"粗"对其划界。近人张恒寿进一步主张"打破内、外、杂的严格界限",并提出了重新考察全书的标准。根据他所确立的准则,今本中被置于外篇的某些篇(如《达生》),便可推断为先秦庄子的作品。② 王叔岷亦持类似的看法,认为"内篇未必尽可信,外、杂篇未必尽可疑"。③ 王氏举了以下一例:"如《荀子·正论》篇云:'语曰:坎井之龟,不可与语东海之乐。'此即引《庄子》外篇《秋水》之文也。荀子去庄子未远,则《庄子·秋水》虽在今本外篇,而为庄子所作,自可无疑。"④尽管这方面的判断标准及由此进行的推断,仍可作进一步研究,但作为具有一定历史依据的研究进路,它无疑也表明,将内篇与外、杂篇截然分别地划归庄子与后人,不免容易失之简单和武断。⑤

---

① 〔宋〕林希逸:《庄子鬳斋口义校注》,第 136 页。

② 张恒寿:"我认为《逍遥游》、《齐物论》、《大宗师》、《达生》四篇中的大部分章节,是先秦庄子的早期作品。"(参见张恒寿:《庄子新探》,第 36—47 页)

③ 王叔岷:《庄子校释·自序》,《庄子校释》卷一,第 1 页。

④ 王叔岷:《庄子校释·自序》,《庄子校释》卷一,第 1 页。

⑤ 刘笑敢曾对王叔岷的以上论点提出批评,认为:"假使荀子与庄子生卒相续,那么在庄子的鼎盛年与荀子的鼎盛年之间,尚可能有一二十年到三四十年的时间,《秋水》篇作于此时是完全可能的。"(刘笑敢:《庄子哲学及其演变》,第 30 页)王氏的观点固然未必可作为定论,但刘笑敢的反驳也只是建立在假定与可能之上,换言之,他是以一种"可能"来怀疑另一种"可能"。这种情况从另一个方面显示,以目前所见的材料,对《庄子》各篇作严格分类,尚缺乏充分的根据。

对《庄子》一书更合理的理解，是将其视为一个整体。尽管《庄子》各篇具体出于何人之手、形成于何时，以现有的材料尚难确切考定，但它奠立于庄子，具有自身主导的哲学观念和基本的学术立场，这一点又显然不应有疑问。作为先秦的重要哲学经典，《庄子》中的主导观念、基本立场内在地渗入于全书，并展示了庄子哲学之为庄子哲学的整体特征。诚然，如前此的有关研究所示，《庄子》一书确乎可能包含着成于不同之时、出于不同之人的内容（此类现象在先秦其他哲学文献中往往也不同程度地存在），但是，这些内容同时又可以视为庄子本身思想的多方面阐释、展开、发挥。事实上，一定的思想系统以不同的方式、形态被多向度的阐发、展开，并由此获得具体的内涵，这类现象在思想演进的过程中屡见不鲜。以儒家一系的《论语》而言，其中无疑包含着自身的思想系统，后者既奠基于孔子，又通过孔子与门人的对话、讨论及门人的阐发而被赋予多方面的丰富内容，在"起予者，商也"①、"吾与点也"②等赞语或感叹中，已可以看到孔子对门人发挥的认可，而"慎终追远，民德归厚矣"③、"礼之用，和为贵"④等观念，则更是门人（曾子、有子）对孔子思想的直接阐发。在此，门人的阐释、发挥，并没有使孔子思想失去整体形态。《庄子》一书虽未如《论语》那样直接记叙庄子门人对其思想的论述，但内、外、杂各篇同样可能包含着后人对庄子思想不同形式的阐发；在思想系统通过多方面的引申、发挥而得到展开并被具体化这一点上，《庄子》与《论语》无疑在实质上有相近之处：无论是《论语》抑或《庄子》，思想系统的整体性与多样的展开之间，都呈现了内在的一致性。当然，

---

① 《论语·八佾》。

② 《论语·先进》。

③ 《论语·学而》。

④ 《论语·学而》。

如后文将论,与历史上某些其他哲学系统一样,《庄子》一书也难以完全避免理论张力,但这并不表明其缺乏思想系统的整体品格,毋宁说,它更多地表现了哲学系统本身的复杂性。事实上,一种哲学系统蕴含内在张力,这种现象在哲学史上并不少见。

内在的思想系统同时体现于外在的历史影响。庄子在世之时,其思想的影响似乎并不十分广泛,与之大致同时代的孟子,便未提及庄子其人和庄子其学。① 不过,在战国中后期的一些文献中,仍可看到《庄子》与当时思想界的某些关联。如《庄子》内篇中的《人间世》篇有"闻以有翼飞者矣,未闻以无翼飞者也"、"夫徇耳目内通而外于心知,鬼神将来舍,而况人乎?"等句,类似的表述亦见于《管子》:"无翼而飞者,声也;无根而固者,情也。"②"虚其欲,神将入舍。"③尽管以目前掌握的材料,尚不足以肯定《管子》引用了《庄子》,但从中至少可以看到,《庄子》与《管子》成书时的思想界并非完全无涉。④

至秦汉之际,庄子的思想影响有了更实质的体现,在《吕氏春秋》

---

① 关于庄子与孟子的关系,后人曾提出了某种疑问。《朱子语类》便记载了朱熹门人与朱熹就这一问题的问答:"李梦先问:'庄子孟子同时,何不一相遇? 又不闻相道,如何?'曰:'庄子当时也无人宗之,他只在僻处自说。'"(〔宋〕朱熹:《朱子语类》卷一百二十五)朱熹的看法当然带有推断的性质,但从庄子在当时的思想影响看,这种推断似乎又并非毫无所据。

② 《管子·戒》。

③ 《管子·心术上》。

④ 如果说,从上述引文中尚难以作出推断,那么,对以下文字作一对照,便可以看到《庄子》对《管子》的影响:"人之生,气之聚也,聚则为生,散则为死。"(《庄子·知北游》)"故曰:'有气则生,无气则死,生者以其气。'"(《管子·枢言》)"自伐者无功,功成者堕,名成者亏,孰能去功与名,而还与众人?"(《庄子·山木》)"故曰:'功成者隳,名成者亏。故曰:孰能弃名与功,而还与众人同?'"(《管子·白心》)。"故曰"云云,表明其后的内容系引用,从逻辑上看,《管子》的如上引述,很可能源自《庄子》。

中,便可以具体地看到这一点。按王叔岷的考察,《吕氏春秋》所引用的《庄子》之文,多达四十余条。① 值得注意的是,该书所引用的内容,既涉及内篇,如《齐物论》《养生主》,也包括外、杂篇,如《达生》《田子方》《知北游》《庚桑楚》《徐无鬼》《让王》等。对这些篇章,《吕氏春秋》并没有作先后、精粗的严格区分。《吕氏春秋》距庄子的年代不远,以上的事实表明,在《吕氏春秋》成书之时,后来被分为内篇与外、杂篇的《庄子》各篇大致被同等看待。与之相近的是《淮南子》。较之《吕氏春秋》,《淮南子》直接或间接引用《庄子》之处更多,内容几乎涉及今本《庄子》全书,②这种不限于某些或某类篇章的广泛引用,显然也以确认《庄子》一书的整体性为其前提。

在郭象的《庄子注》那里,庄子的影响得到了更深沉的体现。以肯定《庄子》的整体性为前提,《庄子注》对《庄子》全书作了系统疏解,并由此进而加以引申、发挥。无论是对《庄子》文义的解说,还是其自身思想的阐发,都不以内篇与外、杂篇之分为界限。郭象之注在相当意义上已自成一家,其中既包含自身的创见,也有源自《庄子》的内容。从某种意义上说,郭象的哲学系统一方面表现为以己意注《庄》,另一方面又折射了《庄子》的思想影响,而作为郭象思想之源的《庄子》,并未被限定于其中的某些篇章,而是展现为统一的整体。对《庄子》的这种整体理解同样见于其他哲学家,包括并不直接认同道家者。如朱熹便曾多次论及庄子:

庄子,不知他何所传授,却自见得道体。盖自孟子之后,荀

---

① 参见王叔岷:《〈吕氏春秋〉引用〈庄子〉举正》,载《道家文化研究》第十辑,上海:上海古籍出版社,1996 年。

② 参见王叔岷:《〈淮南子〉引〈庄〉举偶》,载《道家文化研究》第十四辑,北京:生活·读书·新知三联书店,1998 年。

卿诸公皆不能及。如说"语道而非其序,非道也",此等议论甚好。①

若曰"旁日月,扶宇宙"、"挥斥八极,神气不变"者,是乃庄生之荒唐。②

君子不以人废言,言有可取,安得而不取之? 如所谓"嗜欲深者,天机浅",此语甚的当,不可尽以为虚无之论而妄訾之也。③

庄周是个大秀才,他都理会得,只是不把做事。观其第四篇《人间世》及《渔父》篇以后,多是说孔子与诸人语,只是不肯学孔子,所谓"知者过之"者也。如说"易以道阴阳,春秋以道名分"等语,后来人如何下得? 它直是似快刀利斧劈截将去,字字有着落。④

"语道而非其序,非道也"出于《庄子·天道》,"旁日月,扶宇宙"见于《齐物论》,"挥斥八极,神气不变"语出《庄子·田子方》,"嗜欲深者,天机浅"引自《庄子·大宗师》⑤,"易以道阴阳,春秋以道名分"出自《庄子·天下》。朱熹在这里对庄子既有批评和责难,也有赞赏和肯定;作为对庄子哲学的不同历史回应,这种责难与赞赏同时也体现了庄子的独特影响,而它所涉及的,则既包括内篇⑥,也包括外篇⑦以及杂篇⑧。这种视域表明,朱熹同样将《庄子》作为整体来看待。

---

① 〔宋〕朱熹:《朱子语类》卷十六。
② 〔宋〕朱熹:《朱子语类》卷一百二十五。
③ 〔宋〕朱熹:《朱子语类》卷九十七。
④ 〔宋〕朱熹:《朱子语类》卷一百二十五。
⑤ 《庄子》原文中"嗜"与"天"之前均有"其"字。
⑥ 《庄子·大宗师》。
⑦ 《庄子·天道》、《庄子·田子方》。
⑧ 《庄子·天下》。

不难看到,无论就内在的思想系统抑或外在的历史影响而言,《庄子》都首先呈现了整体、统一的历史品格。从哲学思想的衍化看,庄子在历史上的深远影响,首先通过《庄子》一书而实现,尽管在具体篇数、篇目的划分等方面,它曾发生了某种变化,但《庄子》一书始终作为庄子的思想符号和哲学载体而内在于并影响着思想史过程。换言之,《庄子》各篇具体出于何人、何时,固然需要考释、再考释,但不同篇章被归入《庄子》之下,本身已表现了这些篇章内在的相关性。更为重要的是,《庄子》与庄子的联系、《庄子》其书在历史上的存在、《庄子》作为一个整体构成了具有原创性的哲学系统并对思想的衍化产生了实际的制约作用,都已为哲学历史本身的演进所确证,不可置疑。进而论之,即使随着以后新材料的发现而能够较为确切地考证出各篇的先后、作者,我们仍可以把表现为传世文本并以此实际影响思想史的《庄子》作为整体来考察和理解。有鉴于此,本书将暂时悬置目前难以遽断的各篇具体归属及年代问题,以整体形态的《庄子》作为研究的对象;在具体的论述中,则视庄子为《庄子》一书的观念主体,以《庄子》为庄子的思想载体,对二者不作截然区分。为行文简洁,本书统一以庄子之名表述《庄子》一书内含的哲学思想。

　　庄子的哲学沉思以道为内在指向。作为形上之域的对象,道具体表现为天道与人道的统一,它所实际涉及的,则是广义的存在与人之"在",后者首先在天人之辩中取得了具体的形态。就天人关系而言,一方面,庄子一再通过批评"以物易性"、"以物易己"而追问人的存在意义,并以超越物化、合乎人性的存在为人的应然形态;由追求合乎人性或人性化的存在,庄子既显示了存在的自觉,又表现出对人自身之"在"的注重,这里无疑蕴含着对"人"的深沉关切及内在的人道意识。事实上,在庄子关于天人关系的讨论中,我们可以一再看到对人自身之"在"的追问;尽管"天"往往被赋予理想的形态,但在

"天"的外在形式之后,每每又渗入了某种"人"的价值取向。然而,另一方面,庄子又一再将"天"规定为"人"的真实形态,以礼义文明的演化为本然之性失落的历史根源,由此进而以批判的眼光看待文化的发展与文明的演进,并在某些方面对自然的人化及文明的产物持责难甚至否定的立场,从"无以人灭天"等主张中,便不难看到这一点。就此而言,庄子似乎又表现出某种"蔽于天而不知人"的倾向。

以齐物立论,强调"道通为一",构成了庄子又一哲学趋向。"齐物"或"道通为一"在本体论上意味着超越分化及分裂的世界,在认识论上要求扬弃基于成心的是非之辩,达到"以道观之",庄子对存在之序的突出、对个体间沟通是否可能的考察、对基于"天"的天人统一性的关注,等等,可以视为"齐"与"通"的展开。但同时,庄子又对个体予以了相当的关切:从本体论上注重"德",到价值观上以本真之"我"及真人为理想人格、认识论上突出个体直觉和体悟,等等,个体原则展开于多重方面;从哲学史上看,庄子所代表的道家哲学与儒家哲学的差异之一,亦体现于对个体与整体的不同侧重。

从理论上看,以上两个主题无疑都存在各自的内在张力。对人性化存在形态的呼唤蕴含着广义的人文关切,庄子之主张"物物而不物于物"(人主导物而非为物所支配),反对漠视人的内在之性和自身存在价值而将其等同于实现外在目的(名利等)的工具,等等,都表现了这一点;然而,从"无以人灭天"的原则出发,往往又容易导向疏离、拒斥人化过程,庄子之区分合乎天性的本真之"人"与失性于俗的世俗之"人",并由此以"天之天"排拒"人之天",等等,都蕴含了后一趋向。同样,齐物在逻辑上导向于统一、必然、一致,从本体论上强调道通为一,到观念领域批评"道术"之裂、要求齐是非,都不难看到对统一性、整体性的注重;相对于此,个体性原则更多地突出了"殊"(殊理、殊性)、差异、偶然、多样,庄子之反对"失己"、以"独"为贵,等等,在不同程度上都体现了这一点。尽管庄子对"道"与"德"的双重肯定蕴含着沟通统一性与个体性的意向，但二者在理论自身的不同展开中，似乎仍存在内在的紧张关系。

然而，通过对逍遥之境的理论阐释，庄子哲学系统中的以上张力在某种意义上获得了一定的化解。从哲学上看，逍遥首先以物我合一为前提，所谓"天地与我并生，而万物与我为一"便表明了这一点：以"我"与天地万物的合一为内容，外部世界收摄于个体的意义之域，个体存在本身又内在于统一的精神世界，二者相互交融，展示了统一的精神之境。不过，逍遥作为自由的精神之境，同时又总是以自我（个体）为主体或承担者，后者决定了个体的不可消逝性。事实上，庄子确乎将逍遥之游，同时理解为个体的"独往独来"。这样，在逍遥的精神形态和存在方式中，统一性的追求与个体性的承诺得到了双重确认。与之相近，逍遥一方面体现了存在意义的追求：作为人的存在方式，逍遥之游的根本特点在于超越外在限定而合乎人性，正是在逍遥中，人性化的存在达到了完美的形态；但另一方面，庄子又通过自由与自然的合一，赋予逍遥之境以自然的内涵，在此意义上，走向逍遥的过程似乎又表现为通过"尽其所受乎天"而达到合乎人性的存在。在这里，"天"与"人"同样也呈现了内在的统一性。在文本之序上，《庄子·逍遥游》构成了《庄子》的首篇，但在思想的内在脉络上，逍遥则展开为庄子哲学系统的逻辑终点。从"齐物"到"逍遥"，庄子对天道与人道、存在与人之"在"的考察，展示了深沉的哲学内涵和独特的理论品格。

第一章

天人之辩

在总论庄子思想时,荀子曾批评其"蔽于天而不知人"①。以先秦的天人之辩为背景,这一评论同时从一个侧面表明:庄子哲学与天人关系难以分离。作为中国哲学的重要论题,天人之辩既涉及天道观,也以价值观为其内容,荀子的以上批评更多地指向价值观。在价值观的论域中,"天"主要与宽泛意义上的自然相关,包括本然的存在形态与本然的存在方式,"人"则与人的存在价值、人的历史活动及其结果(包括不同的文明形态以及文化创造成果)、作为"当然"的社会规范系统等等相联系。与之相应,荀子所谓"不知人",首先意味着庄子忽视了人及其存在价值。自荀子之

① 参见《荀子·解蔽》。

后,凡论及庄子者,每每沿袭了这一看法。从某些方面看,上述批评无疑不无所见,然而,如果对庄子在天人关系上的看法作更深入的考察,便不难发现,事实似乎并非如其表面所呈现的那样简单。这里的问题首先在于:对庄子而言,"人"在何种意义上展现了其内在价值?什么是合乎"人"性的存在?如何达到这种存在形态?正是围绕这些问题,庄子展开了其天人之辩,后者构成了哲学的内在主题之一。

一 物 与 人

在谈到人的存在处境时,庄子曾分析了人"在"世过程的种种负面现象,诸如"终身役役而不见其成功"、"苶然疲役而不知其所归"①,等等。从存在的过程看,"在"世的以上形态,无疑带有某种惘而不明的性质,针对此种存在处境,庄子提出了如下问题:

人之生也,固若是芒乎? 其我独芒,而人亦有不芒者乎?②

"芒"即暗昧,③人生之"芒",意味着对人的存在意义的茫然,与之相应,在以上的发问中,内在地蕴含着对"在"世意义的沉思。"人之生也,固若是芒乎?"此处所追问的对象首先是"人",在发问者看来,"终身役役"、"疲役而不知其所归"并不是一种合乎人性的存在形态;发问者所企望解决的问题,则是如何超越这种"终身役役"、"不知所归"的暗昧形态,使人的存在获得自身的内在意义。这里既可以看到存

---

① 《庄子·齐物论》。
② 《庄子·齐物论》。
③ 成玄英:"'芒',暗昧也。"(〔唐〕成玄英:《庄子疏·齐物论》)

在意义的某种自觉,也不难注意到对真正人性化生活的关切与呼唤。

正是以人的处境或存在形态为关注之点,庄子反对将人等同于物或"丧己于物":"丧己于物,失性于俗者,谓之倒置之民。"①"己"即以自我的形式表现出来的"人","性"则是人的内在规定或本质,在庄子看来,作为人的个体形态,自我具有对于物的优先性;同样,作为人的内在规定,人之性也高于名利等世俗的价值。一旦将自我消解在物之中或使人的内在规定失落于名利的追求,便意味着颠倒人与物、性与俗的关系。基于同样的前提,庄子一再强调"不以物害己"②、"不以物易己"③。

人、物的以上辨析,在庄子那里更具体地展开于"物物者"与"物"的关系:

> 夫有土者,有大物也。有大物者,不可以物。物而不物,故能物物。明乎物物者之非物也,岂独治天下百姓而已哉!④

从狭义上说,"有土"或"有大物"与政治上的君临天下("治天下")相联系,但"土"(大物),同时又是"物"的最普遍的隐喻,在后一意义上,"有土"或"有大物"又意味着一般意义上对物的占有和作用。"有大物者"是有物和用物者,他作用于物,但本身非物,故不能对其

---

① 《庄子·缮性》。

② 《庄子·秋水》。

③ 《庄子·徐无鬼》。

④ 《庄子·在宥》。"有大物者,不可以物。物而不物,故能物物"一句,郭象断为"有大物者,不可以物物,而不物故能物物",俞樾认为郭"失其读",当为"有大物者,不可以物。物而不物,故能物物"(参见刘文典:《庄子补正》上,昆明:云南人民出版社,1980 年,第 365 页)。按:在文法与含义上,俞之句读均胜于郭,今从俞说。

以"物"相待,正由于他作用于物而本身不可作为物来对待,因而能够表现出对物的主导性("物而不物,故能物物")①,物与物物者的以上关系,彰显了人与物的差异。在庄子看来,人(物物者)对于物的这种主导过程,并不仅仅限于治国的政治实践,所谓"岂独治天下百姓而已哉",便强调了这一点。前文已论及,《庄子·山木》篇曾记载:山木因不成材而免予被砍伐的命运,雁却因不能鸣而被宰杀,弟子由此问庄子将何以处世。庄子答曰:"周将处乎材与不材之间。材与不材之间,似之而非也,故未免乎累。若夫乘道德而浮游则不然。无誉无訾,一龙一蛇,与时俱化,而无肯专为;一上一下,以和为量,浮游乎万物之祖;物物而不物于物,则胡可得而累邪?"②这里所涉及的,已不单纯是政治实践的领域,而是人"在"世的一般过程。材与不材,主要与人之"用"(人能否为其他存在物所"用")相联系,而"乘道德"(本于"道"和"德")、"与时俱化"等等,则以人应对他物的方式为主要关注之点,此处的重心,已由人为他物所"用",转向人作用于他物:所谓"物物而不物于物",强调的便是人主导物而非为物所支配。

可以看到,人、物之辨在区分人与物的同时,又明确地拒斥了人的物化,它的内在意蕴在于肯定人自身的存在价值,在谈到"用"与"无用"的差异时,庄子对此作了进一步的阐发:齐地有大树,因不能取材,"无所可用",故得以享其高年。大树由此"自述":"且予求无所可用久矣,几死,乃今得之,为予大用。使予也而有用,且得有此大也邪?"③"用"有作用、功能等含义,引申为价值,在这里,庄子借树喻人,并区别了二种"用",即对他物之"用"与对自身之"用":"无所可

---

① 当然,在庄子那里,人对于物的这种主导性,同时又展开为一个循乎自然的过程,详后文。

② 《庄子·山木》。

③ 《庄子·人间世》。

用"之"用",主要相对于他物而言,"为予大用"之"用"则与自身相关。从人的视域看,前者(相对于他物之"用")可以视为工具或外在的价值,后者(指向人自身之"用")则表现为内在的价值;无用于他物而有用于自身,相应地强调了人不应成为他物的工具,而应关注其自身的内在价值。

"物物而不物于物"与注重人自身之"用",从不同方面指向了合乎人性的存在形态。然而,在庄子看来,以人化为形式的文明演进,并不一定导向存在的人性化。以礼乐仁义而言,其形式固然带有人化的性质,但它的衍化过程,与人性化的存在形态往往并不一致:

> 屈折礼乐,呴俞仁义,以慰天下之心者,此失其常然也。天下有常然。常然者:曲者不以钩,直者不以绳,圆者不以规,方者不以矩,附离不以胶漆,约束不以纆索……自虞氏招仁义以挠天下也,天下莫不奔命于仁义,是非以仁义易其性与?故尝试论之,自三代以下者,天下莫不以物易其性矣。小人则以身殉利,士则以身殉名,大夫则以身殉家,圣人则以身殉天下。①

"常然"即未经加工、改造的本然形态,如非借助规、矩而形成的圆、方之类;人之"常然",便是合乎人性的本然形态。按庄子之见,礼乐、仁义是外在的准则,将人置于这些规范之下,往往导致以外在准则取代人的本然之性,从而使人失去人性化的"常然";文明的历史演进,总体上便表现为一个以外在规范"易性"的过程,而"易性"的实质,则是人的物化(所谓"以物易性")。物化的内容,在此呈现为多重形态,其共同的特征,则是将人等同于达到或实现外在目的(名利等)的工具,

---

① 《庄子·骈拇》。

而完全漠视人的内在之性和自身存在价值。

与"物物而不物于物"相对,"以物易性"可以看作是人为物所支配或人的存在方式的非人化,而在庄子那里,这一过程又与礼乐、仁义等文明形态的发展相联系,这里无疑涉及到文明的发展与人的存在形态的关系。文明的演进,是否必然导向更合乎人性的生活?庄子对此似乎持怀疑和否定的看法。在回顾上古以来的历史演进过程时,庄子写道:"礼乐遍行,则天下乱矣。……古之人在混芒之中,与一世而得澹漠焉。当是时也,阴阳和静,鬼神不扰,四时得节,万物不伤,群生不夭,人虽有知,无所用之,此之谓至一。当是时也,莫之为而常自然。逮德下衰,及燧人、伏羲始为天下,是故顺而不一。德又下衰,及神农、黄帝始为天下,是故安而不顺。德又下衰,及唐、虞始为天下,兴治化之流,澆淳散朴,离道以善,险德以行,然后去性而从于心。"①在此,庄子区分了人的理想存在形态与礼乐文明的发展,与之相应的是"性"与"心"之别:"性"体现人的本真存在形态,"心"则与礼乐文明的演进相应;随着历史的衍化,礼乐、治化等文明内容不断发展,但理想或本真的存在形态却离人越来越远,"兴治化之流"与"去性而从于心"成为同一过程的两个方面。这里既包含着对合乎人性的存在形态的追思和呼唤,又点出了礼乐文明的演进导致本真之性的失落这一历史悖论。

海德格尔在评论尼采的思想时,曾指出:"除了人本身之外,谁还能提出并且解答'人是谁?'这个问题呢?的确只有人本身。但由此就可以推出对人之本质的规定也只是一种对人的人化么?也许是这样。甚至,它必然是一种人化——在人的本质规定由人来完成这个意义上讲,它必然就是一种人化。不过,问题依然是:人的本质规定

---

① 《庄子·缮性》。

是把人人化了还是把人非人化了。"①这里值得注意的首先是"人的本质规定"与"人化"或"非人化"的关系问题。此所谓"人的本质规定",可以看作是一定的历史发展过程赋予人的社会规定,海德格尔以上提问的内在含义是:历史发展的一定时期所形成的社会规定,不仅仅意味着人化的实现,它同时也包含着引向非人化的可能。事实上,历史上出现的各种人殉于物或物支配人等异化现象,已表明了这一点。从另一方面看,海德格尔将以上问题与"人是谁"的沉思联系起来,同时也具体地彰示了"人化"抑或"非人化"这一追问的如下深层内涵:人对自身存在意义及历史走向的自觉省思。由此反观庄子的相关思考,便不难注意到,庄子对礼乐文明的质疑,无疑既有见于历史发展与人化过程之间的复杂关系,也蕴含着对"人"自身存在的关切。

文明的发展作为一个历史过程,似乎具有二重性:它既展开为一个人化的过程,同时又在某些方面蕴含着导向非人化的可能。这里的人化主要相对于物化而言,其内涵在于扬弃人的工具性或手段性的规定,肯定并实现人自身的内在价值。文明的进步本来以人化为指向,文明发展过程中形成的各种规范,也以人自身价值的充分实现为目标,然而,这一过程并不总是以直线的方式展开,在历史演进的某些阶段,人不仅每每部分地沦为生产过程的工具,而且常常成为名、利等有形之"物"与无形之"物"的附庸,文明的规范也往往异化为压抑人的手段或追求外在名利的工具。这样,在文明的衍化过程中,总是面临着以下问题:如何扬弃人的非人化或如何避免人的物化? 以另一种方式来表述,也就是:合乎人性的存在如何可能? 庄子笼统地将历史的演变理解为离道下衰、以物易性的过程,无疑失之抽象和片面,但他对礼乐文明演进中非人化或物化现象的批评,

---

① 〔德〕海德格尔:《尼采》上卷,北京:商务印书馆,2002 年,第352—353 页。

则多少表现了对以上问题的某种自觉。从另一方面看,在庄子那里,文明的批判同时交错着社会的批判:文明衍化过程中呈现的种种负面现象,总是渗入了具体的社会历史内容,从而,对文明演进过程的责难,也直接或间接地具有社会批判的意义。就后者而言,庄子无疑又与《老子》前后相承,构成了道家社会批判传统的另一历史之源。①

二　本　真　之　"在"

对人化或合乎人性的存在方式的如上肯定,与昧于"人"显然有所不同,从实质的层面看,庄子并没有简单地漠视人及其存在价值,在此意义上,荀子批评庄子"不知人",似乎并不全面。然而,何为"人"的本真形态? 如何理解"人"之"性"的内涵? 在考察、探索这些问题的过程中,庄子显示了其思想倾向的另一面。

如前所述,按庄子之见,礼乐等文明形态,虽合于人化的外在形式,但并不能真正体现"人"之性。庄子特别强调外在之"礼"与内在之"真"的区别:

> 礼者,世俗之所为也;真者,所以受于天也,自然不可易也。故圣人法天贵真,不拘于俗。②

"礼"只是世俗所理解的形式,"真"则是人的实质之性,它源于天而又

---

①　关于《老子》的社会批判思想,可参见本书附录二:《面向存在之思——〈老子〉哲学的内在意蕴》。

②　《庄子·渔父》。

内在于人。不难看到,在庄子那里,人的内在规定,同时又以天(自然)为其内容。换言之,"人"以"天"为本真之性,"天"以"人"为价值指向。

天与人的以上关系,在庄子关于"鱼相忘于江湖"的寓言中得到了更形象的体现:

> 泉涸,鱼相与处于陆,相呴以湿,相濡以沫,不如相忘于江湖。与其誉尧而非桀也,不如两忘而化其道。①

鱼在此隐喻人,"相呴以湿,相濡以沫"是彼此的关心、照应,它象征着以礼、义等为原则的生存方式,"誉尧而非桀"便是这种存在方式的体现;江湖代表着自然的境域,"相忘于江湖",是在礼、义等规范之外的"在"世形态,"两忘而化其道",则指超越"誉尧而非桀"的价值评判准则而走向合乎道的自然形态。② 对庄子而言,"相濡以沫"固然体现了文明的礼、义,但正如鱼处于陆而危,作为与存在本性相冲突的处境,它更多地具有否定、消极的意味,与之相对,"相忘于江湖"固然不涉及文明的礼、义,但它却适合相关的存在本性,并相应地呈现了积极、肯定的存在意义;按庄子之见,在以上二种存在处境中,后者显然是一种更合乎人性的存在形态:所谓"不如相忘于江湖",便强调了这一点。这样,通过以鱼喻人以及对相忘于江湖的肯定,庄子从一个方面赋予"人"以"天"的内涵。

以"天"为"人"的内在规定,决定了人化的过程不同于"世俗之

---

① 《庄子·大宗师》,相近的表述又见《庄子·天运》。

② 由此亦可见,"与其誉尧而非桀也,不如两忘而化其道"一句看似与前段文义不直接相属,但却在实质的层面点出了整个寓言的内在寓意。

为",而更多地指向"天":"无为名尸,无为谋府,无为事任,无为知主。体尽无穷,而游无朕;尽其所受乎天,而无见得,亦虚而已。"①"名"涉及世俗的声誉,"谋"关乎利益的筹划,"事任"则往往展开为名利的追逐,与之相对,"其所受乎天"则表现为本然之性或自然的潜能,"尽其所受乎天"亦即本然之性或自然潜能的充分发展;反之,一旦沉溺于世俗之欲,则内在之性往往被遮蔽:"其嗜欲深者,其天机浅。"②这里的论题是人如何成就自身,与儒家要求以礼、仁、义等社会规范来塑造人不同,庄子将天性的发展视为自我成就的根本内容,认为与"天"相对的规范是对人性的戕害:"且夫待钩绳规矩而正者,是削其性者也;待绳约胶漆而固者,是侵其德者也。"③作为"尽其所受乎天"的过程,人的这种自我成就不是外在的附加,而是不断地去除或消解与天性相对的世俗影响,从而呈现"虚"的特点(所谓"亦虚而已")。如果试图以"人"规定"天",则往往将对真正的人性化存在产生否定的意义,在关于浑沌的寓言中,庄子明确指出了这一点:"南海之帝为儵,北海之帝为忽,中央之帝为浑沌。儵与忽时相与遇于浑沌之地,浑沌待之甚善。儵与忽谋报浑沌之德,曰:人皆有七窍,以视听食息,此独无有,尝试凿之。日凿一窍,七日而浑沌死。"④"浑沌"隐喻着人的本然存在形态,为浑沌凿窍,则意味着违逆"所受于天"的本然之性,而其结果则是存在的终结。

庄子的以上看法,显然对本真之"人"与世俗之"人"作了分辨:世俗之"人"与名利的追逐、礼义的抑制相联系;本真之"人"则与

---

① 《庄子·应帝王》。
② 《庄子·大宗师》。
③ 《庄子·骈拇》。
④ 《庄子·应帝王》。

"天"具有内在的一致性。① 尽其所受于天,同时也意味着合乎人性,②而否定"天"则导向否定"人"。不妨说,在庄子那里,"天"相当程度地构成了本真之"人"的实质规定。事实上,庄子常常将本真之"人"称之为"天人":"不离于宗,谓之天人。"③"忘人,因以为天人矣。"④"宗"指本原或本然的规定,它构成了存在的内在根据,对人而言,"不离于宗",亦即本于天性,"天人"则是合乎天性之人或自然之人⑤;与之相对,"忘人"之中的"人",是世俗意义上的"人",这一论域中的"忘人",也就是超越世俗的存在方式,回复人的本真存在形态(天人),所谓"反(返)其性情而复其初"⑥。

"天"与"人"的以上关系,再次呈现相互交错的形态:人通过"天"而达到了自身的真实规定,"天"则体现了人的价值理想而并非隔绝于人("未始非人")。事实上,在庄子看来,天与人之间并没有确定的界限:"庸讵知吾所谓天之非人乎? 所谓人之非天乎?"⑦这里的

---

① 类似的分与别亦见于庄子对"情"的看法。《德充符》曾记载了惠施与庄子关于人有无"情"的对话,惠施认为:"既谓之人,恶得无情?"庄子的看法则是:"是非吾所谓情也。吾所谓无情者,言人之不以好恶内伤其身,常因自然而不益生也。"(《庄子·德充符》)这里即蕴含着对世俗的好恶之"情"与作为人的自然性情之"情"的区分;前者相应于世俗之"人",后者则与本真之"人"一致。

② 在庄子的如下叙述中,我们可以进一步看到这一点:"泰氏其卧徐徐,其觉于于,一以己为马,一以己为牛。其知情信,其德甚真,而未始入于非人。"(《庄子·应帝王》)泰氏为传说中的君主(成玄英认为即伏羲),亦可视为庄子理解的理想人格,"其卧徐徐,其觉于于"是自然之境(天)的形象描述,"未始入于非人"则意味着这种合乎"天"的存在方式并非远离人。

③ 《庄子·天下》。

④ 《庄子·庚桑楚》。

⑤ "天人"一词中的"天"具有限定作用,主要用以规定"人"。

⑥ 《庄子·缮性》。

⑦ 《庄子·大宗师》。

"天"可以理解为合乎本然之性,"人"则是不同于世俗化的存在形态,与截然执着于二者的分际有所不同,庄子以质疑的方式,对"天"与"人"之间的界限作了某种消解:合乎自然或回归自然的过程(所谓"天"),同时也是达到人本真形态(所谓"人")的过程,扬弃物化或超越世俗形态("天")与实现人性化的存在方式("人"),具有内在的一致性。也正是在相近的意义上,庄子将理想人格的特点规定为"与造物者为人,而游乎天地之一气"[1]。造物者即自然(天),"与造物者为人",也就是在与自然(天)的关联、互动中体现人的真实品格,它从人的在世过程这一层面,肯定了"天"与"人"的相融。

不难看到,从存在意义的自觉追问出发,庄子对合乎人性或人性化的存在表现出内在的向往,通过批评"以物易性"、"失性于俗"、"去性从心"等等,这种取向得到了多方面的展开。对人性化存在的如上呼唤,同时又与确认人自身的价值(人自身之"大用")相联系。在这方面,庄子的看法无疑使人联想到《老子》。与庄子相近,《老子》也以人的存在为哲学沉思的重要对象:"故道大,天大,地大,王亦大,域中有四大,而王居一焉。"[2]"王"在此首先被理解为"人"的存在象征或符号,与之相应,这里实质上提出了道、天、地、人四项,其中既包括广义的"物"(天地),亦涉及人,《老子》将人视为域中四大之一,无疑体现了对人的存在价值的肯定。[3] 正是以此为出发点,《老子》一再表现出对人的关怀:"是以圣人常善救人,故无弃人"[4],并要求"爱民治国"[5],与之相联系的是反对战争和暴力:"夫乐杀人者,则不可以得

---

① 《庄子·大宗师》。
② 《老子·二十五章》。
③ 参见本书附录二:《面向存在之思——〈老子〉哲学的内在意蕴》。
④ 《老子·二十七章》。
⑤ 《老子·十章》。

志于天下矣。"①在肯定人(救人)与否定人(杀人)的对峙中,《老子》明确地表明了自己的价值立场。庄子关于人的看法,与《老子》的以上观点显然有相通之处。当然,《老子》首先着眼于人在宇宙中的地位及统治者对民众的态度,相对于此,庄子更多地关注人不同于物的本真之性以及合乎人性的存在形态,后者似乎展示了更深沉的价值视域。

就其肯定人自身的价值而言,庄子与注重仁道原则的儒家同样也呈现出某种相关性。不过,较之儒家首先从礼以及仁义等文明形态出发理解人的存在意义,庄子更多地倾向于以"天"规定"人":对庄子而言,人的本真之性即天性(自然之性),理想之人即"天人"(自然之人),而扬弃"以物易性"、从物走向人的过程,则具体表现为回归天性,所谓"反(返)其性情而复其初"。与此相联系,如前所述,庄子区分了两种意义的"人",即"尽其所受于天"之人与"失性于俗"之人(世俗之"人"),这一划分既涉及人的存在,也具有宽泛层面的文化意义。在庄子看来,"失性于俗"不仅表现为名利等外在追逐对本然之性的戕害,而且与礼乐、仁义等文明的体制和规范等对人的约束相关。正是基于如上看法,庄子在批评"以物易性"、"失性于俗"的同时,往往兼及广义的文明演进与文化发展。前文已论及,对庄子来说,三代以来,历史的衍化在总体上表现为一个"去性从心"、"以物易性"的过程,由此,庄子常常将文明与文化本身归入与"天"相对的"人"之域,并对此加以质疑和责难。就日常实践而言,"以礼饮酒者,始乎治,常卒乎乱"②。以礼饮酒,突出的是"礼"对日常行为的制约和规范,它所追求的,是文明的秩序(治),但它所提供的,常常只是

---

① 《老子·三十一章》。
② 《庄子·人间世》。

形式或外在的担保,而无法达到内在的约束;惟其如此,因而仅仅依靠这一类的制约,最终难以完全避免行为的失范("乱"——无序)。"礼"由"治"向"乱"的这种转化在庄子看来具有普遍的象征意义,它表明以"礼"等为形式的文明体制和规范,其衍化总是将导向负面的结果。

广而言之,文明的演进与文化的发展对人的本真之性的影响涉及多方面:

> 且夫失性有五:一曰五色乱目,使目不明;二曰五声乱耳,使耳不聪;三曰五臭薰鼻,困惾中颡;四曰五味浊口,使口厉爽;五曰趣舍滑心,使性飞扬。①

五色、五声、五臭、五味等既呈现为多样的现象,又表现为文明发展的产物或"人化"之物,从而具有独特的文化意义,不妨说,它们同时在相当程度上表现为文化或文明的符号;五色、五声等对人的影响,也相应地体现了文化的发展对人的作用。相对于五色、五声等物化的文化成果,"趣舍"(取舍)以价值观念或价值原则为根据,更多地表现为一种价值的趋向,作为文化的内核,这种观念、原则、取向可以看作是文明发展的精神形态,与之相应,当五色、五声等等以及价值的取向被理解为本真之性失落的根源时,文化或文明的发展便在物化层面及精神形态上都或多或少被赋予否定的意义。

从上述观点出发,庄子进一步区分了"人之天"与"天之天",并主张开"天之天":

---

① 《庄子·天地》。

不开人之天,而开天之天。开天者德生,开人者贼生。不厌
　　其天,不忽于人,民几乎以其真。①

"人之天"即人化之天,"天之天"则是本然之天;开人之天,意味着对
自然("天")的变革,开天之天,则是维护或回复存在的本然形态。按
庄子的看法,单纯地以"人"变革"天",往往将导向失性于俗;维护存
在的本然形态,则可避免以上的归宿。质言之,恒守自然的规定("不
厌其天②"),则人的内在价值也将得到肯定("不忽于人"),后者具体
便表现为本真之性的充分实现("几乎以其真③")。对天人关系的以
上理解,与儒家显然有所不同。就人的存在而言,儒家倾向于化天性
为德性或化天之天为人之天,这一过程在总体上体现了人文原则或
人道原则的主导性:从天性向德性的转化,以确认人道原则对于自然
原则的优先性为前提。相形之下,在庄子关于"天之天"与"人之天"
的如上辨析中,"天"作为自然原则,显然处于更优先的地位,而对"开
人之天"的否定("不开人之天"),则同时表现出对人文原则或人道
原则的某种疏离。也正是基于同样的立场,庄子强调"以天待人":
"古之真人,以天待人,不以人入天。"④以天待人,也就是以自然原则
范导人的日用常行,"不以人入天",则是反对以人道原则制约自然,
这里"天"与"人"的含义似乎较为宽泛,而自然的原则与人道的原则
在此也呈现某种内在的紧张。
　　可以看到,在天人之辩上,庄子首先通过存在意义的追问以及对

---

　　①　《庄子·达生》。
　　②　王先谦:"常守天德,不厌天也。"(〔清〕王先谦:《庄子集解·达生》,北
京:中华书局,1999年)
　　③　成玄英:"几,尽也。"(〔唐〕成玄英:《庄子疏·达生》)
　　④　《庄子·徐无鬼》。

"以物易性"、"以物易己"、"去性从心"的批评，提出了合乎人性或人性化的生存如何可能这一深沉的问题；如上思维进路内在地体现了对人的关注及存在价值的肯定，由此，我们很难笼统地断言庄子"不知人"。然而，另一方面，庄子又区分了合乎天性的本真之"人"与失性于俗的世俗之"人"，由强调本真之性的失落与礼义文明的关联，进而以批判的眼光看待文化的发展与文明的演进，并在某些方面对自然的人化及文明的产物持责难甚至否定的立场，就此而言，庄子似乎又表现出某种"蔽于天而不知人"的倾向。天人关系上的二重性，同时交错着人道原则与自然原则的张力：对人的物化（"以物易性"、"以物易己"）的否定以及人自身价值（"予之大用"）的确认，无疑多方面地渗入了人道的观念，但"不开人之天"等主张，又在强调自然原则的同时表现出对人道原则的某种认同困难。从理论的内在逻辑看，上述张力无疑与庄子对"天"与"人"的理解相关。如上所述，庄子区分了合于天之"人"与悖于天之"人"，后者不同于他所肯定的本真之人；同时，庄子又在相当程度上将"天"加以理想化并以"天"规定"人"：对他而言，人的本真之性也就是自然之性（天）。作为走向人性化存在的前提，上述观念既体现了对人的关注，又蕴含着对自然（"天"）优先性的确认，它所表现出来的二重趋向，同时也制约着人道原则与自然原则的各自定位。

三 "天"的双重含义

在庄子那里，"天"不仅与人的本真之性相联系，而且被赋予自然法则的含义。天与人之辨，也不仅仅指向合乎人性的存在，而是同时涉及人的行为与自然法则的关系。作为自然的法则，"天"与道彼此相通，融于"天"与循乎道也具有内在的一致性，所谓

"道兼于天"①，便表明了这一点；相应于"天"对"人"的优先性，庄子一再地强调行为应当"循道而趋"②，后者使合乎"天"进一步获得了合规律的意义。

与"循道而趋"相一致，"天"也被赋予双重含义。在回答"何谓天"这一问题时，《庄子·秋水》曾作了如下论述："牛马四足，是谓天。落马首，穿牛鼻，是谓人。故曰：无以人灭天。"③这里的"天"，是就存在的规定而言，具体表现为事物的本然之性；它不仅构成了牛马这一类对象的本然形态，而且也体现于人：人的本真规定便以这一意义上的"天"为内容，前文所论及的"天"（作为人的真实规定的"天"）同样具有以上内涵。"天"的另一重含义，较直接地与人的行为方式相联系。在谈到人的行为特点时，庄子对此作了言简意赅的界说："无为为之之谓天。"④所谓"无为为之"，首先相对于目的性的追求而言，其特点在于非有意而为；以"无为为之"为"天"的内涵，相应地包含扬弃目的性之意。这一意义上的"天"，显然更多地体现了与"人"的谋划、意图相对的自然之义。⑤

---

① 《庄子·天地》。

② 《庄子·天道》。

③ 《庄子·秋水》。

④ 《庄子·天地》。

⑤ 在现代哲学语境中，"自然"的概念已不同于本然或自在，它在相当意义上已与人的知行过程相联系，并被打上了某种人的印记；在马克思的如下论点中，这一含义得到了经典的表述："被抽象地理解的，孤立的，被认为与人相分离的自然界，对人来说也是无。"（马克思：《1844 年经济学哲学手稿》，北京：人民出版社，1985 年，第 135 页）与人相分离的自然界，也就是本然、自在的自然，这种"自然"在马克思看来缺乏现实的品格。同样，就人而言，"人不仅仅是自然存在物，而且是人的自然存在物"（同上书，第 126 页）。相形之下，在庄子的哲学系统中，天或自然首先与人相对，从而更多地被赋予自在的内涵；即使表现为人的行为方式，也以消除的人作用为其特征（这里似乎包含着人的行为隔绝于人这一悖论）。在超越于人的意义上，"天"的本然性与非目的性又相互重合，它同时也使"天"的自然义不同于现代哲学视域中的自然。

在庄子关于"天籁"的描述中,"无为为之"意义上的"天"得到了更具体的阐释:

夫吹万不同,而使其自己也,咸其自取,怒者其谁邪?①

大风吹过,发出不同的声响,形成和谐的天地之音,这是一个自然而然的过程,所谓"自己"、"自取",便是强调上述过程的自然性质。与"自己"、"自取"的自然义相对,这里的"怒"蕴含"使之然"之义,所谓"使之然",既指通过外在的推动使之发生,也意味着这一过程是有目的、有意识谋划的结果,与此相联系,"怒者"也包含二重含义:它既隐喻至上的主宰或外在的推动者,也指有目的的谋划者。和"怒者"的以上含义相应,"怒者其谁"这一反诘也隐含如下的双重否定:既否定自然之上有一个至上的主宰或推动者,也否定自然过程内含有目的的谋划活动。从天人关系看,对"自己"、"自取"的如上强调,同时以形象的方式,突出了"天"的自然义,郭象在解释庄子的以上论述时,已明确地指出了这一点:"以天言之,所以明其自然也。"②

然而,就现实的形态而言,存在过程中也往往可以看到某种合乎目的的现象,如人的不同器官之间的关系,便每每呈现某种合目的性。如何解释这种现象? 在庄子看来,这并不意味着其中真正渗入了目的,也不表明其中实际地包含从属或支配与被支配的关系。对此,庄子作了如下阐释:"百骸、九窍、六藏,赅而存焉,吾谁与为亲? 汝皆说之乎? 其有私焉? 如是皆有为臣妾乎? 其臣妾不足以相治乎? 其递相为君臣乎? 其有真君存焉? 如求得其情与不得,无益损

---

① 《庄子·齐物论》。
② 《庄子·齐物论》。

乎其真。"①君臣既涉及隶属关系,也蕴含着目的性:从属者往往被视为手段,其存在意义在于服务、效力于对它加以主宰或支配者,生物(包括人)的器官之间,常常给人以这一类的外观,如唇的存在意义似乎在于屏护齿,所谓"唇亡齿寒"。但在庄子看来,这并不是存在的真实形态:他以一系列的问句,对自然的目的性理解提出了质疑。这种质疑的内在含义,便是否定自然过程具有目的性。

由否定自然过程的目的性,庄子进而对人的行为过程的目的性提出质疑。在谈到如何治国时,庄子表达了如下看法:"游心于淡,合气于漠,顺物自然而无容私焉,而天下治矣。"②"无容私"即不允许人的目的、意图的渗入,值得注意的是,庄子在这里将目的、意图的考虑与"私"联系起来,从而赋予目的以负面的价值意义。与之相联系的,是任自然与目的之"私"的相互对立:惟有排除目的、意图之"私"而顺乎自然,才能达到天下之治。广而言之,不仅治国的实践,而且一般的行为,也应超越目的性,"至人"的行为,便体现了这一特点:"夫至人者,相与交食乎地,而交乐乎天。不以人物利害相撄,不相与为怪,不相与为谋,不相与为事……动不知所为,行不知所之。"③所谓"动不知所为,行不知所之",也就是行为无任何目的与意向,在庄子看来,理想的行为方式,便在于超越利害的计较、超越有意的谋划,无目的、无意向,完全顺乎自然。

前文曾论及,在人道原则与自然原则的关系上,庄子一方面追求人性化的存在,另一方面又强调自然原则的优先性,与之相联系,庄子在目的性问题上,也似乎表现出二重倾向。就其追求合乎人性的

---

① 《庄子·齐物论》。
② 《庄子·应帝王》。
③ 《庄子·庚桑楚》。

存在形态而言,庄子显然依然承诺了人的目的性:人性化的存在,本身表现为一种价值的目标;就其主张"动不知所为,行不知所之"而言,又在具体的行为过程中以自然原则扬弃了目的性。

通过扬弃目的性以突出"天"的自然义,同时也赋予"无为为之"意义上的"天"以价值的含义。按其本来意义,目的性并非仅仅涉及目的论,它同时与人的存在相联系:这不仅在于人本身是目的,而不是达到某种外在目的的手段,而且表现在人的行为本质上具有目的性特征,后者赋予人以自觉的品格,并从行为的层面,展示了人不同于其他存在物的内在规定。就人的存在以及人与世界的关系而言,目的性同时涉及人的理想,其中蕴含着成就自我与变革世界的要求,后者构成了目的性更本质、更深沉的价值内涵。

目的性的行为指向以及它与成就自我和变革世界的联系,使目的性的扬弃同时涉及对行为的规定:作为"天"内在含义之一的"无为为之",既含有超越目的与谋划之意,又趋向于限定人的作用。事实上,庄子所说的"无为",同时是就人的"在"世方式及其作用而言。在庄子看来,"天"本身体现了"无为"的特征;以合乎天(顺乎自然)为"在"世的原则,人同样应当把"无为"作为存在方式:

> 天无为以之清,地无为以之宁。故两无为相合,万物皆化。……天地无为也,而无不为也,人也孰能得无为哉?①

这里的天地无为,指任万物之自然,而不参与其间的作用过程,对人而言,"无为"则意味着悬置或限制人对世界的作用。对庄子而言,有意而为之,总是难以摆脱功利的追求,后者使人时时面临被功利化或

---

① 《庄子·至乐》。

物化之虞;惟有循乎无为的原则,才能使人自身得到安顿,在社会领域的政治实践中,尤其是如此:"闻在宥天下,不闻治天下也。在之也者,恐天下之淫其性也;宥之也者,恐天下之迁其德也。……故君子不得已而临莅天下,莫若无为;无为也,而后安其性命之情。"①"在"有自在、自然之意,"宥"指宽容②,"治"则是有意而为之,按庄子之见,离开自然、宽容的原则而有意为之,便难以使人的内在规定获得适当的定位(所谓"淫其性、迁其德"),只有以"无为"为原则,才能让人的本然规定得到合乎人性的发展(安其性命之情)。作为人的内在规定,"性"与"德"的安顿和发展既涉及统治者,也与一般的社会成员相关,而以"在""宥"、"无为"担保"安其性命之情",也相应地具有普遍的意义。值得注意的是,以避免消极意义上的"淫其性、迁其德"和实现积极意义上的"安其性命之情"为指向,"无为"的原则同时又体现了走向合乎人性的存在这一主题,它与前文提到的以"天"规定"人"的立场前后一致,表明无为的观念并没有离开广义的天人之辩。

作为天人之辩的展开,无为不仅制约着人自身,而且规定了人与世界的关系。就后一维度而言,庄子一再强调人无为于外部对象:"若天之自高,地之自厚,日月之自明,夫何修焉?"③"修"表现为人的作用,"自"则突出了对象世界以自身为根据,在这里,人所面对的存在完全呈现为一个自在的世界,人的作用则隔绝于这一对象世界之外:"故圣人观于天而不助。"④这种看法与儒家对世界的理解显然有所不同。对儒家而言,人的作用并非与对象世界互不相涉,由此出

① 《庄子·在宥》。
② 林希逸:"'在'者,优游自在之意。""'宥'者,宽容自得之意。"(〔宋〕林希逸:《庄子鬳斋口义校注》,第162页)
③ 《庄子·田子方》。
④ 《庄子·在宥》。

发,儒家认为人可以赞天地之化育:"唯天下至诚,为能尽其性;能尽其性,则能尽人之性;能尽人之性,则能尽物之性;能尽物之性,则可以赞天地之化育;可以赞天地之化育,则可以与天地参矣。"①至诚是一种真诚的境界,它构成了真实地认识自己(尽其性)、真实地认识他人(尽人之性)、真实地认识事物(尽物之性)的前提。所谓赞天地之化育,当然并不是人帮助自然过程的完成,而是指通过人的活动使对象世界(天地)由自在之物转化为为我之物,从而合乎人的合理需要并获得价值的意义。这里重要的不是从认识自己到认识他人、认识事物的推论,而是将天地的演化与人的价值创造联系起来,以人化的存在为对象世界应有的形态,并在此前提下引出"与天地参"(人作为与天地相关的一方参与这个世界的形成过程)。从现实形态上看,人所面对并生活其间的世界不同于本然的对象或自在之物,它在本质上乃是打上了人的印记并被人化的存在,庄子强调"观于天而不助",固然含有顺乎自然法则之意,但同时似乎也忽视了现实的世界渗入了人的活动并蕴含着人的参与。

与突出对象世界的自在性相联系,庄子执着于"物"与"事"的区分。在描述作为理想人格的"神人"时,庄子特别指出其特点在于不以"物"为"事":"之人也,物莫之伤,大浸稽天而不溺,大旱金石流、土山焦而不热。是其尘垢秕糠,犹将陶铸尧舜者也,孰肯以物为事?"②"彼且择日而登假,人则从是也,彼且何肯以物为事乎?"③"物"是一般对象意义上的存在,"事"则与人的活动相联系;"登假"即登遐④,在宽泛的层面意味着达到合乎道之境,引申为逍遥而远离

① 《中庸·第二十二章》。
② 《庄子·逍遥游》。
③ 《庄子·德充符》。
④ 参见刘文典:《庄子补正》上,第 174 页。

世俗之世,在"物"与"事"之辨中,"登假"(登遐)具有象征的意义:它隐喻着超越现实的生活世界而维护或回到与道为一的自在形态,与此相联系的"不以物为事",也意味着悬置人的活动或作用(事),而保持存在的本然形态(物)。从人与世界的关系看,"不以物为事"的内在含义,在于消解对世界的变革。

庄子对"物"与"事"的如上区分,同样与儒家表现出不同的思维进路。较之庄子强调"物"不同于"事",儒家似乎更倾向于对物与事的沟通,《易传》提出"开物成务"①,其中的"物",已被置于人的知行之域,并蕴含着与人的活动的联系。郑玄在注《大学》中的"物"时,更明确地点出了二者的以上关联:"物,犹事也。"②这一界定一再为以后的儒家所确认,朱熹在《四书章句集注》中,便接受了对物的如上界说。王阳明也认为:"物即事也。"③王夫之同样强调:"物,谓事也,事不成之谓无物。"④直到 18 世纪的戴震,依然认为:"物者,事也。"⑤如前所述,"物"泛指作为对象的"有"或存在,"事"则首先与人的实践活动相联系,以"事"释"物",既意味着从人自身之"在"(包括人的活动)来理解和把握存在,也表明真实(具有现实意义)的存在总是难以离开人自身的存在过程。⑥ 儒家对物与事关系的如上理解,与肯定人能够"赞天地之化育"这一信念有着内在的逻辑关联,相形之下,庄子

---

① 《易传·系辞上》。

② 〔汉〕郑玄:《礼记注·大学》。

③ 〔明〕王阳明:《传习录》中,《王阳明全集》上册,上海:上海古籍出版社,1992 年,第 47 页。

④ 〔明〕王夫之:《张子正蒙注·诚明》,《船山全书》第十二册,第 115 页。

⑤ 〔清〕戴震:《孟子字义疏证》上,《戴震集》,上海:上海古籍出版社,1980年,第 267 页。

⑥ 当然,如果由强调物与事的联系而否定其自在的一面,则在逻辑上也包含消解"物"之实在性的可能。

之反对以"物"为"事",其根源之一似乎可以联系到对人化过程及人化世界(礼义文明等)的疑惧,它的论域,仍未离开天人之辩。

通过"物"与"事"之分而展开无为的观念,同时也涉及"无为"与人自身存在的关系。对庄子而言,人本质上是有限的存在,无论在社会领域,抑或外部世界,人的作用都有其限度,这种有限性,内在地构成了无为的根据:

> 夫知遇而不知所不遇,知能能而不知所不能。① 无知无能者,固人之所不免也。夫务免乎人之所不免者,岂不亦悲哉? 至言去言,至为去为。②

人既非全知,也非万能;人之所知,人之所能,总是有限的,某些方面缺乏知与能,是人所难以避免的,"计人之所知,不若其所不知。"③这种有限的存在处境,同时规定了人的存在方式:正是从以上前提出发,庄子强调"至为去为",而所谓"去为",也就是无为的另一种表述。

由人的有限性引出无为,无疑表现了消极的意向,不过,这种有限性的意识本身并非毫无意义。一般而言,对人的力量持乐观信念,常常容易滋生对外部世界(包括社会领域)过强的支配、主宰等意向,并导致各种形式的理性僭越。法家强调通过法、术、势的不同运用或相互结合,便能够有效地控制社会、主宰世界,这里固然首先强化了

---

① 马其昶认为:"郭注以知与不知,能与不能并言,似'能能'上衍一'知'字。"陈鼓应也以"知"字为衍文,并据敦煌本删去"知"字(参见陈鼓应:《庄子今注今译》,北京:中华书局,1983 年,第 590 页)。此论似可备一说。

② 《庄子·知北游》。

③ 《庄子·秋水》。

君主的作用，但其中也渗入了对普遍意义上人的力量的确信：人(包括君主)可以通过运用自身的能力，让世界按自己构想、设计的方式存在。这种过分强调人的力量的价值观念，在历史上曾产生了不同形式的负面后果，后来秦王朝的暴政以及由此引发的社会震荡，便从一个方面表现了这一点。相形之下，人的有限性意识或肯定人的有限性，对上述偏向无疑具有某种抑制的意义。

从另一方面看，以天人之辩为背景，"无为"并非一无所为。如前所述，在物与人的关系上，庄子要求"物物而不物于物"，其中的"物物"，便含有作用于物而不为"物"所支配之意，就此而言，庄子并没有绝对地否认人的作用。这里的问题之一似乎在于如何理解人之"为"。《老子》曾提出"为无为"①，亦即将无为本身看作是一种特定的"为"。与法自然的要求相联系，以无为的形式表现出来的"为"，首先相对于无视自然之道的人为而言，在以下论述中，《老子》对此作了更具体的解释："道常无为而无不为。侯王若能守之，万物将自化。"②在这里，无为之"为"与万物之自化呈现出某种一致性。不难看出，这种无为之"为"的特点，在于尊重对象自身的力量而不加干预，所谓"事善能，动善时"③便展示了以上原则：事、动属广义的"为"，而善能、善时都从不同的侧面强调了"为"应当合乎自然。庄子所说的"无为为之"，在某些方面接近于《老子》的"为无为"，它固然包含限制人的作用的趋向，但同时又以循乎道为其内在的原则。正是从"无为为之"的观念出发，庄子一再强调行为的过程应"通于道"、"明于道"："不通于道者，无自而可；不明于道者，悲夫！"④"道"在庄子那里既被

① 参见《老子·三章》，《老子·六十三章》。
② 《老子·三十七章》。
③ 《老子·八章》。
④ 《庄子·在宥》。

视为存在的根据,又被理解为存在的普遍法则,与之相应,"无为为之"无疑又蕴含合规律性(合乎普遍法则)之意。

作为"无为"的体现形式之一,合乎道(合规律性)的观念同时在更内在的层面涉及天人关系,从技与道之辨中,便可以进一步看到这一点。在庖丁解牛的寓言中,庄子借庖丁之口,提出了"技进于道"的论点:"臣之所好者道也,进乎技矣。"①这里的"技",属人为之"术","道"则是自然的法则。在谈到技、事、德、道等关系时,庄子对此作了具体的阐述:"能有所艺者,技也;技兼于事,事兼于义,义兼于德,德兼于道,道兼于天。"②"技"作为人的能力的具体体现("能有所艺"),其作用主要表现为处理实践中的问题(事),这一处理过程(事)以适宜或适当(义)为目标,达到适宜或适当的前提在于把握对象的具体规定(德),这种具体规定又是道在不同事物中的体现("德兼于道"),而道本身则表现为自然(天)的法则("道兼于天")。这样,由"技"而进于道,归根到底也就是从有意而为之的人为之"术",提升到合乎自然之道(天)的存在之境;换言之,它意味着由"人"走向"天"。

要而言之,在庄子那里,"天"既指本然的存在形态("牛马四足,天也"),又指自然("无为为之之谓天"),后一意义上的"天"内在地蕴含着非目的性的观念;扬弃目的性与拒斥人的功利化或物化相结合,又进一步引向了无为的观念;以循乎自然之道为内在的维度之一,无为同时渗入了合规律性的原则。天人关系上的以上看法,一方面交错着走向人性化存在这一价值目标与扬弃具体行为过程中的目的性之间的某种冲突,另一方面又蕴含着合目的性与合规律性的张力。可以看到,与儒家要求化"天"为"人"有所不同,庄子更倾向于以

①　《庄子·养生主》。
②　《庄子·天地》。

"天"规定"人"或以"天"为"人"的价值内涵,对"天"的价值意义的如上强调,使庄子尽管没有放弃人性化存在的追求,但却未能对合目的性这一规定作适当的定位,并相应地难以完全化解以上紧张。

四 自然原则的双向展开

如前所述,作为自然原则的体现,"天"不仅涉及合规律性和合目的性的问题,而且与人的存在方式相关。就人之"在"而言,"天"所蕴含的自然原则又有多重表现形式。

表现为自然的"天",首先与前文明的形态相联系。在这种存在形态中,人与其他的对象、人与外部世界之间,不发生作用与被作用的关系,整个世界呈现为未经人化的原初状态:"故至德之世,其行填填,其视颠颠。当是时也,山无蹊隧,泽无舟梁,万物群生,连属其乡,禽兽成群,草木遂长。"①"其行填填,其视颠颠"是指人的存在方式,它的特点在于淳朴自然;"山无蹊隧,泽无舟梁"等等,则是人所处的世界,其特点在于完全停留在本然之境,未经人的任何变革。不难看到,在这幅存在图景中,人与人生活于其间的世界,都呈现自在的形态。

对庄子而言,人的自在形态,本于人的"常性":"彼民有常性,织而衣,耕而食,是谓同德。……同乎无欲,是谓素朴,素朴而民性得矣。"②常性或素朴之性即本然之性,这里的"欲"不仅仅指具体的物欲或名利之欲,而且包括一般意义上的文明追求,无欲也相应地隐含疏离文明化欲求之意。按庄子的看法,自然状态的破坏,主要便导源

① 《庄子·马蹄》。
② 《庄子·马蹄》。

于文明的欲求和实践,在谈到圣人等与礼乐文明的关系时,庄子对此并不讳言:"及至圣人,蹩躠为仁,踶跂为义,而天下始疑矣。澶漫为乐,摘僻为礼,而天下始分矣。故纯朴不残,孰为牺尊? 白玉不毁,孰为珪璋? 道德不废,安取仁义? 性情不离,安用礼乐? 五色不乱,孰为文采? 五声不乱,孰应六律? 夫残朴以为器,工匠之罪也;毁道德以为仁义,圣人之过也。"①前文已提及,庄子对文明演进过程提出了种种批评,对圣人作用的以上看法,与之无疑前后相承。"道"与"德"(道德)在此指自在的真实规定。"残朴以为器",描述的是物质层面的文明与对象的关系;"毁道德以为仁义",则涉及礼乐、伦理层面的文明与人的关系,二者的共同特点,在于悖离了存在的本然之性,庄子由此强调了礼乐文明与本然之性的紧张与冲突。以上的冲突与对峙,同时也决定了回复自然以摒弃仁义为前提:"攘弃仁义,而天下之德始玄同矣。"②

"毁道德以为仁义",主要表现为历史中形成的社会伦理规范系统对人性的影响,从更内在的层面看,人性又受到人的精神世界的制约。精神世界除了伦理的意识之外,还包括广义的对象之知与自我之知,维护或回复自在的形态,同时也关乎上述意义的精神世界。由反对"残朴以为器"、"毁道德以为仁义",庄子进一步要求"解心释神":

> 堕尔形体,吐尔聪明,伦与物忘,大同乎涬溟,解心释神,莫然无魂。③

---

① 《庄子·马蹄》。
② 《庄子·胠箧》。
③ 《庄子·在宥》。

形体作为身,属人的外在表征,聪明是人的感性能力的体现,堕形体,吐(黜)①聪明,意味着放弃形体层面的修养和感性能力的发展,回到本然的存在形态;"心"与"神"构成了人的精神世界,与儒家主张通过教化、为学以建构内在的精神世界相对,"解心释神"要求解构已有的精神世界,这种解构,又以同于自然或本然为其指向。

"心"与"神"所构成的精神世界,以"知"为其主要内容之一。在庄子看来,对"知"的追求以及以"知"变革、影响对象,其结果往往是负面的:"夫弓弩、毕弋、机变之知多,则鸟乱于上矣;钩饵、网罟、罾笱之知多,则鱼乱于水矣;削格、罗落、罝罘之知多,则兽乱于泽矣;知诈渐毒、颉滑坚白、解垢同异之变多,则俗惑于辩矣。故天下每每大乱,罪在于好知。"②这里的"知"既涉及自然,也关联着社会领域;运用"知"发展或完善工具,其结果是破坏自然的生存状态;将"知"运用于观点的争论及其他的社会问题,则导致社会的惑乱。无论是处理人与对象世界的关系,抑或人与人的关系,"知"都呈现消极的意义。

与"好知"的文明形态相对,自在的存在方式更多地表现为对"知"的疏离,在描述上古时代人的"在"世特点时,庄子对此作了概述:"当是时也,民结绳而用之,甘其食,美其服。"③"结绳而用之",隐喻着疏离"知"或去"知","甘其食,美其服",则赋予了这种存在方式以理想的性质。去知与理想的存在形态之间的关系,在以下议论中得到了更具体的表述:

---

① 王引之:"吐当为咄,咄与黜同。"(参见〔清〕郭庆藩:《庄子集释》,北京:中华书局,1961 年,第 391 页;又见刘文典:《庄子补正》,1980 年,第 361 页)如王引之已提到的,《大宗师》有"堕肢体,黜聪明"语,用法与之相通,此似亦印证"吐聪明"当为"黜聪明"。

② 《庄子·胠箧》。

③ 《庄子·胠箧》。

去知与故,循天之理。故无天灾,无物累。……其生若浮,其死若休。不思虑,不豫谋。光矣而不耀,信矣而不期。其寝不梦,其觉无忧。其神纯粹,其魂不罢。虚无恬惔,乃合天德。①

"循天之理"含有顺乎自然法则之意,"去知"与"不思虑"相联系,则意味着消解理性之知,在这里"顺自然"与"去知"构成了同一过程的两个方面。通过摈弃理性之知,人的整个精神生活便呈现为完美的形态:从生到死,由觉至寐,精神超越了紧张、冲突,始终处于安宁、恬静的形态,后者具体表现为合乎或回归自然("合天德")。

从"山无蹊隧,泽无舟梁"到"解心释神"、"去知与故",作为自然原则的"天"在对象世界与人自身的存在上,都以维护或回归本然的存在形态为指向。对"好知"的批评以及"去知"的要求与"不思虑"、"结绳而用"的主张相结合,进一步赋予精神世界的解构(解心释神)以贬斥、扬弃理性之知的内涵。相应于理性的被冷落,"天"所隐含的自然原则不仅表现为对自在性、本然性的肯定,而且以自发性为自身的内容。在庄子所描绘的存在图景中,我们不难看到这一点:"至德之世,同与禽兽居,族与万物并,恶乎知君子小人哉? 同乎无知,其德不离。"②作为人的理想存在形态,这种至德之世既超越了礼义文明(与万物同类、无君子小人之别),又消解了自觉的理性("同乎无知"、与禽兽无异),前文明意义上的自在与非理性意义上的自发合而为一。

不过,"天"所隐含的自然原则,同时又包含着另一重内涵。在谈

---

① 《庄子·刻意》。
② 《庄子·马蹄》。

到人与人之间的相处时,庄子曾指出:"强以仁义绳墨之言术暴人之前者,是以人恶有其美也。"①仁义作为伦理的观念与原则,本来被赋予正面的道德意义,但一旦以此自我标榜或将其视为道德教化的工具而对人强行灌输,则将失去其本来的价值意义。前文所提到的庄子对仁义、礼义的批评,在相当程度上亦是针对仁义或礼义的这种外在化形态而发。与上述现象不同,本真的道德往往并不具有刻意外化的形式,所谓"大仁不仁"②,便是就此而言:"不仁"既指不同于世俗所夸耀之"仁",也指非为仁而仁。"大仁"的这一类行为包括:"利泽施于万世,不为爱人。"③"不为爱人"内含二重含义:就动机的层面,它意味着超越目的性考虑;就行为方式而言,它表现为非炫人以善。"利泽施于万世",无疑是一种"善",但在"大仁"那里,这种行为不是出于有意识的谋划或外在的炫耀,而是自然而然。可以看到,庄子在此并没有绝对地否定道德,而是将真正意义上的道德(大仁)与世俗之"仁"区别开来,把道德理解为一种非刻意而为之的行为。广而言之,人与人的交往过程中,同样应体现类似的原则:"孰能相与于无相与,相为于无相为?"④"无相与",亦即非出于某种功利或其他意图的交往,"无相为"则是非有目的的相互作用,质言之,人与人之间的交往与相互作用应超越谋划与计较,以出乎自然为其内在品格。上述观点从一个方面展开了"天"(自然原则)的含义。

由人与人之间的交往转向更普遍意义上人与道的关系,同样可

---

① 《庄子·人间世》。
② 《庄子·齐物论》。
③ 《庄子·大宗师》。
④ 《庄子·大宗师》。

以看到渗入于其间的自然原则。在谈到圣人①的行为方式时,庄子指出:

圣人不从事于务,不就利,不违害,不喜求,不缘道。②

这里值得注意的是"不缘道","缘"意谓遵循、根据、顺沿,其中包含着自觉的向度:"缘道"的实质含义即自觉地遵从、沿循普遍之道;与之相对的"不缘道",当然不是偏离、悖逆道,而是指超乎对道的有意循沿,达到自然中道;庄子将"不缘道"与"不从事于务"、"不喜求"联系起来,已具体彰显了前者(不缘道)是一种超乎有意而求的行为之境。这种境界同时也被理解为理想人格的行为特点:"知道易,勿言难。知而不言,所以之天也;知而言之,所以之人也。古之人,天而不人。"③从道与人的关系看,"知而言之",亦即示人以道;"知而不言",则是默而识之。前者既是一种自觉的意识,又表现为有意的标榜和执着;后者则已融入人的存在方式、化为人的日用常行,所谓"天而不人",便是要求扬弃对道的有意执着,达到自然而行。在相近的意义上,庄子强调"师天而不得师天"④。前一意义上的"师天",指刻意效法,后一意义上的"师天",则是自然地顺乎或合乎天。⑤ 在庄子看来,

---

① 《庄子》一书中的"圣人"往往被赋予不同的含义,在有些场合,他被视为与"天"相对的文明符号或象征,在另一些场合,他又被理解为理想的人格,这里的"圣人",是就后者而言。

② 《庄子·齐物论》。

③ 《庄子·列御寇》。

④ 《庄子·则阳》。

⑤ 林希逸:"师天而不得师天,言以自然为法而无法自然之名,不过与物相顺而已。"(〔宋〕林希逸:《庄子鬳斋口义校注》,1997 年,第 401 页)

刻意仿效,反而将导致远离自然之道("不得师天")。对人与道、人与天关系的如上理解,与儒家的某些看法似乎有相通之处。《中庸》在概述圣人品格时,曾指出:"诚者不勉而中,不思而得,从容中道,圣人也。"①不勉不思并非否定或拒斥理性的自觉,而是超乎勉强与努力,达到自然地合乎道。庄子所谓"不缘道",可以看作是"从容中道"的另一种表述。②

"不师天"、"不缘道"体现于人自身之"在",便涉及能力的作用方式。以工匠的活动及人的日常存在方式为例,庄子对"天"的自然之义作了进一步的论述:"工倕旋而盖规矩,指与物化而不以心稽,故其灵台一而不桎。忘足,履之适也;忘要,带之适也;知忘是非,心之适也;不内变,不外从,事会之适也。"③工倕是传说中尧时的著名工匠,"旋"即以规作圆,而在工倕那里,这一过程已超乎机械地依循程式、规矩,手的活动完全与对象融合为一(指与物化),而无须借助有意的计算、思虑。惟其自然而然,不假思为,故内在的精神世界合而不滞。同样,只有在不自觉留意"履"是否适于"足"、"带"是否适于"腰"时,履与足、带与腰之间的关系才呈现其相互适合的性质。引申而言,在行为过程中,只有超越内在精神层面的有意为之以及对外在规范的依仿,才能使人的作用达到完善的境界。

在轮扁斲轮的著名寓言中,庄子曾借轮扁之口,对斲轮的特点作了如下描述:"斲轮,徐则甘而不固,疾则苦而不入。不徐不疾,得之

---

① 《中庸·第二十章》。
② 〔英〕葛瑞汉认为,"对他(庄子)而言,问题不在于有意服从(obeying)天,而是自然地(by the spontaneous)顺从天"(参见 A. C. Graham:*Chuang-tzu: The Seven Inner Chapters and other writings from the book Chuang-tzu*, p.15)。这一看法似亦有见于此。
③ 《庄子·达生》。

于手而应于心,口不能言,有数存焉于其间。"①"得手应心"是手与心之间的默契,这种默契并不是通过斵轮过程中有意识的计划、安排而实现的,相反,在试图借助人的努力以达到手与心之间的协调、配合时,行为往往难免坚涩、生硬。这里所说的"数",主要便是相对于主观的意图、考虑等而言:它已超乎"人"的努力而达到近于"天"(自然)之境。

综合起来,"指与物化而不以心稽"与"不徐不疾"、"得手应心",意味着外在的"技"与"术"以及各种普遍的规范、程式已内化为个体的存在形态,这种存在形态不再仅仅体现于观念的、精神的层面,而是呈现为与人为一的内在规定。在这里,自然意义上的"天"展示了其另一重内涵:它意味着通过化"人"为"天"或"人"的自然化,使人的精神世界及实践能力转化为天人交融意义上的第二天性或第二自然,这种"自然"并非简单地否定自觉,而是包含自觉而又超乎自觉,它既具有与人同"在"的本体论意义,又表现为知行相融并合于道的实践智慧。可以看到,在人的存在这一层面,"天"所体现的自然原则既内含自发、自在的趋向,也意味着从单纯的自觉之维,走向相应于化"人"为"天"的自然之境,从而达到天人为一的存在形态。当然,就其现实的形态而言,不仅化"天"为"人"始终基于人的实践过程,而且化"人"为"天"也离不开人的实践活动:正是在实践过程(包括以工具为中介作用于对象的活动)中,人逐渐地感受、认识、理解"天"(广义的自然及内含于其中的法则)的内在力量及其意义,人的思想、观念、行为方式也相应地发生与"天"(广义的自然及其法则)相一致的变化,并由此达到合于"天"之境。尽管庄子在一定程度上也涉及了实践智慧,但从总体上看,对人之"为"的疏离(所谓"至为去为"),使

① 《庄子·天道》。

之始终未能真正把握现实的实践活动在化"人"为"天"这一过程中的本源意义。

五　天人之行本乎天

在天人关系上,庄子以合乎人性的存在形态为关注的目标,同时又以融合于"天"为达到人性化存在的担保,这一思维路向已在总体上肯定了天与人的联系;通过强调化"人"为"天",庄子又进一步展开了如上思路。以此为前提,庄子从不同的角度,对天与人的相关性作了更具体的考察。

相关首先不同于相胜,在描述真人的存在形态时,庄子指出:"天与人不相胜也,是之为真人。"①"相胜"即相互克服、相互否定,其中包含着彼此排斥的一面;"真人"既指理想的人格,也隐喻着人的真实存在形态。庄子的上述论点表明,天与人之间的理想关系,并不是彼此的克服或否定,这一看法在将天人的相关性区别于相互排斥的同时,也意味着进一步从统一而非对峙的维度理解天与人的关系。

天与人非相胜,当然并不表明二者无区分。在论及"道"时,庄子对此作了如下论述:"何谓道? 有天道,有人道。无为而尊者,天道也;有为而累者,人道也;主者,天道也;臣者,人道也。"②在此,天人关系在"道"的层面得到了更深入的考察,天与人的关系也相应地展开为天道与人道的关系。这里所说的"天道"与"人道"既涉及自在的世界与人化的领域,也对应于"自然"与"当然";二者分别与"无为"和"有为"相涉。庄子以"尊"与"累"、"主"与"臣"定位二者的关系:一

---

① 《庄子·大宗师》。
② 《庄子·在宥》。

方面依然确认了天与人、天道与人道的相关性;另一方面则强调了
"天"以及天道对于"人"以及人道的优先性。就"自然"与"当然"的
关系而言,儒家、墨家、法家等从不同的方面突出了人的社会责任及
义务,其中蕴含着对"当然"的注重和强化,相形之下,庄子以天道为
"主"并将"自然"置于更重要的地位,显然展示了不同的立场;如果
说,前者(儒、墨、法)在不同程度上表现出某种执着"当然"而疏离
"自然"的趋向,那么,庄子的以上看法则多少蕴含着以"自然"压倒
"当然"的可能。

　　天道与人道之别所内含的思维进路,更具体地展开于"与天为
徒"和"与人为徒"的区分中。① "与天为徒",亦即循乎自然原则;"与
人为徒"则是合乎人道的原则,二者在社会领域获得了不同的表现形
式:"天下有大戒二:其一,命也;其一,义也。子之爱亲,命也,不可解
于心;臣之事君,义也,无适而非君也。无所逃于天地之间,是之谓大
戒。是以夫事其亲者,不择地而安之,孝之至也;夫事其君者,不择事
而安之,忠之盛也;自事其心者,哀乐不易施乎前,知其不可奈何而安
之若命,德之至也。"②大戒即大法,人生在世,总是无法摆脱伦理、政
治的关系,也不能不承担相应的义务。"子之爱亲"、"臣之事君"便属
这一类的义务,庄子将其视为"不可解于心"、"无所逃于天地间"的天
下之大法,无疑也注意到了以上关系与义务的不可避免性,所谓"与
人为徒",即以上述关系为内容。不过,庄子同时又对事其亲、事其君
与自事其心作了分辨,前二者属伦理、政治的义务,后者("自事其
心")则涉及自然(天性或本然之性),其特点在于超乎人化的情感
("哀乐不易施乎前"),达到安于必然与出于自然的统一("知其不可

----

① 参见《庄子·人间世》。
② 《庄子·人间世》。

奈何而安之若命")。在叙述形式上,庄子由"事其亲"、"事其君"而论及"自事其心",但在实质的层面上,前者(履行"事其亲"、"事其君"的义务)则本于后者(出乎自然意义上的"自事其心"):以安于必然与出于自然的一致为"德之至",便表明了这一点。"与人为徒"(包括履行伦理、政治的义务)属人道或"当然","与天为徒"则表现为天道或"自然",以"与天为徒"的原则与进路处理"与人为徒"的伦理、政治关系,从另一个方面体现了"天"(天道、"自然")对于"人"(人道、"当然")的主导性。

"天"与"人"的如上关系,在庄子那里同时被置于"内""外"之辨的视域;"天"的主导性,则相应于"天"的内在性:

> 故曰:天在内,人在外,德在乎天。知天人之行,本乎天,位乎得,蹢躅而屈伸,反要而语极。①

从天人关系看,人与其他存在物一样,首先包含本然之性;换言之,"天"性总是"内"在于人,在此意义上,"天"表现出"内"的品格;"人"的作用,则或者自然顺乎"天",或者自觉依循"天",相对于"天"的原始性、内在性,人的这种作用更多地呈现了"外"的特点。"德"者,得也,表现为存在的规定。总起来,就"德"(存在的规定)而言,"天"构成了内在本源("德在乎天");就人的作用方式而言,"天"又构成了内在根据("天人之行本乎天")。从存在的形态,到"在"世的过程,"天"与"人"的相关,展现为"内"与"外"的融合。

内外之辨既确认了"天"与"人"的统一,也突出了以上关系中"天"的本源性,后者在庄子的以下论述中得到了进一步的阐释:"何

---

① 《庄子·秋水》。

谓人与天一邪？……有人，天也；有天，亦天也。人之不能有天，性也。"①从存在形态看，人所具有的规定、属性都自然而成；从人的活动看，人对世界的作用，也是一个合乎自然的过程，在此意义上，"人"本于"天"（"有人，天也"）；另一方面，"天"性（如人的禀赋、潜能等）不能由人任意创造，它同样源于自然（"有天，亦天也"）。人无法任意创造自然的禀赋等（人不能有天），这本身也体现了自然的制约（"人之不能有天，性也"），它表明，前文所说的天性之在内（"天在内"），并不是出于人的选择、努力，而是展开为一个自然的过程。天与人的如上关系一方面表现了二者的相关性，另一方面又显示了"天"的主导、决定作用："人与天一"，以二者皆本于"天"为前提。

肯定"人与天一"，意味着反对执着于"天"与"人"之分，庄子通过概述圣人对天人关系的态度，表明了这一立场："夫圣人未始有天，未始有人，……与世偕行而不替。"②"未始有天，未始有人"也就是无分于天人。与前文提到的"天在内"相辅相成，庄子同时强调人"藏于天"："圣人藏于天，故莫之能伤也。"③所谓"藏于天"，也就是顺乎自然而不慕乎其外，或者说，在自然所规定的限度内展开人的行动。④这样，"天"内在于"人"，"人"合乎"天"，"天"与"人"之间无截然相分的界限，人的"在"世过程，也并不表现为"天"与"人"的相互否定或排斥（所谓"与世偕行而不替"）。

从强调天与人不相胜，到肯定天道与人道的相关；从扬弃"与天为徒"和"与人为徒"的对峙，到以内外定位天人关系；从确认天与人

---

① 《庄子·山木》。

② 《庄子·则阳》。

③ 《庄子·达生》。

④ 郭象："不窥性分之外，故曰藏。"（〔晋〕郭象：《庄子注·达生》）

一,到超越天与人的界限(未始有人,未始有天);庄子所理解的天与人既以自然与当然、天道与人道等为内容,也涉及存在的形态与存在的过程,而天与人的统一性则构成了其主要的关注之点。天与人的以上统一,最终又奠基于"天"之上:如前所述,无论是广义的存在形态,抑或人的"在"世过程,"天"都被规定为主导的、本源的方面;天与人的相关与互动,在总体上本于天。

　　由追求合乎人性或人性化的存在,庄子既显示了存在的自觉,又表现出对人自身之"在"的注重,这里无疑蕴含着深沉的人道意识。事实上,在庄子关于天人关系的讨论中,我们可以一再看到对人自身之"在"的关切;尽管"天"往往被赋予理想的形态,但在"天"的外在形式之后,每每又渗入了某种"人"的价值取向。然而,在何为合乎人性的存在与如何达到合乎人性的存在等问题上,庄子又展示了其在天人之辩之上的另一面。对庄子而言,人性化的存在,以同于"天"为其实质的内涵。在个体的层面,完美的人格是所谓"天人"(化为"天"或与"天"为一之人);在类(社会)的层面,理想的至德之世以结绳而用等前文明形态为特征。与此相应,走向人性化存在的途径,主要便表现为循乎天道而回归自然,这里既有化"人"为"天"(形成第二自然)、走向实践智慧的一面,又内含对自在及自发形态的肯定,其中交错着确认目的性(对人性化存在的向往)与悬置目的性(疏离名利以及广义的文明化追求)、天道与人道、自然与当然等紧张。如何化解以上张力,似乎始终是庄子面临的一个理论难题。

第二章

道通为一

　　天人之辩在实质的层面突出了人的主题：与天为一所展示的，依然是人的存在方式。以天道和人道的双重关切为前提，在庄子那里，对人之"在"的考察，同时又与天道意义上的形上之思相联系。庄子以"齐物"名篇，又在更内在的意义上融"齐"、"通"的观念于全书。作为庄子的核心概念之一，"齐"与"通"首先相对于"分"与"别"、"界"与"际"而言，立论于"齐"、"通"，意味着超越分别、界限、分际，关注统一的存在形态。以"道通为一"、"以道观之"为深沉内涵，"齐"、"通"既展示了存在的图景，又体现了把握存在的视域，二者具体地展开于物我之辩与是非之域。相应于以上的思维进路，在庄子那里，敞开真实的存在形态与扬弃分裂的存在视域，表现为统一的过程。

一　未始有封与分而齐之

对庄子而言,真实的存在首先展现为本然的形态。在追溯世界的原初之"在"时,庄子写道:

> 有始也者,有未始有始也者,有未始有夫未始有始也者。有有也者,有无也者,有未始有无也者,有未始有夫未始有无也者。俄而有无矣。而未知有无之果孰有孰无也?①

"始"是时间上的开端,"有无"则涉及本体论层面的存在与不存在。从"始"(开端)向前追溯,最后达到的是无始(无开端),后者(无开端)的本体论意义是没有时间上的先后,它意味着存在的终极形态或本然形态无时间上的先后之"分";同样,直接呈现的现象有"有""无"等分别,在此之前,则是具体的"有"、"无"均不存在的形态,如此上溯,最后所达到的,是更原始意义上的"无",后者的特点在于超越"有"、"无"之分。时间上的先后、存在形态上的有无,在不同意义上表现为一种"分"或"别";相对于具体事物之间的分野或差异,它们无疑更多地呈现形而上的性质,具有本原或初始的形态。通过还原与回溯,庄子既扬弃了时间上的先后之分,又消解了存在形态上的有无之别。作为"未始有夫未始有始"与"未始有夫未始有无"的统一,本然的存在被理解为玄同的世界。庄子的以上分析既展示了形而上学或本体论的立场,也表现为逻辑的推论:从逻辑上说,既成的形态有其开端(始),由开端可以进而向前追溯,如此层层上溯,不断指向

---

① 《庄子·齐物论》。

终极的开端;与之类似,从直接呈现的"有",可以追问其发生以前的存在境域,由此进一步向前追溯,最后将达到"无"任何规定的存在形态。在这里,本体论层面的思与辩和逻辑的分析、推论似乎彼此交融。①

对庄子而言,存在的如上形态,同时也规定了把握存在的方式。与超然于有无等分别的本然之"在"相应的,是至上的认识之境:"古之人,其知有所至矣。恶乎至?有以为未始有物者,至矣,尽矣,不可以加矣。其次以为有物矣,而未始有封也。其次以为有封焉,而未始有是非也。是非之彰也,道之所以亏也。"②"未始有物",不是指绝对意义上的不存在,而是强调其超越时间上的先后及本体论上的有无之分;"封"意谓界限与分化,有物而无封,表明世界处于未分化形态,与此相对的"有封",则以分化和界限为其存在特点;"是非"所涉及的是观念的世界,它构成了不同于"物"的另一种存在形态;"是非"的彰显,相应地进一步将存在推向了分化的形态。值得注意的是,庄子在此把存在的不同形态与人对存在的认识联系起来:所谓"以为",意味着将世界理解为或"看作"如此这般的形态;这样,就存在本身而言,未始有物、超越一切界限是其终极的形态;就人对存在的理解而言,"以为"世界处于如上形态,则表明对存在的把握已达到"至"和"尽"的境界。

由原始之"在"的追溯走向具体的世界,便涉及存在的现实形态,

① 庄子对存在的如上考察,在某些方面使人联想到西方哲学中的本体论(ontology)。一般认为,ontology 主要以逻辑分析为其形式。当然,西方哲学的本体论(ontology)更多地侧重于概念或形式层面的逻辑分析,相对而言,庄子的逻辑推论不同于狭义的形式化运演,而是首先指向存在本身。后者体现了形上思辨与宽泛意义上的逻辑推论的结合,从而不限于形式之域的逻辑分析。

② 《庄子·齐物论》。

在庄子看来,后者同样以"一"为其内在特征。在谈到生与死的问题时,庄子指出:"人之生,气之聚也,聚则为生,散则为死,若死生为徒,吾又何患?故万物一也。是其所美者为神奇,其所恶者为臭腐,臭腐复化为神奇,神奇复化为臭腐。故曰:通天下一气耳。圣人故贵一。"[1]这里的论题始于生死,但其重心却落实于"一"。以气的聚、散解释生与死,一方面表现了对生与死的自然主义态度,另一方面又隐含了以"气"统一不同现象的趋向,所谓"物一"、"通天下一气",所涉及的已不仅仅是人的生与死,而是普遍意义上的天下万物,后者既指具有负面价值的事物(所谓"臭腐"),也包括呈现出正面意义的事物(所谓"神奇"),而贯穿于其中的,则是"气";惟其"一"于气,故彼此能够相互转换("臭腐复化为神奇,神奇复化为臭腐")。存在的如上形态,同时规定了把握存在的视域:"圣人贵一"所体现的本体论观念,即基于"通天下一气"的实际之"在"。相对于"未始有物"、"未始有无"的原始存在形态或本然世界,通于一气的万物无疑已呈现某种多样的形态,然而,对庄子而言,多样不同于界限("有封");万物虽可以有多样的表现形式,但其间并非彼此隔绝和分离。质言之,多样的事物是以"一"而不是"封"为其内在品格的。

从形而上的维度看,"气"具有质料的性质,以"气"通万物,相应地也是在质料的层面确认未始有"封"。在更内在的意义上,世界之无"封",体现于道与万物的关系。《庄子·知北游》中有庄子与东郭子的一段对话:

东郭子问于庄子曰:"所谓道,恶乎在?"庄子曰:"无所不在。"东郭子曰:"期而后可。"庄子曰:"在蝼蚁。"曰:"何其下

---

① 《庄子·知北游》。

邪?"曰:"在稊稗。"曰:"何其愈下邪?"曰:"在瓦甓。"曰:"何其愈甚邪?"曰:"在屎溺。"东郭子不应。

"道"在形而上的层面有存在的本原、根据、法则等多重含义,在以上对话中,它首先与存在的本原及根据相联系。蝼蚁、稊稗、瓦甓,等等,泛指价值形态较低的存在形式,庄子认为道内在于这些事物,既强调了道无所不在,也肯定了作为存在本原、根据的道与具体的事物无截然相分的界限。不难看到,在这里,道的内在性的实质含义,在于道与万物为一;相对于"通天下一气"从质料的层面强调世界"未始有封",道"无所不在"更多地从事物与其存在根据的关系上,消解了存在的界限性。

然而,如上所述,经验世界本身呈现多样的形态,身处其中,人们往往面对着各种具体的区分和差异,如何理解这种"分"和"异"? 在回应这一类问题时,庄子对"未始有封"的论点作了进一步的阐发。大小、寿夭等是经验世界(包括生命领域)中普遍存在的差异,但在庄子看来,这种差异并不构成事物之间绝对的界限:"天下莫大于秋豪之末,而太山为小,莫寿于殇子,而彭祖为夭。天地与我并生,而万物与我为一。"①从外在的形态及生命的延续上看,泰山与秋毫、殇子与彭祖无疑相去甚远,但就它们都"通"于气②、内含"道"③而言,其差异又具有相对性:在与"气"、"道"为一等方面,秋毫并不为小、殇子也非完全为夭;而相对于具有本原、根据意义的存在形态("气"、"道"),作为特定之"在"的泰山、彭祖则并非为大、为寿。从另一方

---

① 《庄子·齐物论》。

② 如上所述,庄子所谓"通天下一气耳"既泛指万物,也兼及生死等生命现象。

③ 道"无所不在",意味着"道"已内在于呈现大小、寿夭之别的不同事物。

面看，"通于天地者，德也。"①"德"在本体论上可以理解为存在的质料、根据在具体事物之中的体现，它构成了事物的内在规定；在万物各有自身的规定（德）这一点上，它们无疑有相通的一面。同样，大小、寿夭方面呈现外在差异的事物，也非彼此隔绝。所谓"万物与我为一"，不仅仅是指个体与万物的一致，而且更是与存在的普遍相融：庄子由肯定大小、寿夭的相对性而引出"万物与我为一"，似乎也蕴含了这一意义。

大小、寿夭之辨表明，多样的事物并不仅仅以对峙、分界的形式存在，它们总是同时在不同意义上包含着彼此相通的关系。如果单纯地关注多样性、差异性，忽视差异之后的"通"，则往往将引向不真实的世界图景。在论及"彼是方生之说"时，庄子写道："方生方死，方死方生；方可方不可，方不可方可；因是因非，因非因是。是以圣人不由，而照之以天。"②生、死，可、不可，等等，是分化的世界中的现象，当注重之点仅仅放在事物之间的区分、差异时，它们的流变、转换也往往被提到突出的地位，所谓"方生方死"、"方可方不可"等等，便表现了这一点：肯定生死之间的如上转换，即以强调"生"与"死"等差异为前提。这样，从形式上看，上述观点似乎关注于生死等现象之间的联系，但在实质的层面，它却着重于不同现象之间的差异，从而未能达到"通"。正因其仍执着于"分"，"是以圣人不由，而照之以天"；"天"即本然形态，所谓"照之以天"，也就是回到"通"而无封的本然之"在"。

不难注意到，对庄子而言，似乎存在着两种世界图景：其一为未始有封的本然形态，其二则是分化的世界。从本体论上看，后者（分化的世界）往往未能展示存在的真实形态；在价值的层面，后者（分化

---

① 《庄子·天地》。
② 《庄子·齐物论》。

的世界）又对人之"在"形成了负面的制约。在解释人何以失性时，庄子指出："且夫失性有五：一曰五色乱目，使目不明；二曰五声乱耳，使耳不聪；三曰五臭薰鼻，困惾中颡；四曰五味浊口，使口厉爽；五曰趣舍滑心，使性飞扬。"①五色、五声、五味等首先表现为各有界限、彼此区分的现象，"趣舍"则是观念领域中不同的价值趋向，而"五色乱目"、"五声乱耳"、"五臭薰鼻"，等等，强调的便是这种分化的现象和观念对人的消极影响，后者不仅体现于感性的领域，而且涉及内在的精神世界，所谓"趣舍滑心"，已指出了执着分化的价值趋向将导致精神的迷乱。

如何扬弃分化或分裂的存在图景？换一种提法，也就是如何超越现象层面"有封"的视域？作为解决以上问题的可能进路，庄子引入了"道"的观念："物固有所然，物固有所可。无物不然，无物不可。故为是举莛与楹，厉与西施，恢恑憰怪，道通为一。"②在现象层面呈现大小、美丑等差异的事物，本身又都包含着能够为人所肯定的规定（所谓"然"、"可"），如前所述，作为人评判的根据，这种规定可以视为"道"在具体事物中的体现。就其普遍内含并体现"道"而言，它们同时又具有彼此相通的性质。这里既有在本体论上以"道"统一不同存在的一面，又意味着从"道"出发实现视域的转换：当仅仅停留于不同现象各自的外在形态时，事物主要以"分"、"异"等形式呈现；从"道"的观点加以考察，则其间便更多地表现了内在的相通性。

视域的转换在以道观之与以物观之等区分中，得到了进一步的阐发："以道观之，物无贵贱；以物观之，自贵而相贱；以俗观之，贵贱

---

① 《庄子·天地》。
② 《庄子·齐物论》。

不在己。"①贵贱既体现了价值观上的差异,也具有本体论的意义(分别涉及事物肯定性的规定与否定性的规定),道作为存在的根据、法则,同时也表现为统一的原理,"以道观之",意味着超越界限,从相通与统一的视域把握存在;与之相对的"以物观之"侧重于对象自身的规定,"以俗观之"则从外在于对象的准则出发,后二者表现形式虽然有所不同("以物观之"着眼于事物自身之"在","以俗观之"则是从事物自身之外的立场来考察),但都执着于"分"与"别":前者("以物观之")肯定自身("自贵")而否定、拒斥他物("相贱"),后者(以俗观之)则根据外在准则在事物自身与他物之间划界("贵贱不在己":贵贱相分,但其依据不在自身)。②

　　相分之物总是各有界域,当这种界域被过度强化时,世界往往呈现"杂"的形态;后者与道形成了另一种意义上的紧张:"道不欲杂。杂则多,多则扰,扰则尤,尤而不救。"③如后文将进一步讨论的,与"杂"相联系的"多",体现的主要不是一般意义上的多样性,而是存在的无序性;从"分"、"别"到"杂",事物间的界限,进一步呈现为无序

---

　　① 《庄子·秋水》。

　　② 程颐在谈到庄子的齐物之论时,曾提出如下批评:"庄子之意欲齐物理耶? 物理从来齐,何待庄子而后齐? 若齐物形,物形从来不齐,如何齐得? 此意是庄子见道浅,不奈胸中所得何,遂著此论也。"(〔宋〕程颢、程颐:《二程集》,北京:中华书局,1981 年,第 289 页)事实上,庄子之意,主要不是在宇宙论的层面将对象世界本身敉平,而是通过视域的转换,使世界以不同于分裂的形式得到呈现。在庄子看来,"万物殊理",而"道不私"(《庄子·则阳》),以道观之既要求超越物之"分",也意味着扬弃理之"殊",程颐的以上批评,多少忽视了齐物与视域转换的关系以及庄子哲学中道与"物"、"理"的差异。相形之下,〔英〕葛瑞汉的如下看法似乎更接近于庄子"齐物"的意义:庄子仅仅谈到"圣人将事物作为一体来对待(treating things as one),而从未说事物本身真是一体"。(A. C. Graham: *Chuang-tzu: The Seven Inner Chapters and Other Writings from the Book Chuang-tzu*, 1981, p.20.)

　　③ 《庄子·人间世》。

的规定。与之相应，以道观之不仅意味着克服各自划界（包括"自贵"、"相贱"）的存在图景，而且蕴含着扬弃无序性的要求。

"道不欲杂"所包含的如上观念，在庖丁解牛的著名寓言中得到了形象的阐发。从外在的层面看，解牛首先以分解为内容（将牛分解为不同的部分），它所涉及的，似乎主要是"技"，然而，在庖丁那里，这一过程却已不限于"技"，而更多地与"道"相关，作为道的体现，解牛并不仅仅以分别地了解牛的不同部分为前提，它同时要求对牛达到总体上的把握，亦即将其视为各个部分相互关联的整体；惟其如此，才能依乎天理、因其固然，"恢恢乎其于游刃必有余地"。① 在这里，以"分"为主要形式的活动，同时又以扬弃"分"为前提。

可以看到，"道通为一"和"以道观之"从不同方面展开了庄子在本体论上的基本立场：就存在形态而言，"未始有封"构成了世界的本然形态与现实之"在"，多样的存在基于道而呈现了内在的统一性（通）；就人对世界的把握而言，问题则表现为超越"物"的限定、从道的层面再现存在的统一形态。前者展示了存在的图景，后者则表现为人把握存在的方式，二者在本质上都与人对世界的"观"或视域相联系：把握存在的方式，涉及如何看或"观"世界；存在的图景作为人对世界的再现，同样以人之"观"（以合乎或悖离"道"的方式"观"）为前提。在此意义上，"道通为一"与"以道观之"本身也呈现了其相通性。

在庄子看来，存在的图景如何呈现，内在地受到存在视域的制约；在分裂的存在图景之后，总是可以看到执着于"分"的视域。以庄子所处的时代而言，"天下大乱，贤圣不明，道德不一，天下多得一察

---

① 《庄子·养生主》。

焉以自好①,譬如耳目鼻口,皆有所明,不能相通;犹百家众技也,皆有所长,时有所用。虽然,不该不遍,一曲之士也。判天地之美,析万物之理,察古人之全,寡能备于天地之美,称神明之容。"②"判"、"析"等,都表现为"分"与"别"③,天地本来呈现整体之美,万物则内含普遍的联系,然而,当仅仅以"判"、"析"等方式去加以把握时,则往往仅得"一察",而难以再现其整体性、统一性。庄子以"不能相通"、"不该不遍"概括以上考察方式,并将执着于这种方式者称为"一曲之士",既展示了肯定相通、扬弃"封"而不"齐"的本体论立场,也表现了对存在视域的关注:对天地之美的遮蔽(寡能备于天地之美),导源于"不该不遍"、自限于"判"、"析"的存在视域。

世界的呈现形态与考察世界的视域之间的如上关联,决定了超越"不该不遍"、"判天地之美"的存在图景以视域的转换为前提。在谈到如何达到通而为一的存在形态时,庄子指出:"唯达者知通为一,为是不用而寓诸庸。庸也者,用也;用也者,通也;通也者,得也;适得而几矣。"④"达者"的特点在于不限于"分"与"别"(有封)之"物",而形成了通而为一的得"道"之境;作为内在的视域,后者已融入于人自身之"在",从而,以道观之,已超越了有意而为之:它渗入于人的"在"世过程(日用常行或生活实践),表现为把握和应付世界的自然

---

① 此句郭象以"天下多得一"为断,王念孙认为:"'天下多得一察焉以自好',当作一句读。下文云:'天下之人各为其所欲焉以自为方',句法正与此同。'一察,'谓察其一端而不知其全体。下文云'譬如耳目鼻口,皆有所明,不能相通',即所谓'一察'焉。若以'一'字上属为句,'察'字下属为句,则文不成义矣。"(参见〔清〕郭庆藩《庄子集释》,1961 年,第 1070 页)按,王说是,此处句读从王说。

② 《庄子·天下》。

③ 高亨:"判、析、察皆割裂之义。"(高亨:《诸子新笺》,济南:齐鲁书社,1980 年,第 120 页)

④ 《庄子·齐物论》。

过程("为是不用而寓诸庸");在人自身之"在"(日用常行)中所达到的这种"通",不仅仅是一种外在的见解,它在某种意义上已化为实践的智慧,并相应地表现为人的内在之"得"(与人同"在"的智慧形态)。

庄子以"齐物"立论,要求扬弃"以物观之"的视域、超越"有封"的存在图景,其中蕴含了值得注意的形而上立场。从本体论的层面看,存在无疑包含多样的形态,但如果将多样的形态理解为彼此分离的界限,则容易导致分裂的存在图景,如后文将论及的,这种分裂的存在图景往往进一步构成物我之辨、是非之争的形而上背景。存在形态上的界限,常常逻辑地对应着存在视域中的划界,分裂的存在图景与划界的"观"物方式,也总是相互交融,而当界限被理解为存在的主要规定、划界成为把握存在的主要方式时,世界的真实形态便难以呈现。在终极的意义上,多样形态的事物,是存在本身的不同表现形式,是这个世界自身的展开;就现实之"在"而言,相互区分的事物,每每又以不同的方式彼此关联:界限并不具有恒久、不变的性质。世界的这种相通性,同时表现了其具体性、统一性。存在的如上统一既在空间的意义上扬弃了"不该不遍"的片面规定,又在时间之维展现为界限之间的转换、流动。从"道通为一"与"以道观之"的形而上立场出发,庄子将消解界限、破除对待提到了突出地位;在他看来,百家之说以"不该不遍"的方式,提供了各限其界、相互对待的存在图景:"道术之裂"所折射的,是世界本身的分裂;①庄子本身在本体论上所致力的,首先则在于通过强调存在的整体性,以扬弃这种分裂的存在图景。

————————————

① 在《庄子·天下》篇中,我们可以看到对百家之说的如下批评:"悲乎!百家往而不反,必不合矣!后世之学者,不幸不见天地之纯、古人之大体。道术将为天下裂。""天地之纯",包含通而为一的本然存在形态,在"道术将为天下裂"的背景下,天地之纯亦无从再现,它从一个方面表现了道术之裂与存在之裂的相关性。

当然,在肯定道通为一、要求超越界限的同时,庄子似乎对存在的相对确定性未能予以充分的注意,对"齐"、"通"、"未始有封"等的强调,使庄子对具体事物自身相对稳定的规定不免有所忽视。当"莛与楹","厉与西施"等都"通而为一"时,大小、美丑之间相通的一面,似乎多少遮掩了其各自所具有的不同规定,而在"道不欲杂"的原则下,存在的多样性、差异性,往往也不易获得适当的定位。与之相联系,庄子提出了"不同同之"的主张:"不同同之之谓大。"①这里既体现了超越划界的立场,又蕴含着以"同"、"一"压倒"多"、"异"的可能,如后文将进一步讨论的,它与"德"所确认的个体性原则存在某种内在的张力。从这方面看,庄子之齐物,显然又未真正达到存在的具体统一。

二　以道观之:存在的图景与存在的视域

"道通为一"从总体上展示了存在的图景,这种形而上的存在形态同时也制约着物我关系。宽泛意义上的物我关系既涉及人与世界的互动,也指向人我之间的交往。与"道通为一"的本体论立场相应,物我关系也被赋予"通"与"一"的内涵。物我之"通"与万物之"通"的一致性,同时也展示了本体论与价值论之间的联系。

在谈到彼此(是)关系时,庄子认为:"彼是莫得其偶,谓之道枢。"②"偶"含有相互对待之意,"彼是"既泛指物与物之间的彼此关系,也在广义上兼涉物我之间的相互对待及是非之分;从更本原的层

---

① 《庄子·天地》。

② 《庄子·齐物论》。

面上说，"此"在与"彼"在之分，惟有在对象与主体的关系中，才呈现其全部的意义，后者（对象与主体之分）即涉及物我关系。与之相联系，庄子强调"彼是莫得其偶"，不仅趋向于否定物与物之间的对待，而且意味着破物我之间的对峙；如后文将具体论述的，由此进一步引申，则指向消解是非之界。"彼此"的对待，是一种普遍的界限；它所蕴含的物我对峙及是非之分，进一步将存在的界限与人的知、行之域联系起来；以莫得其偶破对待，相应地也使超越界限的意义逸出了本体论。

扬弃彼此对待，在物我关系上进一步具体化为"无己"："大同而无己。无己恶乎得有有？睹有者昔之君子，睹无者天地之友。"①这里的"同"具有本体论的意义，与"同"相联系的"无己"，相应地侧重于本体论层面上人和世界的统一；在"无己"的形态下，世界不再呈现为与人相对的"对象"，我与物之间也不复横亘界限。"无己"的意义在此主要不是消解自我，而是解构人与世界的界限；与己相关的"有"，泛指不同规定的各种特定对象，当"己"已有而无之时，与己相对的有界之"在"或存在的界限，也失去了其"分"与"别"的意义。所谓"无己恶乎得有有"，并不是泛泛地否定"有"，而是首先指彼此、物我之"界"的有而无之，庄子以"大同"为出发点（"大同而无己"），已表明了这一点。在庄子看来，惟有达到了上述意义上的"有而无之"，才能使人由天地的对待者，走向"与天地为友"，后者在本体论上意味着扬弃人与天地的对峙，在价值观上则意味着由仅仅视天地为人所作用的对象，到更多地关注人与天地的相融。

上述意义上的"与天地为友"，在人与物的关系中具体表现为"与物无际"：

————————————

① 《庄子·在宥》。

物物者与物无际，而物有际者，所谓物际者也。不际之际，际之不际者也。①

"物物"在宽泛意义上指对"物"的作用，"物物者"亦即作用于物的人②，庄子固然一再要求超越与天相对之"为"，但与《老子》相近，他并不截然否定合于天或顺乎道之"为"③，这里所"物物"，主要便与后者相联系；"际"有界限之意，"与物无际"，表明以合于道的方式展开的"物物"（作用于物）过程并非与物相互分离、彼此对待。"物际"，即物与物之间的界限，这种存在图景相应于以物观之的视域；"不际之际"，也就是以无界限为界限（无界限的"界限"），"际之不际"，则是化界限为无界限，或超越界限而达到无界限。在以物观之的背景下，物与物之间往往呈现界限，而人对物的作用（"物物"），则以化界限为无界限为其具体内容，后者同时意味着由以物观之走向以"人"观之。在这里，人与物的关系，被理解为一个从"物际"走向"际之不际"的过程；换言之，人的作用的引入，并没有导向物我的分离，而是从另一个方面展示了存在之"通"与"齐"。

在逻辑的层面上，物与物的区分，是对象世界本身的分化，物与人之分，则意味着由对象世界衍化出与其相对的存在形态。就其本来意义而言，"齐物"似乎首先指向物与物的关系（使物与物的分化所

---

① 《庄子·知北游》。

② 《在宥》篇亦有"物物者"的表述："夫有土者，有大物也，有大物者，不可以物。物而不物，故能物物，明乎物物者之非物也，岂独治天下百姓而已哉。"（《庄子·在宥》）这里的"物物者"与"有大物"及"治天下百姓"相联系，也以人为指涉对象。

③ 《老子》有"为无为"之说，此种"为"即与天（自然）为一或"无为"之"为"，庄子在这方面大致上承了这一思路。

导致的界限趋向消解），而人作为对象世界的"他者"，则并不归属于上述的齐物过程。相对于物与物之分（"物际"），物与人之别，常常被视为更根本的"际"，所谓究"天人之际"，便指向人与对象世界的如上关系。以"际"为着眼之点，往往容易以分离、对待为主要的关注之点。然而，就其真实的形态而言，物我之际在相分的同时，又总是不断地通过人与物的相互作用而重建统一；通过化本然的对象为为我之物，人同时也超越了人与物的相分与对待，使已有的界限消解于物我统一的人化之域，庄子肯定"物物者与物无际"，无疑注意到了人及其存在过程的引入，并非仅仅导向分离与对待，这里既蕴含了对人之"在"的关注，也展示了"以道观之"与"以人观之"的相互沟通。[①] 当然，庄子所理解的"物物"，更多地表现为一个自然的过程，如前所述，物我之辨的以上看法，更具体地展开于天人之辩。

物我关系既表现为存在形态，也涉及考察存在的视域，就后一个方面而言，上述关系又包含人如何看物的问题。从"以道观之"的形上视域出发，庄子提出了"兼怀万物"的主张："以道观之，何贵何贱？……泛泛乎其若四方之无穷，其无所畛域。兼怀万物，其孰承翼？是谓无方。万物一齐，孰短孰长？"[②]从道的观点看，世界本无差异，事物之间亦无界限（"其无所畛域"），"怀"意谓包含于内，作为人看待物的方式，"兼怀万物"要求以无差异的立场对待万物，并将对象普遍地包含于人的存在之域内。就对象世界而言，物与物之间无差异（万物一齐，孰短孰长）；就物我关系而言，广容万物，无分亲疏。二者都既被规定为存在之境，又展现为存在视域。

---

① 这里的"以人观之"不同于"以我观之"，它所体现的，主要是"类"的视域。从实质的层面看，"以道观之"的主体乃是人，其所"观"仍是"人"之观（即"人"以"道"的视域观之），在此意义上，"以道观之"与"以人观之"并非截然分离。

② 《庄子·秋水》。

从广义的对象世界引向社会领域之"在",物我之辨便进一步展开于人我关系。这里的"人我"是就广义而言,它并不仅仅存在于自我与他人之间,而是兼涉宽泛意义上人与人的关系。在庄子看来,社会的分化,往往导致了人与人之间各种形式的紧张与冲突,《齐物论》对此作了十分形象的描述:"其寐也魂交,其觉也形开,与接为构,日以心斗。缦者,窖者,密者。小恐惴惴,大恐缦缦,其发若机栝,其司是非之谓也;其留如诅盟,其守胜之谓也;其杀如秋冬,以言其日消也,其溺之所为之,不可使复之也;其厌也如缄,以言其老洫也;近死之心,莫使复阳也。喜怒哀乐,虑叹变慹,姚佚启态。乐出虚,蒸成菌。日夜相代乎前,而莫知其所萌。"这里不仅仅有外在的相争相斗,更有内在精神世界的相互对峙、彼此相斥,从日常的言行举止,到内心的精神活动,人无时不生活在戒备、畏惧之中,这种对峙、紧张昼夜更替,它不同于具体的行为冲突,其缘由并不直接呈现,但又几乎无处不在。历史地看,为不同的利益、地位所分化的个体,在相互交往的过程中往往交错着彼此的冲突和紧张;在某种意义上,社会的分化似乎构成了人我之间对峙的本体论根源,庄子的以上描述,无疑已注意到了这一点。

如何扬弃人我之间的如上紧张?庄子首先以视域的转换为着眼之点,并将"以道观之"的原则引入了社会历史的领域:"以道观言,而天下之君正;以道观分,而君臣之义明;以道观能,而天下之官治。"[①]如前所述,"道"体现的是统一的视域,它既以本体论上的"必然"为内容,又蕴含着价值观上的"当然",从而在双重意义上制约着人的"在"世过程。在社会政治领域中,不同的个体往往因利益、存在背景等等的差异,提出不同的主张、观点,"以道观言",就是要求从道的角度对

---

① 《庄子·天地》。

其加以考察;"分"既指职能上的区分,也涉及社会地位上的差异,这种区分与差异本来意味着"有对"(君臣之间的相互对待),"以道观分",则是以统一的道整合以上关系,化对待为和谐之序;政治领域中的个体同时又有能力、才干上的差异,"以道观能",也就是要求在道的规范之下,使个体的能力、才干服务于治国的统一目标。这里涉及的固然首先是治国过程及君臣之义,但其中也隐含着对人我关系具有普遍意义看法:在道的统摄下,人与人的交往、相处从观念层面到实践领域都将扬弃"分",走向"合"。

在人与人之间具体的交往过程中,与"合"相对的,是不能容人。从"以道观分"的前提出发,庄子对不能容人提出了批评:"与物穷者,物入焉;与物且者,其身之不能容,焉能容人? 不能容人者无亲,无亲者尽人。"①"与物穷",涉及物我关系,其特点在于始终与物相通而"兼怀"之,惟其如此,故"物入焉";"与物且"意味着未能达到与物相通,并相应地难以获得自身的定位:自身"在"世尚且成为问题,更遑论兼容他人;不能容人的结果,则是无亲而尽人,所谓"尽人",意味着所相处者皆成为与己相对的他人。在这里,物我关系与人我关系相互交织,物我的相分则对应于人我的相斥。对二者关系的如上分疏及对不能容人的批评,从否定的方面展示了"道通为一"与"以道观之"的意义。

社会领域中人与人的相处,往往以一定的体制、规范系统为其背景,对庄子而言,"礼"便属于这一类的存在形态。礼作为一种社会的体制和规范系统,首先以"别"为其特点,儒家曾一再地从这一角度解释礼的社会功能。《礼记》便强调:"礼者,天地之别也。"②在具体解

---

① 《庄子·庚桑楚》。
② 《礼记·乐记》。

释礼的内涵时，《礼记》进一步对"礼"与"乐"作了比较，认为："乐者，天地之和也；礼者，天地之序也。和，故百物皆化；序，故群物皆别。"①"别"所侧重的，是区分，在人与人的共处中，"礼"通过规定度量分界，将人们安置于不同的社会等级，使之不相互越界。与儒家对"礼"的以上看法有所不同，庄子更多地从相通与相合的层面上理解"礼"：

> 蹍市人之足，则辞以放骜，兄则以妪，大亲则已矣。故曰：至礼有不人。②

踩人之脚而表示歉意，这往往表现为外在的礼仪形式，相对于此，兄弟之间所呈现的，则是内在的关切；在庄子看来，后者体现了礼的更实质的意义。所谓"至礼有不人"，其意即为：从终极（"至"）的层面看，"礼"的意义在于不把彼此相处、交往中的"人"看作"他人"，而是视人若我；不难看到，以上论域中的"礼"，已不同于作为儒家政治哲学范畴的"礼"。这里既展示了对"礼"的实质意义的关注，也表现了超越"礼"之"别"、以"礼"建构人我统一的价值趋向。

至礼不人、视人若我，内在地要求以"和"为建立人与人之间关系的原则，在谈到"与天和"与"与人和"时，庄子对此作了阐释："夫明白于天地之德者，此之谓大本大宗，与天和者也。所以均调天下，与人和者也。与人和者，谓之人乐；与天和者，谓之天乐。"③"天地之德"，在此指存在的原理，其实质的内涵即表现为道通为一，以此为根据的"与天和"，既涉及物我关系，又不限于物我之域；"与人和"则以

① 《礼记·乐记》。
② 《庄子·庚桑楚》。
③ 《庄子·天道》。

人我之间的共在为背景,展开为人与人之间的和谐关系。这里的"均调天下",似乎不仅仅指宽泛意义上人与人之间的相处,它同时也包括利益关系等方面的协调;将"与人和"与"均调天下"联系起来,无疑也使人与人之间的和谐共处获得了更为具体的内容。值得注意的是,庄子将"与天和"同"与人和"视为"和"的两个相关方面。如前所述,"与天和"不仅仅以物我关系为内容,作为道通为一的体现,它所指向的,同时是存在的普遍联系;与之相应,肯定"与天和"同"与人和"的相关性,也不仅沟通了物我关系与人我关系,而且也意味着将人我关系置于存在的统一性这一视域之中。

作为人我关系的表现形式,"与人和"隐含着我与人相融合的要求,与后者(人我交融)相应的是"忘己"或"无己":"忘乎物,忘乎天,其名为忘己。忘己之人,是之谓入于天。"①"己"通常被理解为自我,在庄子那里,自我每每又被区分为两种形态:其一与道(或天)为一,其二则与道(或天)相对。《齐物论》中有"吾丧我"之说,其中便蕴含着两种自我之分:"吾"可以视为前一意义上的自我,"我"则对应于自我的后一意义(与道相对)。事实上,在同一段落中,庄子即以描述的方式,将"吾丧我"的主体形容为"苔焉似丧其耦"②,"耦"在此读为"偶",表示一种对待的关系,"丧其耦"意谓摆脱了对待的关系;与"丧其耦"相联系的"吾丧我",显然也寄寓着扬弃对待之"我"的含义。在以上语境中,"忘己"显然不仅仅以"忘乎物,忘乎天"为内容,而且意味着超越有对之"我"。惟其不执着于与道相对的"我",故能"入于天";此所谓"天",即隐喻齐物或道通为一之境。在这里,人我关系上的"忘己"与物我关系上的"大同而无己",无疑表现了内在的

①　《庄子·天地》。
②　参见《庄子·齐物论》。

一致性。

物我关系上的"大同"、"与物无际"以及人我关系上"忘己"、"与人和",从不同方面展开了"道通为一"与"以道观之"的形而上观念。不难看到,无论是前者(人与世界的关系),抑或后者(人与人的关系),都不仅涉及存在的形态,而且也关联着存在的视域。就存在形态而言,"无际"、"大同"既被理解为本然、真实之"在",又被视为理想的存在之境;就存在的视域而言,"以道观分"则表现为"以道观之"的具体化。在人化的世界中,实然与当然并非彼此相分,实际如何"在"与应当如何"在",也具有相关性。从实然的层面看,物我之际和人我之间无论在并存抑或互动的意义上,无疑都内含相涉、相通之维;从当然的层面看,化解人与世界及人与人的冲突、对立,不断达到和重建二者的统一、融合,则构成了人的理想目标。在庄子的"无际"、"无己"("忘己")之说中,我们似乎也可以看到对物与我及人与我实际如何"在"与应当如何"在"的双重关注,而"无际"、"无己"则既是对实际之"在"的理解,又表现了对当然之"在"的规定。作为存在的视域,"以道观分"展现为人"看"、"观"世界的方式,世界如何呈现,与人如何"看"世界,往往很难分离,"看"世界方式的转换,则不仅使世界的呈现方式发生相应改变,而且制约着对当然之"在"的规定。庄子强调以道观之、以道观分,似乎表现了通过转换"看"世界的方式,以改变世界的呈现方式并规定理想的存在之境,而贯穿其间的,则是"齐"、"通"的形上原则。

三 齐是非及其本体论意义

在庄子的哲学系统中,"道通为一"不仅仅与世界之"在"及人之"在"相联系,而且涉及是非之辩。宽泛而言,是非之辩既具有认识论的意义,也包含价值观的向度,与之相应,是非之辩中的"道",也兼涉认识论意义上的真理形态与价值观上的价值原则。作为存在的原理,"道通为一"以扬弃分裂的存在图景为指向,作为真理形态与价值原则,"道通为一"则以"齐是非"为内在之旨。

作为形上的原理,"道"具有超越"封"的特点:"道未始有封。"①如上所述,"封"蕴含分化、有界之意,"未始有封"意味着道以统一性为内在品格。就其与万物的关系而言,道普遍地存在于一切对象之中:"行于万物者,道也。"②"夫道,于大不终,于小不遗,故万物备。"③道的这种普遍性既体现了其本体论的维度,也具有认识论的含义,二者的相关性,具体表现为"至道"与"大言"的一致:"至道若是,大言亦然;周、遍、咸三者,异名同实,其指一也。"④与至道一致的所谓"大言",以得"道"(对"道"的把握)为内容,周、遍、咸表述不同,含义则一,都是指普遍性、统一性。在这里,作为存在原理的道("至道")与取得认识形式的道(以道为内容的"大言")彼此相融,二者的共同特点则表现为"未始有封"。庄子以不同的方式强调了"道"的上述品格:"一而不可不易者,道也。"⑤"道者为之公。"⑥这里的"一"、"公",表示的都是与"封"相对的统一性。

然而,在庄子看来,随着是非之辩的发生与展开,道往往面临被分裂及片面化之虞:"是非之彰也,道之所以亏也。"⑦是非之辩涉及不

---

① 《庄子·齐物论》。
② 《庄子·天地》。
③ 《庄子·天道》。
④ 《庄子·知北游》。
⑤ 《庄子·在宥》。
⑥ 《庄子·则阳》。
⑦ 《庄子·齐物论》。

同的意见、观点的争论,而每一种意见、观点往往仅仅分别地指向存在的某一方面或层面,难以把握作为整体的道。这里所说的道之所"亏",不仅仅指涉分化的存在图景,而且也兼及作为真理系统的"道"。与本体论上肯定"未始有封"的存在之道相应,庄子在认识论上也预设了统一的"道术";在《天下》篇中,庄子由批评百家各执一偏之见、"往而不返",进而引出"道术将为天下裂"的结论,这里的道术之裂,便主要指真理的片面化。不难看到,存在之"道"(存在图景)的分裂与认识之道(统一的真理)的片面化,表现为同一过程的两个方面,而二者的共同根源,则是各执一端的是非之辩。

如前所述,是非之辩不仅仅与认识论相联系,它同时也涉及价值观,为是非之辩所分化的道或道术,同样也包含价值观的意蕴。在谈到如何看待尧与桀时,庄子指出:"与其誉尧而非桀也,不如两忘而化其道。"①尧与桀在历史上具有象征和符号的意义,二者分别代表价值层面的善与恶,对尧、桀的评价,也相应地涉及价值观的领域,在庄子那里,这种评价同时又归属于是非之辩。成玄英已注意到这一点,在解释以上论述时,成玄英指出:"善恶两忘,不是不非;是非双遣,然后出生入死,莫往莫来,履玄道而自得。"②对庄子而言,"誉尧而非桀",仍囿于是非之域,并在价值观上偏离了统一的道。对上述立场的批评,从价值观上面表现了扬弃分化之道的要求。

具体而言,道之分裂与是非之辩呈现何种关系?庄子对此作了多方面的考察。在《齐物论》中,庄子曾自设如下问答:

道恶乎隐而有真伪?言恶乎隐而有是非?道恶乎往而不

① 《庄子·大宗师》。
② 〔唐〕成玄英:《庄子疏·大宗师》。

存？言恶乎存而不可？道隐于小成，言隐于荣华。故有儒墨之是非，以是其所非而非其所是。

这里，道的真伪与言的是非被视为相关的两个方面。"道"的真实形态是"未始有封"，与之相对的形式则意味着不真实（伪）；小成既指在外在的功利层面有所得，也指对道的片面理解和把握。在"言"的层面，问题则涉及"文"和"质"（语言的表达形式和内容）的关系，华丽的辞藻常常不仅使真实的意义被遮蔽，而且容易引向外在形式与实质内容的分离：在把握具体对象时，它往往仅限于其形而未能得其神；就其与道的关系而言，则每每停留于形式的层面而无法敞开其实质的内涵，从而呈现为另一种"小成"，而由此导致的则是形式与实质的分离；这种分离既易于引发是非之分，也往往构成了道之所"亏"（非全面的把握）的根源。在此，"道隐于小成"与"言隐于荣华"显然具有相通性，而二者又同时涉及是非之辩：当庄子由"道隐于小成"、"言隐于荣华"而引出"故有儒墨之是非"时，无疑也肯定了以上联系。所谓"以是其所非而非其所是"，是指是非之争常常各执一端，彼此否定，这一类争论的结果，则是偏离作为整体的道。

是非之辩涉及考察世界的方式。前文已提及，各执己见、相互争论的百家，往往"得一察焉以自好"[1]，"一察"即专注一点，不及其余，其特点在于以片面的方式把握世界。在争"辩"的过程中，虽然可能展示一得之见，但同时总是难免会忽视另一些方面："辩也者，有不见也。"[2]这种差异，往往是由各人所处的存在境域的不同而造成的，对

---

[1] 《庄子·天下》。
[2] 《庄子·齐物论》。

同一对象,"自彼则不见,自知则知之"①。人们通常习惯于从自身出发去考察对象,而未能从与己相对的另一方去加以把握,这种视域的局限,往往导致了观点的分歧,并由此引发是非之争。

是非之辩所渗入的观点分歧与意见争论,与"知"相联系。庄子曾具体地指出了"知"与"争"的关系:"德,荡乎名;知,出乎争。名也者,相轧也;知也者,争之器也。"②这里的"名"表现为外在的声誉等,追求这类外在声誉,往往很难形成内在的德性,与此种"名"相应的"知",则主要是所谓"小知间间"意义上的知③,它区别于庄子所说的"明"。如后文将论及的,"明"是一种超越分与别的智慧形态④,与"明"相对的"间间"之"知"或"小知",则更多地执着于一偏之见⑤,在此意义上,追逐外在之名与拘守"分"、"别"之知具有了对应性,而虚名之"争"与是非之"辩",也呈现彼此相通的性质。

与是非之"辩"相关的一偏之见或"间间"之知,其形成的过程本身又涉及"成心"。"成心"亦即人所已有之见或成见,它往往表现为一种先入的观念。在庄子看来,人总是很难避免"成心":"夫随其成

---

① 《庄子·齐物论》。

② 《庄子·人间世》。

③ 参见《庄子·齐物论》。

④ 《老子》已指出:"知常曰明。"(《老子·十六章》)"知常"亦即把握作为统一本源的道,而"明"则是关于道的智慧。较之世俗的分别之知,道的智慧具有不同的表现形态:"我愚人之心也哉,沌沌兮。俗人昭昭,我独昏昏。"(《老子·二十章》)此所谓愚,乃大智若愚之愚。世俗之知往往长于分辨,昭昭即为一种明辨形态;道的智慧则注重把握统一的整体,沌沌即为合而未分之貌。后者同时蕴含着超越对待、追求统一的趋向。庄子强调"明大道"(《庄子·天道》)、"正则静,静则明,明则虚"(《庄子·庚桑楚》)、"莫若以明"(《庄子·齐物论》),等等,此"明"与《老子》"知常曰明"之"明"在合乎统一之道这一点上,无疑前后相承。

⑤ 成玄英:"间间,分别也。"(〔唐〕成玄英:《庄子疏·齐物论》)

心而师之,谁独且无师乎?"①而师其成心,则意味着从个体的先入之
见出发,由此不免形成视域的差异及意见的分歧,在此意义上,庄子
认为是非源于"成心":"未成乎心而有是非,是今日适越而昔至也。
是以无有为有。"②对"成心"与是非关系的如上考察,无疑涉及了是
非之辩形成的认识论缘由。作为已有的成见,"成心"不同于偶然的
观念,它在本质上表现为一种片面而又稳定的思维定势,这种定势往
往从一个方面影响、规定着人们的视域及考察方式;有何种"成心",
每每也就有何种视域及考察方式,"成心"所内含的片面性,则同时赋
予视域以相应的片面性,就此而言,成心似乎构成了是非之辩更深刻
的根源。

对庄子而言,从"成心"出发,往往陷于无穷的是非争论,"成心"
与是非之辩的如上关系,决定了扬弃是非之辩,同时以"成心"向"明"
的回归为内容:

> 是亦一无穷,非亦一无穷也。故曰:莫若以明。③
> 欲是其所非而非其所是,则莫若以明。④

从外在的层面看,所谓"是其所非而非其所是",也就是肯定另一方所
否定者,否定其所肯定者,亦即对特定的是非反其道而行之;在实质
的层面上,它的意义则在于对是非的双重扬弃或是非双遣,而后者又
以达到"明"为前提。这里所说的"明",首先区别于前文所说的"间

---

① 《庄子·齐物论》。
② 《庄子·齐物论》。
③ 《庄子·齐物论》。
④ 《庄子·齐物论》。

间"之"知"及"成心",如前所述,"知"侧重于"分"与"别","成心"则表现为片面的思维定势,与之相对,"明"更多地以统一性、"无封"(无界限)为其特点:它所体现的,是不分是非或超越是非的本然形态。紧接上文,庄子从另一角度表达了相近的含义:"因是因非,因非因是。是以圣人不由,而照之以天。"①"因是因非,因非因是"仍执着于是非之辩,"天"指本然或自然,而本然或自然形态的具体品格则是"未始有封"、无所分别,后者不仅仅表现为存在的形态,而且也体现于观念的世界,与之相应,"照之以天",意味着以本然的、未分化的立场和视野来考察存在,并由此超越是非之分。在这里,"莫若以明"与"照之以天"无疑展示了一致的思维趋向:二者的共同追求,都是由无穷的是非之分,回到体现统一之道的智慧("明")。

以统一的智慧扬弃是非之分,赋予了"齐"是非以具体的内涵。在庄子看来,超越是非,不是用一种观点来否定另一种观点,如果仅仅停留于这一层面的否定,则将陷于儒墨一类的无穷分歧与争论;惟有以本然的统一形态、以道的智慧来加以观照,才能从根本上消除是非之争,走向统一的智慧之境。"别"是非与"齐"是非的不同趋向,同时表现为"辩之"与"怀之"的区分:"故分也者,有不分也;辩也者,有不辩也。曰:何也?圣人怀之,众人辩之以相示也。"②任何"分"、"辩"都有自身的局限:它无法穷尽一切对象而总是会留下"分"与"辩"所不及者;所谓"怀之",既表示以超越划界的立场对待区分,也指包容不同意见,不作论辩。与"照之以天"、"莫若以明"一致,"怀之"也以"齐"为指向,不过,相对于"以天"、"以明"将本然的统一视为"齐"的依据,"怀之"更侧重于在既分之后"齐"而"通"之。

---

① 《庄子·齐物论》。
② 《庄子·齐物论》。

在庄子那里,分化的是非与"未始有封"的道构成了互不相容的两个方面:"道"既指本体论上的存在根据,又在"以道观之"或"道术"的意义上表现为形上的智慧或真理形态;是非之辩被视为道术之裂,对是非之辩的扬弃,则意味着回归统一之道。在各得一察的是非之辩中,存在的图景往往呈现分裂的形态(所谓"判天地之美"),认识的片面化与存在的分裂表现为同一过程的两个方面;由是非之分到"照之以天"、"莫若以明",既是再现"未始有封"的本然存在形态,也以达到形上智慧或统一的真理为内容。在庄子成书的时代,诸子蜂起,"天下之人各为其所欲焉以自为方"①,百家的"往而不返"②,每每表现为是非之分、道术之裂的具体形态,以此为背景,便不难看到,"齐"是非内在地蕴含着重新确认形上智慧或真理的整体性、统一性之意。

从理论的层面看,彼此相争的意见、观点就其本身而言确乎蕴含某种局限性:其所"见"所"观",不仅主要指向世界的某一方面,而且往往截断了存在的过程而仅仅固定于不变之点,由此提供的,常常是分裂而凝固的存在图景。不过,如果因之而消解一切观点和意见,则似乎容易导向另一极端。是非之见固然往往及于此而蔽于彼,但由"齐"是非而回归"未始有封"的原始存在或混沌世界,也显然难以敞开存在的真实意蕴。道的智慧与追问存在的不同进路,并非完全不相容,这里更重要的,也许不是截然否定多元的是非之见,而是在提出一定的观点、意见的同时,始终意识到这种观点、意见可能具有的内在限度,以不同方式进行自我反思及相互批判,并由此扬弃不同的观点、意见可能具有的内在限定,逐渐在更深刻的层面达到"齐"与

---

① 《庄子·天下》。
② 《庄子·天下》。

"通"：不妨说，就道的智慧与是非之分的关系而言，问题的实质不是无条件地拒斥不同的意见与观点，而是如何通过反思、争论、批判，不断由"分"走向"通"。从更深刻的层面看，上述关系同时也表明，作为人把握存在的视域，"以道观之"并不仅仅呈现为出发点或开端，它同时也展示为人所指向的目标：人并不是一开始就已处于"以道观之"的境界，道的智慧的形成，本身也展开为一个由"分"而"通"的过程。在此意义上，"以道观之"无疑不同于本然的视域：它在本质上具有生成的性质。与道的智慧及"以道观之"的生成性相应，"道通为一"的存在图景，也不同于未始有封的既成形态或原始的混沌，而是表现为在追问及把握道的过程中对存在的具体澄明。庄子肯定"齐"、"通"而否定是非之分或是非之辩，似乎未能注意到上述问题的全部复杂性。①

前文已论及，是非之辩包含认识论和价值观双重含义，"齐"是非或超越是非之辩也相应地涉及以上两个方面；与认识论意义上对真理统一性的追求相一致的，是价值观上对不同原则、理想的整合。当庄子将"德荡乎名"与"知出乎争"对应起来时，便已肯定乃至突出了是非之辩的价值观之维：虚而不实的外在之名对德性的消极作用，更多地呈现价值观的意义，而它同时又被归属于是非之争。广而言之，为不同的利益、地位等等所分化的个体、集团、阶层，常常形成、认同、

---

① 当代的一些学者在对庄子批评是非之分的立场表示赞赏的同时，也往往忽视了这一立场本身所蕴含的内在偏向，于连所谓"圣人无意"，便表现了这一倾向："圣人无意"意味着拒斥或放弃个体自身的观念，而对于连而言，在庄子那里，已可以看到这一思维进路。（参见〔法〕弗朗索瓦·于连：《圣人无意——或哲学的他者》，北京：商务印书馆，2004 年，第 7—8 页、第 117—134 页。与庄子相近，于连似乎也将本然的未分形态既视为开端，也视为终点，忽视了在过程的维度上，观念之"分"所具有的意义。

接受彼此相分的价值原则,后者又进一步构成了社会对立、相争、冲突的内在根源:在社会冲突的背后,总是可以看到价值观的冲突。如何建立普遍的、能够相互沟通的价值观以避免社会冲突,无疑构成了哲学家关注的问题之一,通过"以道观之"消解是非之分或是非之辩,庄子同时也表现了超越价值观冲突的意向;从某种意义上说,正是扬弃价值原则的对峙、追求普遍的价值系统,构成了齐是非的又一内在之旨。

以"齐"、"通"为指向的如上进路,与仅仅肯定是非的相对性显然有所不同。在庄子那里,所谓"相对性",主要体现于是非之辩的层面:在是非之辩的领域,"分"与"辩"的各方都各是其所是而非其所非,从而形成"此亦一是非、彼亦一是非"的状况,后者同时使是与非呈现相对的性质。与之形成对照,"齐是非"所追求的是一致、统一,通过扬弃"分"与"辩",它也要求超越"此亦一是非、彼亦一是非"的相对形态。不难看到,这里的注重之点是"未始有封"的"一"而非各执己见、彼此驳难的"多",对统一、一致的这种强调,似乎已表现出某种独断论的趋向。确实,就其预设并认同无是非之分的终极认识形态而言,与其说庄子陷于相对主义的哲学系统,不如说它更接近于在观念上追求一统的独断论。① 庄子之反对、批评不同意见的论辩,也从一个方面表现了同样的倾向:在指向终极的统一形态时,独断论往

---

① 就庄子质疑在感知及论辩中达到共识的可能性,强调名与道之间的距离等而言,其思想无疑表现出某种相对主义及怀疑论倾向。但如前文已论及、后文将进一步讨论的,这种质疑的前提是预设并确认"道通为一"的存在形态及把握这种统一形态的体道之智("明")。对庄子而言,是非之争、外在之名(包括后文将分析的"止于物"之名)都执着于"分",从而偏离了道的智慧;惟有扬弃这种认识形态,才能回复统一的智慧之境。这样,从立论的出发点到所指向的理论目标,"一"而无"分"在庄子那里都构成了更本原的方面,而怀疑的倾向和有关物与知相对性的论析则更多地表现为其思辨过程的一个环节。

往排拒观点的争论。事实上,当庄子离开智慧形成的过程、将"以道观之"设定为理想的开端时,已潜隐了某种独断论的立场。

作为"道通为一"、"以道观之"在是非之域的展开,"齐"是非既指向统一的智慧之境,又蕴含着化解价值观冲突的要求。然而,以"通"、"齐"为终极的原则,庄子在认识论及价值观上同时又表现出某种独断论的倾向,从后一方面(齐、通)看,庄子似乎未能充分注意不同意见的争论对达到具体真理的意义,在是非之辩与统一之道的对峙中,多元的观念与道的智慧之间的关系显然未能获得适当的定位。

第三章

道与存在之序

从本体论上看,道作为第一原理,不仅构成了存在的根据,而且体现为存在之序。庄子的哲学系统同样确认了道的后一意义;所谓"语道而非其序者,非其道也"①,便表明了这一点。从哲学的内在逻辑看,庄子重齐物,"齐"既以统一性为指向,又与"杂"相对而包含着条理性和有序性之意;在"齐"这一层面,道同时展开为统一性原理与秩序原理。存在的秩序本身又有多重的呈现形态,以天地之序为形式,它既展示了形而上的意义,又表现了审美的维度;在社会之治中,它与人的实践方式或"在"世方式相联系,其中伴随着自然与自发的互融与互动;通过"游心乎德之和"及"守其

———————————

① 《庄子·天道》。

一",心或精神世界也被赋予有序的形式。

一 道 不 欲 杂

按照庄子的理解,道内在于宇宙的不同存在形态之中。就世界之"在"而言,其原初的样式并无时间上的先后、无本体论上的有无之分,所谓"未始有物"①;"有物"之后,世界首先也呈现为"未始有封"的形态,未始有封,意味着浑而未分。无论是未始有物,抑或未始有封,存在均尚未分化;世界作为原始的统一形态,同时呈现了自身之序。当然,在未分化的存在形态中,存在本身的秩序性也具有隐含的性质。不过,作为道的体现,与未始有封相联系的浑然未分,不同于纷杂的混沌:后一意义(纷杂形态)上的混沌,往往以无序为其特点,未始有封的未分化,则表现为统一性与有序性的相互重合。

未始有物与未始有封在某种意义上表现为本体论层面的逻辑预设,存在的既成形态,则难以离开区分与差异,事实上,庄子对这种"分"和"异"也曾作了多方面的考察。这样,对庄子而言,似乎有两种存在形态:其一为未始有物或未始有封的本然形态,其二则是分化的世界。未分的世界作为原始之"在",本来具有已然的性质,但在庄子那里,它同时又被赋予应然的形态,从而表现为理想的存在规定;分化的世界不合乎本体论的理想,但它又同时表现为实然(现实的存在)。在本体论上,庄子试图通过视域的转换(以道观之),以把握和确认既"分"之后的"齐"与"通",这一思路亦可视为分而齐之;这里

---

① 《庄子·齐物论》。

的"齐"与"通",则同时蕴含着对存在之序的肯定。①

以分而齐之为视域,庄子对"道"与"杂"作了区分:

道不欲杂。杂则多,多则扰,扰则尤,尤而不救。②

如前所述,"杂"既与"多"相联系,又隐喻"乱",就后一方面(乱)而言,"杂"意味着无序。以"杂"为形式的无序性可以体现于不同的领域。道作为普遍存在于一切领域的法则,其本体论意义首先在于统摄杂多的现象领域,赋予它以内在之序,在此层面,"道"对"杂"的否定,具体表现为存在的秩序对无序性的克服。以天地万物的生成变化而言,其生其化,便并非"杂"而无序:"至阴肃肃,至阳赫赫,肃肃出乎天,赫赫发乎地,两者交通成和而物生焉。或为之纪而莫见其形,消息满虚,一晦一明,日改月化,日有所为,而莫见其功。"③阴阳是两种彼此对立的规定或力量,二者同时又交互作用、相互统一,后者展开为"和"的形态,从万物的演化看,以阴阳的交互作用体现出来的"和",内含秩序之维:尽管它是无形的(莫见其形、莫见其功),但却是真实存在的,正是这种内在之序,使事物的化生、变迁呈现自身的法则,从而有理可循。

对庄子而言,存在之序与存在的根据,本身不可分离。在谈到天下万物与本根的关系时,庄子指出:"天下莫不沈浮,终身不故,阴阳

---

① 论庄子者在言及道与"通"、"齐"的关系时,往往主要强调其整体性、普遍性等,对其中涉及的秩序之义,常未能注意,陈鼓应的《庄子论"道"》在这方面有一定的代表性。(参见陈鼓应:《老庄新论》,上海:上海古籍出版社,1992年,第185—209页)

② 《庄子·人间世》。

③ 《庄子·田子方》。

四时运行各得其序,惝然若亡而存,油然不形而神,万物畜而不知,此之谓本根,可以观于天矣。"①这里所说的"本根",也就是"道",②它内在于万物(为万物所畜),但又不是以显性的方式作用于物("不形而神")。作为"本根",它不仅构成了万物存在的本原,而且规定着其运行的方式;正是内在本根或内在之道,使阴阳四时的运行"各得其序"。

相对于未始有封的本然存在,分化的世界展开为多样的形态。尽管对庄子而言,这种存在形态并不具有终极的意义,但作为既成的世界,它又构成了庄子不能不面对的存在。未始有物、未始有封,固然具有本体论上的完美性,但本然之"在"既经分化,又往往失去了其现实的形态,而成为一种本体论上的理想之"在"。如何扬弃分化的形态? 通过以道观之达到分而齐之,主要为回归统一提供了本体论的视域,但世界的"齐"与"通",本身当然并非仅仅表现为无分无别。较之形而上层面的分而齐之,存在之序无疑更具体地切入和体现了世界的齐一性。从静态看,源于普遍之道的秩序使万物超越了"杂"与"乱"而获得了条理性;从动态看,这种秩序使对象的化生变迁绵延联接,从而不同于方生方死的前后间断。以上述的条理性与绵延性为存在的方式,多样的事物不再彼此分离或排斥,而是脉络相通、形成内在的关联。不难看到,在这里,存在的有序性从实质的层面扬弃了存在的分离性,换言之,以道为终极本原,存在的有序性和存在的统一性本身也合而为一。从本体论的视域看,分化的世界所具有的内在之序,同时也从一个方面为分而齐之提供了前提和

---

① 《庄子·知北游》。

② 庄子在《大宗师》中,曾以"自本自根"指称道,尽管这一表述与本根各有侧重,但二者并非毫不相关。

根据。

　　作为多样中的统一,分化中的纽结,存在之序既不是超验的"预定和谐",也不同于目的性的安排。庄子曾以风声隐喻分化的世界,在他看来,多样的存在,就如同大风吹过所发出的各种声响,千差万别,但由风吹而形成的声音,同时又被视为"天籁"(自然之乐),乐声不同于噪声,它具体表现为和谐之音,这种和谐之音即象征着本体论上的秩序。天籁所象征的秩序是如何形成的? 是否存在着外在的谋划者和决定者? 庄子对此作了如下的回答:"夫吹万不同,而使其自己也,咸其自取,怒者其谁邪?"①事物的存在无限多样,又井然有序,但如同风吹、风止非取决于外在的推动者一样,事物的差异与相通,也并不是由超验的主宰所决定。在相近的意义上,庄子否定了真宰的存在:"非彼无我,非我无所取,是亦近矣,而不知其所为使,若有真宰,而特不得其朕。"②彼此、彼我的相分与联接,是分化的世界中普遍存在的现象;相分而又相关,无疑表现了某种有序的联系,这种相关或联系看上去似乎出于超验主宰的有意安排,但在现实的世界中,并没有任何可靠的事实证明这种主宰的存在。同样,天地之序,也没有意志或其他的作用参与其间:"若天之自高,地之自厚,日月之自明,夫何修焉?"③天高地厚、日月之明,体现了宇宙自身的秩序,这种有序形态完全自然而然,不假修为。

　　以道为本原,天地之序体现了存在的法则:万物的有序性,意味着其静其动,皆有理有则,正是在此意义上,庄子强调"物固有所然"。④ 秩序所内含的法则、条理,使万物不同于纯粹的偶然现象:

---

① 《庄子·齐物论》。
② 《庄子·齐物论》。
③ 《庄子·田子方》。
④ 《庄子·齐物论》。

在纯粹的偶然形态下,事物往往无则可循、难以捉摸,当庄子肯定物有固然时,它同时也与这种偶然的世界保持了某种距离。纯粹偶然的不可捉摸性,往往使如何理解世界成为问题:偶然性本身当然并非完全无法把握,但当存在取得无序的、纯粹的偶然形式时,理解与把握这种存在的前提似乎便不复存在。从某种意义上说,怀疑论即是以存在无序性的预设,为其本体论的根据。庄子诚然没有完全超越怀疑论,但对天地之序的肯定,在逻辑上却为理解与把握世界提供了形而上的前提,这里不难看到哲学家思想的复杂性。

人与世界的关系不仅仅限于理解,在更广的层面上,它同时涉及行为过程;天地之序的意义相应地也不仅在于为理解世界提供了前提,而且表现在人作用于世界的过程之中。庄子曾通过庖丁对解牛过程的分析,阐述了这一点。当文惠君在庖丁解牛之后发出"善哉!技盖至此"的赞叹时,庖丁作了如下回应:"方今之时,臣以神遇而不以目视,官知止而神欲行,依乎天理,批大郤,导大窾;因其固然,技经肯綮之未尝,而况大軱乎?"①这里的重要之点是"依乎天理"、"因其固然",所谓"天理"、"固然",便是事物本身所具有的法则、条理,它们同时构成了存在的内在之序;"依乎天理"、"因其固然",则是在行为过程中依循这种条理与法则。在此,行为的完美与存在之序无疑具有难以分离的关系:如果无"天理"可依、无"固然"可因,则"批大郤"、"导大窾"、"技经肯綮之未尝"的解牛活动,便无从展开;正是对象所内含的"天理"、"固然",为游刃有余的解牛过程提供了所以可能的前提。不难看到,合乎自然之道与顺乎自然之序在这里展示了其内在的统一性。

---

① 《庄子·养生主》。

二　天地之序的审美之维

在庄子那里,天地之序作为自然之序,同时被赋予审美的意义。①
对庄子而言,天地隐含着本然之美;万物之理、四时之法与天地之美,
本身也具有相关性:"天地有大美而不言,四时有明法而不议,万物有
成理而不说。圣人者,原天地之美而达万物之理,是故至人无为,大
圣不作,观于天地之谓也。"②四时之法、万物之理,体现了存在之序,
当天地之美与四时之法、万物之理彼此关联时,一方面美涉及了秩
序,另一方面,秩序也获得了某种审美的规定,而所谓"不言"、"不
议"、"不说",则展示了三者在出乎自然这一点上的相通性。

与万物之理主要展示对象自身的法则有所不同,秩序的审美之
维或审美秩序首先指向存在的整体性、统一性。庄子曾对"不该不
遍"的"一曲之士"提出了批评,认为他们"判天地之美,析万物之理,
察古人之全,寡能备于天地之美,称神明之容"③。"判"、"析",有分
离、区隔之意,天地本来以整体的形式呈现内在之美,万物之理则体
现了事物之间的联系,与之相对,"判天地之美,析万物之理",意味着
分解天地的整体、隔断事物之间的联系;对整体的如上分离与解析,
往往使存在失去了整体之美,所谓"寡能备于天地之美",便强调了这
一点。一般说来,审美视域中的存在,每每以统一的系统或整体的形
态展示出来,这种统一或整体的形态本身当然可以有多样的形式,以

---

①　李泽厚曾认为"庄子哲学是美学",但他对庄子审美视域的本体论意义,似
乎未能予以充分注意。(参见李泽厚:《中国古代思想史论》,北京:人民出版社,
1985年,第178—190页)

②　《庄子·知北游》。

③　《庄子·天下》。

自然美而言,在自然风光中,奇峰峻岭、蓝天白云、苍松翠竹,总是以山水草木相互谐和的整体景色而引发美感。也许正是在此意义上,黑格尔认为,"美只能是完整的统一。"①美当然也可以通过突出事物的某一或某些特征而得到呈现,但即使在这种情况下,它也往往取得某种具体、和谐的形态。庄子将美与整体性联系起来,主张"备天地之美"而反对"判天地之美",无疑有见于此。值得注意的是,庄子特别肯定了"判天地之美"与"析万物之理"的相关性。如前所述,万物之理体现了存在的内在之序,这样,对"判天地之美"与"析万物之理"的双重否定,便在确认美的规定与存在之序相互统一的同时,从一个方面沟通了美的整体性和存在之序的整体性。

当然,如上所提及的,审美秩序所体现的整体性、统一性,不同于抽象的普遍性。美本身无法与感性的存在相分离,而感性存在总是内含着个体的、多样的规定;美与感性存在的联系,决定了审美之序难以排斥个体性及多样性。庄子从不同的层面,对美与个体性的关系作了考察。就美的判定而言,"毛嫱丽姬,人之所美也,鱼见之深入,鸟见之高飞,麋鹿见之决骤,四者孰知天下之正色哉?"②人以为美的对象,其他的存在形态(诸如鱼、鸟、麋鹿)却未必以为美,从逻辑上说,庄子试图在人与鱼、鸟之间寻找共同的审美标准,显然忽视了异类不比的原则。然而,在质疑共同评价标准的同时,庄子又以隐含的方式肯定了存在规定本身的多样性与差异性:对不同的类及主体,美往往呈现不同的存在意义;在不同的评价标准背后,是不同的存在形态。从本体论的维度看,这里关注的重心,是存在的多样方式与多样形态。

---

① 〔德〕黑格尔:《美学》第一卷,北京:商务印书馆,1979 年,第 202 页。
② 《庄子·齐物论》。

美与多样性、个体性的关联,在东施效颦的寓言中同样得到了体现:"西施病心而矉其里,其里之丑人见而美之,归亦捧心而矉其里。其里之富人见之,坚闭门而不出;贫人见之,挈妻子而去之走。彼知美矉,而不知矉之所以美。"①"所以美",也就是决定某一个体之为美的独特规定,"里之丑人"的意图与其行为结果之所以南辕北辙,是由于无视不同个体(个人)的独特个性品格而仅仅作简单划一的仿效。事实上,美没有抽象、单一的模式,具体事物之美,总是有其个性特点,外在的仿效往往忽视了这一根本的方面,结果难免事与愿违。如果说,对毛嫱丽姬是否为美的判定,涉及人与其他类的关系,从而在逻辑上尚有自身的问题,那么,"里之丑人"与西施之别,则进一步展示了同一类中不同个体间的差异,后者更具体地彰显了美所体现的多样性、个体性之维。

如前所述,在本体论上,庄子以道通为一、分而齐之为原则。从逻辑上说,对"齐"、"通"的强调,往往容易导致忽视多样性、差异性,从所谓"不同同之之谓大"②等表述中,已可以看到以上趋向:"不同同之",意味着肯定"同"对于"异"的优先性。然而,当庄子从审美的维度理解和规定存在之序时,以上偏向无疑得到了某种抑制:确认美的个性差异,以承诺存在的多样性为本体论前提。不妨说,注重审美之序或秩序的审美之维,其意义首先在于避免"齐"、"通"对于"多"、"异"的消解。

可以看到,美既体现了存在的整体性、统一性,又与个体性、多样性相关;以美为呈现形式,存在的统一性与个体性得到了双重的确认。相对于此,日常的经验往往主要关注特定的、个别的规定,存在

---

① 《庄子·天运》。
② 《庄子·天地》。

的统一性、整体性，每每在其视域之外；逻辑与科学所侧重的，则分别是一般的形式及定理或定律，以逻辑或科学的方式把握世界，无疑有助于超越混沌的直观，达到认识的严密性，但在它们所体现的存在秩序中，多样性、个体性往往被过滤，由此呈现的世界，似乎多少失去了多样的形态。较之日常经验，审美的图景更多地涉及存在的整体性与具体性；相对于科学对齐一、确然、恒定等等的追求，美则同时指向差异、多样、变迁。这样，在审美秩序中，统一性、普遍性与个体性、多样性呈现互融的关系，庄子要求"原天地之美"、"备天地之美"而反对"判天地之美"，无疑通过确认美的以上特点，进一步展示了存在的丰富性。

三　自发与自然

天地之美所体现的天地之序，以道为其终极根据。从道的层面看，秩序的意义并不仅仅限于自然或形而上的层面，它同时也体现于社会的领域；所谓"治"、"乱"，便涉及社会领域的秩序或失序。在形而上之域，庄子划分了未始有封的本然之"在"与分而齐之的现实之"在"，并肯定了前者（本然之在）的理想性。与之相应，在社会领域，庄子也对其不同存在形态作了区分。首先是至德之世，作为理想的存在形态，其特点是天与人合而未分："夫至德之世，同与禽兽居，族与万物并。"[①]"子独不知至德之世乎？昔者容成氏、大庭氏、伯皇氏、中央氏、栗陆氏、骊畜氏、轩辕氏、赫胥氏、尊卢氏、祝融氏、伏羲氏、神农氏，当是时也，民结绳而用之，甘其食，美其服，乐其俗，安其居。邻

_____

① 《庄子·马蹄》。

国相望,鸡狗之音相闻,民至老死而不相往来。若此之时,则至治已。"①"同与禽兽居,族与万物并"主要从人与自然之物的关系上,肯定了天与人的合一;"结绳而用之"等等,则是从前文明(天)与文明(人)的关系上,确认了二者的未分化,而在庄子看来,正是这种未分化的形态,体现了最完善的社会之序(所谓"至治")。

然而,按庄子的理解,随着礼乐文明的形成与发展,天与人逐渐分离,社会则由治而趋于乱:"礼乐遍行,则天下乱矣。"②具体而言,这是一个由天与人相融、人与人和谐的纯朴之世,走向冲突、争战的过程,庄子对此作了如下的考察:"古者禽兽多而人少,于是民皆巢居以避之。昼拾橡栗,暮栖木上,故命之曰有巢氏之民。古者民不知衣服,夏多积薪,冬则煬之,故命之曰知生之民。神农之世,卧则居居,起则于于,民知其母,不知其父,与麋鹿共处,耕而食,织而衣,无有相害之心,此至德之隆也。然而黄帝不能致德,与蚩尤战于涿鹿之野,流血百里。尧舜作,立群臣,汤放其主,武王杀纣,自是之后,以强凌弱,以众暴寡,汤武以来,皆乱人之徒也。"③概而言之,"三皇五帝之治天下,名曰治之,而乱莫甚焉。"④

在至德之世与动乱之世的比较中,不难看到庄子对"治"与"乱"的不同价值定位:"治"体现了最为完美的理想,"乱"则与冲突、战争相联系。如前所述,"治"所表征的,是社会领域的秩序,"乱"则意味着无序或失序,通过"治"与至德之世的联系,庄子同时也肯定了社会之序的价值。

---

① 《庄子·胠箧》。
② 《庄子·缮性》。
③ 《庄子·盗跖》。
④ 《庄子·天运》。

社会之序所具有的内在价值,使其意义不仅仅限于至德之世。庄子区分了未始有封的本然之序与分而齐之的现实之序,与之相应的,是至德之世与非至德之世的不同秩序形态。如前所述,至德之世以"至治"为其特点,但社会之序并不仅仅以"至治"为表现形式,不同于至德之世的分化之世,也可以呈现某种秩序形态。事实上,在庄子看来,分化之世本身同样有治乱之分,而人在处于治世或乱世时,则应有不同的存在方式,所谓"遭治世不避其任,遇乱世不为苟存"①。以有序性为存在形态,治世对人的存在具有肯定的意义,与之相对的乱世,则往往危及人的生存,从而更多地呈现消极或否定的意义。

在庄子那里,作为治世的表现形式,社会之序以天地之序为形而上的根据。对庄子而言,从普遍的层面看,人道受制于天道,与之相应,社会政治结构也源于天道:"天地虽大,其化均也;万物虽多,其治一也;人卒虽众,其主君也。君原于德而成于天。"②"君"在治乱之世的政治结构中居于核心的地位,君之治众(人)的模式,则可追溯到道对万物的制约,在此意义上,人世的结构以天地之德为依据。同样,社会之序也本于天地之序:"君先而臣从,父先而子从,兄先而弟从,长先而少从,男先而女从,夫先而妇从。夫尊卑先后,天地之行也,故圣人取象焉。"③君臣、父子、兄弟、夫妇等关系,是社会的基本人伦,而前者所体现的尊卑先后关系,则又依据于天地之中的尊卑之序。

天地之序对于人世之序的本源性,同时也规定了人世之序的实现方式。作为人道之本,天道以无为为自身的特点:"无为而尊者,天道也。"④这种无为的原理体现于天地万物的关系,便表现为:其内在

① 《庄子·让王》。
② 《庄子·天地》。
③ 《庄子·天道》。
④ 《庄子·在宥》。

之序的形成,本身展开为一个自然的过程。以无为的天道为根据,人世的活动,也首先被赋予无为的性质:

> 夫帝王之德,以天地为宗,以道德为主,以无为为常。无为也,则用天下而有余;有为也,则为天下用而不足。故古之人,贵夫无为也。①
>
> 故君子不得已而临莅天下,莫若无为,无为也,而后安其性命之情。②
>
> 故曰玄古之君天下,无为也,天德而已矣。③

作为"天德",无为首先要求在政治、伦理等实践过程中尊重普遍之道,所谓"放德而行,循道而趋"④;与之相关的行为方式,是充分利用不同的力量,避免仅仅凭借自身的一己之力:"必分其能,必由其名,以此事上,以此畜下,以此治物,以此修身,知谋不用,必归其天,此之谓太平,治之至也。"⑤从治国的角度看,"必分其能"意味着发挥人们的不同作用,并使之各司其职,而这一过程同时又具有合乎天道(归其天)的性质,正是后者,使之成为达到人世之序("治之至")的前提。

就超越一己而言,无为同时又与无私或不私相涉:"五官殊职,君不私,故国治。"⑥"君不私"既表明在治国过程中不能掺杂个人的私见,也意味着君主不应独断专权,在上述意义上,二者均与顺乎自然

---

① 《庄子·天道》。
② 《庄子·在宥》。
③ 《庄子·天地》。
④ 《庄子·天道》。
⑤ 《庄子·天道》。
⑥ 《庄子·则阳》。

相一致,事实上,庄子亦将无私与顺自然联系起来:"游心于淡,合气于漠,顺物自然而无容私焉,而天下治矣。"①从更广的层面看,无私又同时指向"公",所谓"公而不党,易而无私"②,也从一个方面表现了"公"与无私的对应性。按其本义,"公"以普遍性、公共性为其题中之义,而对庄子而言,这种普遍性又源于"道":"道者为之公。"③"道不私,故无名,无名故无为,无为而无不为。"④道具有公而不私的品格,本于道的治国过程,同样应体现此原则。这种推绎无疑带有某种思辨的性质,但其中似乎又包含着对社会领域中普遍性、公共性的某种关注,它与本体论上对"齐"、"通"的肯定,显然也存在逻辑的联系。不过,这里的"公"与无私首先意味着顺乎自然而淡化君主在治国过程中的作用,它与近代意义上与公共空间、公共领域相关的公共性不能简单等同。

当然,除了循道、超乎一己之私之外,在庄子那里,无为同时又被赋予另一重含义。作为社会政治领域的范畴,无为自始便与"治"相关,概括而言,庄子所说的"治",既有名词义,又有动词义,在名词的意义上,"治"主要表示秩序或有序,如"至治",便指最完美的秩序形态;在动词的意义上,"治"往往指有意而为之的治理活动。在肯定前一意义上的"治"的同时,庄子对后一意义上的"治"往往持否定的态度;当它强调"闻在宥天下,不闻治天下也"⑤时,便表明了这一点。在庄子看来,有意而治与顺道而行是彼此相斥的二种方式,他曾借老子对孔子的批评,具体地表达了这一点:"夫子若欲使天下无失其牧乎?

---

① 《庄子·应帝王》。
② 《庄子·天下》。
③ 《庄子·则阳》。
④ 《庄子·则阳》。
⑤ 《庄子·在宥》。

则天地固有常矣,日月固有明矣,星辰固有列矣,禽兽固有群矣,树木固有立矣,夫子亦放德而行,循道而趋,已至矣,又何偈偈乎揭仁义,若击鼓而求亡子焉?"①"牧"即"治"天下,"揭仁义"而牧天下,意味着依据一定的社会规范来治国,与之相对,天地有常、日月有明则表现为自然之序。在此,庄子将天地的自然之序,视为社会领域无为而治的根据,以顺自然之道,否定了"揭仁义"而治的有意为之。

从另一方面,庄子对有意而治的责难,又与他对人的认识能力及其作用范围的看法相联系。对庄子而言,人的认识能力总是有其限度:

> 无知无能者,固人之所不免也。夫务免乎人之所不免者,岂不亦悲哉! 至言去言,至为去为。②

这里不仅仅表现出对人的认识能力的某种怀疑,而且进而将这种怀疑与人的行为或实践过程联系起来:认识能力的有限性,决定了实践的限度;正是由"无知无能"人所不免,庄子推出了"至为去为"的结论。在相近的意义上,庄子对"好知"提出了批评:"故天下每每大乱,罪在于好知。故天下皆知求其所不知,而莫知求其所已知者;皆知非其所不善,而莫知非其所已善者,是以大乱。故上悖日月之明,下烁山川之精,中堕四时之施,惴耎之虫,肖翘之物,莫不失其性。甚矣!夫好知之乱天下也。自三代以下者是已,舍夫种种之民,而悦夫役役之佞;释夫恬淡无为,而悦夫啍啍之意,啍啍已乱天下矣。"③由"好

---

① 《庄子·天道》。
② 《庄子·知北游》。
③ 《庄子·胠箧》。

知"而试图超出认识的限度(求其所不知),可以视为理性的僭越,在此,庄子把理性的限度与治乱过程联系起来,以理性的僭越为社会政治无序化之源。从逻辑上说,既然超越理性的限度将导致无序("乱"),那么,欲达到或维护社会之序("治"),便应承认理性的有限性并自限于理性的限度之中。

作为社会领域的原则,无为既以天地之道为根据,又以理性的有限性为前提,而在无为的形式下达到的社会之序,则表现为与理性努力、有意而为相对的自发之序。不难看到,天地之序的自然形态与社会之序的自发形态,在庄子那里呈现了内在的一致性。从肯定自发之序出发,庄子对仅仅注重礼乐法度的治国方式提出了种种批评。在比较上古之治与后世之治时,庄子指出:"夫赫胥氏之时,民居不知所为,行不知所之,含哺而熙,鼓腹而游,民能以此矣。及至圣人屈折礼乐以匡天下之形,县跂仁义以慰天下之心,而民乃始踶跂好知,争归于利,不可止也。此亦圣人之过也。"①赫胥氏是传说中的上古帝王。在这里,庄子将"屈折礼乐以匡天下之形"与"好知"联系起来,从而赋予用礼乐治天下以理性活动的品格;"争归于利"既表现为功利的追求,又以"争"的形式突出了存在的无序性,二者从不同的意义上表明,具有理性内涵的礼乐之治及广义的礼法之治,往往将导向社会之序的反面。正是在此意义上,庄子强调:"礼法度数,刑名比详,治之末也。"②"礼"体现了儒家的治国原则和要求,"法"与"刑名"相联系,似乎更多地反映了法家的政治理念,在庄子看来,二者尽管表现形式不同,但无论是"礼治",抑或"法治",都意味着以理性的方式从事社会政治活动,其结果则是将社会生活纳入理性的规范之中,所谓

---

① 《庄子·马蹄》。

② 《庄子·天道》。

"匡天下之形",在这种活动模式中,包含着与"好知"相联系的理性设定、规划、约束;庄子责难礼乐、礼法,也表现了对上述活动的否定。

庄子由强调人的认识能力及理性的限度而突出社会之序的自发性,无疑表现了对理性的质疑,这种立场与认识论上的怀疑论观念彼此呼应,其中内含着解构理性的消极理论趋向。事实上,在庄子那里,理性的悬置或解构与社会政治领域的无为往往呈现为同一过程的两个方面:"故古之王天下者,知虽落天地不自虑也,辩虽彫万物不自说也,能虽穷海内不自为也。天不产而万物化,地不长而万物育,帝王无为而天下功。"①然而,对理性限度的关注,并不仅仅具有负面的意义。一般而言,过分强化理性的作用,往往导致无视自然之道、以主观意向主宰世界。当理性被视为万能的力量时,自我的构造、主观的谋划常常会渗入到人的不同历史活动之中,而存在自身的法则则每每被遗忘或悬置,由此导致更多的是无序("乱")而非有序("治")。正是在此意义上,庄子强调:"绝圣弃知而天下大治。"②

在当代哲学中,波兰尼(M. Polanyi)曾提出了自发秩序的概念(spontaneous order),就社会领域而言,他所说的自发,首先与个体的自我决定及社会成员体间的相互协调相联系,后者与围绕某种中心而展开的社会限定或约束不同。简言之,对波兰尼来说,社会秩序基于社会成员的相互作用③。哈耶克(F. A. Hayek)对自发秩序的概念

---

① 《庄子·天道》。

② 《庄子·在宥》。

③ 在"The Growth of Thought in Society"(in *Economica*, November, 1941)一文中,波兰尼提出了"自发地达到的秩序"(spontaneously attained order)等观念,但当时他似更倾向于使用"动态的秩序"(dynamic order)这一术语。在"The Span of Central Direction"(最初发表于 *The Manchester School*, 1948,后收入 *The Logic of Liberty*, Chicago: The University of Chicago Press, 1951)一文中,波兰尼则开始明确使用自发秩序(spontaneous order)这一概念。

作了进一步的发挥。以文化进化理论为基础,哈耶克区分了自发秩序与建构性秩序或计划秩序,自发秩序是指社会系统内部自身运行过程所产生的秩序,它是行动的产物,而不是有意设计的结果,①从认识论上说,上述观点是建立在理性的有限性这一确认之上。庄子对社会之序的理解,在某些方面与波兰尼及哈耶克的自发秩序思想有相通之处:它反对将"治"与理性的过分强化("好知")联系起来,便表现了与波兰尼及哈耶克相近的认识论前提。当然,波兰尼及哈耶克在肯定秩序的自发性的同时,并不否定人的作用及一般规则制约,相反,对他们而言,自发秩序的形成,本身离不开人的行动及人与人之间的交互作用;同时,他们也并不无条件地否定知识的意义,如哈耶克便认为,一种自发秩序的演化生成基于许多人的知识分工与合作,他们拒斥的,主要是对理性与知识的独断看法,相形之下,庄子在相当程度上将自发与自然等同起来,从天地之序无人的参与,推绎出社会之序也无需人的作用,并由此对"知"、规范("礼法度数")持普遍的批评态度。后者更多地表现了对社会秩序及其形成过程的抽象的立场。不过,另一方面,在波兰尼及哈耶克那里,秩序的自发性与历史过程的偶然性往往彼此交融,由突出历史过程的偶然性,他们对社会领域的存在法则似乎持过强的怀疑态度,相对于此,庄子始终没有放弃对存在法则或道的承诺:它肯定自发之序与顺乎道的统一,所谓"出于道而不谋"②,便表明了这一点。从这方面看,庄子要求以无为的方式达到至治(最完美的秩序),无疑又表现了对存在法则的尊重。

① 参见 Hayek:Law, Legislation and Liberty, Vol. I, Rules and Order, London:Routledge and Kegan Paul, 1973。

② 《庄子·在宥》。

当然,如前文已提到的,庄子在强调"出于道"的同时,对礼乐、好知一再表示怀疑与责难,这似乎也包含自身的问题。历史地看,社会秩序的建立,离不开一定的体制、规范的担保,儒家肯定礼、义的作用,已有见于此。就本来的意义而言,"礼"首先表现为一种规范系统及伦理、政治的体制,其现实的社会功能则是维护天下之序。荀子在追溯礼的起源时,已指出了这一点:"礼起于何也? 曰: 人生而有欲,欲而不得,则不能无求,求而无度量分界,则不能不争,争则乱,乱则穷。先王恶其乱也,故制礼义以分之,以养人之欲,给人之求,使欲必不穷乎物,物必不屈于欲,两者相持而长,是礼之所起也。"①"乱"即无序,礼的作用,就在于为不同的社会成员规定权利与义务的范围或限度(度量分界),使之各按其位、各求其所应得,不越位而争,由此避免社会的无序化("乱")。在荀子看来,只有按一定的规范分而别之,使社会成员各得其所,才能建立社会秩序:"故先王案为之制礼义以分之,使有贵贱之等,长幼之差,知贤愚、能不能之分,皆使人载其事而各得其宜,然后使悫禄多少厚薄之称,是夫群居和一之道也。"②"义以分则和。"③这里得"和一"、"和",是指和谐有序的存在形态,而按"礼义"建立一定的社会组织和结构,则构成了达到这种社会秩序的前提。儒家以及法家所主张的体制与规范固然有自身的限度,但庄子单向地对此加以质疑和批评,显然未能对它们所体现的历史作用予以必要的关注。尽管庄子并没有无条件地否定一切社会规范系统,但与自然状态的理想化相应,它在批评儒家之"礼"与法家之"法"的同时,对社会之序与社会规范系统的联系,似乎缺乏深沉的意识。

---

① 《荀子·礼论》。
② 《荀子·荣辱》。
③ 《荀子·王制》。

四 "和"与精神世界

作为与天地相对的存在形态,人世不仅表现为政治结构,而且展开为文化、观念的形式;人自身的存在,也有心或精神的维度。与之相应,社会之序也不仅仅体现于政治领域,它同样可以从观念及精神的层面加以考察。事实上,庄子所说的"齐"、"通",便兼及是非等观念之域。

如前所述,在回顾文化或观念的演进史时,庄子曾将天下大乱与观念的分化联系起来:"天下大乱,贤圣不明,道德不一,天下多得一察焉以自好。譬如耳目鼻口,皆有所明,不能相通。犹百家众技也,皆有所长,时有所用,虽然,不该不遍,一曲之士也。"①这里的"乱",不仅仅指政治上的无序,而且也涉及文化观念上的失序,与后者相关的,是所谓"得一察焉以自好"。"一察"即一偏之见,在庄子看来,执着于一偏之见,往往导致意见、观念的纷乱,这种纷乱便表现为观念上的无序或失序。

对庄子而言,观念领域中的纷乱,集中地体现在是非之争。庄子曾概述了把握、理解世界的不同境界:"古之人其知有所至矣。恶乎至? 有以为未始有物者,至矣,尽矣,不可以加矣;其次以为有物矣,而未始有封也;其次以为有封焉,而未始有是非也。是非之彰也,道之所以亏也。"②在此,是非之分与道的统一形态被视为彼此对立的两个方面:是非的形成,意味着对统一之道的否定。与分裂或否定道相应,是非之彰更多地呈现为不同观点彼此相争的形态:"道隐于小成,

① 《庄子·天下》。
② 《庄子·齐物论》。

言隐于荣华,故有儒墨之是非,以是其所非而非其所是。"①立场、观念相异的各方,往往相互否定,此认为正确者,彼即判定为谬误,反之亦然,从而,观念领域往往陷于纷乱与无序。

是非之彰导致的纷乱与无序,既构成了观念分化的根源,其本身又以分而不合为存在形态,在谈到百家众说的相分与相争时,庄子指出:"百家往而不反,必不合矣。后世之学者,不幸不见天地之纯,古人之大体,道术将为天下裂。"②是非之分、道术之裂,既以存在本身由"未始有封"到各自分化为本体论的背景,又相应于社会领域从至德之世到礼义文明的分化过程。与本体论上通过分而齐之赋予存在以内在之序、社会领域由循道无为而形成自发之序相一致;在观念的领域,庄子将齐是非作为克服纷乱无序的前提:"欲是其所非而非其所是,则莫若以明。"③如前文所论,所谓"莫若以明",也就是回复到是非未彰的本然或自然形态(天),在此意义上,"莫若以明"又称"照之于天":"因是因非,因非因是,是以圣人不由,而照之于天。"④对庄子而言,通过是非之域的分而齐之,便可以扬弃道术之裂,在观念领域重建统一之序。

庄子将天下之乱与是非之分、道术之裂联系起来,而在观念领域从纷乱走向有序则相应地被理解为分而齐之、回复本然的统一形态。从认识的过程看,执着于是非之分的"是其所非而非其所是"、不同观点之间的"往而不反",意味着在观念领域各是其是、各非其非,否定在一定的社会共同体中可以达到认识上的共识,拒斥是非判断中普

① 《庄子·齐物论》。
② 《庄子·天下》。
③ 《庄子·齐物论》。
④ 《庄子·齐物论》。

遍、客观的准则,这种观念将导致"怎么都行"的认识论上的无政府状态,认识领域的这种无序化,往往容易走向相对主义。① 就此而言,对"乱"(无序)的批评、要求克服"往而不反",在逻辑上无疑具有抑制相对主义的意义。同时,从认识形态看,"道术"在庄子那里常常被赋予真理之义,道术的统一形态,隐喻着真理的统一性,在此意义上,反对或扬弃"道术为天下裂",也蕴含维护真理的统一性之意。

当然,从另一方面看,观点的分歧、意见的争论,对于认识过程并非仅仅具有消极的意义。认识的正确与错误、是与非,一开始往往并不界限分明,只有通过不同意见、观点的争论,才能逐渐达到比较正确的见解。② 如果将观点之分、是非之争无条件地视为天下之"乱"的表现,以齐是非为由"乱"而"治"的前提,便容易导向独断论。事实上,庄子以"合"拒"分"、由齐物而齐是非,确乎表现出对"一致"、"统一"的过强关注,当它将"分"与"乱"联系起来时,多样的探索显然难以得到合理的定位。就此而言,以合而不分规定观念领域的有序性,无疑又有消极的一面。它与审美秩序对个体性的承诺,也存在某种张力。

观点之分、意见之争,主要涉及不同个体间的关系。从个体自身看,其存在亦有精神之维。较之以是非之见呈现出来的观念形态,精神世界与个体之"在"有更切近的关系。如前文所论,庄子曾分析了

---

① 在当代哲学中,法伊尔阿本德(P. Feyerabend)曾提出了所谓"无政府主义知识论纲要",而其核心的原理,则是"怎么都行"(anything goes)。(参见〔美〕法伊尔阿本德:《反对方法》,上海:上海译文出版社,1992 年)这种科学哲学的理论表现出明显的相对主义性质。

② 参见冯契:《逻辑思维的辩证法》第三章,上海:华东师范大学出版社,1996 年。

个体精神的日常形式:"其寐也魂交,其觉也形开,与接为构,日以心斗。"①这是至德之世演化为礼义文明之后的存在形态,随着社会由"至治"而纷乱,冲突、相争常常成为人的存在方式,而外在的纷争、冲突,又总是体现于内在的精神世界;在心灵的紧张、不安中,个体的精神常常很难以和谐、有序的形式存在。这样,如何达到精神的完美形态,便具体化为如何化解冲突、紧张,达到精神的有序、和谐。

就精神本身而言,导致其不安宁的因素是多样的。首先是"仁义":"夫仁义憯然乃愤吾心,乱莫大焉。"②这里的仁义可以视为外在的社会规范、观念,当外在的规范入主内在的精神时,往往导致本然天性与社会规范之间的冲突。这里既涉及天人之辩,又交错着个体与社会的关系;仁义入心,则既表现为社会对个体的塑造,也意味着礼义文明对天性的戕贼。在庄子看来,由此往往导致天人之间、个体与社会之间的不协调乃至冲突,故"乱莫大焉"。欲由"乱"(精神的失序)到"治"(回复精神之序),便必须避免仁义的外在强加。

精神世界中另一个重要方面是喜怒、好恶之"情"。如何协调精神世界,同样涉及喜怒、好恶之"情"的安顿与定位。情的过度强化,往往导致种种消极的社会后果:"人大喜邪,毗于阳;大怒邪,毗于阴。阴阳并毗,四时不至,寒暑之和不成,其反伤人之形乎! 使人喜怒失位,居处无常,思虑不自得,中道不成章,于是乎天下始乔诘卓鸷,而后有盗跖、曾、史之行。"③喜怒失位,也就是情感的偏失或无序化。以为喜怒过度则伤阴阳,而阴阳之伤又将进而影响四时与寒暑,这无疑包含玄远思辨的意味,不过,认为情感若不合理定位将引发精神世界

---

① 《庄子·齐物论》。
② 《庄子·天运》。
③ 《庄子·在宥》。

的不健全,并进一步对社会生活产生负面的作用,则似不无所见。

情可能有所偏,使庄子对情与"道"(以及"德")关系的理解更多地趋向于否定的方面:"悲乐者,德之邪;喜怒者,道之过;好恶者,德之失。故心不忧乐,德之至也;一而不变,静之至也,无所于忤,虚之至也;不与物交,淡之至也;无所于逆,粹之至也。"①作为"情"的不同表现形式,悲乐、喜怒、好恶使人难以达到"道"或"德"的本来形态:在其影响下,道与德或"过"或"失",无法呈现本来之序。惟有不为喜怒、忧乐之情所支配,才能达到精神的完美("至")形态。由此,庄子提出了无情之说,并对此作了如下解释:

> 吾所谓无情者,言人之不以好恶内伤其身,常因自然而不益生也。②

在这里,庄子将以情自伤与因乎自然区分开来,前者基于某种价值的追求(好恶本身体现了一定的价值取向),后者则是超越有意为之的价值追求而顺乎自然。这样,无情非完全消除情感,而是摆脱体现不同价值取向的好恶之情对人的消极影响,回到精神的本然之序或自然之序。

精神的本然之序或自然之序在庄子那里又称为"和":"心莫若和。"③"夫德,和也。"④作为心或精神的存在形态,"和"的含义之一为平和、宁静,在这一意义上,"和"常常取法于水:"平者,水停之盛

---

① 《庄子·刻意》。

② 《庄子·德充符》。

③ 《庄子·人间世》。

④ 《庄子·缮性》。

也,其可以为法也,内保之而外不荡也。德者,成和之修也。"①在这里,理想的精神形态被看作是宁静有如不流动之水,而精神的这种宁静,同时也体现了"和"的德性与品格,后者具体呈现为一种摆脱外在干扰的平和心境。对心或精神的这种理解,与"常因自然"意义上的"无情"之说,无疑前后相承。

作为心或精神的规定,"和"不仅体现为平和、宁静,在更深沉的层面,它又与"一"相联系,当庄子要求"守其一以处其和"②时,已包含着对精神之"一"的关注。宽泛而言,"一"有统一、综合之意,与"一"相关的"和",同样也内含此意。从词源上看,"和"的原始词义即与"同"相对而以多样性的统一为内涵,庄子以"和"规定心或精神,主张"游心乎德之和"③,也意味着肯定精神世界的统一性。就"情"而言,"和"要求保持其和谐适度;在更广的意义上,它则以自觉之"知"与自然之"恬"的互动合一为内容:"古之治道者,以恬养知。生而无以知为也,谓之以知养恬。知与恬交相养,而和理出其性。"④所谓"恬",可以理解为情意的自然呈现。在"知"与"恬"的交互作用中,精神也到达了统一("和")之境。惟有达到了精神的自然之和,才能使内在之情有节有度:"敬之而不喜,侮之而不怒者,唯同乎天和者为然。"⑤在这里,精神的统一、心灵的平和与合乎自然(同乎天和)展开为一个统一的过程。

心灵的平和与统一,从不同的方面展示了精神世界的有序性。从某些方面看,以平和与宁静为心灵的品格,无疑容易导向不动心、

---

① 《庄子·德充符》。
② 《庄子·在宥》。
③ 《庄子·德充符》。
④ 《庄子·缮性》。
⑤ 《庄子·庚桑楚》。

疏离外部世界,甚而对"在"世过程不关切;心静如水与心如死灰①,往往可以相通。就此而言,赋予心以静的品格,似乎有消极的一面。不过,平和与宁静,同时又有合乎节度之意,而心(包括情)合乎度,则指向健全的精神世界。从"守其一"的层面看,"和"不同于单纯的同一,它既肯定了精神现象的多样性,又确认了多样因素之间并非彼此相斥、杂而无序;在"和"的形态中,精神世界的丰富性与内在秩序彼此融合为一。尽管对"知"及"情"的责难与疑虑使庄子似乎未能真正达到精神世界的内在统一,但与观念领域的齐是非相近,在理想的层面,庄子显然试图将个体精神的有序性与统一性联系起来。较之"道之过"、"德之失",精神的自然之和或自然之序,无疑更合乎天道,在此意义上,"和"似乎又从一个方面体现了天道与秩序的一致性。

---

① 《庄子·齐物论》已提出"心固可使如死灰乎?"的问题。

第四章

真知：向道而思

以世界的内在关联为内涵，存在之序从形而上的层面具体展现了"道通为一"。对庄子而言，道不仅表现为存在的原理，而且关乎形上的智慧；作为存在原理与形上智慧的统一，"道"构成了庄子一再追问的对象。与之相关的是如何得道的问题。在庄子那里，如何得道既涉及广义的"知"，又与如何成就人相联系，后者进一步展开为"真知"与"真人"的互动。

一 体 道 与 极 物

庄子对"知"的理解，与技和道之分相联系。在庖丁解牛的寓言中，庄子提出了技进于道之说。这里所谓"技"，涉及的是操作层面的经验性知识，"道"则超越了经验之域而表现为形上的原理。对庄子而言,惟有与"道"为一,才构成真正意义上的"知"(所谓"真知")。这样,在"技"与"道"的区分背后,便蕴含着"知"本身在形态上的差异。

相应于"技"的"知",主要指向"物":"知之所至,极物而已。睹道之人不随其所废,不原其所起,此议之所止。"①"极物而已",即仅仅限定于物;作为区别于"道"的存在,"物"主要呈现为经验领域的对象,所谓"知之所至,极物而已",意味着经验之知无法超越经验对象。值得注意的是,庄子在这里将"知物"与"睹道"区分开来,从而更明确地划分了以物为对象的经验之知与指向道的形上之知。上述意义上的经验之知常常被视为"小知",与之相对的形上之知或道的智慧则被理解为所谓"大知",对庄子而言,停留于经验层面的"小知",将遮蔽以"道"为对象和内容的"大知";惟有消除"小知",才能彰显"大知":"去小知而大知明。"②

从本体论的层面看,经验之知所指向的"物",形成于"道"的分化过程。作为分化的存在形态,"物"处于变迁过程,具有不确定性:"彼出于是,是亦因彼,彼是方生之说也。虽然,方生方死,方死方生;方可方不可,方不可方可。"③对庄子来说,这种变动不居的经验世界当然并非理想的存在形态,但它却构成了经验之知所面对的现实对象。经验世界的这种相对性、不确定性,使"极物而已"(限定于物)的经验之知一开始便面临着困境:"夫知有所待而后当,其所待者特未定也。"④对象的"未定"性,使经验之知本身难以获得确定的内涵,从而

①《庄子·则阳》。

②《庄子·外物》。

③《庄子·齐物论》。

④《庄子·大宗师》。

缺乏可靠性,所谓"知有所困",便是对如上关系的概述。①

"知"之所"困"不仅体现于所知(对象),而且表现于能知(主体)。以现象的感知过程而言,在不同的感知主体中,无法找到统一的判断标准:"庸讵知吾所谓知之非不知邪?庸讵知吾所谓不知之非知邪?且吾尝试问乎女:民湿寝则腰疾偏死,鳅然乎哉?木处则惴慄恂惧,猨猴然乎哉?三者孰知正处?民食刍豢,麋鹿食荐,蝍蛆甘带,鸱鸦耆鼠,四者孰知正味?猨猵狙以为雌,麋与鹿交,鳅与鱼游。毛嫱丽姬,人之所美也,鱼见之深入,鸟见之高飞,麋鹿见之决骤,四者孰知天下之正色哉?自我观之,仁义之端,是非之涂,樊然殽乱,吾恶能知其辩?"②从逻辑的层面看,庄子的这种推论无疑颇成问题:人与其他动物分属不同的类,墨家早已指出,异类之间无法加以比较,这一点也适用于不同主体对感知对象的不同评判。当然,庄子罗列以上现象,主要在于强调:在经验领域,对同一对象,不同的主体之间,难以形成一致的判断准则。③ 感知层面的以上困境,同时也制约着广义的价值评判,与何为"正处"、何为"正色"、何为"正味"都无法以统一

---

① 《庄子·外物》。

② 《庄子·齐物论》。

③ 通常以此作为庄子在认识论上主张相对主义的根据,但事实上,上述现象恰好构成了庄子责难、批评的对象:对庄子而言,在未始有封的未分化形态下,并不发生对象本身及关于对象的判断的相对性问题,惟有当存在分化为不同的形态时,才形成以上种种现象。与其说庄子试图以上述现象论证相对主义的认识论原则,不如说它旨在以此突出分而齐之的必要性。从《庄子·徐无鬼》所记叙的庄子与惠施的如下对话中,我们可以更具体地看到此点:"庄子曰:'射者非前期而中,谓之善射,天下皆羿也,可乎?'惠子曰:'可'。庄子曰:'天下非有公是也,而各是其所是,天下皆尧也,可乎?'惠子曰:'可'。庄子曰:'然则儒墨杨秉四,与夫子为五,果孰是耶?'"郭象注曰:"可乎,言不可也。"(〔晋〕郭象:《庄子注·徐无鬼》)在此,惠施的立论明显地表现出相对主义的倾向,庄子则明确地对其观点提出责难;对各是其所是的如上批评,无疑同时表现了反相对主义的立场。

准则加以判定一样,对价值领域的仁义、是非,也难以作出确定的判断。通过强调经验世界之"知"的如上困境,庄子进一步突出了经验之知与"真知"的距离。

类似的问题也存在于一般的论辩过程,庄子曾假设了论辩过程的几种情况,得出的结论是论辩的参与者之间无法相知:"既使我与若辩矣,若胜我,我不若胜,若果是也? 我果非也邪? 我胜若,若不吾胜,我果是也? 而果非也邪? 其或是也? 其或非也邪? 其俱是也? 其俱非也邪? 我与若不能相知也,则人固受其黮闇,吾谁使正之? 使同乎若者正之,既与若同矣,恶能正之? 使同乎我者正之? 既同乎我矣,恶能正之? 使异乎我与若者正之,既异乎我与若矣,恶能正之? 使同乎我与若者正之,既同乎我与若矣,恶能正之? 然则我与若与人俱不能相知也。"①以上推论在形式上似乎相当合乎逻辑,但在认识论上却无法立足。② 这里的问题在于,在上述种种假设中,判断的准则都被仅仅限定于主体之间,从而无法获得普遍有效性:认识论上的是非之争如果单纯地从主体之间去寻找判断的根据,则确乎难以达到普遍、客观的结论。如后文将进一步看到的,庄子本身当然并没有否定普遍的准则,事实上,与道通为一的本体论立场与齐是非的认识论原则相一致,庄子对普遍性给予了更多的关注。稍加分析便不难看到,庄子的以上推论涉及的主要是经验之知:对庄子而言,经验之知或者无法超越个体之域③,或者仅仅限于主体间的关系,正是在这里,更具体地突现了"极物"之知(经验之知)与道的智慧(真知、大知)之间的差异。

---

① 《庄子·齐物论》。

② 后期墨家曾对"辩无胜"的观点提出质疑,认为此说"必不当"(《墨子·经下》),其中显然也包含着对庄子这一类推论的批评。

③ 在"师乎成心"的过程中,所谓"成心"亦属个体之见,详后文。

"极物"之知与道的智慧作为"知"的二重不同形态,同时表现为"知"与"不知"的区分:"不知深矣,知之浅矣;弗知内矣,知之外矣。"①这里的"知",即对经验领域之物的把握,"不知"或"弗知"则并非完全无知,而是超越了经验层面、以道为内涵之知或"体道"之知:体道之知不以经验之物为对象,相对于极物之知或经验之知,它也可以视为"不知"或"弗知"。而达到了如上认识境界的人,则被视为体道者:"夫体道者,天下之君子所系焉。"②上述意义上的"不知"或"弗知",也被称为"不知之知":"弗知乃知乎? 知乃不知乎? 孰知不知之知?"③体道之知虽"弗知"于物,但仍是一种"知"(弗知乃知),极物之知虽有知于物,但却无知于道(知乃不知),较之极物之知,无知于物而有知于道,乃是更高境界的知(所谓"知不知之知")。在这种玄之又玄的表述后面,是对极物之知与体道之知的区分以及对后者(体道之知)优先性的强调。在庄子看来,一般人仅仅着眼于"知之所知",而对"不知之知"的意义却未能予以充分的关注:"人皆尊其知之所知,而莫知恃其知之所不知而后知,可不谓大疑乎?"④"知之所知"也就是经验之知,"知之所不知"则是体道之知,尊奉前者而忽视后者,显然不能视为明智的选择。

　　具体而言,经验之知虽有知于物,但亦"极物而已",从而蕴含自身的局限,这种限定决定了它无法成为走向世界或返归自我的出发点:"古之行身者,不以辩饰知,不以知穷天下,不以知穷德。"⑤"穷天下"以认识世界为指向,"穷德"则以自我认识、自我涵养为内容,而在

---

① 《庄子·知北游》。

② 《庄子·知北游》。

③ 《庄子·知北游》。

④ 《庄子·则阳》。

⑤ 《庄子·缮性》。

这一过程中,经验之知都难以作为凭借和依赖的对象。在相近的意义上,庄子提出了"知止"的观点:"知止乎其所不能知,至矣。"①"故知止其所不知,至矣。"②在此,经验之知被规定了一个限度:它不能越出自身界限、融入认识世界与认识自我的过程。

极物之知,既限定于物,又展开于与物打交道的过程。以知作用于物,便难免产生所谓"机械"、"机事",后者又进一步影响人的内在精神世界:"有机械者,必有机事;有机事者,必有机心。机心存于胸中,则纯白不备;纯白不备,则神生不定;神生不定者,道之所不载也。"③"机事"即借助经验之知而作用于物的活动,"机心"则与"技"处于同一序列,主要被理解为经验之知在"机事"过程中的体现。作为"机事"的产物,机心既表现为有意而为之,从而与自然相对,又与精神世界的统一性、纯粹性相对,所谓"机心存于胸中,则纯白不备"。在以上二重意义上,"机心"都构成了对"道"的否定。从认识论的层面看,对机心的如上批评的实质含义,是进一步强调经验之知与道的智慧之间的张力。

与机事、机心相联系的"知",同时呈现工具的意义。事实上,在"技"的层面,经验之知已表现出工具的性质。对庄子而言,作为工具,"知"更多地具有负面的意义:

> 将为胠箧、探囊、发匮之盗而为守备,则必摄缄縢、固扃鐍,此世俗之所谓知也。然而巨盗至,则负匮、揭箧、担囊而趋,唯恐缄縢、扃鐍之不固也。然则乡之所谓知者,不乃为大盗积者也?

---

① 《庄子·庚桑楚》。
② 《庄子·齐物论》。
③ 《庄子·天地》。

故尝试论之,世俗所谓知者,有不为大盗积者乎? 所谓圣者,有不为大盗守者乎?①

世人试图运用经验、技术层面之知,来达到某种实际功用的目的,但这种"知"反过来却往往成为对人自身的否定。庄子的这一看法注意到了经验之知作为作用于对象的手段,具有服务于不同价值目标的可能,但它由此认为一切"知"均是为盗所用的工具("为大盗积")则忽视了经验层面的知识具有价值中立的特点,而将知识运用的多重价值方向归结为单一的负面定向。正是从这种抽象的立场出发,庄子引出了如下结论:"故天下每每大乱,罪在于好知。"②作为乱天下的根源,"知"便自然成为消解的对象:"故绝圣弃知,大盗乃止。"③庄子的以上看法与《老子》大致一脉相承,但在庄子那里,所弃之"知",更直接地与"机心"、"技"相联系并以经验之物为其对象。

庄子对"知"的以上考察,以体道之知与经验之知(极物之知)的区分为主要关注之点。在庄子的视域中,经验之知首先指向物并限定于物(极物而已),无论从所知抑或能知的角度看,它都呈现不确定、不可靠的性质。就其作用方式而言,这一意义上的"知"又与"技"、"机心"处于同一序列,并相应地表现出负面的形态。对庄子来说,"知"的如上形态,既与存在的分化过程相联系,又与是非之辩的展开相应。从本体论上说,由未始有封到分而化之,意味着存在的分裂(失去统一的形态),从认识论上看,是非之辩的纷起,则意味着道术之裂④。庄子对

① 《庄子·胠箧》。
② 《庄子·胠箧》。
③ 《庄子·胠箧》。
④ 《庄子·天下》:"天下之人,各为其所欲焉以自为方。悲夫! 百家往而不反,必不合矣。后世之学者不幸不见天地之纯,古人之大体,道术将为天下裂。"

"知"的种种怀疑、责难,首先表现了对分化的存在形态及一曲之士的是非之争的不满。对庄子而言,分化或分裂的存在形态中的"知",仅仅指向分别之物,难以再现统一的世界,与这一立场相应,他对所知及能知的不确定性和相对性的论述、对是非之争中普遍判断准则的质疑,主要并不是试图展示一种相对主义的原则,而是旨在扬弃存在的分裂与是非的纷争,回归统一的世界图景。换言之,相对主义在这里更多地呈现为庄子力图超越的对象,而非它所肯定或认同的原则。从《庄子·齐物论》的以下论述中可以更具体地了解这一点:"方生方死,方死方生,方可方不可,方不可方可,因是因非,因非因是。是以圣人不由,而照之于天。"①"方生方死"、"方可方不可",等等,常常被视为相对主义的经典表述,但从前后文看,庄子明确强调"是以圣人不由,而照之于天"。所谓"不由",也就是不执着于"方生方死"、"方可方不可"这一类分化、相对的存在形态及认识立场;"天"则指本然或自然,"照之于天",即是回到无是非之分的本然形态;这里的着重之点,同样在于超越各是其所是、非其所非的相对主义。②

然而,庄子对经验之知的理解,无疑存在自身之蔽。它指出并强调所知与能知的相对性,固然注意到了问题的一个方面,但同时却忽视了二者所内含的确定性。事实上,就所知而言,经验对象既处于变迁的过程之中,又内在于一定的时空关系,具有确定的存在形态和规

①　《庄子·齐物论》。

②　爱莲心提出了"不对称相对主义"的概念,一方面对视庄子为相对主义的观点提出批评,另一方面又区分了庄子哲学中所谓"相对化论述"与"非相对化论述",认为后者与"醒的状态"的人即"圣人"相联系,前者则与"未醒或梦的意识状态"相关,这种看法虽试图说明庄子非真正的相对主义者,但对相对主义并非庄子所认同者而是其力图加以超越的对象这一点,仍未给予充分注意和论证。(参见〔美〕爱莲心:《向往心灵转化的庄子》,南京:江苏人民出版社,2004年,第121—138页)

定，并呈现相对稳定的性质；就能知而言，具有正常感官及感知能力的主体，对同一条件下的同一对象，可以形成相同或一致的感知，所谓"凡同类同情者，其天官之意物也同"①。同时，对命题或陈述的断定，其评判准则并不仅仅限于主体间，它更需要引入基于知行过程的主客体关系。主体间关系并不是认识过程中唯一的关系，在认识过程中，主体间关系与主客体关系本身具有互动的性质，命题、陈述所包含的认识内容，既需要为主体间所理解并置于主体间加以辨析和讨论，也需要衡之于相关对象，以判断其真伪。从根本上说，经验命题的判断，不能仅仅限定于主体间，而应当同时走出主体间、引入主客体关系。庄子对认识过程的以上复杂性，显然未能予以充分注意。

如前所述，在庄子那里，经验层面的"知"往往被纳入"技"或"机心"之域，而"技"或"机心"又与机事相联系，被赋予消极或负面的意义。历史地看，经验之知或以"技"的形式表现出来的工具性之知在人的"在"世过程中绝非仅仅呈现否定的意义，无论是广义的生产劳动，抑或日常的生活实践，都无法离开"知"与"技"：略去上述意义上的"知"，人与世界的关系往往将停留或回到前文明的形态。庄子对经验之知的批评、责难，无疑缺乏历史的意识；而在庄子那里，这种立场同时又与天人之辩将自然（天）理想化的趋向一致。

与经验之知向"技"、"机心"还原相应的，是经验之知与体道之知的张力。如前文所论，庄子区分了"技"与"道"，体道之知即以道为内容的形上之知。对庄子而言，经验之知以分化的存在为对象，仅仅限定于具体之物（极物而已），体道之知则超越了经验之物，以分而齐之为指向，二者难以相融；在技进于道、"小知"与"大知"等表述中，已蕴含了体道之知与极物之知的分野。从认识论上看，经验之知或极物

---

① 《荀子·正名》。

之知可以视为知识,体道之知则近于形上的智慧;知识固然应提升为智慧,但智慧本身并非隔绝于知识。事实上,经验层面的知识与形上的智慧本身呈现为互动的关系:知识的形成总是受到智慧的制约,智慧则奠基于知识并体现于知识的展开过程。庄子将体道之知与极物之知加以对立,似乎未能注意二者的相关性与互动性。

当然,庄子严于体道之知与极物之知、大知与小知之辩,主要在于通过二者的比照,进一步彰显道的智慧对人之“在”的意义。与《老子》一样,庄子将理解与把握道,视为达到理想存在形态的前提,正是由此出发,它一再追问以何种方式才能知道、安道、得道:“何思何虑则知道?何处何服则安道?何从何道则得道?”①对道的如上关切,同时也使形上之知如何可能的问题,在庄子那里获得了优先性。

二　真知与真人

在庄子那里,对道的追问,并未引向思辨的玄想;形上之知如何可能的问题,与人本身如何走向真实存在的问题,呈现为相互关联的两个方面,而道的关切,则最后落实和体现于人的存在。体道之知与人的存在之间的关系,具体地展开为“真知”与“真人”或“真知”与“至人”之辩。②

经验之知与体道之知的区分,既以对象世界的“物”与“道”之分为前提,又以人自身不同存在形态的区分为内涵。就人自身之“在”而言,真人或至人无疑表现为理想的存在之境,而在庄子看来,走向

---

①　《庄子·知北游》。

②　对庄子而言,真人与至人具有彼此相通的性质,所谓“不离于真,谓之至人”(《庄子·天下》),亦表明了这一点。

这种存在形态,又以体道或得道为条件。作为理想的存在之境,至人或真人的品格始终与道相联系:

> 夫道,于大不终,于小不遗,故万物备。广广乎其无不容也,渊渊乎其不可测也。形德仁义,神之末也,非至人孰能定之。夫至人有世,不亦大乎?而不足以为之累,天下奋棅而不与之偕,审乎无假而不与利迁,极物之真,能守其本。故外天地,遗万物,而神未尝有所困也。通乎道,合乎德,退仁义,宾礼乐,至人之心有所定矣。①

如后文将进一步讨论的,"道"作为存在原理,具有普遍性,"德"则可以视为道的具体体现。至人或真人不同于常人的主要之点,在于"通乎道,合乎德",亦即从不同的层面体悟并把握了道。他固然也与物打交道,但却并不停留于经验的层面,而是指向物的真实根据("极物之真,能守其本")。在这里,成就至人与得道、体道展开为同一过程。

作为理想的人格之境,至人或真人不仅以得道为指向,而且在知与行的过程中始终坚持而不违逆道:"不忘其所始,不求其所终,受而喜之,忘而复之,是之谓不以心捐道②,不以人助天,是之谓真人。"③"捐(损)道"与认同道相对,"不以心捐(损)道",从正面看,也就是对道的接受、认同、贯彻,而这一过程同时表现为顺乎自然(不以人助天)。无论是积极意义上的"通乎道",抑或消极意义上的"不以心捐

---

① 《庄子·天道》。

② "不以心捐道"一句,王叔岷认为:"'捐'盖'损'之坏,下文'不以人助天',一损一助,相对而言,意甚明白。《史记·贾谊列传·索隐》引此文,正作'损'。"(王叔岷:《庄子校释》卷一,第48—49页)按:王说可从。

③ 《庄子·大宗师》。

（损）道"，走向真人或至人之境，都伴随着对道的把握与认同。

上述论点，可以概括为"有真知而后有真人"。在肯定真知与真人如上关系的同时，庄子又强调了问题的另一方面，即"有真人而后有真知"①。真人与真知的如上关系，以成就真人和体道的过程性为其逻辑前提。对庄子而言，超越经验层面的极物之知而达到形上之知，从执着于"技"到"通乎道"，从囿于"机心"的常人到体道的真人，都非一朝一夕之功，而是展开为一个过程。从过程的角度看，真人与真知之间便内在地呈现为"有真知而后有真人"、"有真人而后有真知"这样一种互动的关系。

与真知相关的"真人"，在庄子那里有多重内涵。从某些方面看，真人往往被赋予某种超凡入神的形态："古之真人，不逆寡，不雄成，不谟士。若然者，过而弗悔，当而不自得也。若然者，登高不栗，入水不濡，入火不热，是知之能登假于道也若此。"②如果说，"不逆寡，不雄成"等等主要表现为一种现实的社会性品格，那么"登高不栗，入水不濡，入火不热"则已走向神化之境。庄子以后者描述真人的品格，既试图进一步展示道与经验现象之间的区别，也希望由此突现把握形上之道与达到经验之知在前提、方式上的差异。当然，如后文将论及的，尽管超凡之境以合于道为前提，但对真人的如上渲染，也多少使之蒙上了几分神秘的色彩，它对后来道教的得道成仙诸说，似乎也产生了历史的影响。

不过，从如何把握道的角度看，真人与真知之辩更实质的意义，在于对主体作用及其内在规定的关注。在认识论的视域中，真人或至人首先可以理解为具体的存在，作为达到真知的前提，这种存在不

---

① 《庄子·大宗师》。
② 《庄子·大宗师》。

同于某一或某些方面的特定能力,而是表现为整个的人。在谈到真人或至人的特点时,庄子便指出:"故素也者,谓其无所与杂也;纯也者,谓其不亏其神也。能体纯素,谓之真人。"①"素"与"纯"原有本然、自我同一等义,而以"无所杂"、"不亏神"具体地界定其内涵,则同时强调了真人在精神等层面的统一性和整体性。以上特点同样体现于"至人"之上:"至人之用心若镜,不将不逆,应而不藏,故能胜物而不伤。"②"用心若镜",是直观对象而不改变其本然形态,"不将不逆,应而不藏"则是顺物之自然,二者都指以如其所是的方式来敞开世界,在这一过程中,"至人"始终呈现为统一的存在,而非仅仅是某一方面的规定。

真人与真知之辩及对真人的以上理解,在更内在的层面上涉及认识论与本体论的关系。如前面所分析的,真人在认识论意义上首先表现为一种统一的存在形态,与之相应,"有真人而后有真知"意味着肯定人的存在形态与得道、体道过程之间的联系。《庄子·大宗师》借南伯子葵与女偊之间如下对话对此作了进一步的阐述:"南伯子葵问乎女偊曰:'子之年长矣,而色若孺子,何也?'曰:'吾闻道矣。'南伯子葵曰:'道可得学邪?'曰:'恶!恶可!子非其人也。'"这里的值得注意之点在于对学道与"其人"关系的确认:"其人"即处于一定存在境界的人,"非其人"意味着尚未达到这种存在形态。对庄子而言,人能否学道或把握道,以他是否具备了相应的存在形态或境界为前提。"非其人"(未具备某种存在的规定),便难以学道。质言之,人之"知",以人之"在"为前提;惟有达到了一定的存在形态,才可能真正理解和把握道。

---

① 《庄子·刻意》。
② 《庄子·应帝王》。

"知"与"在"的如上关系,在鹏与蜩、学鸠的视域差异中得到了更形象的阐述。在《逍遥游》中,庄子曾以寓言的形式,描述了鲲鹏与蜩、学鸠的不同境界。鲲鹏欲"背负青天"而"图南",但这种宏远的志向却遭到了蜩与学鸠的嘲笑:"蜩与学鸠笑之曰:我决起而飞,抢榆枋而止,时则不至而控于地而已矣,奚以之九万里而南为?"庄子由此作了如下评论:"适莽苍者,三餐而反,腹犹果然;适百里者,宿舂粮;适千里者,三月聚粮。之二虫又何知?"不同的存在方式,往往伴随着不同的观念;蜩与学鸠的活动范围,只是蓬间树丛而已,这种存在境域,使它们无法理解飞越九万里的鲲鹏之志,庄子以"之二虫又何知"着重指出了蜩鸠的存在境域对其"知"的限制。

　　"知"的层面所展示的以上差异,同时被理解为小知与大知之别,所谓"小知不及大知"①。关于这种小大的区分,庄子有如下的具体解释:"穷发之北,有冥海者,天池也。有鱼焉,其广数千里,未有知其修者,其名为鲲。有鸟焉,其名为鹏,背若泰山,翼若垂天之云,抟扶摇羊角而上者九万里,绝云气,负青天,然后图南,且适南冥也。斥鷃笑之曰:'彼且奚适也? 我腾跃而上,不过数仞而下,翱翔蓬蒿之间,此亦飞之至也。而彼且奚适也?'此小大之辩也。"②叙事的内容与上文大致相近,其侧重之点同样在于存在形态不同所导致的视域差异。不过,与小知与大知之分相联系,这里的"小大之辩"进一步突现了存在境域与认识视域之间的相关性、对应性。

　　从把握道的层面看,存在境域对人的影响展开为多重方面,在《秋水》篇中,庄子通过对井蛙、夏虫、曲士各自特点的概述,具体地阐明了这一点:

----

① 《庄子·逍遥游》。
② 《庄子·逍遥游》。

> 井蛙不可以语于海者,拘于虚也;夏虫不可以语于冰者,笃于时也;曲士不可以语于道者,束于教也。

井蛙、夏虫在此隐喻具有某种存在形态的人。"虚"涉及存在的空间①,引申为特定的环境,"拘于虚",亦即受制于特定环境;"时"关乎时间关系,引申为具体的历史条件,"笃于时",即为一定的历史条件所限定;"教"与学说、观念相关,它所涉及的是一定的思想背景,"束于教"指具有片面性的思想、观念对人的影响。作为具体的存在,人总是受到内在、外在的各种因素的影响,而不同的存在境域,又进一步制约人对世界(包括道)的认识和理解。在此,特别值得注意的是"束于教"。与"虚"和"时"涉及的主要是人之外的条件有所不同,观念形态的"教"更多地通过人自身的接受、认同而化为人的内在意识,并融入于人的精神世界,从而与人同"在"。如果说,从真知到真人,又由真人到真知着重从积极的方面体现了人之"在"与人之"知"的互动,那么,已有的一偏之见向人的精神世界的渗入,这种观念通过转换为人的思想背景而限定把握世界的过程,则从消极的方面体现了同样的关系。

不难看到,有真知而后有真人、有真人而后有真知,二者展开为真知与真人的互动。真知在融入于意识与精神世界的过程中化为人的具体存在,人的存在境域又在不同的层面上构成了面向对象、敞开世界的本体论前提,人之"在"与人之"知"的如上关系,同时体现了认识论与本体论的统一。

---

① 崔谱训"虚"为"空",以为"拘于虚"即"拘于井中之空也"。王念孙认为,"虚"即"墟",墟则指"故所居之地"。(参见〔清〕郭庆藩:《庄子集释》,第564—565页)按:二者所训之义虽相异,但无论是"井中之空",抑或"故所居之地",在涉及空间关系这一点上又有相通之处。

三 坐忘与心斋

真人与真知之辩通过肯定人之"知"与人之"在"的相关性，着重展示了达到真知和道的本体论背景。以此为进路，庄子对如何得道的过程作了进一步的考察，而"坐忘"与"心斋"则构成了其中重要的范畴。

在庄子以前，《老子》曾区分了为学与为道："为学日益，为道日损，损之又损，以至于无为。"①"为学"是一个经验领域的求知过程，其对象主要限于现象世界；"为道"则指向形上本体，其目标在于把握统一性原理与发展原理。在《老子》看来，经验领域中的为学，是一个知识不断积累（日益）的过程，以形上本体为对象的为道，则以解构已有的经验知识体系（日损）为前提，后者构成了无为的具体内涵之一。

《老子》对为道过程的如上理解，在庄子那里得到了进一步的发挥。与《老子》强调"日损"相近，庄子提出了"坐忘"之说。何为"坐忘"？在《大宗师》中，庄子以孔子与颜回对话的方式，对此作了阐述：

> 颜回曰："回益矣。"仲尼曰："何谓也?"曰："回忘仁义矣。"
> 曰："可矣，犹未也。"他日复见，曰："回益矣。"曰："何谓也?"曰：
> "回忘礼乐矣。"②曰："可矣，犹未也。"他日复见，曰："回益矣。"
> 曰："何谓也？"曰："回坐忘矣。"仲尼蹴然曰："何谓坐忘?"颜回
> 曰："堕肢体，黜聪明，离形去知，同于大通，此谓坐忘。"仲尼曰：

---

① 《老子·四十八章》。

② 王叔岷指出："淮南道应篇'仁义'二字与'礼乐'二字互错，审文意，当从之。"（参见王叔岷：《庄子校释》，第61页）按：从逻辑上看，礼乐较仁义而言似更为外在，就此而言，由忘礼乐而忘仁义，似更合乎逻辑的进展。

"同则无好也,化则无常也,而果其贤乎,丘也请从而后也。"

这里,庄子显然是借孔子与颜回之口,以述己意。从精神活动及意识活动的角度看,"忘"的特点是有而无之,亦即将已融合于主体精神世界并入主其中的内容加以消除。礼乐、仁义表现为文明的社会规范及品格,"形"与身相关,主要从感性的层面表征人的存在,"知"则涉及人的理性能力与理性之知。如果说,礼乐仁义构成了人存在的社会文化伦理背景,那么,"形"与"知"则更多地与个体存在相联系;与之相应,忘仁义、礼乐,意味着疏离社会文化背景,由文明的约束回归自然的形态;离形去知,则是从个体的层面,消解感性与理性的规定,所谓"堕肢体,黜聪明"表达的也是同一意思:肢体涉及形,"聪"、"明"则分别与耳目的感官能力相联系。对庄子而言,消除社会文化背景的影响,还具有外在的性质,因此,仅仅"忘仁义"、"忘礼义",虽"可矣",但"犹未也";以"堕肢体,黜聪明,离形去知"为内容的"坐忘",则由消除外在的影响,进一步回到个体自身,从感性(形)与理性(知)等方面净化个体存在,使之"同于大通"(与道为一)。

"离形去知"分别涉及"形"和"知",对"坐忘"的分析,也具体地展开于以上两个方面。在庄子看来,与"形"相联系的"聪"和"明",首先指向以"声"、"色"为内容的外在世界:"是故骈于明者,乱五色,淫文章,青黄黼黻之煌煌非乎?而离朱是已。多于聪者,乱五声,淫六律,金石丝竹黄钟大吕之声非乎?而师旷是已。"[1]五色、五声既是经验领域的对象,又表现为文明演化的产物,"聪"、"明"作为耳目的功能,本来以经验现象为作用的对象,而在以上的关系中,它同时又指向了文明的世界。"骈"与"多"在此指赘生之物,对庄子而言,体现

---

[1] 《庄子·骈拇》。

于五色、五声的目之"明"、耳之"聪",便属于赘生的多余之物;一旦执着于"聪"和"明",便不免沉溺于声、色的世界:"说(悦)明邪,是淫于色也;说(悦)聪邪,是淫于声也。"①就人的存在而言,耳之"聪"、目之"明"可以视为"形"的表征,而人之"形"又影响人之"心",以"形"为依托,往往导致心随形化:"其形化,其心与之然。可不谓大哀乎?"②作为"坐忘"的内容之一,"黜聪明"、"离形"等等,既旨在超越感性的世界,也意味着消除"形"对"心"的消极影响。

与"离形"相联系的是"去知"。在庄子那里,"知"与"故"被视为同一序列,二者的消除,构成了循天之理的前提:"去知与故,循天之理。"③"故"本来包含有意为之的含义,在此引申为诈伪④,"知"与"故"并提,使之同时被赋予否定的意义。有意为之或伪诈,是文明演进的伴随物;广而言之,"知"与"故"都是在文化及文明发展的影响下形成的,在此意义上,"去知与故",以消除文明发展对个体的影响为实质的内容。这里既渗入了天人之辩:以去知与故为循天之理的前提,便是自然原则对于人化观念的优先性;又表现出对已有知识结构的消极理解。

去知与故的主张,在师其"成心"之说中得到了进一步的展开:"夫随其成心而师之,谁独且无师乎?"⑤成心即既成或已有的观念,它产生于一定的社会文化背景,在形成之后,又融入主体之中,并构成了其思维定势及考察问题的前见。每一个体都无法摆脱外在的社会

---

① 《庄子·在宥》。

② 《庄子·齐物论》。

③ 《庄子·刻意》。

④ 参见〔清〕郭庆藩:《庄子集释》,第 540 页;刘文典:《庄子补正》,第 494 页。

⑤ 《庄子·齐物论》。

影响,从而也都相应地有自身的成心,而以成心为师,便难免囿于内在的成见,由此出发,便容易衍化出是非之分:"未成乎心而有是非,是今日适越而昔至也。是以无有为有。"①在此,成心即被视为是非之分与是非之争发生的根源。前文所提及的"束于教",在某种意义上也体现了"成心"对人的影响:"教"内化于主体的意识,便转化为"成心",成心的制约又使个体成为一曲之士。就其内容而言,"成心"表现为一种观念系统,其中既包含关于经验事实的知识,也蕴含价值取向或价值立场;与批评"束于教",师其"成心"相应,"去知"在此具体地表现为解构既成或已有的观念系统。

在观念形态上,与"成心"相联系的是"机心"。成心表现为已有的知识结构与价值定势,机心则既以知识系统与价值取向为内容,又展开为具体的动机意识或目的意识。在"有机械者,必有机事;有机事者,必有机心"的逻辑关系中,机心便表现为基于一定的知识背景及功利目的而展开的谋划和算计,它在体现较强的功利意识的同时,也隐含着向"伪"发展的可能,在此意义上,机心与"故"无疑有相通之处;庄子认为"机心存于胸中则纯白不备",显然也肯定了这一点。机心的以上特点,决定了它与得道过程之间的紧张,所谓"纯白不备,则神生不定,神生不定者,道之所不载也"②,便突出了以上关系。如果说,对"成心"的消解可以视为"去知"的引申,那么,对"机心"的否定则更多地表现为"去故"。

作为坐忘的具体内容,离形去知在总体上表现为闻见与心知的双遣:"目无所见,耳无所闻,心无所知,女神将守形,形乃长生。"③目

---

① 《庄子·齐物论》。

② 《庄子·天地》。

③ 《庄子·在宥》。

之所见、耳之所闻,属感性之知;心之所知,则与理性相涉,对二者的否定所引向的,是"解心释神":"堕尔形体,吐尔聪明[1],伦与物忘,大同乎涬溟。解心释神,莫然无魂。"[2]堕形体、吐聪明,主要侧重于感性之"形"及感性之知,解心释神,则具有综合的意义,它所指向的,不仅仅是理性的内容和规定,而是兼及精神领域的各个方面。在消除了感性作用与精神领域的不同存在形态以后,个体的精神世界便随之解体。这既是一种较为彻底的"忘",也是对精神世界的有意解构,在庄子看来,由此达到的便是合乎道、与自然为一的境界,所谓"伦与物忘、大同乎涬溟"[3],即可看作是对这种状况的写照。

为学过程及精神世界的形成,更多地展现为建构的性质,然而,当知识系统及精神世界的建构衍化为"成心"时,则这种建构本身也呈现消极的意义:它在认识论上容易引向独断论。从这方面看,解构已有知识系统及精神世界,无疑具有通过消除成心以抑制独断论的意义。笛卡尔以怀疑的方法对曾经接受和相信的一切加以重新审视,便表现了如上趋向;胡塞尔要求悬置已有的知识与信念,也在某种程度上体现了类似的观念。庄子主张"解心释神",既表现为从精神世界的建构走向精神世界的解构,又意味着超越以"成心"为形式的独断论,后者显然具有更实质的意义。[4]

与"坐忘"相联系的是"心斋"。何为"心斋"?从庄子的如下阐

---

① 如王引之所论,"吐当为咄,咄与黜同。"(参见本书第一章第四节相关内容的注文)

② 《庄子·在宥》。

③ 成玄英:"涬溟,自然之气也。"(〔唐〕成玄英:《庄子疏·在宥》)

④ 如果说,由强调"齐"、"通"而拒斥意见、是非之争,在逻辑上容易导向独断的观念,那么,执着"成心"则每每使独断趋向呈现为内在的思维方式。对前者(拒斥意见、是非之争)的认同与后者(执着"成心")的摒弃,似乎同时并存于庄子哲学之中。这种现象从一个方面表现了庄子思想的复杂性。

释中,我们可略见其大概:

> 若一志,无听之以耳,而听之以心;无听之以心,而听之以气。听止于耳,心止于符;气也者,虚而待物者也,唯道集虚。虚者,心斋也。①

"一志"即专注而有定向,"听之以耳"泛指感性的考察方式,"听之以心"则以理性的方式为指向。这里值得注意的是"听之以气"之说。"气"作为本体论的范畴,有质料之意,但庄子在此则以"虚"说气,将"气"主要与"虚"联系起来。耳目之知与心知,具有对象性或意向性:耳所听者,为感性的对象;心所指向的,则为理性之域。与之相对,以"虚"为内涵的"气",则不具有对象性或意向性。庄子要求由"听之以耳"、"听之以心",进而"听之以气",意味着从对象性的关切及意向性的活动,返归虚而无物的精神形态。"虚"在此既被理解为道的体现(所谓"唯道集虚"),也被视为进一步把握道的前提,而以"心斋"指称这种"虚"的形态,则使之平添了几分玄秘的色彩。"斋"本来与祭祀活动中的自我净化相联系:惟有消除世俗的不洁之物,才能与神明沟通,庄子以此作为得道之境所以可能的前提,无疑突出了解构、消除、净化既成精神世界对于把握道的意义。②

从先秦哲学看,将"气"引入精神领域,当然不限于庄子,事实上,孟子也曾从精神的层面解释"气"。在谈到"浩然之气"时,孟子作了如下阐发:"其为气也,至大至刚,以直养而无害,则塞于天地之间。

---

① 《庄子·人间世》。

② 就以上意义而言,尽管庄子借孔子(仲尼)之口区分了心斋之"斋"与祭祀之"斋"(参见《庄子·人间世》),以此突出心斋与外在形式的区别,但二者似乎仍存在某种联系。

其为气也,配义与道,无是,馁也。是集义所生者,非义袭而取之也。行有不慊于心,则馁矣。"①就其内容而言,这里值得关注的,首先是孟子以"义与道"来规定"气","义"表示价值的观念或价值的规范系统,与"义"处于同一序列的"道",其内涵首先也涉及价值的理想。在此,以"义与道"为具体的内容,"气"更多地与精神领域的积累、沉淀过程相联系,所谓"集义所生",也表明了这一点。同是对"气"的规定,孟子的"集义"与庄子的"集虚"无疑表现了不同的趋向:前者侧重于形成、确立内在的精神世界,后者则更倾向于对其加以解构;而在以上二重趋向的背后,则蕴含着理性的强化与理性的限定、独断的走向与独断的消解等张力。

四 反观内通:逻辑之外的进路

以解构已有的精神世界为指向,"坐忘"和"心斋"着重于"破"或否定。既"破"之后,如何体道和悟道?庄子由此进一步考察了通常的感知和理性之外的方式。前文曾提到,在经验的层面,耳目之知首先指向外部对象,所谓"极物而已",也隐含着这一含义。从体道的角度,庄子对耳目的作用方式作了不同的规定:"夫徇耳目内通而外于心知,鬼神将来舍,而况人乎?"②在这里,耳目不再以对象为指向,而是反身向内;这种反观又不同于理性之知,相反,它以"外于心知"为特点。表现为"内通"的耳目之知,也涉及"聪"和"明",但此"聪"、"明"并不以外部对象为内容。关于这一点,庄子有如下的解释:"吾所谓聪者,非谓其闻彼也,自闻而已矣;吾所谓明者,非谓其见彼也,

---

① 《孟子·公孙丑上》。
② 《庄子·人间世》。

自见而已矣。夫不自见而见彼、不自得而得彼者,是得人之得而不自得其得者也、适人之适而不自适其适者也。"①这里区分了两种"聪"和"明":"闻彼"之聪与"自闻"之聪、"见彼"之明与"自见"之明。从目的的层面看,自闻、自见旨在自适;从作用的方式看,自闻与自见则以反视内听为特点。

　　作为把握道的方式,耳目的"内通"或反视内听(自视自见)在认识论或方法论上究竟具有何种意义? 从认识论上看,耳目之知或"聪"和"明"既与广义的"观"及"听"相联系,又具有直接性(无中介)的特点,在对耳目及聪明重新界定之后,将其引入得道的过程,无疑同时肯定了以直接(无中介)性为特点的这种"观"或"听"的作用,然而,以"内通"规定耳目的功能,并将其与"心知"隔绝开来,则使之不同于经验或感性的直观,而在实质上表现为某种区别于单纯理性作用的直觉。事实上,当庄子从方法论的角度对庖丁解牛的过程加以概述时,已从一个方面表明了这一点;在他看来,上述过程的根本特点之一在于"以神遇而不以目视"②。不以目视,是指不以"见彼"(指向对象)的方式"视";"以神遇",则是以内在的明觉直接地把握。用"以神遇"来表示这种直觉,主要在于突出其非程序性、非推论性以及难以言说的特点。这种体悟的方法,对应于"技进于道"的过程③,从而,所谓"以神遇"在实质上便被视为得道的方式。

　　通过"以神遇"的方式领悟道,在形式的层面上表现为对感性直观与理性推论的双重扬弃,其前提则是单纯的感性直观或逻辑推论都难以把握道。与之相应,"以神遇"的直觉方式,本身也隐含多重方

---

①　《庄子·骈拇》。

②　《庄子·养生主》。

③　庄子借庖丁之口,以"所好者道也,进乎技矣"概括庖丁解牛的内在意义。(参见《庄子·养生主》)

面。它不限于感性直观,但又包含"观"的因素(包括想象等);它超越了理性的、逻辑的推论,但又内在地渗入某种理性的内涵:所谓"内通"、"自闻"、"自见",都已不同于单纯的感性活动,而是交错着理性的作用。事实上,"以神遇"之"神",便既有神而不可测(非逻辑或理性的程序所能限定)之意,也兼指精神的综合作用。心斋之说中所谓"听之以气",也以扬弃"分"而走向"合"为其深层内涵:在庄子那里,"气"往往与统一性、综合性相联系,所谓"通天下一气耳"①、"游乎天地之一气"②、"游心于淡,合气于漠"③,等等,"气"的本体论内涵便具体表现为"通"、"一"、"合",后者同样体现于作为得道方式的"听之以气"。对庄子而言,"气"既以"虚"为其特点,也以超越界限的方式沟通、联接存在形态以及把握存在的方式;惟其"虚",故在本体论及方法论上都不限定于某一方面,而能展现普遍的涵盖性。也正是在相近的意义上,庄子将"养气"与"通乎物之所造"联系起来:"壹其性,养其气,合其德,以通乎物之所造。"④

　　庄子对"虚"和"以神遇"的如上理解,无疑注意到了直觉在体道过程中的作用。与本体论上注重"齐物"、突出"道通为一"相呼应,他在确认存在本身"未始有封"的同时,也肯定了把握存在的方式不能限定于耳目之知或心知,这些看法显然有见于得道或体道方式的综合性、整体性等特质。不过,在强调"以神遇"等直觉的方式具有非限定性特点的同时,庄子对感知、心知等往往未能给予合理的定位。在"自闻"、"自见"以及"慎女(汝)内,闭女(汝)外"⑤等主张中,对道的

---

① 《庄子·知北游》。
② 《庄子·大宗师》。
③ 《庄子·应帝王》。
④ 《庄子·达生》。
⑤ 《庄子·在宥》。

把握过程不仅疏离于感知,而且似乎被隔绝于外部世界;而"无思无虑始知道"①等看法,则进一步悬置了理性思维。这样,在庄子那里,尽管"以神遇"、返身"内通"作为直觉的方式在逻辑上渗入了感知、心知,但在自觉的方法论层面,它们似乎并没有获得应有的确认。事实上,"闭女(汝)外"、"无思无虑"与坐忘、心斋等思想彼此交融,在相当程度上赋予体道的方式以超验的、神秘的性质。

就其认识论含义而言,"无思无虑"同时意味着向前概念形态的回归。从逻辑上看,"坐忘"、"心斋"、"以神遇"等形式,本身具有超越感知、心知等界限的特点;与之相近,前概念的形态也以无思虑、感知等区分为其特点:在无所"分"这一点上,二者无疑呈现某种相通之处。这样,从超越认识能力之分的直觉,走向无耳目之知与心知之分的前概念形态,也有其内在的关联。与悬置思虑、心知相应,庄子将"同乎无知"、"结绳而用之"视为至德之世的形态:"夫至德之世,同与禽兽居,族与万物并,恶乎知君子小人哉? 同乎无知,其德不离。"②"子独不知至德之世乎? ……当是时也,民结绳而用之。"③"至德之世"即理想之世,"同乎无知"、"结绳而用之"则是前概念的存在形态。这里不仅仅涉及历史的回溯和评价,作为理想的存在形态,它内在地蕴含着"应当"的要求:理想的也就是"应当"达到或实现的。从后一方面("应当"之维)看,"同乎无知"、"结绳而用之"的前概念形态,同时也构成了走向"道"的前提:在一定意义上,以上论述可以看作是"无思无虑始知道"的注脚。

在庄子看来,相对于"思虑"和心知,前概念形态对人而言更合乎

① 《庄子·知北游》。
② 《庄子·马蹄》。
③ 《庄子·胠箧》。

得道之境。关于这一点，《达生》篇有一具体阐释："夫若是者，其天守全，其神无郤，物奚自入焉？夫醉者之坠车，虽疾不死，骨节与人同，而犯害与人异，其神全也，乘亦不知也，坠亦不知也，死生惊惧不入乎其胸中，是故遻物而不慑。彼得全于酒而犹若是，而况得全于天乎？""全""无郤"有统一而无分之意，"其天守全"、"其神无郤"，主要表示本然之性（天）及精神世界的浑而未分。按庄子之见，当人处于无知无识的形态时，其精神世界便具有统一而未分（"其神全"）的特点，后者同时体现了与道为一的境界，所谓"致道者忘心矣"①；正是以上背景，使人虽遇变故（坠车）而能免予伤害。在这里，无所知的前概念形态构成了"其神全"的前提，"其神全"则既体现了得道之境，又为个体的安然"在"世提供了担保。

不难看到，由回归前概念的形态而体道，其意义已不仅仅限于在理论层面把握道，而是更多地涉及实践层面的存在方式。对庄子而言，以道为内容的"真知"不同于经验层面的知识：经验之知所指向的是外部对象，"真知"则旨在提升人自身的存在形态。前概念形态的特点在于既无物我之分，又无感知与心知之别，它在某种意义上体现了"未始有封"的存在形态，惟其如此，故能得道和体道。在这里，认识的方式已与存在的方式相互交融："未始有封"既是人把握道的背景或前提，又是人自身的存在方式。

认识方式与存在方式的如上交融，在更深沉的意义上涉及认识与涵养的关系。如前所述，庄子一再肯定真知与真人的互动，这种互动已蕴含着达到真知与成就真人之间的统一。从成就真人的维度看，问题总是关联着涵养。事实上，前文所论及的坐忘、心斋，都同时展开为一个涵养的过程。"坐忘"以忘仁义、忘礼乐为前提，其中包含

① 《庄子·让王》。

着对儒家道德系统的解构或扬弃,这种解构同时构成了达到"真人"的条件。正是在此意义上,庄子将"坐忘"之境与"贤"联系起来,所谓"果其贤乎",便表明了此点。同样,"听之以气"的"心斋",也渗入了个体的涵养,以"唯道集虚"为内容,"心斋"意味着对个体精神世界的净化,这种净化包含着个体在精神层面的努力和工夫。"心斋"的讨论以颜回与孔子对话的形式展开,在谈到"心斋"所体现的"虚"时,庄子继续借用这种对话的方式来加以阐释:"颜回曰:回之未始得使,实自回也;得使之也,未始有回也。可谓虚乎? 夫子曰:尽矣。"①这里所说的"未始有回",是指人格或观念形态的转换:在实现"心斋"之后,原来的"我"以及"我"的精神世界便不复存在,取而代之的是经过净化的自我及其精神世界。人格或精神世界的这种转换,从一个方面体现了涵养工夫及其效应。

认识与涵养的以上关系,同时被理解为一个二者互动的过程。在谈到"恬"与"知"的关系时,庄子写道:"古之治道者,以恬养知;生而无以知为也,谓之以知养恬。知与恬交相养,而和理出其性。"②"恬"有"静"之意,在此指合乎"天"的自然形态,它本身可以视为涵养的产物;事实上,这种"静"而合乎"天"之境,在庄子那里又与"养神"过程相联系:"纯粹而不杂,静一而不变,淡而无为,动而以天行,此养神之道也。"③"以恬养知"所肯定的,也就是涵养所达到的合于"天"(自然)之境对认识过程的作用;"以知养恬"则是指认识对涵养的影响。

知与恬的"交相养",在总体上表现为二者在得道或体道过程中

---

① 《庄子·人间世》。
② 《庄子·缮性》。
③ 《庄子·刻意》。

的交互作用。如前所述,得道不同于对象性的认知,它一开始便指向人自身之"在":以合乎道为指向,达到真知与成就真人,在庄子那里表现为一个统一的过程;认识与涵养的互融,可以看作是真知与真人互动的体现。从哲学史上看,以成就人自身为"知"的目标并将涵养引入认识过程,同样构成了儒学的内在特点,在这方面,庄子与儒学无疑有相通之处。不过,儒家的涵养以德性的形成、提升为内在旨趣,庄子则将净化精神世界作为知与恬的"交相养"的内容,而这种净化又以消解既成德性为题中之义。不难看到,庄子与儒家尽管都以人之"在"为关注之点,但在何为人之"在"的理想形态、人应如何"在"等问题上,却表现了不同的趋向。

第五章

名 与 言

就逻辑的层面而言,"知"之"得"(获得)与"知"之"达"(表达),都同时涉及名与言。从更广的视域看,名言与人之"在"究竟呈现何种关系?在谈到人之"言"时,庄子曾提出了如下问题:"果有言邪?其未尝有言邪?其以为异于鷇音,亦有辩乎?其无辩乎?"①这里值得注意的是对人之"言"与"鷇音"的比较,"鷇音"是幼禽的鸣声,泛指动物所发出的声音。尽管庄子在此对人之言与动物之声的区分是以疑问的方式提出的,但问题的提出本身表明,庄子已注意到"言"是人不同于动物的特征之一:"言"为人所特有,动物之声则

---

① 《庄子·齐物论》。

仅仅表现为"言"之外的"音"。①作为与人相关的现象,"言"总是有所表述:"言非吹也,言者有言。"②就"言"与所言的关系而言,言说总是涉及名实之辩;就表达的形式与表达的内容而言,言说过程又指向言意之辩;而从言说与道的关系看,问题则进一步涉及能否"说"以及如何"说"。按庄子的理解,名与言既敞开了世界,也有自身的限度。通过名与实、言与意、道与言等关系的辨析,庄子展示了其多方面的哲学立场。

一 名 止 于 实

以名实之辩为背景,名与言的考察既涉及语言形式与含义的关系,也以概念与对象的关系为指向。事实上,在庄子那里,"言"与"名"都既有语词之义,又兼指概念;名实之辩也相应地既以词与物的关系为讨论对象,也涉及概念与世界的关系。

在庄子看来,对象世界有其自身的规定,这种规定并不依存于言说:"天地有大美而不言,四时有明法而不议,万物有成理而不说。"③在此,言说与世界的呈现展开为两种不同的存在方式,自在的规定与自在的呈现在对象世界中融合为一。然而,从人与对象世界的关系看,言说又构成了联结二者的一个方面:物总是通过名与言而向人敞开。就人与物的言说关系而言,庄子首先肯定了名与言对于物的从

---

① 这里的"言"、"音"之辩有其复杂性:一方面,庄子对言音之分提出了质疑;另一方面,人之言与鷇之音作为相互比较的二项,又内含某种分别:"言"在符号表意的层面与"鷇音"诚然有相通之处,但作为人所特有而不同于鸟鸣的表达方式,它又无疑从一个方面表现了人的存在特征。

② 《庄子·齐物论》。

③ 《庄子·知北游》。

属性:"名者,实之宾也。"①作为"实之宾","名"应与"实"一致并合乎"实"。《大宗师》曾以颜回之口论及名与实的以上关系:"颜回问仲尼曰:'孟孙才其母死,哭泣无涕,中心不戚,居丧不哀,无是三者,以善处丧盖鲁国。固有无其实而得其名者乎?'"②这里重要的不是对某一具体历史人物的评价,而是其中所涉及的名实关系。"无其实而得其名"即名不副实,它既指外在声誉与实际行为不一致,也在广义上意味着"名"与"实"之间的脱节,庄子借颜回之口所作的以上质疑,显然以名与实应当相符为前提。

名与实的如上关系,在以下论述中得到了更具体的规定:

名止于实,义设于适。③

"止"有限定之意,"止于实"意味着"名"不能越出或偏离"实";换言之,二者应当具有对应的关系。与"名"相对的"义"与"宜"相当④,引申为当然之则,"适"则有合宜或适合具体情景之意,"义设于适"表明当然之则的作用应以合乎具体的情景为前提,其中蕴含着对权变(原则运用的变通性)的肯定。在此,庄子将"名"与"义"区分开来,强调"名"应严格对应于"实","义"则可视情景而变通。名与义的如上分

---

① 《庄子·逍遥游》。

② 《庄子·大宗师》。此句成玄英等断为"无是三者以善处丧,盖鲁国固有无其实而得其名者乎",刘文典引李桢语曰:"以善处丧绝句,文义未完,且嫌于不辞。下'盖鲁国'三字,当属上为句,不当连下'固有'云云为句。'盖'与《应帝王》'功盖天下'义同。言孟孙才以善处丧,名盖鲁国。"(刘文典:《庄子补正》,第251—252页)按:李说可从,此处据以为断。

③ 《庄子·至乐》。

④ 成玄英:"义者,宜也。随宜施设,适性而已。"(〔唐〕成玄英:《庄子疏·至乐》)

疏,无疑进一步突出了名与实的关系以相符或一致为内在指向。

从另一方面看,以"止于实"规定"名",同时也对"名"与"言"的作用对象或范围作了限定。在《齐物论》中,庄子已提出"物谓之而然"的论点,所谓"谓之而然",也就是通过以"名"指称物,使物得以分辨和把握,其意近于后来荀子所说的"名定而实辨"①。这种指谓关系首先将名与物联系起来,并在二者之间建立起对应关系。由此,庄子进一步强调:"言之所尽,知之所至,极物而已。"②就认识过程(知)而言,"极物而已"意味着经验之知无法超越具体对象;就名实关系而言,"极物而已"所强调的则是"名"与"言"仅仅作用于特定之物。与以上看法相应,庄子区分了"物"与"虚":"有名有实是物之居,无名无实在物之虚。"③"物"以"实"为品格,并可以"名"来指称("有名有实"),"虚"则缺乏"实"的规定,也无法以"名"来表示("无名无实")。

作为"名"的对象,"物"与"实"首先呈现特殊或个体的特点,与"物"相对的则是"道"。"物"与"道"之别,在"殊"相与普遍规定的区分上得到了具体的体现:对庄子而言,"道"总是超越了殊相,从而,以"物"(殊相)为对象的"名",无法把握"道"。在谈到物、道与名的关系时,庄子便对此作了如下分疏:"万物殊理,道不私,故无名。"④"万物殊理"表明具体事物具有不同的规定,"不私"则是超越个体或殊相而具有普遍的涵盖性,庄子将"物"之"殊"与"道"之"不私"区别开来,并由后者引出了"无名",这一分辨,进一步赋予"名"以指称特定之物的品格。

---

① 《荀子·正名》。
② 《庄子·则阳》。
③ 《庄子·则阳》。
④ 《庄子·则阳》。

以"殊"而不同的"物"为对象,"名"往往疏离于"一"。在谈到世界的原初形态时,庄子指出:"泰初有无无,有无名,①一之所起,有一而未形,物得以生谓之德。"②日常话语中的"无",往往与"有"相对,在这种语境中,"无"意味着缺失或不存在,"有无无"所肯定的,并不是与"有"相对的"无",毋宁说,它所指向的,是融具体"有"、"无"为一、具有普遍涵盖性的"无"。与扬弃"有"、"无"之分相应,世界也呈现了其原初的形态,这种原初性具体便表现为"一"而未形。所谓"一"而未形,也就是浑然一体、未分化为特定的事物。《齐物论》中所谓"有未始有夫未始有无也者",表达的也是类似的含义:世界的本然形态既无"有",亦无"无",从而,"有"、"无"之别在此并无实质的意义。按庄子之见,这种原初的统一形态,已超越了名言之域:以"无名"规定"一而未形",便表明了这一点。

"名"无法把握统一的存在形态,意味着"名"有自身的限制。从名实关系看,"名"首先以"分"为其特点,当庄子强调"名"为实之"宾","名止于实"时,已同时肯定了"名"与"实"("物")之间的对应性,后者(对应性)既体现了"名"与"物"关系的确定性,也突显了"名"所内含的"分"与"别"等功能:名与物的对应性,以不同的"名"分别地指称或表示不同的"物"为前提。"名"的这种分别性,同时蕴含着对存在本身的某种分离或分化:当人们以"名"指称不同的"物"时,浑而为一的世界也被区分为不同的对象。从人与世界的认识关系看,通过以"名"相分,存在的混沌性得到了扬弃,具体地把握世界

---

① "泰初有无无,有无名"句,通行本断为"泰初有无,无有无名",刘文典认为:"此当以'泰初有无无,有无名'为句。本书《知北游》篇'予能有无矣,而未能无无也'……老子《道经》'无名,天地之始',泰初即天地之始也。"按:刘说是。如后文将论及的,从理论内涵及表述方式上看,皆当以"泰初有无无,有无名"为句。

② 《庄子·天地》。

成为可能;从世界本身的呈现方式而言,"一而未形"的统一存在则由此分化为各有界限,与"名"相应的殊物或殊相。质言之,"名"使存在从统一走向分殊。

从先秦哲学的发展看,庄子之前与庄子之后的一些哲学家,也从不同的角度考察了名与实、名与物的关系。墨家主张"以名举实"①,并以是否合乎"实"为判断是否知"名"的依据:"今瞽曰钜者白也,黔者黑也,虽明目者无以易之。兼白黑使瞽取焉,不能知也。故我曰瞽不知白黑者,非以其名也,以其取也。"②这里的"取"一方面涉及人的行为过程,另一方面又表现为以"实"定"名":根据所"取"之"实"是否合乎所称之"名",来确定是否真正把握了"名";后者的前提是肯定"名"应当与"实"一致。荀子进而提出"制名以指实"的论点③,从而更明确地指出了"名"对"实"的指称功能,在荀子看来,一旦名与实之间建立了确定的关系,对象便能为人所把握,所谓"名定而实辨"④。荀子由此具体考察了"名"的社会作用:"制名以指实,上以明贵贱,下以辨同异。贵贱明,同异别,如是则志无不喻之患,事无困废之祸,此所为有名也。"⑤"明贵贱"、"辨同异"所着重的,是"名"对存在的"分"与"别",在这里,荀子从社会的领域,肯定了"名"对世界的分离。庄子强调名为实之宾、名止于实,并将"名"的运用与存在的分化联系起来,与墨家、荀子的以上看法,无疑有相通之处。不过,由肯定"名"的"分"与"别",庄子对"名"能否把握世界的本来形态及统一性表示怀疑,以"无名"规定道等论点,已表明了这一趋向。如后文将进

---

① 《墨子·小取》。
② 《墨子·贵义》。
③ 《荀子·正名》。
④ 《荀子·正名》。
⑤ 《荀子·正名》。

一步讨论的,对"名"的以上限定,在理论上包含着自身的问题。

　　作为内含意义的符号,名与言确乎具有区分的功能:"一而未形"的世界通过名与言而被分而别之,从而可以为人所把握。然而,这只是问题的一个方面。名言在区分对象的同时,也从不同的方面再现对象的统一性。墨家已注意到这一点。在谈到"名"与"实"的关系时,墨家曾从"类"与"私"的角度,具体探讨了"名"的作用。从"私"的层面看,"命之臧,私也,是名也,止于是实也。"①"臧"作为指称某一个体之名,属"私"名,在"臧"与它所指称的对象之间,具有对应的关系("是名止于是实")。但"名"本身并不限于"私"名,它同时涉及"类"的关系,从后一方面看,"名"又具有普遍的涵盖性。墨家举例对此作了说明:"命之马,类也,若实也者,必以是名也。"②"马"相对于仅仅指称某一特定个体的"臧"而言,属"类"名,凡在物种上属于这一"类"的所有个体("若实也者"),都可以用"马"来指称。在名与实的以上关系中,"马"这一"类"名,无疑将相关的个体联结起来,它同时也从类的层面,体现了存在的统一性。荀子对此作了更具体的阐释:

　　　　同则同之,异则异之。单足以喻则单,单不足以喻则兼;单与兼无所相避则共;虽共不为害矣。知异实者之异名也,故使异实者莫不异名也,不可乱也,犹使异实者莫不同名也③。故万物虽众,有

---

① 《墨子·经说上》。
② 《墨子·经说上》。
③ "犹使异实者莫不同名也"中的"异实",疑为"同实"之误,"知异实者之异名也,故使异实者莫不异名也,不可乱也;犹使同实者莫不同名也",在逻辑上与本段开首"同则同之,异则异之"一致,若为"异实",则前后抵牾。杨倞《荀子注》引"或曰",亦持此说。(参见〔唐〕杨倞:《荀子注·正名》)又,王念孙也认为,"或说是也"(参见〔清〕王先谦:《荀子集解·正名》,北京:中华书局,1988 年,第 419 页)。

时而欲偏举之,故谓之"物"。"物"也者,大共名也。推而共之,共则有共,至于无共然后止。有时而欲遍举之,故谓之"鸟兽"。"鸟兽"也者,大别名也,推而别之,别则有别,至于无别然后止。①

这里所涉及的,是"名"形成的原则,"同则同之,异则异之"侧重于名与物之间的对应性,"单足以喻则单"则类似墨家以"私"名指称个体。"单"之外的"别"与"共",则涉及不同程度的普遍性:"鸟兽"表示一定的"类","物"则泛指一切对象;后者既以类或普遍的规定为根据,又从不同的方面再现了存在的统一之维。相形之下,庄子仅仅肯定"名止于实",并强调存在的统一形态超越于"名",似乎未能注意"名"的多重品格。

二 言 意 之 辩

与名实之辩相关的是言意之辩。名实之辩以名与物或名与存在的关系为对象,言意之辩则指向言与意的关系。在庄子的哲学系统中,与言相对的"意"既指意义或"名"的含义,也指意念或意识内容,言意之辩则相应地既涉及语言形式与内涵的关系,也以名言与意念(意识内容或广义的心之所悟)关系的辨析为内容。

在言意关系上,庄子首先提出以"意"为贵的论点:

语有所贵也,语之所贵者,意也。……故视而可见者,形与色也;听而可闻者,名与声也。悲夫! 世人以形色名声为足以得彼之情。②

---

① 《荀子·正名》。

② 《庄子·天道》。

"语"与"言"处于同一序列,此处之"意",指"语"所具有的含义。"语"与"意"的如上关系,略近于语词与概念或语句与命题的关系;语以"意"为贵,则意味着含义在名言中处于主导的地位。从外在的层面看,"语"或"言"与感性的对象有相关之处:以"意"为内涵的符号,既可呈现为形,也可表现为声,如果仅仅关注于外在的符号,则往往得其"形"、"声"而失其内在之"意",从而难以把握现实的世界("得彼之情")。

外在之"形"与内在之"意"的区分,在关于古人(圣人)之言的讨论中得到了进一步的阐释。《庄子·天道》记叙了轮扁与桓公的一段对话:"桓公读书于堂上,轮扁斲轮于堂下,释椎凿而上,问桓公曰:'敢问公之所读为何言邪?'公曰:'圣人之言也。'曰:'圣人在乎?'公曰:'已死矣。'曰:'然则君之所读者,古人之糟粕已夫。'"书中所载,固然是古代圣人之言,但这种"言"却未必真正体现往古圣人之"意";所谓古人"已死",意味着赋予"言"以"意"的主体已不复存在,而立"意"之主体一旦失去,则"言"便仅仅呈现为外在的形式。庄子认为言说的主体逝去之后,"言"本身便无意义,无疑未能注意"言"所具有的相对独立性,事实上,如解释学所反复强调的,"言"一旦以文本的形式呈现,其意义便非立言者所能限定;文本所载之"言",总是包含着不断延伸的意义空间。不过,这里重要的是庄子对名言之域中"意"的注重:在往古圣人规定"言"的意义这一历史现象之后,是"意"对"言"的决定作用。古代圣人在此已被视为"意"的本源或象征,正是来自圣人之"意",赋予"言"以内在的生命,离开了"意",则"言"便成为糟粕。

言与意的以上辨析,涉及的主要是语言形式或外在符号与内在含义的关系。如前所述,"意"之所指,并不仅仅限于语言的含义。在对"言"、"意"作进一步考察时,庄子指出:

夫精粗者期于有形者也,无形者数之所不能分也;不可围者
数之所不能穷也。可以言论者,物之粗也;可以意致者,物之精
也。言之所不能论,意之所不能察致者,不期精粗焉。①

"物之粗"即对象的感性形态,"物之精"则是对象的内在规定或内在
之理,在庄子看来,前者可以用"言"来加以指称或讨论,后者则主要
借助"意"而达到。这里所说的"意",显然不同于语言的含义,而更多
地表现为意念或心的体悟、理解;"以意致",也就是通过心的体悟、理
解来把握对象的内在之理。庄子将"言"、"意"分别对应于"物之粗"
与"物之精",多少对二者的作用作了某种限定:根据如上区分,名言
似乎难以达到对象的内在规定或内在之理。换言之,对象的内在之
理虽构成了心之所悟("意")的内容,但却超乎名言之域。事实上,在
谈到"意之所随"与"言"的关系时,庄子已从一个方面对名言的作用
作了某种限制:"语之所贵者,意也。意有所随,意之所随者,不可以
言传也。"②此处之"意"首先指含义,从而有别于作为心之所悟的
"意",但它同样也涉及与对象的关系;"意之所随",便是"意"所指谓
的事物之理。在此,"言"("语")、"意"、意之所指("意之所随")表
现为三项;"言"("语")以"意"为含义,但却无法表达"意"之所指。
这里似乎已涉及含义与所指的关系:名言虽有自身的含义,但它不一
定表达所指,在涉及事物内在之理时,情形便是如此。

当然,与释"意"为意念或心之所悟相应,言意之辩本身所涉及的
内容也有所扩展。从现代哲学的演化看,语言哲学(philosophy of
language or linguistic philosophy)与心的哲学(philosophy of mind)往

---

① 《庄子·秋水》。
② 《庄子·天道》。

往被区分为不同的分支,前者以语言的意义为主要考察对象,后者则将心智活动列入研究之域。① 如果说,庄子关于名言及其含义的讨论多少关涉语言哲学,那么,"以言论"与"以意致"的辨析,则同时涉及心的哲学。不难看到,在言意之辩中,名言形式与心智活动、语言哲学与心的哲学呈现相互交错的形态。它使庄子在限定名言作用的同时,也表现出某种联结名言分析与心智活动的趋向:如上所述,通过对言意之辩的广义理解,庄子的关注之点也超越了单纯的名言含义而兼及心之所悟。

以心之所悟为指向,"以意致"更多地侧重于人自身之"在"。前文已论及,在轮扁斫轮的寓言中,庄子借轮扁之口,对言意与行为的关系作了具体阐述:

> 以臣之事观之,斫轮徐则甘而不固,疾则苦而不入,不徐不疾,得之于手而应之心,口不能言,有数存焉于其间。臣不能以喻臣之子,臣之子亦不能受之于臣。②

斫轮是人的实践活动,"不徐不疾"、"得之于手而应于心",则表现了这一行为过程的完美性。在庄子看来,行为的这种完美性虽然无法以语言加以表述("口不能言"),但其中却包含着内在之理,后者具体表现为行为节奏的恰到好处,心手之间的默契配合,等等。所谓"有数存焉于其间"之"数",便可视为内含于行为过程中的内在之理。这

---

① 当然,当代一些哲学家已注意到语言哲学与心的哲学之间的联系,如塞尔便认为,"语言哲学是心灵哲学的分支"(参见〔美〕J. 塞尔:《心灵的再发现》,北京:中国人民大学出版社,2005 年,第 2 页),不过,主流哲学似乎仍主要将二者分而"治"之。

② 《庄子·天道》。

种内在之理既不可表达,也难以在主体间传递:行为者不能以此"喻"(告知)他人,他人也无法从行为者"受"(接受、获得)此理。然而,实践过程中的这种"数"或"理"虽不可言传,但却能够以心默会:所谓"应于心",便表明了这一点。不难看到,这里的"应于心"与前文的"以意致"存在内在的相通性:二者在超乎名言而走向默会这一点上,无疑具有一致之处。

如前所述,"意之所随"作为所指,首先涉及对象世界;相对于"意之所随","存焉于"实践过程的"数"更多地与人自身之"在"相关。从外在的形式看,认为"意之所随"无法言传,与肯定"应于心"者"口不能言"都表现为超越名言之域,然而,二者的侧重之点又有所不同:前者突出了对象世界之理与名言的距离,后者则着重将心之所悟引入人自身的实践。在"得之于手而应于心"的行为过程中,关于对象的言说已转向对实践智慧的默会。如果说,"意之所随"无法言传等看法多少赋予言意之辩以消极的意味,那么,肯定"存焉于"行为过程的"数"可以"应于心"(默会),则使言意之辩呈现积极的实践意义。从含义("语之所贵者")与所指("意之所随")的区分,到"应于心"的注重,言意之辩由对象的言说引向对主体之"在"的关切。

实践过程的"应于心",主要以"意"为内容;与关注人自身之"在"相联系,"意"进一步获得了对于"言"的优先性,在庄子关于言意关系的如下论述中,便不难看到这一点:

> 筌者所以在鱼,得鱼而忘筌;蹄者所以在兔,得兔而忘蹄;言者所以在意,得意而忘言。吾安得夫忘言之人而与之言哉![1]

---

[1] 《庄子·外物》。

筌、蹄分别是捕鱼和捕兔的工具，"言"与筌、蹄并提，其内在之意便是将"言"规定为工具或手段。此处之"意"，既指名言的含义，也指心之所悟或意念、观念，后者包括对事物内在之理及实践智慧的理解、体悟。就名言形式与含义的关系而言，"言者所以在意"意味着突出含义（"意"）在名言中的主导性；从言说与心悟的关系看，"言者所以在意"则肯定了名言或言说以心之所悟为指向。在以上关系中，"言"都仅仅被规定为外在的手段或工具。作为"言者所以在意"的引申，"得意而忘言"由肯定"意"的主导性，进一步强调了"意"对"言"的独立性或分离性："忘言"表明"意"可以离开"言"而存在。对"意"与"言"的如上看法，既肯定了"言"作为工具的外在性，也确认了心与名言的距离。事实上，在庄子所谓"无言而心说（悦）"①之说中，已蕴含了心（意）与言的相分。②

从"言"与含义的关系看，以何种符号形式表达某种含义固然有约定的性质，但含义本身总是需要借助一定的形式而存在；无一定的形式，则含义难以获得确定性。就名言与所思、所悟的关系而言，"思"与"悟"本身也并不是以纯意识的形态存在，即使最初缺乏明确表达形式的洞见或灵感，也非完全与名言彼此隔绝：这种洞见或灵感要成为可以在主体间传递或讨论的知识，便必须获得名言的形式，而它们最后能够以名言形式呈现，也以其形成的过程与名言具有相关性为前提。同样，"默会"之知作为隐含意识虽超乎显性的名言，但正如感性经验本身有其自身的形式一样，这些隐含之"意"也是有形式

---

① 《庄子·天运》。

② 在当代哲学中，后期维特根斯坦、赖尔等一再趋向于将语义的把握与意识、心理过程分离开来，相对于此，庄子在"言"的讨论中引入"意"，无疑展示了值得注意的洞见。然而，当他主张"得意而忘言"时，则似乎又表现出与后期维特根斯坦等不同的另一偏向。

的意识内容,而非仅仅表现为剔除任何名言形式的纯粹意识之流。庄子主张"得意而忘言",无疑忽视了言意关系的如上方面。

与庄子有所不同,《易传》在言意关系上提出了"言不尽意"和"以象尽意"之说:"书不尽言,言不尽意,然则圣人之意其不可见乎?子曰:圣人立象以尽意,设卦以尽情伪,系辞焉以尽其言,变而通之以尽利,鼓之舞之以尽神。"①这里首先涉及文本的表达形式与文本意义,直接或表层语义与内在思想意蕴的关系。文本(书)通过一定的名言形式而存在,但名言直接表达的语义和文本所内含的思想意义,并不完全重合:文本往往包含着更为丰富的意蕴,并给人以更广的理解空间。尽管这种理解和阐释依然离不开名言,但它已不限于文本直接的语言表达形式。《易传》以卦象为"尽意"的形式,无疑表现了对《易经》符号系统的注重。"象"由爻构成,从逻辑上看,它具有范畴的意义。作为范畴,"象"的特点在于可以转换:通过改动一定的爻,某一"象"便可转换为其他"象",在此意义上,"象"同时表现为一种形式的系统,而所谓以象尽意,则意味着以普遍的范畴形式及范畴之间的转换,来表达思想内容。相对于庄子之强调"得意而忘言",《易传》将"言不尽意"与"以象尽意"联系起来,显然在肯定名言限制的同时,更多地注意到了"意"离不开形式之维。

对言、意、象作进一步考察的是王弼。以庄子及《易传》的思想为背景,王弼在某种意义上将言意之辩与意象之辩结合起来,从更广的视域阐述了言、意、象之间的关系:

> 夫象者,出意者也;言者,明象者也。尽意莫若象,尽象莫若言。言生于象,故可寻言以观象。象生于意,故可寻象以观

---

① 《易传·系辞上》。

意。意以象尽，象以言著。故言者，所以明象，得象而忘言；象者，所以存意，得意而忘象。犹蹄者所以在兔，得兔而忘蹄；筌者所以在鱼，得鱼而忘筌也。然则言者，象之蹄也；象者，意之筌也。是故存言者，非得象者也；存象者，非得意者也。象生于意，而存象焉，则所存者乃非其象也；言生于象，而存言焉，则所存者乃非其言也。然则忘象者乃得意者也，忘言者乃得象者也。得意在忘象，得象在忘言。故立象以尽意，而象可忘也，重画以尽情，而画可忘也。是故触类可为其象，合义可为其征。①

"象"以"意"为源并显现"意"，但它本身又通过名言而得到澄明，较之《易传》，"尽意莫若象，尽象莫若言"这一看法无疑更明确地将"象"与名言联系起来。言、意、象的如上关系，使"寻言以观象"、"寻象以观意"成为可能，而后者又从另一个层面体现和展开了"言"与"象"、"意"之间的联系。这样，一方面，"意"为"象"本、"象"明于"言"，另一方面，由"言"察"象"、以"象"得"意"，名言、概念（范畴）、义理（意）彼此相关而互动。然而，王弼同时又由辨言、意、象之异，强调"得意在忘象，得象在忘言"，亦即将"忘象"、"忘言"，视为"得意"、"得象"的前提，从而多少将义理与概念（范畴）、概念（范畴）与名言形式分离开来。这些看法直接或间接地打上了庄子思想的印记。事实上，王弼以筌、蹄隐喻名言，并由名言的工具化而要求"得象而忘言"、"得意而忘象"，都明显地受到庄子的影响。当然，在这方面，王弼似乎走得更远。

---

① 〔魏〕王弼：《周易略例·明象》。

三 道 与 言

言意之辩从不同的方面表明,"意"具有超乎名言的一面。对庄子而言,名言不仅存在于"意"之外,而且与"道"相对。事实上,如前所述,在庄子看来,名言的作用首先表现为对存在的"分"和"别","道"作为存在的普遍原理,则以"齐"与"通"为内在品格,后者同样使道与名言呈现内在的距离和张力。"道"能否以名言来把握?是否存在非一般名言的把握方式?以上述问题为对象,庄子进一步展开了道与言之辩。

前文已论及,"道"超越于殊相或个体,具有普遍的涵盖性,庄子以周、遍、咸具体地表示"道"的这一品格:"至道若是,大言亦然,周、遍、咸三者,异名同实,其指一也。"①这种普遍性决定了"道"无法以名言来限定,所谓"道不私,故无名"②。由此,庄子进而将"道"超乎闻见与"道"超乎名言联系起来:"道不可闻,闻而非也;道不可见,见而非也;道不可言,言而非也。知形形之不形乎! 道不当名。"③"闻"与"见"所指向的,是特定的感性之物,"言"同样"极物而已",在限于感性对象及个体殊相上,二者具有一致性。与之不同,"道"决定、制约着有形的具体事物("形形"),但它本身却有别于感性之"形"("不形"),从而,指称有形之物的"名",无法加诸其上;所谓"知形形之不形乎! 道不当名",便着重指出了以上关系。

关于"道不可言"、"道不当名"的以上论述,主要以"道"与"物"

---

① 《庄子·知北游》。
② 《庄子·则阳》。
③ 《庄子·知北游》。

之辩为前提。从逻辑的层面看,对"道"的言说同时涉及可言与不可言的关系。在谈到"言"与所言的问题时,庄子指出:

> 既已为一矣,且得有言乎? 既已谓之一矣,且得无言乎? 一与言为二,二与一为三,自此以往,巧历不能得,而况其凡乎? 故自无适有,以至于三,而况自有适有乎! 无适焉,因是已。夫道未始有封,言未始有常,为是而有畛也。[①]

"一"所表示的是存在的统一性或整体性,在庄子看来,对整体的言说,总是难以避免逻辑的悖论,整体一旦被言说,便发生"说"与"所说"的关系:一方面,言说与被言说的整体彼此对待;另一方面,被言说的整体又无法将与之相对的言说纳入自身,二者都难以达到完全的整体性。[②] 以上形态在逻辑上同时蕴含着无限的系列:所说的整体为"一",此"一"加上言说为"二",后者与进一步的言说相加而为"三",如此类推,将导致无穷后退,这种无穷系列也意味着整体本身在逻辑上难以言说。就终极形态而言,存在的统一性或整体性体现于"道",整体的不可言说,从另一个方面表明"道"非言说的对象:一旦对"道"有所言说,则必然导致统一之"道"的分解;所谓"道未始有封,言未始有常,为是而有畛",便着重指出了"道"因言而分("有畛")。

在相近的意义上,庄子将"道"与是非之辩区分开来:"是非之彰

---

① 《庄子·齐物论》。

② 冯友兰在其新理学中,亦持与庄子相近的看法,认为:"严格地说,大全,宇宙,或大一,是不可言说底。因其既是至大无外底,若对之有所言说,则似有所言说即似在其外。"在论证此观点时,冯友兰特别引用了庄子的以上论述。(参见冯友兰:《三松堂全集》第四卷,郑州:河南人民出版社,1986年,第30页)

也,道之所以亏也。"①是非之辩一方面运用名言,另一方面又基于"成心"或意见。争论的各方往往从一偏之见出发,仅仅抓住"道"的某一方面,各是其所是、各非其所非,所谓"辩也者,有不见也"②。如此争辩的结果,则是愈辩而离道愈远:"道昭而不道,言辩而不及。"③"其道舛驳,其言也不中。"④而作为整体的道也往往由此而被片面化(有所"亏")。这种情形如同"鼓琴",在演奏琴的过程中,总是时而弹出某一音节,时而奏出另一音调,从而有"成"有"亏";相反,如果停止弹奏,则无"成"、"亏"之分:"有成与亏,故昭氏之鼓琴也;无成与亏,故昭氏之不鼓琴也。"⑤。"无成与亏"近乎天籁,正如达到天籁以放弃人为的演奏为前提一样,惟有超越以名言形式展开的是非之辩,才能把握表现为整体的"道"。

作为统一的存在形态,"道"与"德"相对,并处于感性之知的领域之外;后者同时也为"言"规定了界限:"故德总乎道之所一,而言休乎知之所不知,至矣。道之所一者,德不能同也;知之所不能知者,辩不能举也。"⑥"德"作为对象世界的具体规定,本身以"道"为根据,"言"则限于"极物"之知;"德"无法达到"道"所体现的统一性,"言"也难以超越可知之域。在此,"道"与"德"之别和"言"与"知"之辩彼此对应;"知"止于"道之所一"与"言"休乎"知之所不知",表现为同一过程的两个方面。前文曾提及,按庄子之见,"言"可论"物之粗","意"

---

① 《庄子·齐物论》。
② 《庄子·齐物论》。
③ 《庄子·齐物论》。
④ 《庄子·天下》。
⑤ 《庄子·齐物论》。
⑥ 《庄子·徐无鬼》。

可致"物之精","言之所不能论,意之所不能察致者,不期精粗焉。"①
"不期精粗"者,亦即超越于"物"之道,它既非"意"所能知("察致"),也非"言"可指称。

当然,庄子对名言能否把握道的质疑,本身在逻辑上也可能被"质疑":既然"道"非"言"所能指称,何以庄子本身却一再以"道"为论题?事实上,怀疑论者往往很难回避这一类的责难。庄子似乎也意识到了这一点,不过,对逻辑上可能面临的如上责难,他依然以存疑的方式加以回应:"今我则已有谓矣,而未知吾所谓之其果有谓乎?其果无谓乎?"②质言之,关于"道"或存在本然形态的讨论是否真正为有意义的言说,本身难以确定。而在终极的层面上,庄子的看法仍然是:"可言可意,言而愈疏。"③这种存疑的立场,从另一方面对言说作了解构。

"道"超乎名言,也决定了它难以成为论辩的对象:"大道不称,大辩不言"。④ 如前所述,在庄子那里,责难是非之辩与肯定"道"超越名言呈现内在的一致性。也正是基于以上前提,庄子引入了"默":"辩不若默,道不可闻。"⑤"道"与"默"的如上联系表明,对不可言说的"道",最好保持沉默。庄子的这一看法令人联想到维特根斯坦:维特根斯坦曾以沉默作为对待不可言说者的方式,庄子的以上看法与之似乎不无相通之处。当然,维特根斯坦所谓"不可说",是指不可以命题的方式说,在他那里,"可说"与"不可说"之别所体现的,首先是科学知识与形上观念之间的张力;庄子则主要将"言说"与基于"成

---

① 《庄子·秋水》。
② 《庄子·齐物论》。
③ 《庄子·则阳》。
④ 《庄子·齐物论》。
⑤ 《庄子·知北游》。

心"的是非之辩联系起来,由此彰显的,是"道"对外在之"物"与内在"成心"的超越。

"道"不能"以言论"、"以意致",当然并不是说"道"完全无法把握,在庄子看来,通过心斋、坐忘,以及"以神遇"等直觉方式,人可以在不同程度上体悟"道"。但是,在把握"道"的同时又认识到"道"超乎名言,则非易事:"知道易,勿言难。知而不言,所以之天也。知而言之,所以之人也。古之人天而不人。"①在这里,庄子将名与道之辩与天人之辩结合起来,超乎言说("知而不言")则同时表现为合乎"天"("之天")。对庄子而言,"天"表现为一种本然或本真的存在形态,"不言"与"天"的如上统一,相应地将"不言"或"默"规定为名与道关系的本然或本真形态。在同一意义上,庄子认为"知者不言,言者不知"②,此所谓"言"与"知"都涉及道,它所强调的是对"道"有所言说,便意味着昧于("不知")"道"。

庄子的如上看法与《老子》无疑前后相契。事实上,"知者不言,言者不知"③之说便来自《老子》。从更广的层面看,在"道"与名言的关系上,《老子》首先将可道之"道"与"常道"区分开来:"道可道,非常道。"④"可道",即可以用日常的、经验领域的名言来言说、表述,"常道"则是作为存在根据或统一性原理的"道",这里已肯定了"道"具有超乎名言的品格。在对"道"的如下描述中,"道"与名言的分际得到了更具体的确认:"视之不见名曰夷,听之不闻名曰希,搏之不得名曰微。此三者不可致诘,故混而为一。其上不皦,其下不昧,绳绳兮

---

① 《庄子·列御寇》。

② 《庄子·知北游》。

③ 《老子·五十六章》。

④ 《老子·一章》。

不可名。"①"吾不知其名,字之曰道。"②基于如上前提,《老子》一再直接以"无名"指称"道":"道常无名"③、"大象无形,道隐无名"④,与"无名"相联系的,是对言说的疏离,所谓"多言数穷,不如守中"⑤、"希言自然",⑥等等,便表明了这一点。庄子强调名言无法把握道,似乎导源于此。从理论上看,经验领域的名言往往指向特定的对象,"道"作为形而上的原理,则更多地体现了存在的统一性、无限性,以名言指称经验对象与体悟形而上之道,确乎难以简单等同。与《老子》一样,庄子注意到了以上差异,但如后文将进一步分析的,由此将"道"与名言视为不相容的两个方面,则内含着自身的问题。

前文已论及,对庄子而言,名言的确定性意味着界限(分与别),"道"对"物"的超越,则体现了存在的统一性;和"名言"与"道"的分野相应,庄子所追求的,是从存在的分离走向存在的统一,后者同时上接了"齐物"的主题。从逻辑上看,名言所内含的界限性,决定了回归统一的存在形态与扬弃名言的界限之间的一致性。在以下论述中,可以具体地看到二者的这种关联:

> 以指喻指之非指,不若以非指喻指之非指也;以马喻马之非马,不若以非马喻马之非马也。天地一指也,万物一马也。⑦

---

① 《老子·十四章》。
② 《老子·二十五章》。
③ 《老子·三十二章》。
④ 《老子·四十一章》。
⑤ 《老子·五章》。
⑥ 《老子·二十三章》。
⑦ 《庄子·齐物论》。

"指"本来表示手指,引申为以"指"指物,后一意义上的"指",通过进一步的抽象,往往近于一般的名或概念。公孙龙在《指物论》中曾指出:"物莫非指,而指非指。天下无指,物无可以谓物。"这里的"指",便有名与概念之意。从名实关系看,"物莫非指"既意谓"物"总是与指称"物"的名或概念对应,又表明名或概念本身以"物"为指称对象;"而指非指",则是指名或概念本身并不以另一概念为指称的对象。从逻辑学上看,上述看法所强调的是名或概念("指")与对象("物")的界限和区别:"物"为名或概念("指")所指称,但名或概念("指")本身却非被指称的对象(非为另一"指"所指,故"非指")。① 不难注意到,"指"与"非指"的以上讨论,以肯定概念的确定性为前提,并主要表现为概念层面的辨析。从逻辑上看,上述论点显然构成了庄子"以指喻指之非指"之说的背景。② 与公孙龙突出概念的作用并执着于概念与对象的区分不同,庄子认为,与其通过概念的辨析指出名言或概念有别于被指称的对象,不如悬置纷杂多样的名言或概念,并由此消除"指"(名言、概念)与"所指"(对象)之分,所谓"以指喻指之非指,不若以非指喻指之非指"。同样,借助"马"这一概念来说明"马"的概念不同于马本身,不如直接取消"马"的概念以消解"马"的概念与马本身的对峙。多样的"名"与概念一旦被消解,便可复归于"一":"天地一指,万物一马"的着重之点即在于"一"而无分,它通过消解纷

---

① 在"物莫非指"中,"物"为"指"的指称对象,这里的"物"无法以"指"来代替,因为若说"指无非指",则前一"指"就成了被指称的对象,而在公孙龙看来,"指"可以指称"物",但自身却不能成为被指称的对象。如"马"这一概念("指")以马这一类动物为指称对象,但"马"这一概念("指")本身却不能在以上指称关系中成为被指称的对象。正是在此意义上,公孙龙强调"指非指"。

② 章太炎在解释庄子的以上论点时,曾指出:"指马之义,乃破公孙龙说。"(参见章太炎:《齐物论释》)这一看法似亦注意到了庄子思想与公孙龙指物论的相关性。

繁的"指"以及扬弃"指"与所指的对峙而将存在还原为无分别的形态,后者从"指"与所指的关系上体现了庄子"道通为一"的本体论立场。

以"指"指物,"指"与物之间往往具有确定的对应关系,这种对应性同时呈现为"指"与所指之间的界限,一般的名言都难以摆脱这种界限;对"指"的消解,首先也旨在超越这种确定的界限。如何扬弃一般名言的这种局限? 与《老子》以"正言若反"①超越可道之"道"相近,庄子也试图揭示不同于日常名言的"达"(表达)道形式。在庄子看来,除了体现"指"的确定性与界限性的一般名言之外,还存在一种"卮言",庄子本人便"以卮言为曼衍"②。关于"卮言"的特点,庄子作了如下论述:

> 卮言日出,和以天倪,因以曼衍,所以穷年。不言则齐。齐与言不齐,言与齐不齐也,故曰无言。言无言,终身言,未尝言,终身不言,未尝不言。有自也而可,有自也而不可,有自也而然,有自也而不然,恶乎然? 然于然;恶乎不然? 不然于不然。恶乎可? 可于可;恶乎不可? 不可于不可。物固有所然,物固有所可,无物不然,无物不可。非卮言日出,和以天倪,孰得其久? 万物皆种也,以不同形相禅,始卒若环,莫得其伦,是谓天均。天均者,天倪也。③

卮是盛酒的器皿,郭象注曰:"夫卮,满则倾,空则仰,非持故也,况之

---

① 《老子·七十八章》。
② 《庄子·天下》。
③ 《庄子·寓言》。

于言,因物随变,唯彼之从,故曰日出。"①置酒于卮,满则溢,少则可增,空则可再注,并无确定的程式。与之相近,卮言也具有流动、可变的特点,它与对象无确定的对应关系,可以如水而流,曼衍无际。相对于"指"的确定性、界限性,卮言更多地呈现流变而无界限、不可为典要的性质。就其无固定的所指、超越差异与分化("和以天倪,因以曼衍")而言,卮言也可视为"无言"(包括不作具体的断定)。"指"与"言"隐含指与所指、言与所言的分别,与之相对,"不言则齐":卮言已泯除了以上分界,近于"言无言",故不仅可扬弃"物"之异,而且能消解"可"与"不可"、"然"与"不然"之别,从而在双重意义上达到"齐"。事实上,在庄子那里,卮言日出与同于万物、不遣是非呈现内在的一致性:"以卮言为曼衍,以重言为真,以寓言为广。独与天地精神往来而不敖倪于万物,不遣是非以与世俗处。"②作为"物"的存在形态,"始卒若环,莫得其伦",可以看作是对万物一齐的形象描述;"天倪"、"天均"则指道所表征的未始有封(未分化、无差别)、是非一齐的本然形态。在庄子看来,通过以卮言取代"指"(有界限的名言),便可在把握形而上之"道"的同时,既敞开道通为一的存在之境,又超越观念领域的是非之辩。

可以看到,在庄子那里,对名言的考察与本体论上扬弃存在的分化,走向"齐"与"通"一开始便彼此相关。名实之辩中的"名止于实",着重指出了名言对物的分与别;言意之辩上的"得意忘言",彰显了言与意的距离与张力;名言与道之辩,则进一步由突出名言的界限而强调"道"对名言的超越。就"道"之"得"(认识、理解)而言,庄子以心斋、坐忘对观念世界的解构为把握"道"的前提,而这种解构过程

---

① 〔晋〕郭象:《庄子注·寓言》。
② 《庄子·天下》。

同时兼及名言;就其"达"(表达)而言,"道"又"不可言"、"不当名"。这样,无论其"得",抑或其"达","道"都超乎名言的形式。

就其内在品格而言,名言不仅指向经验对象,而且涉及形上之域。荀子已注意到了这一点,在肯定制名以指实的同时,荀子又强调:"不异实名,以喻动静之道。"①制名以指实,首先关涉名言与经验对象的关系;动静之道,则包含形而上的原理。作为表示经验对象的方式,"指实"以指称、描述为内容;对"道"的把握,则既基于同一律(不异实名),又以"喻"为形式。以名指物主要是对特定对象的描述,相对于此,以名喻道更多地表现为对世界的整体把握;前者显示的是存在的某一方面或层面,后者所敞开、澄明的,则是存在的统一性。如前所述,名言既有相对确定的一面,又处于相互联系、辩证转化的过程之中;既指向特定的对象,又内含具体的、多方面的规定。概念所具有的辩证性质,使之能够扬弃界限、把握世界的统一性原理与发展的原理。庄子认为名可指物(名言可以指称特定的对象),亦即对名言能否把握经验对象这一问题作了肯定的回答,就此而言,似乎很难将其完全归入怀疑论;然而,关于名与形上之道的关系,庄子又着重强调了二者之间的距离,从而表现出某种怀疑论的立场。在言意之辩上,庄子有见于心的问题与语言问题的联系,但"得意而忘言"之说则又在逻辑上导向言与意之分。同时,"卮言"的提出固然注意到了应扬弃概念的凝固化,并在某种程度上表现了赋予名言以过程性的意向,然而,对概念确定性的消解,无疑容易偏离"不异实名"的同一律,而"卮言"与"无言"的沟通,则与"非指"之说相呼应,使名言始终难以获得合理的定位。庄子在名言之域中的以上进路既展示了多重理论视域,又表现了其思想的复杂性。

---

① 《荀子·正名》。

第六章

濠梁之辩

　　名言的辨析既以把握世界为指向,又关乎人与人之间的彼此理解。对庄子而言,存在以"未始有封"为其本然形态,但现实的世界却已分化为不同的对象,后者(分化的存在方式)也体现于社会领域。以人我之分、群己之别等为形式,人的存在境域呈现多样的形态,与之相应的问题是:不同主体之间的交往、理解、沟通是否可能以及如何可能? 在对人之"在"的进一步沉思中,以上问题显然是庄子难以回避的。

一　问　题　的　提　出

　　《庄子·秋水》中曾记载了庄子与惠施在濠梁之上展开的一场论辩:

庄子与惠子游于濠梁之上。庄子曰："鲦鱼出游从容,是鱼之乐也。"惠子曰："子非鱼,安知鱼之乐?"庄子曰:"子非我,安知我不知鱼之乐?"惠子曰:"我非子,固不知子矣。子固非鱼矣,子之不知鱼之乐,全矣。"庄子曰:"请循其本。子曰:'汝安知鱼乐'云者,既已知吾知之而问我,我知之濠上也。"

庄子与惠施的上述论辩属虚构还是历史上的真实事件,现已不易考定。从哲学上看,这里重要的是论辩本身。庄子首先通过观察鱼的从容出游,以推断其乐,惠施则对此提出质疑。从逻辑上看,这种质疑包含两个方面:其一,庄子与"鱼"属不同的"类",因而无法了解"鱼"的感受;其二,特定境域中的"鱼"(庄子所看到的这一出游从容之鱼)和庄子属不同的个体,作为不同的个体,二者如何能相互理解?在实质的层面上,此处之"鱼"主要隐喻自我之外的"他人",庄子与"鱼"的关系,近于作为个体的庄子与他人的关系。因此,惠施以上质疑中所蕴含的第一点("类"的逻辑差异)可以暂时悬置。"乐"是一种情感,属广义的"心"(mind 或 mind-heart)或意识,知"鱼"之"乐",在此意味着知"他人"之"心"。惠施认为庄子非"鱼",无法了解"鱼"之"乐"("安知鱼之乐"),其实质的内涵是对他人之心是否可知这一点表示怀疑。

关于他人之心能否把握的问题,早期儒家也已有所涉及。孔子在谈到为仁之方时,曾指出:"夫仁者己欲立而立人,己欲达而达人,能近取譬,可谓仁之方也已。"[1]"己欲立而立人,己欲达而达人",是以对他人愿望、要求的推知为前提的,所谓"能近取譬",便是从自我出发而推知他人的所思所愿。不难看到,对孔子而言,他人之心(所

---

[1] 《论语·雍也》。

欲所愿）是否可知，并不是一个问题：人同此心，因而由己之欲立，便可以推知他人亦欲立。这种看法视他人之心的可知性，为自明的事实，尽管它将人与人之间同情的理解引入道德实践的领域，并相应地使他人之心的能否可知的问题超越了单纯的心理之隔而同时成为一个伦理的问题，但从逻辑上看，它似乎又不仅多少把问题简单化了，而且容易导向独断的结论。相形之下，庄子将"他人之心是否可知"由自明的前提转换为一个需要讨论的问题，无疑推进了对它的思考。

在前引论辩中，针对惠施的质疑，庄子在回应中采用了以子之矛攻子之盾的方式："子非我，安知我不知鱼之乐？"从逻辑上看，这里的出发点直接来自惠施："子非我"犹言"子非鱼"，惠施与庄子属不同的个体，一如庄子之与"鱼"。惠施从"子非鱼"推出"安知鱼之乐"，其前提是不同的个体之间，无法相互理解；庄子则根据同样的前提，推论出惠施不可能理解他之所思与所知（"子非我，安知我不知鱼之乐"）。不难看到，在以上一来一往的论辩中，个体之间能否相知或"他人之心"能否理解构成了中心的论题。惠施对问题提出了否定性的看法，庄子则根据惠施的前提，对惠施的质疑提出再质疑。

在庄子的反诘之下，惠施对自己的论点作了进一步的辩护："我非子，固不知子矣。子固非鱼也，子之不知鱼之乐，全矣。"这里的前提依然是他人之心不可知，作为不同于庄子的个体，惠施承认他无法知道庄子的内在想法，但根据同样的原则，他坚持认为庄子也难以知鱼之乐。上述解说看似全面，但其中却蕴含着内在的悖论。"我"不知"他人之心"这一原则如果贯彻到底，则"我"应该也无法知道"他人"是否知第三者之心：从逻辑上说，从"我"不知"他人之心"，无法推断"他人"也不知第三者之心（至多只能说"我"不知道"他人"是否知道第三者之心）。质言之，按照其前提，庄子作为"他人"，其所知所思（包括是否知"鱼之乐"）非"我"（惠施）所能知，但在惠施的如上推论中,"我"却"知道"我本来"无法知道"之事(此"无法知道"之事在此具体表现为庄子是否知"鱼之乐")。以上悖论概括而言便是"我"知道"我"无法知道之事。

在进一步的讨论中,庄子对整个论辩过程作了回顾,认为惠施问"子安知鱼乐",是在默认他(庄子)已知"鱼之乐"的前提下,追问他是怎样或从何获得此知的,对此,庄子的回答是"我知之濠上也"。在这里,一方面,庄子明确肯定了他人之心的可知性:所谓"'汝安知鱼乐'云者,既已知吾知之而问我",便是指惠施"知"庄子之所"知";另一方面,庄子又对论题作了某种转换。从逻辑的层面看,"安知"蕴含二重含义:其一,如何可能知(How is it possible for you to know)?其二,以何种方式知或从何而知(How do you know or from where do you know)?惠施问"子安知鱼乐",其前提是庄子非"鱼",如前所述,这一追问的实质在于:作为不同的个体,庄子如何可能知他人之心?庄子则一方面将质疑(惠施所谓"安知"在以上语境中具有质疑或怀疑的意义)"诠释"为肯定或默认(断定惠施已承认或默认庄子具有相关之"知"),另一方面又把"如何可能知"(How is it possible for you to know)的问题,转换为"以何种方式知"或"从何而知"(How do you know or from where do you know)。

至此,我们可以看到,濠梁之辩在理论上涉及两个问题,首先是他人之心是否可知,其次是"如何可能知"与"以何种方式知"有无区分或二者能否等同。惠施对前一个问题持怀疑的态度,但其推论的过程,又包含着内在的悖论。庄子对鱼之乐可知的确认,则同时蕴含着对他人之心是否可知这一问题的肯定回应。当然,在论证以上立场的过程中,庄子又将"如何可能知"的问题转换为"以何种方式知",从而在逻辑上犯有转换论题的错误。

从认识论上看,"如何可能"所追问的,是认识的前提、根据,这一问题与"是否可能"的问题很难截然分离,惟有对前一问题(认识如何可能)作出深入的考察,才能进一步具体地解决认识是否可能的问题。康德正是通过考察普遍必然的知识如何可能,对现象领域的科学知识的可能性作了独特的说明。庄子把"安知"由"如何可能知"的问题指向转换为"以何种方式知"或"从何而知",似乎多少将问题简单化了:所谓"知之濠上",一方面将"可以知"或"可知性"视为自明的、既成的前提,从而在某种意义上又回到了与前文所论及的儒家相近的立场;另一方面又把"如何"或"怎样"的问题引向了具体的空间关系("濠上"这一特定的地点)。尽管这里所涉及的主要是"他人之心"如何可知的问题,但对问题的如上转换,无疑容易弱化对认识过程的本原性追问和深层反思。历史地看,中国哲学一直未能从纯粹理性的层面对认识过程作深入的考察,其原因当然是多方面的,庄子所展示的以上思维进路,似乎也构成了内在的缘由之一。

不过,知"鱼"之乐所隐喻的知他人之心,同时又涉及社会领域中人与人之间的交往、理解、沟通过程。从后一角度看,肯定他人之心的可知性,无疑为确认交往过程中人与人相互理解、沟通的可能性提供了内在的根据。理解意味着由相互隔阂走向相互沟通,因而它与广义的"通"具有一致性。人与人之间的这种"通",以超越人际之间的界限为指向,它与"道通为一"要求达到与物无际的形而上进路,显然彼此相通:知他人之心所展示的人际的可沟通性,在某种意义上可以看作是"道通为一"所确认的形上之"通"在社会领域的体现和具体化,二者在超越界限等方面,确乎表现了相近的思路。

二 理解的形上之维

从"鱼"之乐或他人之心是否可知的思辨论题,回到具体的社会领域,便涉及人与人之间的现实关系。在庄子看来,人存在于世,总是难以避免与他人的共处,所谓"有人之形,故群于人"①。而在共处或"群于人"的过程中,则不能不发生彼此之间的交往。共在或"群"既是交往的本体论前提,也构成了彼此相处中发生问题的根源。庄子对此作了如下的形象说明:

> 方舟而济于河,有虚船来触舟,虽有偏心之人,不怒。有一人在其上,则呼张歙之,一呼而不闻,再呼而不闻,于是三呼邪,则必以恶声随之。向也不怒,而今也怒;向也虚,而今也实。人能虚己以游世,其孰能害之。②

两船在河中碰撞,如果其中一艘船空无一人,则被撞之船上的人不会因被撞而不快;然而,假如两船都有人,则情况便会不同,被撞船只的主人总是希望得到撞船者的解释、道歉或其他回应,一旦得不到这一类回应,他便会怒从中来。庄子一方面以此说明人与人交往过程中"虚己"的必要;另一方面则暗示了共处本身可能成为人与人之间冲突的根源。

避免交往过程中的相互冲突,离不开交往主体之间的相互理解。然而,存在境域的差异,往往又影响着不同主体之间的彼此理解和沟通。前文(本书第四章)已提及,庄子在《逍遥游》中一再指出鹏与斥鴳之间的"观念"差异:"有鸟焉,其名为鹏,背若泰山,翼若垂天之云,抟扶摇羊角而上者九万里,绝云气,负青天,然后图南,且适南冥也。斥鴳笑之曰:'彼且奚适也? 我腾跃而上,不过数仞而下,翱翔蓬蒿之

---

① 《庄子·德充符》。
② 《庄子·山木》。

间,此亦飞之至也,而彼且奚适也?' 此小大之辩也。"斥鴳之笑鹏,表现了二者在视域、观念上的不同,对斥鴳而言,翻腾、翱翔于蓬蒿之间,便是其生活的全部目标,扶摇而上九万里,则完全超出了其想象。从本体论上看,斥鴳与鹏在视域与观念上的如上差异,导源于二者在生活境域及各自存在规定上的不同:斥鴳与鹏首先是具有不同存在品格的个体,这种不同的存在形态既制约着它们的存在方式,也规定了其观念。不难看到,庄子在这里乃是以鸟喻人:斥鴳、鹏之别的背后,是人的差异;二者在视域上的分野,则折射了人的不同存在境域对其观念的影响。

存在境域对人与人之间相互理解的影响,在肩吾与连叔的对话中得到了更具体的阐释。肩吾与连叔本是传说中的人物,《逍遥游》借托这两个人物,虚拟了一场对话。肩吾从接舆那里了解到,藐姑射之山有一神人,能"吸风饮露,乘云气,御飞龙,而游乎四海之外",他"以是狂而不信"。连叔由此发了如下一番议论:"瞽者无以与乎文章之观,聋者无以与乎钟鼓之声,岂唯形骸有聋盲哉夫,夫知亦有之。是其言也,犹时女也。之人也,之德也,将旁礴万物以为一,世蕲乎乱,孰弊弊焉以天下为事。之人也,物莫之伤,大浸稽天而不溺,大旱金石流、土山焦而不热。是其尘垢粃糠,将犹陶铸尧舜者也,孰肯以物为事?"①在连叔看来,肩吾之所以不信神人有超凡的品格,是因为他既没有获得神人的存在规定,也没有达到接舆的存在境域,其情形一如盲人与聋者因自身存在条件的限定而无法欣赏色彩、音乐。对神人的种种渲染,固然给人以某种神秘之感,但这里重要的是肯定理解难以离开人自身的存在形态:相信以理解为前提,肩吾以接舆之言"狂而不信",表明了二者因存在境域上的差异而未能达到相互理解。

---

① 《庄子·逍遥游》。

存在境域上的不同,更具体地体现在"自"与"彼"之间的分野,所谓"自彼则不见,自知则知之"①。"自"与"彼"之分,以自我本身与他者(他人)的区分为实质的内涵。作为两种不同的个体,自我与他者在存在规定、生活背景等方面,无疑有着多方面的差异,后者同时决定了个体对事物和现象的不同理解。前文已提及,《庄子·山木》篇曾记载了庄子与魏王的一段对话:

> 庄子衣大布而补之,正廠系履而过魏王。魏王曰:"何先生之惫邪?"庄子曰:"贫也,非惫也。士有道德不能行,惫也;衣敝履穿,贫也,非惫也。此所谓非遭时也。"

对同一现象(衣敝履穿),魏王与庄子的理解相去甚远:魏王以之为疲惫,庄子则将其理解为贫困。一方面,这里无疑展示了两种不同的视域,而这种视域的差异,又以生活境域的不同为背景:居诸侯之尊的魏王,很难对贫寒之士的生活处境有同情的理解;另一方面,这里又表现了"自彼视之"与"自我视之"("自知")的不同。类似的情形也存在于对美丑的不同判断。在同一《山木》篇中,我们便可以看到关于美丑的看法:"阳子之宋,宿于逆旅,逆旅人有妾二人,其一人美,其一人恶,恶者贵,而美者贱。阳子问其故,逆旅小子对曰:其美者自美,吾不知其美也;其恶者自恶,吾不知其恶也。""美者"、"恶者"与"吾"属不同的个体,对"吾"而言,"美者"、"恶者"均是他者;"美者自美"、"恶者自恶",既是对象自身的一种规定,也表现为他者的自我评判,"吾不知其美"、"吾不知其恶",则是"吾"之看法,二者视域不同,对同一对象(人的外貌)的理解与看法也不同。

---

① 《庄子·齐物论》。

存在境域上的差异,往往具体地折射于价值观念及价值取向,后者又进一步制约着交往过程中人与人之间的相互理解。庄子在《大宗师》中曾以寓言的形式,谈到了"游方之外者"与"游方之内者"之间在价值观念上的不同。子桑户、孟子反、子琴张三人相与为友,不久子桑户亡故,孔子得悉后让自己的弟子子贡前往吊唁并帮助办理丧事。子贡遵命而往,结果却见孟子反、子琴张"相和而歌",子贡不解而曰:"敢问临尸而歌,礼乎?"孟子反、子琴张相视而笑,答道:"是恶知礼意!"子贡返回后将所见所闻告诉了孔子。孔子听后颇为感慨,并发表了如下议论:

> 彼游方之外者也,而丘游方之内者也,外内不相及,而丘使女往吊之,丘则陋矣。①

这里所述,当然并非信史,但其中却颇有寓意。游方之外,亦即隐居而出世;游方之内则是入世而参与社会活动,二者体现了不同的价值取向:前者对礼乐文明持疏而远之的态度;后者则肯定并认同礼乐文明的价值。正是这种价值观念上的差异,引发了二者在理解上的困难及交往中的隔阂:所谓"外内不相及",便表现了这一点。"方内"与"方外"无疑显现了儒道在价值观上的不同趋向,而由此导致的"不相及",则表现了价值观的冲突对相互理解和沟通的影响。

在"为圃者"对子贡的评论及子贡对此的反思中,上述关系得到了进一步的彰显。《庄子·天地》也以寓言的方式,记叙了子贡与"为圃者"的一场对话。子贡遇一"为圃者"(农人),"为圃者"问子贡是做什么的,子贡答曰:"孔丘之徒也。""为圃者"听后便不客气地说:

---

① 《庄子·大宗师》。

"子非夫博学以拟圣,於于以盖众,独弦哀歌以卖名声于天下者乎?汝方将忘汝神气,堕汝形骸,而庶几乎! 而身之不能治,而何暇治天下乎? 子往矣,无乏吾事。"子贡闻此言,怅然有失,感慨道:"始吾以夫子为天下一人耳,①不知复有夫人也。吾闻之夫子,事求可,功求成,用力少,见功多者,圣人之道。今徒不然,执道者德全,德全者形全,形全者神全。神全者,圣人之道也。"②此所谓"为圃者",可以视为"游方之外者",子贡则代表了"游方之内者"。"为圃者"的议论一方面以否定的方式,展开为对整个儒家价值观念的批评,另一方面又从正面表现了与之相对的价值立场,后者同时也是庄子所肯定的价值取向。从社会交往的角度看,"为圃者"与儒家的彼此对立,是价值冲突的逻辑结果,庄子刻意描述子贡的怅然有失及自我反思,无非是试图以此赋予道家的价值观以优先性,而子贡在反省中所透出的同情理解,则是基于对如上价值取向的某种认同:它从另一个方面表明,接受共同的价值观,是交往过程中彼此理解的前提。

如何在价值观及是与非等问题上达到一定程度的共识? 在庄子看来,这里重要的首先是超越自我或个体的视域。在谈到是非之辩时,庄子曾指出:"自我观之,仁义之端,是非之涂,樊然殽乱,吾恶能知其辩?"③质言之,仅仅以"我"观之,难以避免是非的纷争。"自我观之"属自我的独语,与之相对的则是个体之间的讨论或对话。庄子十分注重对话,通观全书,我们可以一再地看到其以对话的方式批评或阐发某种观点。从虚构的得道之士,到真实的历史人物,对话者的特点、背景、个性多样而各异,这种多样性同时表现了社会交往过程

① 此句原为"始吾以为天下一人耳",脱"夫子"二字,这里据王叔岷说补。(参见王叔岷:《庄子校释》卷二,第30页)
② 《庄子·天地》。
③ 《庄子·齐物论》。

本身的复杂性。从对话形式和功能看,也往往呈现不同的特点。以问与答的过程而言,它往往被赋予引导与被引导的性质。在谈到所谓"大人之教"时,庄子便指出:"大人之教,若形之于影,声之于响,有问而应之,尽其所怀。"①关于"尽其所怀"的含义,郭象作了如下解释:"使物之所怀,各得自尽也。"②"问"与"答"作为对话的具体形式,在此并不表现为现成地给予或单向地灌输,而是通过引导,让被问者自己所已有的知识逐渐地呈现出来,从而在互动中达到内在的理解。与之相对的是"强以仁义绳墨之言术暴人之前",如此勉强灌输的结果,则是"人恶有其美"③。

对庄子而言,交往过程中的理解,并不仅仅表现为语义层面的相互了解;观念上的理解与存在境界的领悟之间具有一致性。《庄子·应帝王》篇中曾记叙了列子与季咸、列子与壶子之间饶有趣味的对话。季咸是庄子假托的巫祝,据说其预言甚神,列子"见之而心醉",以为其体道之境在他的老师壶子之上。壶子让列子带季咸前来与自己相见,季咸从壶子处出来后,便对列子说:"子之先生死矣,弗活矣,不以旬数矣。"列子以告壶子。壶子答曰:"乡吾示之以地文,萌乎不震不正,是殆见吾杜德机也。"次日,季咸又见壶子,出来后对列子说:"幸矣,子之先生遇我也。有瘳矣,全然有生矣,吾见其杜权矣。"列子又以此语告壶子,壶子复答曰:"乡吾示之以天壤,名实不入,而机发于踵,是殆见吾善者机也。"第三天,季咸再次见壶子,出来后对列子抱怨道:"子之先生不齐,吾无得而相焉。"列子又以此告壶子。壶子的解释是:"吾乡示之以太冲莫胜。是殆见吾衡气机也。"紧接此日,

① 《庄子·在宥》。
② 〔晋〕郭象:《庄子注·在宥》。
③ 《庄子·人间世》。

季咸第四次见壶子，"立未定，自失而走"。列子追之不及，以告壶子，壶子对此作了如下解释："乡吾示之以未始出吾宗，吾与之虚而委蛇，不知其谁何，因以为弟靡，因以为波流，故逃也。"以上对话方式，颇近于后来禅宗的机锋。地文、天壤、太冲、未始出吾宗，云云，无非是体道之境的外在表现形式，但季咸却未能领悟其中的真正意味。这里既有对现象的不同理解，又有得道境界的高下之分。通过与季咸及壶子的不同对话，列子不仅对所涉及的现象有了深入的理解，而且也进一步领悟了一种"在"世的方式。紧接如上对话，庄子写道："然后列子自以为未始学而归。三年不出，为其妻爨，食豕如食人，于事无与亲，雕琢复朴，块然独以其形立。纷而封哉，一以是终。"[1]于事无与亲、雕琢复朴、块然独以其形立，等等，已具体表现为一种与自然为一的存在方式。通过对话、理解，列子认同并接受了合于道的观念，而接受一种观念则同时意味着选择一种存在的方式：理解的过程在此具体化为存在的过程。从交往、理解与人之"在"的层面看，以上寓言的内在含义，就在于肯定：道的境界固然可以通过对话等方式获得理解，但理解又无法与人自身的存在相分，这不仅在于对话本身展开于生活过程之中，并包含着对话者之间的沟通，而且表现在由此达到的理解应当进一步体现于现实的存在过程、化为相应的存在方式。不难看到，这里所确认的，是理解与存在的统一。

类似的看法也体现于黄帝与广成子的关系之中。按《庄子·在宥》的记述，黄帝立为天子十九年，令行天下，闻知广成子在空同之山，特前往求见，以请教如何"取天地之精，以佐五谷、以养民人"，以及如何"官阴阳，以遂群生"。广成子对此作了如下回答：

---

① 《庄子·应帝王》。

而所欲问者,物之质也;而所欲官者,物之残也。自而治天下,云气不待族而雨,草木不待黄而落,日月之光益以荒矣,而佞人之心翦翦者,又奚足以语至道![1]

黄帝的提问所涉及的,是如何作用于自然,以解决具体的民生问题,广成子则首先关注于"至道",二者展现了形上与形下不同的视域。经过广成子的点拨,"黄帝退,捐天下,筑特室,席白茅,闲居三月。"[2]提问与回应,属广义的对话,退而捐天下、筑室而隐居,则表现为"在"世的方式。在此,对话与理解、沟通,同样引向了存在方式的选择。与前面有关列子、壶子等的记述一样,黄帝与广成子的对话及黄帝的弃天下而隐居,本身也具有寓言的性质,但其中所肯定的对话、理解与存在的关系,则体现了庄子较为稳定、一致的看法。

三　理 解 与 沟 通

通过共处、交往过程中的对话而达到的相互理解,以存在方式及存在形态的转换为其指向。就人自身之"在"而言,存在形态既涉及外在的生活境域,也关乎内在的精神世界,庄子对后者往往给予了更多的关注。在谈到乐的至上之境(天乐)时,庄子即以"无言而心说(悦)"[3]为其内在特征。"无言"意味着超越言语之域,"心说(悦)"则表现为内在的精神形态。在对交往、理解、沟通作进一步考察时,上述看法得到了具体的展开。

---

[1] 《庄子·在宥》。
[2] 《庄子·在宥》。
[3] 《庄子·天运》。

以对话等为形式的交往过程,无疑涉及语言层面的沟通,然而,在庄子看来,交往并不仅仅限定于语言之域,当庄子要求化理解过程为存在方式时,已从一个方面表明了这一点,"无言而心悦"则从更广的意义上表现了类似的取向。对庄子而言,交融与沟通,往往以超越外在的言说为前提:"不言则齐。齐与言不齐,言与齐不齐也。故曰无言。言无言,终身言,未尝言①;终身不言,未尝不言。"②"不言则齐"、"未尝言"之"言",是仅仅关注于词语的形式的言说或外在的言说,"言无言"则以"无言"为言,它意味着超越外在或形式之义,走向内在的精神沟通。所谓"终身言"、"未尝不言",是指言语并没有被绝对地抛弃,而是以卮言等形式服务于实质层面的理解和沟通;"未尝言"、"终身不言",则是指它超越了表面的、形式的表达,以心灵的相契为指向。正是在同一意义上,庄子指出:"言者所以在意,得意而忘言,吾安得夫忘言之人而与之言哉!"③"忘言"云云,一方面将语言视为外在的工具,另一方面又肯定了精神契合、沟通的优先性。

与外在之"言"的淡化相应,庄子对以辞相胜的"辩"也持疏而远之的态度,认为"辩不若默"④。对庄子而言,理解与沟通并非基于孰是孰非之类的论辩,"是"本身如果是真实的,则它与"非"(不是)之间的区分,也无需通过论辩来确认:"是若果是也,则是之异乎不是也

---

① "未尝"下各本有"不"字,刘文典认为此"不"系衍字:"盖涉下'终身不言,未尝不言'而衍。此以'终身言,未尝言',与下'终身不言,未尝不言',相对成义。若作'未尝不言',则非其指,且与下文重复矣。……《道藏》白文本注疏本、高山寺古抄本,并无不字。"(参见刘文典:《庄子补正》,第855页)按:刘说是,文渊阁《四库全书》所收《庄子注》,亦作"终身言,未尝言"。

② 《庄子·寓言》。

③ 《庄子·外物》。

④ 《庄子·知北游》。

亦无辩,然若果然也,则然之异乎不然也亦无辩。"①质言之,论辩对于主体之间的相互理解,并不具有正面的意义。

进一步看,以论辩为交往方式不仅无助于促进人与人之间的理解和沟通,而且往往导致相分或冲突。在谈到观念领域的纷争现象时,庄子指出:"天下大乱,贤圣不明,道德不一,天下多得一察焉以自好,譬如耳目鼻口,皆有所明,不能相通;犹百家众技也,皆有所长,时有所用。虽然,不该不遍,一曲之士也。……天下之人各为其所欲焉以自为方,悲夫!百家往而不反,必不合矣。后世之学者,不幸不见天地之纯,古人之大体,道术将为天下裂。"②执着于一偏之见,导致的是对普遍之道的遮蔽;是非的纷争,则引向了百家的分离。这里既可以看到对前者(普遍之道被遮蔽)的不满,也不难注意到对后者(百家的分离)的忧虑。在批评"分"的背后,则是对"合"的关注:所谓"百家往而不反,必不合矣",便明示了这一点。此处之"合",主要已不是语言层面的相互理解,而是指向精神世界的内在沟通。

在谈到人与"群"等关系时,庄子曾指出:"有人之形,无人之情。有人之形,故群于人,无人之情,故是非不得于身。眇乎小哉,所以属于人也;謷乎大哉,独成其天。"③如前所述,"有人之形,故群于人",主要指人存在于世的过程中与他人共处的不可避免性,"无人之情"则是疏离于世俗的名利追求与是非之争,所谓"是非不得于身",便着重表明了这一点。对是非之争的扬弃,在庄子那里与天人之辩相联系:超越是非("是非不得于身")与"成其天"展开为同一过程的两个方面。从扬弃"分"的角度看,对是非论辩的如上疏离,又可以视为

① 《庄子·齐物论》。
② 《庄子·天下》。
③ 《庄子·德充符》。

"齐是非"的具体体现：两者都以从"分"走向"合"为指向。

在语言层面的论辩中，形式往往构成了重要的方面，以辞相胜便表现了这一点。与之相对，庄子更注重实质意义上的沟通。在谈到"真"与"礼"之辩时，庄子指出：

> 真在内者，神动于外，是所以贵真也。其用于人理也，事亲则慈孝，事君则忠贞，饮酒则欢乐，处丧则悲哀。忠贞以功为主，饮酒以乐为主，处丧以哀为主，事亲以适为主。功成之美，无一其迹矣。事亲以适，不论所以矣。饮酒以乐，不选其具矣。处丧以哀，无问其礼矣。礼者，世俗之所为也；真者，所以受于天也，自然不可易也。故圣人法天贵真，不拘于俗。①

这里的"真"，主要指实质的方面，"礼"及"俗"则与外在的形式相联系。事亲的实质方面，是使父母安适；事君的实质方面，是为君主建功，至于用何种方式做到这一切，则并不重要。同样，饮酒以乐为其实，处丧以哀为其实，饮酒之具、处丧的仪式，则完全从属于以上实质的方面。从人与人之间的交往看，"真"与"礼"、"俗"的以上区分，蕴含着对主体间实质性沟通的注重。事实上，"事亲以适，不论所以"，便把亲子间基于真情相待的亲和性，放在更为优先的地位；同样，"事君"与"忠贞"的联系，也将君臣之间的以诚相待，作为二者关系的实质内容。

相对于"真"对"在"世与共处过程中实质方面的彰显，"礼"往往涉及交往过程中形式的方面。尽管"礼"已与行为过程相联系，从而超出了语言之维，然而，作为规范系统，"礼"首先是从程序、方式等方

---

① 《庄子·渔夫》。

面规定人应当如何做;就其关注形式的方面而言,它与以词相胜的言语论辩,显然具有相近之处。从人与人的共处与交往看,依礼而行,主要从形式的方面担保了社会的秩序,这里无疑也关涉社会的整合,但在"礼"的界域中,人与人之间的相处,更多地表现为外在的联系:单纯地以礼相处,固然也可以使人与人之间在一定程度上避免相互冲突或消除无序之争,但却难以达到内在的沟通。庄子将"礼"与"俗"联系起来,似乎也注意到了"礼"的外在性。

基于以上前提,庄子进一步对"明乎礼义而陋于知人心"提出了批评,并借楚人温伯雪子之口表达了这一立场:"温伯雪子适齐,舍于鲁。鲁人有请见之者,温伯雪子曰:'不可。吾闻中国之君子,明乎礼义而陋于知人心。吾不欲见也。'"①此所谓"中国之君子",指齐鲁之儒;"明乎礼义"即仅仅关注形式层面的规范与要求,"知人心"则是超越外在程序而指向个体之间同情的理解和心灵的沟通。在"明礼义"与"知人心"之别的背后,是外在形式与精神沟通的区分,而不满于仅"明礼义"、不"知人心",则表现了对交往过程中内在精神沟通的强调。当然,历史地看,礼本身并非只具有形式的方面。事实上,早期的儒家已开始将徒具形式的"礼"与包含仁道内涵的"礼"区分开来,孔子便明确指出,礼并不单纯地表现为玉帛等等外在的修饰:"礼云礼云,玉帛云乎哉!"②离开了仁的规定,礼便失去了其本来的意义:"人而不仁,如礼何?"③后来的《礼记》则将礼的作用与"志"联系起来:"礼以道其志。"④从这些方面看,尽管礼具有侧重于形式的一面,并且也包含着主要导向外在形式的可能,但儒家所说的"礼"并不仅

---

① 《庄子·田子方》。
② 《论语·阳货》。
③ 《论语·八佾》。
④ 《礼记·乐记》。

仅限定于外在的形式。庄子笼而统之地将齐鲁之儒("中国之君子")归结为仅明礼义而不知人心,似乎未能注意儒家视域中"礼"的全部内涵。

注重人与人之间的实质交往,并不意味着将个体湮没在他人之中。在肯定共处、反对分而不合的同时,庄子又对维护个体性予以了相当的关注,这种个体性常常被称为"独":"独往独来,是谓独有,独有之人,是之谓至贵。"①独往独来并非离群索居,而是在共处中保持自我,所谓"游于世而不僻,顺人而不失己"②。在这里,人与人之间的沟通,具体表现为个体与群体之间的统一。

以"顺人而不失己"为形式的个体与群体之间的沟通,可以看作是"道通为一"的形上原理在社会领域中的体现,而对形式层面的超越及实质规定的关注,则使人在这种沟通中呈现主导的意义,在庄子的如下表述中,这一点得到了具体的确认:"惟达者知通为一。"③这里的"通为一",既指本体论意义上世界或存在的"未始有封",也涉及社会领域(包括精神领域)中的统一。所谓"达者",即在人格或精神世界上臻于通达之境者,在庄子看来,惟有首先在人格之境上得到提升,才能在本体论与价值论上都扬弃分离而走向统一。在此,个体的成就人格与世界的通而为一本身表现了其相关性,后者从另一个方面赋予交往、沟通以实质的内涵。

要而言之,濠梁之辩提出了他人之心是否可知及如何可知的问题,其论辩过程在逻辑上固然很难说已达到圆融自洽,但它同时却从哲学的层面将个体之间相互理解、沟通的问题提到了突出的地位。

---

① 《庄子·在宥》。
② 《庄子·外物》。
③ 《庄子·齐物论》。

在理解与存在境域、价值取向与理解等关系的考察中,理解的本体论和价值观等意义得到了进一步的澄明。通过肯定理解过程与存在过程的统一性,庄子进一步赋予理解、沟通以历史的形态和现实的内容。以注重无言之"言"、扬弃外在的形式为进路,庄子将交往过程中内在的心灵相契、实质的精神沟通放在更为优先的地位。以上看法与本体论上的道通为一、价值观上的由"分"而"齐"彼此呼应,从不同的层面展示了庄子对个体间共处与交往的独特视域。

第七章

个体与自我

　　个体间的理解与沟通,以确认个体的存在为本体论的前提。"道通为一"固然被规定为世界的终极形态,但在分化的世界中,个体的存在又不能不加以正视。以现实的具体存在为背景,庄子对个体及个体性的原理予以了多方面的关注。在庄子那里,个体性的原理既有本体论的内涵,又展开为价值观的原则,其中包含多重理论意蕴。

一　"德"与个体原理

　　存在形态的多样性、独特性,是庄子所关注的核心问题之一。就天道而言,这种多样性与特殊性首先与"德"相联系。在追溯世界的起源与演化过程时,庄子写道:

泰初有无无,有无名。① 一之所起,有一而未形,物得以生谓
之德。②

在通常的语境中,"无"与"有"相对,"无无"则意味着扬弃与"有"相
对的"无",达到超越于"有"、"无"之分,更普遍意义上的"无"。以超
越"有"、"无"之分为特点,存在的原初形态首先表现为"一"而未形,
所谓"一"而未形,也就是浑然一体,未分化为特定的事物。《庄子·
齐物论》中亦有类似表述:"有有也者,有无也者,有未始有无也者,有
未始有夫未始有无也者。"所谓"有未始有夫未始有无也者",即超越
具体的"有"、"无"之别,其展现的存在形态也以合而未分为特点。与
"一"而未形的原初形态相对,现实世界中不同事物的形成,以获得具
体的规定为前提,这种具体的规定也就是"德"。在庄子那里,"德"往
往与"道"相对而言:"夫道未始有封,言未始有常,为是而有畛也。请
言其畛:有左有右,有伦有义,有分有辩,有竞有争,此之谓八德。"③
这里首先将"道"与"德"作了区分,"道"以统一而未分化("未始有
封")为特点,"德"则与界限(有畛)相联系,表现为多样的特性和品
格:所谓"八德",便涉及存在的不同规定。④

---

　　① "泰初有无无,有无名"句,通行本断为"泰初有无,无有无名",刘文典认
为:"此当以'泰初有无无,有无名'为句。本书《知北游》篇'予能有无矣,而未能无
无也'……老子《道经》'无名,天地之始',泰初即天地之始也。"按:刘说持之有
据。如后文将论及的,从理论内涵及表述方式上看,似皆当以"泰初有无无,有无
名"为句。

　　② 《庄子·天地》。

　　③ 《庄子·齐物论》。

　　④ 成玄英曾对"德"作了如下解释:"德者,功用之名也。"(〔唐〕成玄英:《庄
子疏·齐物论》)功用与特定的属性、规定相联系,以"功用"释"德",似亦有见于
"德"与不同存在规定的相关性。相形之下,葛瑞汉以"eight powers"译（转下页）

上述意义上的"德",在《老子》那里已得到了较为具体的考察。在解决如何由形而上的道过渡到形而下的物这一问题时,《老子》提出了"德"的范畴:"道生之,德畜之,物形之,势成之。是以万物莫不尊道而贵德。"①从本体论上看,所谓"德",意味着有得于道,或者说,由道而得到具体规定。黄老一系的《管子》在界说道与德的关系时,曾指出:"德者道之舍,物得以生生,知得以职道之精。故德者,得也。得也者,其谓所得以然也。"②这里固然渗入了《管子》作者的思想,但亦展示了与道相对的"德"这一范畴的本来含义。事实上,在以上所引《老子》的论述中,也不难看到"德"与"得"的这种联系:所谓"道生之",其内在含义在于强调道的本源性;"德畜之",意谓得之于道的具体规定构成了物生成的潜能;"物形之",涉及特定质料与具体物质形态的关系;"势成之",则着重指出内在必然性(必然之势)对事物的推动作用。从形而下世界的形成看,道作为本源,同时表现为一种自然的原则,所谓"道法自然"③,即表明了此点。就这一意义而言,"道生之",亦可理解为物自生;而物的这一自生过程,又以"德"为现实的出发点:物的发生与形成,总是表现为"德"的展开。

　　庄子所谓"物得以生谓之德",同样突出了具体之物与"德"的相关性。这里所说的"物",首先相对于浑而未分的存在形态而言,其特点在于包含具体、特定的规定。作为具体事物形成与化生的现实根

(接上页)"八德",似未能具体地把握"德"之为特定规定的含义(参见 A. C. Graham, *Chuang-tzu: The Seven Inner Chapters and other writings from the book Chuang-tzu*, p.57)。与葛瑞汉不同,陈荣捷将"八德"译为"eight characteristics"(参见 Wing-Tsit Chan, *A Source of Book in Chinese Philosophy*, Princeton:Princeton University Press, 1963, p.186),较之葛氏,陈氏的翻译似更接近原文之义。

①　《老子·五十一章》。
②　《管子·心术上》。
③　《老子·二十五章》。

据,"德"相应地与特殊的、个别的规定有着更切近的联系:它在实质的层面呈现为个体性的原理。在庄子看来,天地间一切存在物都有其特定的规定,这种规定构成了每一事物之"德";在此意义上,可以说,"通于天地者,德也。"①对事物的把握,则相应地应"以德为本"②。从以上理解出发,庄子对试图以人为的方式"侵"对象之"德"提出了批评:"且夫待钩绳规矩而正者,是削其性也;待绳约胶漆而固者,是侵其德也。"③"其德"犹言某物之为某物的规定,钩绳规矩、绳约胶漆则既是"以人灭天"(反乎自然)的人为手段,又表现为整齐划一、无视个性的普遍模式;所谓"侵其德"也就是以无视个性、反乎自然的普遍模式和手段,戕害事物的个性规定。

德作为特定的规定,可以泛指事物的不同属性,在更内在的层面上,事物的独特性、个体性进一步展示为殊理:"万物殊理,道不私,故无名。"④作为"物得以生"之条件,"德"包括广义的质料,与道相对的"殊理",则涉及形式的规定,后者可以看作是"德"的深层形态,它从更本质的意义上,将一事物与另一事物区分开来。与"殊理"不同,"道"并非限定于某一具体的事物,因而不能以指称特定对象的"名"来表示。道与殊理的分别,从一个方面具体地彰显了个体性原理的特点。

事物各有其德、各有殊理,决定了对存在的差异性、特殊性应给予更多的关注,庄子从不同的方面强调了这一点:

> 梁丽可以冲城而不可以窒穴,言殊器也;骐骥骅骝,一日而

---

① 《庄子·天地》。
② 《庄子·天下》。
③ 《庄子·骈拇》。
④ 《庄子·则阳》。

驰千里,捕鼠不如狸狌,言殊技也;鸱鸺夜撮蚤,察毫末,昼出瞋目而不见丘山,言殊性也。①

攻城之具,其构造决定了它无法用于塞洞穴;骏马一日千里,但捕鼠能力却不如狸狌;猫头鹰在夜间能明察秋毫,但白昼却无法视物。无论就器,或技、性而言,事物都有不同的特点。在这里,庄子将事物之"殊"提到了突出的地位,这种"殊",可以看作是个体性原理的具体形态。广而言之,在不同的存在领域,都内含着表现为"殊"的个体规定:"四时殊气,天不赐,故岁成;五官殊职,君不私,故国治。"②"四时"泛指自然,"五官"则与社会领域相关。四时的不同,使岁月的演化与划分成为可能;管理职能的区分,则为社会秩序的形成提供了前提。这样,从自然到社会,以"殊"相为形式的个体性原理体现于存在的各个方面。

对象在存在形态、属性等方面的特殊性,要求人们充分尊重其个性差异,如果无视这种特殊性和差异,则往往导致消极的后果。庄子以养鸟为例,对此作了阐述:"昔者海鸟止于鲁郊,鲁侯御而觞之于庙。奏九韶以为乐,具太牢以为膳,鸟乃眩视忧悲,不敢食一脔,不敢饮一杯,三日而死。此以己养养鸟也,非以鸟养养鸟也。夫以鸟养养鸟者,宜栖之深林,游之坛陆,浮之江湖,食之鳅鲦,随行列而止,委蛇而处,彼唯人言之恶闻,奚以夫诮诮为乎?咸池九韶之乐,张之洞庭之野,鸟闻之而飞,兽闻之而走,鱼闻之而下入,人卒闻之,相与还而观之。鱼处水而生,人处水而死,彼必相与异,其好恶故异也。故先圣不一其能,不同其事,名止于实,义设于适,是之谓条达

---

① 《庄子·秋水》。
② 《庄子·则阳》。

而福持。"①海鸟作为具体的对象,有它特定的个性特点,后者同时规定了其所需的存在条件和环境;惟有在相应的条件下,它才能得以生存;鲁侯之失误,就在于忽视特定对象(海鸟)的个性特点。广而言之,世间的各种事物,也各有自身独特的规定,它们在存在的过程中,总是不改变个体之为特定个体的规定性,所谓"不迁其德"②。在庄子看来,正是这种特定之"德",使个体能够相互区别。庄子在此特别强调了事物的"相与异",以此作为实践过程中让人们各尽其能,并以不同的方式作用于事物("不一其能,不同其事")的前提。在这里,个体性的原理与如何"在"世呈现出内在的关联。

如前所述,就道与德的关系而言,普遍之道体现于具体事物,便表现为"德",而从"明道"(对道的把握)过程看,"德"又构成了现实的出发点:"故形非道不生,生非德不明,存形穷生,立德明道。"③万物以"道"为本原,又由"德"而获得具体的、个体性的规定,从而彼此区分:无"德"则物之特点便难以彰显(不明)。物与"德"的关系,在更深层的意义上关联着"道"与"德"之辩:惟有从"德"入手,才能澄明形上之道("明道")。从本体论上看,"立德明道"意味着个体性的规定("德")确证着存在的根据("道");就认识论而言,"立德明道"则表明对存在根据的把握,离不开个体性的存在规定。在以上关系中,"德"所蕴含的个体性原理得到了进一步的展开。

"立德明道"体现于人的"在"世过程,便表现为反对执一:"无一而行,与道参差。"④此处之"一"或"一而行",即以划一不变的方式,

---

① 《庄子·至乐》。

② 《庄子·在宥》。

③ 《庄子·天地》。

④ 《庄子·秋水》。

去应对世间各种问题,它的特点在于无视所涉及的对象、所处具体境遇的个性差异,执着于抽象、普遍的模式,与此相对的"无一而行",则是超越以上的思维模式,充分地关注相关对象的个性特点,灵活地应变。这一意义上的"无一而行",又称"明于权"①,权即权变。道总是体现于事物的具体规定("德")和理("殊理")中,明于权,也就是了解和把握这些具体的规定以及殊理,以确定相应的行为方式。"权"所侧重的,是对特定境遇的具体分析,它可以看作是个体性原理在生活实践中的具体体现。在"明于权"的形式下,对象及境遇的个体性、独特性,无疑处于优先的地位。

就整个哲学系统而言,与《老子》相近,庄子亦以道为第一原理。作为形而上的原理,道无疑更多地展示了统一、整体的品格,事实上,在庄子哲学中,我们确实可以看到对普遍、统一、整体的关注,庄子主张齐物、强调道通为一,都表明了这一点。然而,这种"齐"、"通",更多地是就"未始有封"(尚未分化)的本然存在而言;从分化的世界看,多样性、个体性无疑又构成了现实的形态。通过"以道观之"以消解多样性、差异性,固然不失为形而上的理想进路,但如何应对分化的世界,仍是现实的"在"世过程无法回避的问题。这样,对庄子来说,回归"道通为一"的本然存在与面对分化的世界,便构成了相反而相成的两个方面,而"道"与"德"则分别从统一性与个体性上展示了二重不同的原理。这一理论进路与《老子》"尊道贵德"之说无疑存在内在的渊源关系。通过肯定道与德、无与有的互动,《老子》已表现出沟通统一性原理与个体性原理的趋向。由此,《老子》进而在总体上提出"尊道而贵德"②的思想,"尊道"意味着由现象之域走向存在的普

---

① 《庄子·秋水》。
② 《老子·五十一章》。

遍根据,贵德则蕴含着对个体的关注;在尊道贵德之后,是对统一性原理与个体性原理的双重确认。① 庄子之肯定"道"与"德",显然体现了与《老子》相近的思路。

个体性原理首先以肯定个体的真实性为内容,这里的个体既涉及物体或具体的事物(particular thing),也包括个人(person)。在本体论的层面,个体性原理意味着确认个体的独特性,后者不仅表现为占有特定的时空位置,而且以个体的差异为内涵:如莱布尼茨所说,世间没有两个个体是完全一样的;如果说,特定的时空位置主要从存在方式上展示了个体的独特性,那么,个体规定的差异则在更实质的层面上彰显了这种独特性。与独特性相联系的是个体的不可分析性,这里的所谓不可分析性,是指个体不能被分解或还原为某种一般的构成或要素;以物体而言,当我们将其作为个体来把握时,便无法把它再进而分解为一般的物理或化学规定:分解后的要素,就不再是原来意义上的个体。个体的这种不可分析性,同时也表明个体包含内在的统一性或整体性品格:它既不同于部分,也有别于一般的属性。不难看到,在个体的层面,存在的现实性得到了更具体的展现:一般的规定,总是以不同的方式内在于个体,对象间的相互关联,也以个体的存在为其逻辑前提。在此意义上,个体的独特性、不可分析性、统一性,同时也表现为存在的具体性和现实性。庄子以"德"(具体规定)为事物所以存在的根据,并在关注"德"的同时突出了"殊理"的意义,由此要求"不迁其德"(避免个体性的失落),反对无视存在的独特性,无疑也体现了对个体性原理的关注。对个体性原理的以上肯定,既为本体论上确认存在的多样性、差异性、偶然性等等提供了形而上的根据,也为价值论上考察个人与社会的关系提供了逻

---

① 参见本书附录二《面向存在之思——〈老子〉哲学的内在意蕴》。

辑的前提;它对"道通为一"所蕴含的忽视等逻辑趋向,似亦有所抑制。

二　不以物易己

注重具体之"德"的个体性原理体现于社会领域,便表现为对个人或自我的关注。如上所述,个体在广义上既指特定的事物,又包括个人,庄子从不同的维度,对后者作了多方面的考察,其着重之点则在于突出个人或自我的内在价值及个体的不可忽视性。

作为个体的"我"或"己",首先是相对于"人"或"他人"而言的。在庄子看来,个体在本体论上的优先性,同时也规定了个人在人我关系中的优先性:

古之至人,先存诸己而后存诸人。所存于己者未定,何暇至于暴人之所行?①

"至人"是庄子所理解的理想人格,他同时也隐喻着理想的行为方式,"存"意谓"立"②,"先"不仅仅是时间上的在先,而且更是存在意义上的优先,"先存诸己而后存诸人",亦即首先使自我达到合乎理想之境,而后要求或推动他人达到同样的境界。在这里,立己构成了立人的出发点,作为个体的自我,则由此展示了其在存在过程中的优先性。

作为具体的存在,个人常常以"身"的形式呈现出来,在庄子那里,"身"不仅仅是感性的躯体,而且同时也是个体或自我的符号。由

---

① 《庄子·人间世》。

② 参见〔唐〕成玄英:《庄子疏·人间世》。

肯定自我对于他人的优先性,庄子进而将"身"置于家国天下之上。在谈到"道"对于人的意义时,庄子对此作了如下论述:"道之真,以治身,其绪余以为国家,其土苴以治天下。由此观之,帝王之功,圣人之余事也,非所以完身养生也。今世俗之君子,多危身弃生以殉物,岂不悲哉!"①"道"在人的存在领域中的意义,主要便表现于治身或养身过程;相对于个体的养身,为国、治天下仅仅居于从属的地位。在"身"与"国"、"天下"的比较中,个体的地位无疑得到了进一步的提升。这里的治身、养身,不仅仅是指强身健体,而且指个人多方面的完善,在庄子看来,后一意义上的治身,是治国的前提。前文已提及,在《天地》篇中,庄子曾以寓言的形式记叙了圃者与孔子的学生子贡的对话,并借圃者之口表达了以上含义:"而身之不能治,而何暇治天下乎?"②这种反诘之中,寄寓着庄子本身的思想。"身"与"天下"之辩,当然并非始于庄子,历史地看,儒家已注意到"身"与他人及"身"与天下的关系,孔子主张"修己以安人"③,孟子确信"修其身而天下平"④,后来《大学》进而提出修身、齐家、治国、平天下之说,这些看法都把"身"放在重要位置,不过,在儒家那里,修身首先意味着德性的完善,它最终所指向的,是安人或平天下,后者(平天下)构成了具有终极意义的目标,这样,修身虽为出发点,但相对于平天下的终极目标,它在逻辑上却呈现某种从属性。相形之下,庄子不仅赋予"治身"以不同于儒家"修身"的内涵,而且始终将个体的"治身"置于首要地位,平天下仅仅是附属性的"余事"("帝王之功,圣人之余事"),在二者主次的这种理解和安排中,不难看到对个人、自我的侧重。

---

① 《庄子·让王》。
② 此处之"而"为人称代词,指子贡。
③ 《论语·宪问》。
④ 《孟子·尽心下》。

以"身"为外在形态的个人,同时内在地包含着各自的个体性规定,庄子以东施效颦的寓言,对此作了形象地论述:"西施病心而颦其里,其里之丑人见而美之,归亦捧心而颦其里。其里之富人见之,坚闭门而不出;贫人见之,挈妻子而去之走。彼知美颦,而不知颦之所以美。"①效仿西施者之所以为人所厌弃,是由于刻意地作外在的模仿,而这种模仿的实质,则是无视不同个体(个人)的个性差异:所谓"所以美",也就是决定某一个体之为美的内在规定,外在的仿效往往忽视了这一更根本的方面,其结果不免弄巧成拙。

肯定个性差异的思想体现于实践领域,便表现为注重不同个人在能力等方面的各自特点,并根据这种特点区别对待:"必分其能,必由其名。以此事上,以此畜下;以此治物,以此修身。知谋不用,必归其天,此之谓太平,治之至也。"②"分"以确认个体间的差异为前提,从事上驭下,到作用于物;从政治活动,到个人修身,"分"而"治"之的原则体现于人"在"世过程的各个方面。前文已提及,庄子由肯定事物各有"殊理"而强调了不同的行为方式,"必分其能"可以看作是这一观点的逻辑引申,值得注意的是,庄子将尊重人以及事物的个性差异与"必归其天"联系起来,所谓"必归其天",也就是合乎自然之道,这里无疑呈现了沟通个体性原则与自然原则的趋向。

在内含个体差异这一方面,人与其他的事物较多地呈现相通之处,就人的存在而言,个体性的特点更具体地与"独"相联系。庄子将体现个体性品格的人称之为"独有之人":"出入六合,游乎九州,独往独来,是谓独有。独有之人,是之谓至贵。"③"独"既指无所依傍,也

---

① 《庄子·天运》。
② 《庄子·天道》。
③ 《庄子·在宥》。

有唯一或独一之意,后者所突出的,首先是个体性的规定。在六合、九洲之中独往独来,一方面表现了无所依傍的独立精神,另一方面又彰显了个体不同于他人或他物的独特品格,二者从不同的维度上展开了个体性的原则;作为二者统一的"独有之人",则被赋予至上的价值:所谓"至贵",便体现了如上价值判断。在庄子看来,关尹、老聃的立身行事,便以"独"为其特点,所谓"澹然独与神明居"①,庄子本人所追求的,同样是"独与天地精神往来"②的境界。个体的独立特行,使之往往与众人形成了某种距离。由注重"独",庄子一再指出个体与众人的分别。以观点的表达与认同而言,"高言不止于众人之心,至言不出,俗言胜也。"③真知灼见,往往很难为众人所理解和接受,因为大众的世俗之言,常常压倒了真正深刻独到的见解。通过彰显众人之心与高言、至言的紧张,庄子从另一方面强化了"独"所内含的个体性原则。

作为与"众"不同的规定,个体的"独有"品格总是内在于其存在过程,而不随物变迁。在谈到理想人物的特点时,庄子对此作了具体的描述:"死生亦大矣,而不得与之变,虽天地覆坠,亦将不与之遗,审乎无假,而不与物迁,命物之化,而守其宗也。"④这种不变、不遗、不迁的属性,也就是特定个体之为特定个体的规定,即使个体的存在过程终结了(由生而死),他也是作为某一特定个体而终结,在此意义上,其"独有"品格并未随生命终结而变;同样,外部世界的变迁,虽至天地翻覆,也不能使之失去其特有的个性。如前所述,在从价值观的层面评判"独有"的个体性规定时,庄子已强调了其"至贵"的性质,而

---

① 《庄子·天下》。
② 《庄子·天下》。
③ 《庄子·天地》。
④ 《庄子·德充符》。

"独有"品格与个体的共"在",则具有本体论的性质,这样,在庄子那里,个体性规定的价值论之维与本体论之维似乎融合而一,这种融合无疑使个体原则超越了单纯的价值观之域而获得了更深沉的意义。

从本体论上看,"独有"品格与个体的共"在",同时表明个体性的规定总是有其内在的依托。前文已论及,在人的存在这一层面,个体主要表现为个人或自我,作为本体论意义上的存在,个人或自我具有不可替代的价值,由此,庄子一再反对丧己、易己、失己:

> 丧己于物、失性于俗者,谓之倒置之民。①
> 不以物易己。②
> 行名失己,非士也。③

这里既有"物"与"己"的区分,也有"名"与"己"、"俗"与"性"的分别。物欲的追求、名声的崇尚、世俗的取向都呈现外在的性质,相对于此,"己"则包含着自身的内在价值,后者(个体的内在价值)无法由其他存在形态加以替代。庄子具体地考察了以物易己的不同形式:"小人殉财,君子殉名,其所以变其情、易其性,则异矣,乃至于弃其所为,而殉其所不为,则一也。"④为物(殉财)、为名(殉名),形式不同,但其泯灭自性的实质却无区别。通过反对以外在之物或外在之名取代内在之"我",庄子既突出了自我的不可替代性,也相应地强调了自我或个人独特的存在价值。在解释"在宥"时,庄子进而指出:"闻在宥天下,不闻治天下也。在之也者,恐天下之淫其性也;宥之也者,恐

---

① 《庄子·缮性》。
② 《庄子·徐无鬼》。
③ 《庄子·大宗师》。
④ 《庄子·盗跖》。

天下之迁其德也,天下不淫其性,不迁其德,有治天下者哉?"①这里所说的"性"、"德",是就每一个体或自我的不同个性特征而言,对庄子来说,理想的社会政治形态,就在于不以强制的方式去扭曲、戕贼人的内在规定或"独有"之性,后者("不迁其德")同时构成了治天下的前提。在此,价值论上的维护个性与本体论上的"不迁其德"再次呈现了其统一性。

个人的不可替代性或独特存在意义,在我与天下的关系中得到了进一步的展示。庄子区分了"我忘天下"与"天下忘我":"故曰:以敬孝易,以爱孝难;以爱孝易,而忘亲难;忘亲易,使亲忘我难;使亲忘我易,兼忘天下难;兼忘天下易,使天下兼忘我难。"②从行为与共在的方式看,这里无疑涉及人与人之间交往与相处的不同境界。就事亲而言,"敬"、"爱"、"忘"分别体现了从有意为之到出乎自然的不同行为方式;以我与天下的关系而论,我忘天下意味着不执着于对象,天下忘我则表明我对天下的作用已达到不落痕迹的化境,从而可以不为他人所注意,后者在合乎自然这一点上高于前者,故更难。从更深层的价值意义看,我忘天下所涉及的,是个人的精神境界(我与天下为一);天下忘我则以个体的消逝或湮没为指向,在此意义上,"天下兼忘我难",相应地隐喻着个体的难以消逝性:作为个体的我,具有无法忽视、不可抹去的性质。如果说,合于自然意义上的天下忘我以自然原则为内涵,那么,个体难以消逝意义上的"天下兼忘我难"则进一步强化了个体性原理,这里,我们再次看到了个体原理与自然原则的融合。对个体难以消逝性的肯定同时又与"不以物易己",不"丧己于物"前后相承,并赋予个体性原理以更深刻的本体论及价值论意义。

---

① 《庄子·在宥》。
② 《庄子·天运》。

三　守 其 一

如前所述,个体的本体论特征之一,在于其整体性或统一性:特定的个体一旦被分解或还原为某种一般的规定,便不再是该个体。这一特点同样体现于作为个体的自我或个人。在自我或个人的层面,个体的统一或整体性既展开于形神、身心等关系,又以精神世界自身的整合为内容,二者从不同的方面赋予个人或自我以具体、现实的品格。

在《德充符》中,庄子描绘了很多形体丑陋、外貌怪异的人,然而,在欣赏其思想的人心目中,这些残畸者却如同健全之人,与之不同的健全之人,反呈现畸形之貌:"闉跂支离无脤,说卫灵公,灵公说之,而视全人,其脰肩肩。瓮盎大瘿说齐桓公,桓公说之,而视全人,其脰肩肩。故德有所长,而形有所忘。"[1]"说(悦)之",是心灵上的相通,一旦在精神上彼此相契,则形体上的残缺便不再进入视域或不再具有实质的意义。不难注意到,对庄子而言,人的存在意义并非仅仅表现为外在的"形",毋宁说,在人之"在"的层面,个体性的规定更多地体现于内在的心灵或精神,所谓"德有所长而形有所忘",也就是要求超越外在的形体,从内在的精神上把握个体的存在特征。心的以上意义,决定了它不能因形而变。庄子对随形而化的现象提出了如下批评:"其形化,其心与之然,可不谓大哀乎?"[2]心随形化,意味着将个人仅仅限定于外在之形,从而使之失去真实的自我,在庄子看来,这是十分可悲的。

---

[1] 《庄子·德充符》。
[2] 《庄子·齐物论》。

当然,形有所忘,心不随形,并不表明形本身完全没有存在的意义。在谈到形与情的关系时,庄子曾提出了如下主张:"有人之形,无人之情,有人之形,故群于人;无人之情,故是非不得于身。"①这里的"人",是就社会化、文明化的存在而言。所谓"无人之情",是指消除文明或文化发展对人的意识、精神的影响,并由此根绝是非之源;"有人之形",则意味着人的形体是无法摆脱的,即使对人的存在过程中社会化、文明化的现象提出各种批评,人在形体层面的存在,依然难以否定。事实上,庄子对养生给予多方面的关注,《养生主》便以如何养生为其讨论的主题,尽管庄子所说的养生并不仅仅限于"形"和"身",而是同时包含精神层面的要求,但对"身"与"形"的关注,无疑也是其中一个不可忽视的方面。

从现实的形态看,个体作为具体的存在,总是既有其神,亦有其形,庄子从个体的起源上肯定了这一点:"物成生理谓之形,形体保神,各有仪则谓之性,性修反德,德至同于初。"②由无分别之物而化为个体,总是伴随着一定的"形",就人之"在"而言,"形"与"神"都有其存在的根据,但又有各自的存在方式(各有仪则),二者的统一,具体表现为"性",而对形与神的双重肯定,又意味着回归和维护本然的规定(德)。值得注意的是,庄子在此将"形"与"神"都理解为"性"的题中应有之义,从而在本体论的层面肯定了"形"对个体存在的难以泯灭性。

前文曾论及,为避免"神"或"心"成为"形"的附庸,庄子反对心随形化。然而,作为个体存在不可或缺的方面,"形"对于"神"又并非仅仅呈现消极的意义。在谈到道、德、形、神与圣人之道等关系时,庄子指出:

---

① 《庄子·德充符》。

② 《庄子·天地》。

执道者德全,德全者形全,形全者神全,神全者,圣人之
道也。①

　　"德"构成了存在的具体规定,而它本身则以道为本体论的根据;作为
存在的具体规定,"德"又决定了"形";以"德"为内在根据,"形"进而
影响、制约着"神"。在这里,一方面,"神"仍有其主导的意义:圣人
之道以"神全"为具体内容;另一方面,"神全"又以"形全"为前提。
这里重要的不是对道、德、形、神之间的本体论关系的界定,而是其中
所包含的形神之辩:就人之"在"而言,形与神并非互不相关或相互分
离,真实的个体在于形与神的统一。

　　作为圣人之道的内容,"神全"涉及的是个体的精神世界。由肯
定"形"与"神"的统一,庄子进一步对精神世界的内在性质作了考察。
在庄子看来,按其本来形态,精神世界具有未分化的特点,然而,在人
化的过程中,人的精神却趋向于分裂,后者同时表现为对道、德之悖
离:"悲乐者,德之邪;喜怒者,道之过;好恶者,德之失。"②悲乐、喜怒、
好恶,是情感的不同表现形式,它们同时也构成了精神世界的分化形
态,而精神一旦分化,便违逆了道与德,从而具有负面的意义。庄子
对精神世界分化所导致的结果作了形象的描述:"其寐也魂交,其觉
也形开,与接为构,日以心斗。缦者、窖者、密者。小恐惴惴,大恐缦
缦。其发若机括,其司是非之谓也;其留如诅盟,其守胜之谓也。"③随
着精神现象的分化,各种差异、区分、紧张、对峙也随之形成,即使睡
梦之中,也往往不得安宁;夜以继日,人与人之间始终处于勾心斗角

---

① 《庄子·天地》。
② 《庄子·刻意》。
③ 《庄子·齐物论》。

的过程中。精神的分化最实质地体现于是非之分,其小恐、大恐,也与之相联系。不难看到,从一般意义上悲乐、喜怒、好恶等情感的多样展开,到是非之彰,分化的精神世界似乎更多地呈现消极的意义。

与分化的形态相对,精神世界的理想之境是"守其一,以处其和"①。"守其一"即保持内在的统一性,"处其和",则强调这种统一不同于抽象的同一:"和"异于"同",以多样性为其内容。在谈到理想人格时,庄子认为其特点在于"壹其性,养其气,合其德,以通乎物之所造"。② 由此,庄子进一步指出:"夫若是者,其天守全,其神无郤,物奚自入焉?"③这里固然涉及养生,但其更实质的意义则在于养神。此处之"壹其性",指行为及思维趋向的一致性或一贯性;"养其气",包含意念活动的专一;"合其德"则指合乎个体的本然规定。"壹其性"与"养其气"、"合其德"相联系,意味着超越精神及意识的分化形态,后者同时指向存在的本然形态("通乎物之所造")。在如上进展中,精神本身也获得了统一的品格("其神无郤"),从而可以避免外物的入主或支配("物奚自入")。在这里,精神世界的统一性构成了其自主性的前提。

"一"不仅担保了"神"不为物所入主,而且使精神世界避免因分化而处于纷劳的形态。由此,庄子进而将"一"视为"养神之道":"故心不忧乐,德之至也;一而不变,静之至也;无所于忤,虚之至也;不与物交,惔之至也;无所于逆,粹之至也。故曰:形劳而不休则弊,精用而不已则劳,劳则竭。水之性,不杂则清,莫动则平;郁闭而不流,亦不能清;天德之象也。故曰:纯粹而不杂,静一而不变,惔而无为,动

---

① 《庄子·在宥》。
② 《庄子·达生》。
③ 《庄子·达生》。

而以天行,此养神之道也。"①"心不忧乐"意味着在情感的层面无忧、乐之分,"一而不变"则是在过程的意义上保持统一:精神或意识活动虽处于过程之中,但依然体现其内在的统一性。无论是就超越分化而言,抑或从过程中的角度看,"一"都表现为精神世界的理想形态,而达到与保持精神世界的这种统一性,则构成了"养神之道"的具体内容。

精神世界之"一",与外部世界之"变"和"杂",往往形成了某种对照,而养神之道的特点便在于历经"变"和"杂",始终以统一为指向:"死生、存亡、穷达、贫富、贤与不肖、毁誉、饥渴、寒暑,是事之变,命之行也;日夜相代乎前,而知不能规乎其始者也。故不足以滑和,不可入于灵府。使之和豫,通而不失于兑。"②"滑"即乱③,"和"则有统一之意。死生、存亡、穷达、贫富,等等,属外部的存在境遇及外在现象,它们往往变化不居,难以预测和规定,然而,这种变迁过程却不能扰乱精神世界④:后者虽居于变化之中,仍然与道为一,保持"通"而"和豫"的形态,其内在的统一性并不因此而失去。

可以看到,与肯定形神、身心的统一相一致,庄子对精神世界的整合给予了多方面的关注,而与之相对的分化形态,则成为他所批评的对象。从悲乐、喜怒、好恶等情感的不同表现形式,到是非之彰,"别"与"分"更多地被赋予负面和消极的意义。对意识与精神现象的如上看法,尽管与维护天性、反对天性的人化相联系,但它无疑多少也忽视了精神世界的整合与精神本身多方面发展之间的关系。精神世界的统一,并不是一种简单的同一,当庄子提出"守其一,以处其

---

① 《庄子·刻意》。
② 《庄子·德充符》。
③ 成玄英:"滑,乱也。"(〔唐〕成玄英:《庄子疏·德充符》)
④ 郭象:"灵府者,精神之宅也。"(〔晋〕郭象:《庄子注·德充符》)

和"时,他本身已涉及了这一点:如前所述,"和"在本质上表现为多样性的统一,精神世界的统一性往往具体表现为其丰富性,后者(丰富性)便以精神的多元展开为内容,然而庄子似乎未能始终如一地贯彻"处其和"的观点,在强调"一"时,"和"所隐含的多样性的统一,往往未能真正得到落实。事实上,如前文已提及的,庄子一再将"神"的理想形态与"纯而不杂"联系起来:"故素也者,谓其无所与杂也;纯也者,谓其不亏其神也。能体纯素,谓之真人。"①在纯而不杂的形态下,精神世界显然更多地呈现单一的趋向。

不过,庄子对精神世界统一性的肯定,仍有其值得注意之处。在人之"在"的层面,个体的现实性和具体性,与个体精神的统一性具有不可忽视的联系。在哲学史上,休谟曾对"自我"或"我"的实在性提出质疑:"就我而言,当我真切地走进我所谓我自己时,我总是遭遇到这个或那个特殊的知觉,如冷或热、明或暗、爱或恨、痛苦或快乐等特定知觉。如果缺乏知觉,我在任何时候都无法抓住我自己,并且除了知觉,我也从来不能观察到任何其他事物。"②质言之,我们所能获得的只是一个一个特定的感觉印象,而无法形成作为整体的"自我"观念;既然没有关于"自我"的观念,便不能确认这种自我的存在。在休谟看来,通常所谓的"自我",不过是相继的"一束不同的知觉或不同知觉的集合"(a bundle or collection of different perceptions),作为实体的自我只是一种"虚构"(feign)③。休谟对自我的以上看法,在知觉的层面否定了精神整合的可能性,尽管他主要旨在消解形而上学意义上的自我观念,而并未由此完全否定个体,然而,从逻辑上说,通

---

① 《庄子·刻意》。

② David Hume, *A Treatise of Human Nature*, Oxford: Oxford University, 1978, p.252.

③ David Hume, *A Treatise of Human Nature*, pp.252 – 253, p.254.

过质疑意识的整合而解构自我,却隐含着进一步解构个体的可能:就人而言,缺乏统一的精神世界,便仅仅是意识碎片的"载体",而难以成为真正意义上的个体。由此反观庄子对"心"、"神"的考察,便不难注意到,尽管他在某些方面忽视了精神的多重表现形式与个体的整合之间的联系,但他从"合"、"一"的层面理解"心"、"神",无疑又有见于精神的统一对于个体获得具体、现实的品格所具有的意义。

四　无"己"与有"我"

通过对形神、身心以及心、神自身统一性的双重肯定,庄子同时确认了作为个体的"我"或个人的存在。"我"或个人所涉及的,当然不限于形神、身心或心、神自身的不同规定,它本身往往展示为不同的形态,对"我"或个人更深入的理解,也相应地面临对"我"的内涵如何进一步界定的问题,后者在庄子那里进一步涉及天人关系。

庄子在《齐物论》中,曾以南郭子綦与颜成子游对话的方式,提出了"吾丧我"之说:

> 南郭子綦隐几而坐,仰天而嘘,嗒焉似丧其耦。颜成子游立侍乎前,曰:"何居乎? 形固可使如槁木,而心固可使如死灰乎?今之隐几者,非昔之隐几者也。"子綦曰:"偃,不亦善乎,而问之也! 今者吾丧我,汝知之乎?"①

这里提到了"丧其耦"与"吾丧我"。"耦"指相对者。从心物关系上

---

① 《庄子·齐物论》。

说,"丧其耦"意味着心与物不再以相互对立(对偶)的方式存在,而是彼此相合;就形神关系而言,"丧其耦"则隐含形与神超越了对待、融而为一之意。形神的这种存在方式,从另一个方面突出了二者的统一性。与之有所不同,"吾"与"我"在宽泛的意义上固然都指自我或个人,但在"吾丧我"的表述中,"吾"与"我"所内含的个体性含义及二者所表示的具体存在形态却并不相同,这不仅在于二者有主词与宾词之分,而且如后文将进一步讨论的,对庄子而言,惟有作为主词的自我("吾")才真正具有个体性的品格,居于另一端的宾词之"我"则与庄子所理解的个体彼此相对。

从外在的表述形式看,"吾丧我"似乎意味着解构一般意义上的个体之"我",然而,与"吾"和"我"的以上区分相联系,庄子的实际旨趣,在于维护和肯定真正意义上的个体之"我",消解与之相对的"我":所谓"吾丧我",也就是以本然、真实之"我"("吾")解构非本然、非真实的"我"。事实上,如前所述,对个体之"我"的存在及其作用,庄子并没有表示怀疑,在同一《齐物论》中,庄子便强调"非我无所取",亦即以"我"为接受、回应外在影响的主导方面。同样,前文已提及的对以物易己的批评,也从物我关系上,对自我的独特价值作了肯定。那么,庄子所要消解、否定的,究竟是何种"我"? 这一问题将我们进一步引向了天人之辩。

在人之"在"的论域中,天人之辩首先涉及天性与德性或天性与仁义礼乐的关系。在庄子看来,随着文明的发展,世人往往以仁义相标榜,并按仁义的准则来改变人之性,而如此追求的结果,则是以仁义易性:"自虞氏招仁义以扰天下也,天下莫不奔命于仁义,是非以仁义易其性与? 故尝试论之,自三代以下者,天下莫不以物易其性矣。"①仁义与

---

① 《庄子·骈拇》。

礼乐文明相联系,属社会的伦理规范,以仁义易性,也就是将社会化的规范加以内化,使之成为自我的内在规定,后者也就是礼乐文明意义上的普遍德性。经过如上转换,本然的个性,便为社会化的普遍德性所取代,合乎天性的"我",则相应地成为社会化、文明化的"我";对庄子而言,后一意义上的"我"更多地带有负面的意义,它一再批评"丧己于物、失性于俗"①,其中的"己",便是指以仁义礼乐为内容的"我",按庄子之见,这种"我"本质上以个性的失落为其特点,所谓"失性于俗",便表明了这一点;个体的以上失落,在某种意义上可以视为个体的异化。

从以上的分析中不难注意到,"吾丧我"所"丧"之"我",仍是社会化、文明化的"我",也是在相近的意义上,庄子强调"至人无己"②,这里的"己",同样是指为礼乐仁义所塑造之"我"。无论是"丧我",抑或"无己",都不是在一般的意义上否定或消解自我或个体,其所"丧"、所"无",都指向"我"的特定形态(以礼乐仁义为内容的"我")。与超越这种特定的"我"相应,庄子反对个体以名、知等为主:"无为名尸,无为谋府,无为事任,无为知主。体尽无穷,而游无朕,尽其所受乎天,而无见得,亦虚而已。"③"尸"意为"主"④,"名"即因合乎礼义规范而获得的外在声誉,"谋"、"知"与名利的追求相联系,"为"则是礼制中的伦理、政治等活动,这些形式都是礼乐文明或社会演进的不同体现,庄子在"名"、"谋"、"事"、"知"之前加上"无为",强调的是个体不能成为礼乐文明的载体或承担者。与此相对,"尽其所受乎天"是指展开己有的天性,它从正面彰显了个体应有的

---

① 《庄子·缮性》。
② 《庄子·逍遥游》。
③ 《庄子·应帝王》。
④ 参见〔唐〕成玄英:《庄子疏·应帝王》。

品格;"虚"则意味着净化个体之中的礼义文明内涵,回归固有的天性。按庄子之见,至德之世的个体,便以此为特点:"端正而不知以为义,相爱而不知以为仁。"①所谓"以为义"、"以为仁",亦即以仁义为追求目标。"不知以为义"、"不知以为仁"则蕴含着天性对仁义的超越。不难看到,对庄子而言,礼义化的"我"与合乎天性的"我"呈现为个体的二重形态,消除以"名"、"知"、"仁义"为内涵的"我"("亦虚而已")与维护合乎天性的"我"("尽其所受乎天")构成了同一过程的两个方面;前者可以看作是"无己"、"丧我"的具体体现,后者则表现为对个体之"我"的确认。正是基于以上看法,庄子强调:"虽忘乎故吾,吾有不忘者存。"②关于"有不忘者存"的具体含义,郭象作了如下解释:"虽忘故吾,而新吾已至,未始非吾。"③质言之,无"故吾"(无礼义文明之"我")与有"新吾"(有合乎天性之"我"),并行而不悖。

上述意义上的"无己"或"无我",具体展开为"解心释神":"解心释神,莫然无魂。"④"心"与"神"在此指以礼义文明为内容的精神世界,"解心释神"则是要求解构这种礼义化的精神世界,并由此达到心灵的净化("莫然无魂"⑤)。对精神世界的这种解构,同时又以"忘心"为其指向,而"忘心"又被视为"致道"的具体形态:"致道者忘心矣"⑥。这里的"致道",即达到合于道的大同之境,所谓"大同而无己"⑦。这样,消解礼义化之"我"("无己"或"丧我"),与走向与道为

----

① 《庄子·天地》。

② 《庄子·田子方》。

③ 〔晋〕郭象:《庄子注·田子方》。

④ 《庄子·在宥》。

⑤ "莫然无魂",成玄英注为"涤荡心灵"。(参见〔唐〕成玄英:《庄子疏·在宥》)

⑥ 《庄子·让王》。

⑦ 《庄子·在宥》。

一之境,在庄子那里便呈现出内在的一致性。

通过"解心释神"而达到"无己",在庄子那里同时被理解为"反(返)其性":"古之行身者,不以辩饰知,不以知穷天下,不以知穷德,危然处其所而反其性,已又何为哉?"①"古之行身者"是庄子的理想之"我","反(返)其性"即回归本然之性,"以辩饰知"涉及是非之辩,"以知穷天下"、"以知穷德"则是以理性的方式把握世界及仁义之德,三者在总体上都与本然之性相对而展开为礼义文明中的理性活动;理想之"我"的特点,则在于拒斥以上活动而返归本然之性。向本然之性的这种回归,同时又意味着在个体("我"、"己")与礼义文明之间保持距离,所谓"已又何为",便表明了这一点。在庄子看来,个体的真实德性,即在于回到本然形态:"性修反德,德至同于初。"②反其性、同于初的以上过程,与俗学、俗思格格不入:"缮性于俗,学以求复其初;滑欲于俗,思以求致其明,谓之蔽蒙之民。"③在"俗"世之中学与思,也就是在礼义文明形态中展开精神活动,对庄子而言,试图通过礼义文明形态中的精神活动而"复其初",是南其辕而北其辙。从某些方面看,复性或返性也为儒家所主张,孟子提出"求其放心"④,朱熹后来要求"因其所发而遂明之,以复其初"⑤,等等,都表明了这一点。不过,在儒家那里,原初之心或性主要被理解为合乎礼义规范的本善之性,其所求之放心或所复之性,也相应地以仁义等为内容,后

---

① 《庄子·缮性》。

② 《庄子·天地》。

③ 参见《庄子·缮性》。此段"俗学"前原尚有一"俗"字,但宣本已删此"俗"字。又,苏兴认为:"当衍一'俗'字,学与思对文,言性与欲皆已为俗所汙。"(参见〔清〕王先谦:《庄子集解》,第135页)现据以校改。

④ 《孟子·告子上》。

⑤ 〔宋〕朱熹:《四书章句集注》。

者不同于个体性的天性而更多地呈现为社会化的普遍德性。相形之下,庄子将剔除普遍的仁义视为复其初的前提,对本然之性的回复也相应地表现为从合乎仁义的社会化之"我",返归合乎天性的个体之"我"。

以上分析表明,在庄子那里,"无己"、"丧我"并不意味着否定作为个体的"我",它的内在意义在于剔除"我"所内含的礼义等规定,消解由礼义文明所塑造的"我";通过解构礼义化的普遍之"我",庄子一方面突出了天(天性)与人(自我)的联系,另一方面进一步强化了"我"的个体性规定,正是在后一意义上,庄子一再强调"贵在于我而不失于变"①。可以看到,对个体的理解在这里交错着天人之辩,而个体性原则(自我的确认)与自然原则(合乎天性)则由此呈现了内在的一致性:摆脱礼义化的普遍之"我"、走向个性化的"我",与复归合乎天性的"我",表现为同一过程的两个方面。

就人之"在"而言,个体原则与自然原则的融和之后所蕴含的,是天性与德性的关系。庄子将礼义文明的影响与作用,视为对个体本然之性的破坏:一旦仁义等规定入主自我,则个体便失去了本真形态,而成为礼义化之"我"。仁义或礼义是儒家所理解的德性的内容,仁义(礼义)与天性之分,同时表现为天性与德性的分野。与儒家要求化天性为德性不同,庄子更多地趋向于从德性回归天性。德性作为社会伦理的规定,体现了社会对个体的某种制约,然而,如果"德性"以敌视或泯灭天性的方式存在,则它往往将表现为个体的异己形式,并容易导致人性的异化;在异己或异化的形态下,德性不仅难以真正展示为善的品格,而且每每将引向与内在个性的冲突。庄子要求消解礼义化之"我",无疑表现了对德性的社会内涵的某种忽视,但

---

① 《庄子·田子方》。

同时,它又在某些方面有见于礼义文明对个体的片面宰制可能导致的消极后果;而个体原则与自然原则的统一,则既以拒斥德性的异化为指向,也意味着避免个性的失落。

从另一方面看,与"复其初"相联系的"无己",同时又涉及大我与小我的关系。礼义文明所体现的是社会的大我,本然的天性则与个体(小我)的存在有更切近的联系。当礼义等普遍规定被视为"我"的主要或全部内涵时,个体往往便成为大我的化身,并趋于抽象化。庄子批评将"己"、"我"仅仅归结为礼义文明的载体,无疑包含着反对个体的普遍化、抽象化之意。然而,就其现实的形态而言,"我"固然不能等同于普遍的大我,但作为具体的存在,它总是既有个体性之维,又内含普遍的、社会的规定。历史地看,个体性与社会性往往具有同步发展的趋向。在人类历史的早期,人的行为方式、心理特征,等等,常常更多地呈现类的特征。随着社会文明历史的演进,一方面,人的社会性规定得到越来越充分的展开,另一方面,他的个体性品格也获得愈益多样的内容:相对于史前(或前文明)的人类而言,在文明进步和文化发展中成长的人,其个性无疑更为丰富。从要求"我"、"己"向个体还原的立场出发,庄子对"我"之中的普遍性维度及社会规定与个体规定的互动性和相关性,似乎未能予以充分的关注:在天性即个性的理论预设中,个体所内含的普遍的社会规定,基本上处于其视野之外。这一理论趋向,赋予个体原则与自然原则的统一以另一重意义。

五　人　我　之　间

作为个体的"我"固然以天性为其内涵,但在现实的存在过程中,总是面临着与他人的共在关系。与人共在对个体意味着什么?如何在人与人的共处中保持"我"的个体品格？个体之"在"与人我的共在是否相互对立？对个体原则的进一步考察，显然难以回避这些问题。

在与人共在的层面，"我"或"己"首先与"众"相对："世俗之人，皆喜人之同乎己，而恶人之异于己也。同于己而欲之，异于己而不欲者，以出乎众为心也，夫以出乎众为心者，曷常出乎众哉？"①从形式上看，希望他人"同乎己"，关注的似乎是自我或个体，然而，在实质的层面，它所体现的，乃是一种"求同"心理，后者既表现为希望众人都达到与"己"相同的看法或视域，又内在地蕴含着对"众"的变相迎合：它所追求的是世俗及众人层面的一致、同一。当众人完全同于"己"时，与"众"之"同"便超越了个体之"异"：在众人同于己的外在现象背后，是"我"的个体性规定的失落。与之相联系，"出乎众"在表面上以超越众人为指向，但其逻辑的前提则是"求同"：一方面，出乎众之心，以同于己的取向为出发点；另一方面，众人的肯定、认同，依然是其内在的目标，这种实质的趋向决定了它难以真正达到"出乎众"；所谓"夫以出乎众为心者，曷常（何尝）出乎众哉"，便强调了这一点。②"出乎众"意味着超越从众、趋同，可以看到，庄子所肯定的，是真正意义上的"出乎众"，后者同时从反对从众的维度，突出了个体性的原则。

同乎众或从众，在存在形态上往往意味着湮没或沉沦于众；超越从众而达到真正意义上的"出乎众"，则意味着拒斥沉沦。在谈到圣人的内在品格时，庄子指出："自埋于民，自藏于畔，其声销，其志无

---

① 《庄子·在宥》。

② 林希逸对此有如下分析："欲人同己而不欲其异己，是以我皆出乎众人之上也。以己之所闻，必欲众人皆归向而后安，则我何尝异乎众人？虽欲出众，而何由出众？"（〔宋〕林希逸：《庄子鬳斋口义校注》，第176页）

穷,其口虽言,其心未尝言,方且与世违而心不屑与之俱,是陆沈者也。"①"陆沈"指隐于市俗之世②,"心不屑与之俱",则是虽与世俗共存,但依然保持个体意识的独立性,不随波逐流、人云亦云。按庄子之见,身可"陆沈"于世(隐于世),但心却不能沉沦于众,正是在与人共处中保持独立的意识,构成了个体"在"世的特点之一。

以"陆沈"为形式的隐于世,不同于离世。庄子对刻意标榜、以远俗为高的行为方式提出了批评:"刻意尚行,离世异俗,高论怨诽,为亢而已矣。此山谷之士,非世之人,枯槁赴渊者之所好也。"③"刻意尚行"不免流于做作、矫饰,"离世异俗"亦不同于隐于世,而是表现为个体与社会之间的外在对峙或冲突,就其实质而言,这乃是通过否定社会以彰显个体。与之相近的存在方式是"避世":"就薮泽,处闲旷,钓鱼闲处,无为而已矣。此江海之士,避世之人,闲暇者之所好也。"④"避世"虽然不展开为个体与社会的外在对抗,从而与离世、非世有所不同,但就其追求外在于社会而言,又和前者表现出一致的趋向。对庄子而言,这种离世、非世与避世固然有别于热衷世俗文化、政治的教诲之士、朝廷之士,但却并不是个体"在"世的理想方式。

在庄子看来,个体的存在,总是无法脱离一定的境域或背景。以隐士而言,他之选择隐于世的方式,也是受到一定历史背景的制约:"古之所谓隐士者,非伏其身而弗见也,非闭其言而不出也,非藏其知而不发也,时命大谬也。"⑤一方面,与避世之士不同,庄子所理解的隐

---

① 《庄子·则阳》。

② 林希逸:"沉不在水而在陆,喻隐者之隐于市廛也"。(〔宋〕林希逸:《庄子鬳斋口义校注》,第405页)

③ 《庄子·刻意》。

④ 《庄子·刻意》。

⑤ 《庄子·缮性》。

士并非离群索居("非伏其身而弗见"),不参与社会活动或不表达自己对社会现象的看法("非闭其言而不出");另一方面,他的"在"世过程,又以"时命"为其前提。如后文将进一步讨论的,作为存在的背景,"时命"既包含特定的历史条件(时),又与必然的历史趋向(命)相联系;"时命大谬",则指对个体具有负面意义的历史条件和历史背景,而个体之以"隐"为处世方式,也与历史背景的这种性质相关。庄子在总体上将个体与时命的关系概括为两种形式,即"当"与"不当":"当时命而大行乎天下,则反一无迹;不当时命而大穷乎天下,则深根宁极而待,此存身之道也。"①"当时命",即具体的条件和背景有助于个体存在与发展,"不当时命",则是这种条件对个体的"在"世过程具有否定的意义;"反一无迹",是指合乎前一背景的行动,"深根宁极"则是在条件不利的情况下充实自我、等待适当的发展时机。对个体与时命关系的以上分析,着重突出了个体存在的境遇性。

个体与存在境遇的关系,具有某种本体论的意义。存在背景的难以超越性,同时也规定了个体无法以"避世"、"离世"等方式"在"世。对庄子而言,理想的存在形态既非刻意求高,也非退居江海而隐:

> 若夫不刻意而高,无仁义而修,无功名而治,无江海而闲,不道引而寿,无不忘也,无不有也,澹然无极,而众美从之,此天地之道,圣人之德也。②

这里特别值得注意的是"无江海而闲"。居江海,隐喻着出世;无江海,则是存在于世。总起来说,"无江海而闲",也就是在与人共处中

---

① 《庄子·缮性》。
② 《庄子·刻意》。

达到个体的逍遥。这一意义上的人我共在形态,又称"顺人而不失己",至人的特点便在于已达到如上境界:"唯至人乃能游于世而不僻,顺人而不失己。"①"游于世而不僻",亦即存在于社会而非游离于社会,"顺人而不失己"则是与人和谐相处,但并不因此而失落自我。不仅如此,按庄子之见,在与人共在的过程中,个体可以得到进一步的充实,所谓"既以与人己愈有"②。这样,一方面,个体始终保持自我认同而非"失性于俗"、沉沦于众;另一方面,又内在于世而非避世、离世;与人共在与维护个性呈现了内在的统一性。

从以上立场出发,庄子区分了"内化"与"外化":"古之人外化而内不化,今之人内化而外不化。与物化者,一不化者也。"③"内化",即内在的精神世界随物而迁、与俗俱化;"外化",则是在存在方式上面对现实,融入于世,与人共在。理想的人格(古之人)的特点,就在于始终保持个体的自我认同,维护精神世界的独立性(内不化),但在具体的存在方式上,则避免与社会的分离与冲突,努力与之相适应(外化);反之,当时的刻意非世之士(今之人),却是在外在形态上与世相抗,但在内在的精神层面,却每每随俗而化(内化):刻意非世,往往不免强饰以求誉,从而最终在实质上流于媚俗。与"内化"和"外化"之分相应的,是"形"与"情"之别:"有人之形,无人之情。有人之形,故群于人;无人之情,故是非不得于身。"④如前所述,这里的"形"首先与"身"相联系,指外在的存在形态,但同时也涉及"类"的规定;在后一意义("类"的规定)上,"有人之形",意味着已归属于"人"这一类,从而不能不与他人相互共在。"情"在此则更多地与世俗的意

---

① 《庄子·外物》。
② 《庄子·田子方》。
③ 《庄子·知北游》。
④ 《庄子·德充符》。

识、观念相联系,"无人之情"表明个体不能在精神世界的湮没、沉沦于世俗之见:是非之争,在庄子看来便属于这一类的世俗之见。不难看到,庄子所追求的是实质层面的"内不化"(不随世俗之见而化),后者与"外化"("群于人")并不彼此相斥。

庄子对个体的"在"世方式及人我关系的如上理解,使人联想到海德格尔的相关思想。关注此在(Dasein)是海德格尔的重要特点,作为基础本体论的主要对象,此在更多地与人的个体存在相联系,这种个体性规定同时又被理解为此在的本真形态。当然,海德格尔也注意到了与人共在(being-with)的不可避免性:此在的展开过程,总是要与他人打交道,并与他人形成各种形式的联系。不过,在海德格尔看来,对个体而言,与他人的这种共在,主要呈现消极的意义,它使此在湮没于众人之中,从而失去了自我的个体性品格。在此意义上,共在常常意味着沉沦。按海德格尔之见,本真之我首先与个别化相关:"惟有在个别化中,此在才将自身带回到最属己的存在可能(its own most potentiality-of-being)。"①这种看法无疑注意到了存在的真实性与个体性的联系。然而,上述意义上的个别化,同时又被置于对死的预期或向死而在的过程。对死的预期往往与"烦"、"畏"等自我的内在体验相联系,在海德格尔看来,正是在这种体验中,自我的独特性、不可替代、不可重复性才逐渐显现出来。这样,回到自我的本真形态,同时便表现为从与人共在返归个体的内在之"我"。不难看到,对海德格尔而言,与人共在和个体化的本真之在,似乎主要表现为彼此对立的两个方面。与此不同,庄子将共在("群于人"、"游于世而不僻")理解为本体论意义上的存在境遇,并强调自我的个体性规定即

---

① M. Heidegger, *Being and Time*, New York:State University of New York Press, 1996, pp.309 – 310.

体现于此种境遇;以"无江海而闲"、"顺人而不失己"为形式,个体的"在"世具体地表现为即世而超越于世,在共在中实现和展示个体的内在规定。这样,与人共处不再是"我"的沉沦,个体的本真形态也非仅仅表现为向内在之"我"的返归;质言之,共在与个体性规定相融而非相悖。个体的本真形态与共在("群于人")的如上关系,既突显了人与我的相关性,也从一个方面体现了日用即道的哲学精神。

要而言之,在庄子那里,个体性的原则既具有本体论的意义,也包含价值观的内涵。从关注"德"、"殊"等规定出发,庄子首先在本体论的层面确认了个体性原理;通过考察个人(自我)的存在意义以及肯定身与神、自我精神世界的统一,个体性原理具体化为价值领域的个体原则,后者进一步展开于天性与德性、自在与共在等关系中。"德"与"道"的统一,赋予个体与整体的相互关联以形而上的根据;天性与德性的融合,为自我提供了避免德性自身异化的形式;"不失己"与"群于人"的相合,则展示了个体的不可消逝性与他人的难以疏离性。当然,以去礼义化为内容的"无己"等观念在拒斥礼义文明的同时,也多少弱化了个体内含的社会规定与普遍性之维,它与"群于人"的观念形成了某种张力,这种理论紧张,可以视为"道"所内含的统一性原理与"德"所确认的个体原则之间张力的具体展开,它同时也体现了庄子哲学中个体性原则的复杂性。

第八章
时·历史·境遇

　　存在的个体之维不仅体现于自我,而且具体化于多样的历史境域中。从本体论上看,天地既有内在之序,又展开为一个变化的过程。由肯定对象世界的变迁,庄子进一步将关注之点指向存在的时间性与历史性。以类的演变及个体生存为视域,历史性取得了"时势"及"时"的形式,后者同时体现了存在境域的独特性。对庄子而言,身处特定的存在形态,合理的"在"世方式是"无一而行,与道参差",后者既渗入了自然的原则,又表现为个体性原则的展开。

一　变迁与"时势"

　　按庄子的理解,存在的变迁过程,首先以自然对象的变易、发展为内容:"物之生也,若骤若驰。无动而不变,无时而不移。何为乎? 何不为乎? 夫固将自化。"①这里所说的"物",主要是经验世界的对象,经验世界以变迁为特点,其间的对象总是处于发生、发展、消亡的过程之中。这种变化并不是出于外在的推动,而是以自身为原因的自然运动。庄子以"无动而不变,无时而不移"强调了经验世界的这种变动性。

从本体论上看,变化首先与存在的多样性相联系,"物"之生、"物"之变,总是以特定个体为承担者。然而,变迁的意义,却不仅仅限于个体:"万物皆种也,以不同形相禅。始卒若环,莫得其伦,是谓天均。天均者,天倪也。"②"万物"在此指多样、具体的对象。就个体而言,对象的变迁意味着从发生走向消亡,但从整体或"齐"与"通"的角度看,不同个体的变迁(相生、相禅),又在总体上构成了和谐、统一的存在图景,所谓"天均"、"天倪",便是指个体的变化、相禅过程中所形成的统一性;它既呈现为变迁中的统一,也表现为统一中的变迁。

变迁与发展当然并不仅仅限于自然之域,从更广的层面看,它同样体现于社会领域。庄子以前文明的形态为理想的社会,但在历史的演化过程中,社会总是不断地改变自身的形态:"古之人,在混芒之中,与一世而得澹漠焉。当是时也,阴阳和静,鬼神不扰,四时得节,万物不伤,群生不夭,人虽有知,无所用之,此之谓至一。当是时也,莫之为而常自然。逮德下衰,及燧人、伏羲始为天下,是故顺而不一。德又下衰,及神农、黄帝始为天下,是故安而不顺。德又下衰,及唐、虞始为天下,兴治化之流,浇淳散朴,离道以善,险德以行,然后去性而从于心。心与心识,知而不足以定天下,然后附之以文,益之以博。

---

① 《庄子·秋水》。
② 《庄子·寓言》。

文灭质,博溺心,然后民始惑乱,无以反其性情而复其初。由是观之,世丧道矣,道丧世矣,世与道交相丧也。"①对社会变迁的如上描述,无疑表现了对前文明时代的缅怀,这种看法既相应于价值观上的自然原则,也渗入了对文明演化的种种疑虑。当然,在展示自身价值立场的同时,庄子也表现了对历史过程的关注。对庄子而言,尽管社会的演进似乎一再疏离理想的形态,但历史性本身却又始终内含于其中。不妨说,自然原则与历史意识相互交错,构成了庄子考察社会变迁的基本视域。

在社会政治文化领域,历史性具体地表现为历史过程或历史境域的特殊性。在谈到古今之异与社会形态之别时,庄子指出:

> 夫水行莫如用舟,而陆行莫如用车。以舟之可行于水也,而求推之于陆,则没世不行寻常。古今非水陆与?周鲁非舟车与?今蕲行周于鲁,是犹推舟于陆也,劳而无功,身必有殃。②

"古今"不仅表现了时间的不同,而且更体现了历史的差异;历史差异所显示的,则是不同对象本身的独特性。周、鲁既是社会领域中不同的存在形态,也代表了治国的不同方式;将适合于"周"的治国方式运用于"鲁",则势必如同陆地行舟,难以取得实际成效。在这里,存在的历史性与存在的特殊性(个体性)彼此一致,二者的这种联系又进一步制约着社会历史领域的实践过程。

与对象世界的变易一样,历史过程也以变动性为其实质的规定;历史过程的变动性,使历史中的存在超越于"同"而获得了多样的形

---

① 《庄子·缮性》。
② 《庄子·天运》。

态。以"礼义法度"而言,历史的变迁,使之难以始终如一,而其历史作用的显示,同样并不以"同"为前提:"夫三皇五帝之礼义法度,不矜于同,而矜于治。故譬三皇五帝之礼义法度,其犹柤梨橘柚邪?其味相反而皆可于口。故礼义法度者,应时而变者也。"①这里的"礼义法度"既不限于儒家所主张的伦理政治制度(礼制),也有别于法家所主张的"刑名"、"度数",对以上二者,庄子始终持批评态度,所谓"礼法度数,刑名比详,治之末也"②,便表明了这一点。与儒、法所坚持的特定"礼法"不同,此所谓"礼义法度"在广义上泛指不同时代的规范系统、社会体制。社会秩序的建立,总是离不开一定的规范系统和体制,即使合乎自然的社会形态,也有与之相适合的规范与体制。按庄子的理解,社会的演化超越了自然状态之后,固然与理想的形态形成了距离,但"后自然"(疏离于自然)的社会本身也面临如何达到安定、有序的问题,无论从回到理想的社会形态看,抑或就走向人性化的存在而言,"治"(天下的安定、有序)都是无法回避的问题。而在以上方面,重要的便是不拘守某种一成不变的模式,始终以合乎相关的时代境域、达到天下的治理为指向。庄子将礼义法度者视为"应时而变者",无疑既肯定了社会规范、体制的历史品格,也强调了它应与特定历史条件相适应,二者的一致进一步显现了存在的历史性与特殊性的统一。

历史的演化在不同的背景中,往往呈现不同的势态和趋向,这种势态和趋向庄子称之为"时势"。不同历史时代人的生存状态,每每受制于特定的"时势":"当尧舜而天下无穷人,非知得也;当桀纣而天

---

① 《庄子·天运》。
② 《庄子·天道》。

下无通人,非知失也,时势适然。"①尧舜、桀纣表征着不同的历史时代,"穷"、"通"则涉及不同的生活境遇,在庄子看来,尧舜与桀纣时代的人们所以有"穷"、"通"的差异,主要根源于相关的"时势"。这里的"时势"既隐含着某种历史的必然,又以综合的形式展示了一定时代的历史特点。相对于人对世界的认识状况(知之"得"、"失"),历史过程中的"时势"表现为一种更重要的力量。

当然,人的生存状态为"时势"所制约,并不意味着人对历史境域或历史趋向完全无能为力。按庄子之见,以不同的方式对待外在的历史境域,将使人成为不同形态的存在者。就人与时势的关系而言,庄子首先区分了"差其时"与"当其时"二种不同的"在"世方式:"帝王殊禅,三代殊继。差其时、逆其俗者,谓之篡夫;当其时、顺其俗者,谓之义之徒。"②"差其时、逆其俗",亦即无视特定的时代境域,背离历史的演化趋向;与之相对,"当其时、顺其俗"则是以一定的时代条件为依据,顺乎历史的"时势"。以上的分别虽然是就政治实践的领域而言,但其意义却并不限于此。事实上,"时"与"俗"所表征的历史境域与时代状况,涉及人的存在及其活动的各个方面,"差其时"与"当其时"也相应地表现为人们应对历史境域与时代状况的两种彼此相对但又具有普遍意义的方式。

由肯定对象世界的变易,庄子进一步将历史变迁的观念引入社会领域,后者首先突出了社会演化的过程性。庄子的以上看法与天人之辩上的立场似乎存在某种张力。在天人关系上,庄子赋予自然形态以理想的性质,其中多少流露出某种非历史的趋向:社会原初形态的理想性质,使偏离以上形态的历史演化更多地呈现负面或否定

---

① 《庄子·秋水》。
② 《庄子·秋水》。

的意义;然而,"礼义法度"应时而变等观念,则又从正面肯定了历史演化的意义。这里的前提是理想之"在"与现实之"在"间的差异与距离,这种差异与距离相应于本体论上"未始有封"的本然形态与分化以后的现实形态之间的分野。对庄子而言,自然的形态固然具有理想性质,但它同时又主要表现为逻辑的出发点,社会的现实形态并非历史开端的简单延续:它总是处于变迁的过程;在不同于理想与逻辑的实际"在"世过程中,如何应对历史的变迁便成为无法回避的问题,"应时而变"等观念,主要以后者(分化的现实形态)为背景。按庄子的理解,分化的现实存在本身内含自身的不同规定及演化的脉络:"参万岁而一成纯,万物尽然,而以是相蕴。"①"万岁"表示的是一定的时间段,在社会领域,则具体化为一定的历史时期。王夫之在谈到庄子的以上论点时,曾指出:"天运之变,物理之不齐,升降污隆治乱之数,质文风尚之殊,自当参其变而知其常,以立一成纯之局而酌所以自处者,历乎无穷之险阻而皆不丧其所依,则不为世所颠倒而可与立矣。"②历史的演化既涉及"天运之变",也关联着"治乱之数","参万岁"之"参",既是把握变迁中的特定形态("参其变"),也意味着了解其中的脉络("知其常"),这一过程所指向的,则是合乎特定历史境域的存在形态,所谓"立一成纯之局而酌所以自处"。尽管以上的阐释包含了王夫之的发挥,但这种阐发无疑以庄子的论述自身所包含的内在意蕴为依据。

从另一方面看,通过肯定社会在时间中的变迁,庄子同时又彰显了历史境域的特殊品格。如前所述,从其哲学的内在逻辑看,庄子以自然为理想的存在形态,在现实的层面上,自然又以差异为题中应有

---

① 《庄子·齐物论》。
② 〔明〕王夫之:《俟解》,《船山全书》第十二册,第485—486页。

之义,庄子一书中描述的各种自然形态的事与物,如鲲鹏与斥鷃、骐骥与狸狌,等等,都包含各自的个性差异。在此意义上,自然的原则与历史性的关注并不相互排斥:二者都隐含着对存在的特殊性与个体性的承诺。

二 时 与 命

以"时势"的形式表现出来的历史性,首先与社会领域或"类"的存在形态相联系,但历史性并不仅仅限于"类"的领域,它同样体现于个体的存在过程。在个体的层面,庄子通过对"时"、"命"等问题的考察,着重突出了其存在的境遇性。

以人的生存为视域,历史的衍化展开为过去、现在、未来不同的形态。在庄子看来,过去已经逝去,未来尚未来临,二者对人的存在而言都不具有实质的意义:

　　来世不可待,往世不可追也。①

"世"即人生活其间的社会领域或生活世界,"来世不可待,往世不可追"既蕴含着时间上的过去与未来之分,也意味着二者难以通过人自身的活动而获得沟通。与之相应,合理的人生态度,便是"不随其所废,不原其所起":

　　睹道之人,不随其所废,不原其所起,此议之所止。②

---

① 《庄子·人间世》。
② 《庄子·则阳》。

"不随其所废"，即不执着于已逝的"往世"；"不原其所起"的本来之意是不追溯事物所以发生之源，从逻辑上说，未来有其历史起源，隔绝于历史之源，则未来本身也往往被消解或架空，在此意义上，"不原其所起"，似乎同时意味着疏离尚未到来的"来世"；对"未来"的这一取向，显然与"来世不可待"的观念前后呼应。尽管在社会的层面，原初的自然形态被赋予理想的性质，但就个人的"在"世过程而言，已逝的生活世界并不是追怀的对象。按其本来意义，相对于"往世"和"来世"的，是"现世"或"当下"，对"来世"与"往世"的疏远，在逻辑上意味着对"当下"存在境域的关注。

从时间上看，与"往世"和"来世"相对的"当下"，具体表现为特定的时间段或时刻，后者从时间的层面显现了存在的特殊性。与时间的以上本体论特性相应，以"现在"或"当下"为关注之点，同时意味着突出存在的特殊规定。当然，就其真实的形态而言，作为特定的时间规定，"现在"与"过去"、"未来"并非彼此疏离，相反，它总是凝结了过去，又蕴含了未来，从而构成了个体"在"世过程中具体、真实的背景，并相应地赋予"个体"以现实的品格。庄子在注重"现在"的同时，对"现在"与"过去"（往世）、"未来"（来世）的联系，似乎未能给予充分的注意。

"现在"或"当下"作为具体的存在背景，往往汇聚了社会、个体多方面的因素，从而表现为一种具有综合性质的境域，这种境域，庄子常常以"时"加以概括。个体在社会中的遭遇，包括政治上的得志或失意，生活上的贫或富，等等，都受到"时"的制约。前文已提及，《山木》曾记叙了庄子与魏王的一番对话："庄子衣大布而补之，正緳系履而过魏王。魏王曰：何先生之惫邪？庄子曰：贫也，非惫也。士有道德不能行，惫也；衣弊履穿，贫也，非惫也，此所谓非遭时也。"破衣敝履，表明了生活的贫寒，魏王称其为"惫"，无疑试图掩盖或回避问题的实质方面,庄子直接以"贫"自指,既表现了坦荡的胸怀,也直接点出了以上现象的实际寓意。如何解释这种现象?庄子引出了"时"的观念,以"非遭时"为陷于贫寒之境的根源。从逻辑上看,这里蕴含着"遭时"与"非遭时"的区分,"时"即特定的存在境域,"遭时"表明所处的境域有助于个体的生存与发展,"非遭时"则是所处境域没有为个体的生存提供良好的生存与发展条件。

在庄子看来,不仅个体的贫寒与否根源于"时",而且其处于何种社会政治地位也与"时"相联系:"虽相与为君臣,时也,易世而无以相贱。故曰:至人不留行焉。"①相对于生活世界中的贫富差异,政治领域上的君臣之别涉及更为复杂的关系,与后者(社会政治领域)相联系的"时",也具有更为丰富的内容。社会政治地位往往并不具有恒常的性质:所谓"贵贱有时,未可以为常也"②。与之相应,决定社会地位(贵贱)的"时",也呈现特定、非恒常的性质,所谓"贵贱有时",显然同时暗示了这一点。社会政治领域中"时"的这一特点,进一步从个体存在的背景上展示了其独特性。

影响个体存在的因素当然不仅仅限于"时"。在肯定个体因"时"而"在"的同时,庄子将"命"提到了重要的层面;他曾借孔子之口,指出了"命"对个体的意义:"我讳穷久矣,而不免,命也;求通久矣,而不得,时也。"③"命"是一种超乎个体知、行之域的力量,所谓"不知吾所以然而然,命也"④,便表明了这一点。如前所述,"时"涉及具体的时间、条件,作为特定的存在境遇,它在某种意义上与偶然性相联系;相对于此,"命"更多地表现为个体无法左右的趋向,具有必然的意义。

---

① 《庄子·外物》。
② 《庄子·秋水》。
③ 《庄子·秋水》。
④ 《庄子·秋水》。

"穷"取决于"命","通"受制于"时",并不是说"穷"、"通"仅仅分别地对应于"命"和"时",对庄子而言,个体的存在总是既为特定之"时"所制约,也受必然之"命"的影响,在此意义上,"时"与"命"难以截然相分,事实上,前文已论及,庄子往往将"时"与"命"合称为"时命":"古之所谓隐士者,非伏其身而弗见也,非闭其言而不出也,非藏其知而不发也,时命大谬也。当时命而大行乎天下,则反一无迹;不当时命而大穷乎天下,则深根宁极而待,此存身之道也。"①如前所述,"时命"即特定境域与必然之势的统一,它既表现为"命"向"时"的渗入,也可视为"时"之中体现"命"。作为"时"与"命"的统一,"时命"所突显的,是特定境域与必然之势对个体的交互影响;"当时命"则"大行乎天下","不当时命"则"大穷乎天下",二者分别从正面与负面表现了以上影响对个体的不同意义。

　　当然,"行"与"穷"由"时命"所决定,并不意味着个体对自身的存在完全无能为力。当时命而行则"反一无迹",不当时命而穷则"深根宁极而待",已表明个体可以自觉地选择与"行"与"穷"相应的不同处世方式("存身之道")。在庄子看来,理想人格的特点便在于虽知"穷"、"通"由"命"与"时"决定,但仍然能从容地面对各种艰难处境:"知穷之有命,知通之有时,临大难而不惧者,圣人之勇也。"②这里的"不惧",包括以比较超脱的态度,应对"时"等外在因素所导致的得失:"且夫得者,时也;失者,顺也。安时而处顺,哀乐不能入也,此古之所谓县解也。"③一方面是外在时命等所构成的存在背景;另一方面则是安时而处顺的人生态度。二者既表现为内(精神的超脱)与外

---

① 《庄子·缮性》。
② 《庄子·秋水》。
③ 《庄子·大宗师》。

（现实的情景）的互动,又展开为特定历史境域与个体自我选择之间的统一。

三 与时俱化

相对于普遍之道,"时"或"时命"更多地呈现独特的性质①: 作为个体的存在背景,"时"或"时命"总是展开于特定的时空关系之中,具有多样的品格。"时"或"时命"所展示的多样性与差异性,使之同时与具体的情景或境遇相联系。如何将以道观之与情景的关注结合起来? 这似乎是个体"在"世过程中难以回避的问题。

在谈到"道"与人之"行"的关系时,庄子指出:

> 以道观之,何贵何贱,是谓反衍;无拘而志,与道大蹇。何少何多,是谓谢施;无一而行,与道参差。②

以统一性、普遍性为其内在品格,"以道观之"相应地要求超越差异和殊相;但个体所处的情景却具有变迁、多样的特点,后者(变迁性和多样性)难以为道所穷尽。这样,仅仅执着于普遍之道,往往无法应对复杂多样的存在处境。这里的"拘"、"一"是指无视境遇的不同而拘守某种固定的观念或执着于某种不变的行为模式,"无拘而志"、"无一而行"③,则是要求超越这种执着于"一"而不知变通的思维趋向与

---

① "命"本来与必然性相联系,但当"命"与"时"相融合而形成为"时命"时,其意义也相应地向具体情景转换。

② 《庄子·秋水》。

③ 此处之"而"的具体含义是作为第二人称的"尔",但它在广义上同时泛指一般的个体。

存在方式。当然,反对"拘而志"、"一而行",并不意味着疏离普遍之道;从具体情景出发所作的变通,本身旨在避免与道相违,所谓"与道大蹇"、"与道参差",便着重指出了不知变通("拘"、"一")将导致的消极后果①。

人生在世,常常会面对各种相互冲突的情景,如何应对这一类的情景,对个体而言往往是一个难题。就潜能或才干而言,在某些场合,不显示潜能具有肯定的意义,在另一些场合,缺乏才干则会威胁个体的存在。那么,人究竟应当如何处世? 如前文一再提到的,庄子的弟子曾就此问题请教庄子。庄子的回答是:"周将处乎材与不材之间。材与不材之间,似之而非也,故未免乎累。若夫乘道德而浮游则不然。无誉无訾,一龙一蛇。与时俱化,而无肯专为。一上一下,以和为量,浮游乎万物之祖。物物而不物于物,则胡可得而累邪?"②以"材与不材之间"处之,仅仅是在两个极端之间取其中道,这种处世的方式尚具有外在的、表面的性质,故庄子称其为"似之而非"。更具有实质意义的是"与时俱化"、"无肯专为"。"时"涉及具体历史背景下的特定情景,"无肯专为"亦即超越单一、固定的行为模式,"与时俱化"则是根据具体情景的特点,选择与之相适应的"在"世或行为方式。行为的这种灵活性、变通性,同时体现了人与外物、人与境遇之间的内在统一,"一上一下,以和为量"中的"和",便以这种统一性为内容。对庄子而言,注重特定情景、从具体存在境遇出发加以变通,构成了不为"物"所左右(不物于物)、不为物所累的前提,而这一过程,同时又以"道"和"德"为本:所谓"乘道德",便肯定了二者的以上联系。

---

① "蹇"在此指背逆、不一致(林希逸:"蹇,违碍也"。参见〔宋〕林希逸:《庄子鬳斋口义校注》,第 268 页),"参差"则是不齐(参见〔晋〕郭象:《庄子注·秋水》),对庄子而言,不能应时变通,则将导致与道的不一致。

② 《庄子·山木》。

"与时俱化"在某种意义上侧重于存在过程,与之相辅相成的是"与时消息"。庄子从个体如何"在"世的角度,对此作了具体的考察:"无为小人,反殉而天;无为君子,从天之理。若枉若直,相而天极。面观四方,与时消息。若是若非,执而圆机。独成而意,与道徘徊。"①这里的"小人"、"君子"主要指固定的人格类型,它们所隐喻的,是某种一成不变的存在方式,"无为小人"、"无为君子"意味着不执着于某种人格范型或存在方式;与之相应的"反殉而天"、"从天之理",则指根据人的内在之性(天)及存在的本然之则(理)选择适当的存在方式。同样,"若枉若直"、"若是若非"都相对于固定性或不变性而言:存在形态和准则无确定界限,惟其如此,故难以执着。"与时消息"在肯定应当变通的前提下,进一步从存在的时间性与条件性上,指出了如何调整与变通:个体的存在方式应随具体情景的变化而变化。对庄子而言,惟有懂得变通,才能达到圆融:由"与时消息"到"执而圆机",便展示了变通与圆融的相关性。当然,因时而变并不意味着远离普遍之道:所谓"独成而意,与道徘徊",便肯定了"道"对于个体选择的意义,这一思维趋向与"无一而行,与道参差"的行为原则彼此呼应,使"与时俱化"、"与时消息"区别于相对主义的立场。

不难看到,按庄子的理解,人的存在过程既无法疏离"道",又需要因"时"(特定境遇)而作出变通和选择。如前文曾提及的,"在"世过程的以上处境,具体地展开为道、理与权的关系:

> 知道者必达于理,达于理者,必明于权,明于权者,不以物害己。②

① 《庄子·盗跖》。
② 《庄子·秋水》。

这里的"道",可以视为存在的第一原理,与"道"相对的"理",则泛指不同存在领域的法则或规范,二者的具体内涵有所不同,但在具有普遍制约性这一点上,却存在相通之处。"权"即权变,它所涉及的,是对普遍原则的变通。前文已论及,在谈到"名"与"义"的分别时,庄子曾指出:"名止于实,义设于适。"①"止于实"主要指"名"不能越出或偏离"实";"义"与"宜"(应当)相通,引申为当然之则,"适"则有合宜或适合特定情景之意,所谓"义设于适",也就是当然之则的运用应合乎具体的情景,其中也蕴含着对存在境域特殊性及权变或变通的确认。② 庄子所说的"道"、"理"既指必然,也涉及当然,在后一意义上,"义"与"道"、"理"无疑有相通之处,它强调在知"道"、达"理"的同时,应当"明于权"、"设于适",意味着将"循乎道"与"通乎变"结合起来。对道、理与权之间关系的如上理解,既在本体论上肯定了存在的普遍根据与特定境域的联系,又在价值论上确认了普遍原则的制约与因"时"(情景)变通的统一;"时"所体现的历史性,通过化为人的"在"世原则而获得了本体论与价值论的具体内涵。

从先秦哲学的演化看,对"时"的关注,当然并非仅见于庄子;在庄子之外,儒家同样也一再肯定了"时"的意义。《易传》在谈到人的行为与"时"的关系时,便指出:"时止则止,时行则行,动静不失其时,其道光明。"③这里的"时"是指由特定时间、条件构成的具体境域,根据"时"决定"行"、"止",既确认了存在的时间性,也强调了具体境域

---

① 《庄子·至乐》。

② 孔子曾说:"君子之于天下也,无适也,无莫也,义之与比也。"(《论语·里仁》)"无适"、"无莫",是指既不专执于某种行为方式,也不绝对地排斥某种行为方式,而是根据具体情景,作出既合乎义、又具有变通性的选择。庄子所说的"义设于适",与之似有相近之处。

③ 《易传·艮·象》。

对人的影响。作为存在的规定,"时"无疑具有本体论的意义,以"动静不失其时"为行为的原则,则意味着化本体论视域为实践的取向。也正是以人的行为和实践为指向,儒家往往将"时"与变通或权变的观念联系起来:"变通者,趣时者也。"①"趣时"亦即"与时偕行",②而这一过程同时被理解为根据情景而作变通的过程。与变通相对的是"执一",在注重变通的同时,儒家对"执一"提出了种种批评,从孟子的如下论述中,便不难看到这一点:"执中无权,犹执一也,所恶执一者,为其贼道也。举一而废百也。"③"权"即权变,"执一"则是不知变通,以"权"否定"执一",显然表现了对存在过程中权变或变通的注重。

儒家的以上看法与庄子"与时俱化"、"明于权"等主张无疑有相通之处:在注重"时"、肯定"权"等方面,二者确乎呈现了某种一致性。然而,儒家对存在的历史性、境域性的确认,往往内在地渗入了伦理的关切;"时"的意义,也每每体现于成就自我或道德践行的过程,《易传》的如下论述,便从一个方面表明了这一点:"君子进德修业,欲及时也。"④这既是指通过道德的修行,达到更适合具体情景的存在形态,也意味着以道德涵养为"与时偕行"的具体内容,而在以上两种情况下,"时"都有其伦理的向度。在同样的意义上,孟子首先将"时"与理想的道德品格联系起来。在谈到孔子的人格特点时,孟子便指出:"孔子,圣之时者也。"⑤"圣"是理想的人格范型,以"时"为"圣"的内在规定,同时也意味着将其引向道德视域中的存在。《郭店

---

① 《易传·系辞下》。
② 《易传·乾·文言》。
③ 《孟子·尽心上》。
④ 《易传·乾·文言》。
⑤ 《孟子·万章下》。

楚墓竹简》所存儒家的早期文献《穷达以时》篇,从另一角度展示了如上趋向:"穷达以时,德行一也。"①通过"时"与"德行"的对照,这里所表达的是如下观念:境遇(穷达)虽因"时"而变迁,但德行应始终保持恒定("一")。事实上,儒家所肯定的权变,往往涉及道德原则与具体境遇的关系,如何将普遍的道德原则运用于多样的情景,是其主要的关注之点。

同时,儒家在确认"时"、肯定权变的同时,往往对如何使普遍原则在具体境遇中得到完美的体现给予了更多的关注。孟子固然以"时"、"权"反对"执一",但又一再强调"反(返)经",而与"权"相对的"经"首先便涉及原则的普遍性;同样,荀子在要求以权应变的同时,又主张以道壹人,后者的侧重之点,同样指向普遍之则。② 宋明新儒学(理学)提出"理一分殊"之说,其中诚然包含沟通普遍之理与特殊情境的意向,但在理学的主流中,与性体的提升相应,"理一"往往浸浸然压倒了"分殊"。

相对于儒家对"时"的以上理解,庄子显然表现了不同的思维趋向。如前所述,较之伦理的关切,庄子将注重之点更多地指向个体的生存:当庄子将"与时俱化,无肯专为"与"物物而不物于物"联系起来时,扬弃物化的存在方式、走向与天为一的存在形态,便被置于优先的地位。在此视域中,"时"也首先被理解为个体生存的背景。作为存在的境域,"时"又被赋予自然的性质,与之相应,"与时俱化"主要不是展现为变革现实的实践追求,而是以合于自然为其内在指向:"在"世过程中的合乎"时"与顺乎自然之道呈现出某种一致性。从更

---

① 参见荆门市博物馆编:《郭店楚墓竹简》,北京:文物出版社,1998 年,第 145 页。

② 参见杨国荣:《善的历程》第二、第三章,上海:上海人民出版社,1994 年。

内在的层面看,在庄子那里,"时"所展示的历史性、特殊性,同时理解为个体存在的独特性:以特定的存在背景和境域为内容或根据,"时"、"权"从不同的方面展开了个体性的原理。不难注意到,作为庄子哲学的重要观念,"时"内在地蕴含着自然原则与个体原则的统一。

第九章

存在境域中的生与死

时间性与历史性从过程的维度展示了存在的个体性。如前所述,庄子在哲学上区分了由礼义文明塑造的"我"与合乎自然("天")之"我",并以后者为真实的个体。就其现实的形态而言,个体的存在具体展开为一个从生命的开始到其终结(死)的过程,这一本体论的事实使生与死成为难以回避的问题。与肯定本真之"在"的意义相应,庄子对生命价值也予以了相当的关注。但同时,他又由齐万物进而齐生死,并从自然的层面规定"死"的意义,这种视域一方面扬弃了对死的超验理解,另一方面也淡化了"生"的有限性意识及对"生"的敬畏之心。基于以上立场,庄子进而赋予"死"以"反其真"的性质,后者既以独特方式表现了对理想之"生"的关切,也使积极的人生取向未能得到具体的落实。

一 "生"的意义

作为真实的"我",个体以"生"为其存在的本体论前提,对个体的关注,逻辑地兼及其生命存在。以确认个体存在价值为前提,庄子将生命价值提到了重要地位。从庄子的如下议论中,便不难看到这一点:"以其知之所知,以养其知之所不知,终其天年而不中道夭者,是知之盛也。"①这里值得注意的是以"终其天年而不中道夭"为人的理想之境。所谓"终其天年而不中道夭",也就是生命的自然延续未因外在戕害而中断,以此为"知之盛",显然表现了对生命存在的注重。对庄子而言,生命的这种价值,虽天下之大,亦无以易之:"故天下,大器也,而不以易生;此有道者之所以异乎俗者也。"②在个体生命与天下大器的如上比较中,生命的意义无疑得到了深沉的展示。

从肯定生命价值的立场出发,庄子一再突出养生、保身、全生对个体的意义。以人的社会行为而言,庄子要求人们在为善与为恶之间保持适当的度,而蕴含于其中的宗旨则是养生:"为善无近名,为恶无近刑,缘督以为经。可以保身,可以全生,可以养亲,可以尽年。"③"名"从属于外在的评价准则,对个体而言系身外之物;"刑"则既在社会法制的意义上表现为制裁的手段,又以个体的生命存在为否定的对象。按庄子之见,近名则累生,近刑则危身,一旦超越以上两端,则可使此身得到安顿。尽管"善"、"恶"、"名"、"刑"本来涉及道德、法律领域,但在庄子的如上论述中,养生、保身却被置于较道德与法律

① 《庄子·大宗师》。
② 《庄子·让王》。
③ 《庄子·养生主》。

义务更为优先的地位。换言之，不是伦理与法理，而是感性生命，构成了关切的首要对象。在庖丁解牛的寓言中，庖丁曾将其实践智慧概括为"技进于道"，而这一智慧最后又落实于养生，庄子借文惠君之口明确表达了这一点："善哉！吾闻庖丁之言得养生焉。"①

生命存在首先与感性之"身"相联系，肯定生命价值，也相应地体现为对感性之"身"的关注。事实上，全生、养生、尽年所指向的，首先也是感性之"身"。《庄子·让王》篇曾以寓言的形式，记叙了魏人子华子与韩国之君昭僖侯的如下对话："子华子曰：'今使天下书铭于君之前，书之言曰：左手攫之则右手废，右手攫之则左手废，然而攫之者必有天下，君能攫之乎？'昭僖侯曰：'寡人不攫也。'子华子曰：'甚善。自是观之，两臂重于天下也，身亦重于两臂。'"②这里对"身"（包括肢体）与天下作了比较，天下虽大，但相对于"身"或肢体（两臂）而言，它又显得不足道：对个体而言，后者具有更重要的价值意义。这一思路与前文"无以天下易生"的主张，显然前后相承。正是以"身"重于天下为前提，庄子将"治身"置于"治天下"之上：

> 道之真，以治身，其绪余以为国家，其土苴以治天下。由观之，帝王之功，圣人之余事也，非所以完身养生也。③

相对于养生、完身，治国、治天下仅仅表现为从属的方面：所谓"非所

---

① 《庄子·养生主》。

② 王叔岷指出，"身亦重于两臂"中之"亦"，《御览》引作"亦"，《吕氏春秋·审为》所引与之同。"今本作'亦'，疑涉下文'亦远矣'而误。"（参见王叔岷：《庄子校释》，第 7 页）刘文典亦持相同看法（参见刘文典：《庄子补正》，第 874 页）。按：王、刘所言有据，似可从。

③ 《庄子·让王》。

以完身养生"，意味着把"身"视为目的，而在庄子看来，治国、治天下尚不足于成为达到以上目的的手段。在"养生"与"治天下"的不同侧重中，"身"对于"天下"的优先性得到了进一步的突出。

然而，尽管按庄子之见，"身"之价值高于天下，但在现实的"在"世过程中，作为生命存在具体表征的"身"，其价值意义往往并没有为人们所真正意识。相反，普遍存在的社会现象是以身殉物，从小人到圣人，无不如此："小人则以身殉利，士则以身殉名，大夫则以身殉家，圣人则以身殉天下。"①"殉"意味着牺牲个体的生命，而名、利、家、天下则是形形色色的外在对象。在庄子看来，为了身外之物而自危其身甚至放弃生命，是相当可悲的："今世俗之君子，多危身弃生以殉物，岂不悲哉！"②这里既否定了一味向外、追名逐利等"在"世方式，又表现出对世俗价值取向的不满。不难看到，以上批评所隐含的前提，仍然是对个体生命价值的确认：与外在之物相对的"身"，在此首先表现为生命存在的象征。

基于如上看法，庄子进而将是否维护生命存在，视为评判是否为善的标准。在谈到烈士及其行为意义时，庄子指出："烈士为天下见善矣，未足以活身。吾未知善之诚善邪？诚不善邪？若以为善矣，不足活身；以为不善矣，足以活人。"③在宽泛意义上，"烈士"是指所谓"忠烈之士"，其特点是"忘身殉节"④。殉节，意味着为他人或普遍的理想而献身。这样，在庄子看来，烈士的行为具有二重性质：就其维护了他人的生命存在（"足以活人"）而言，其行为具有"善"的性质；就其未能使自身的生命得到延续（"不足以活身"）而言，他的行为又很难视

---

① 《庄子·骈拇》。

② 《庄子·让王》。

③ 《庄子·至乐》。

④ 参见〔唐〕成玄英：《庄子疏·至乐》。

为"善"。质言之,行为之善与不善,最终取决于其对生命存在的实际意义。"善"的判断涉及普遍的价值原则,可以看到,在这里,作为"善"的实质内容,生命的意义进一步在价值原则的层面得到了确认。

当然,在庄子那里,生命本身的意义并不仅仅限于外在之形,它曾将单纯注重"形"者称为"养形之人":"吹呴呼吸,吐故纳新,熊经鸟申,为寿而已矣,此道引之士,养形之人,彭祖寿考者之所好也。"①对庄子而言,这种"道引之士,养形之人"的行为方式与"刻意尚行"者同属一类,他们仅重形表、有意为之,尚未达到"天地之道"。按庄子之见,仅仅注重外在之形,并不能真正实现"存生"的目的,而世俗之人却完全未能认识到这一点。由此,庄子发出如下感慨:"悲夫! 世之人以为养形足以存生。"②这一看法的值得注意之点首先在于对"形"与"生"的分疏,与此相关的寓意则是:生命的意义并非仅仅囿于外在之形。

生命存在或"生"总是相对于"死"(生命的终结)而言,在庄子看来,与"生"相对的"死",并不仅仅涉及外在之形,在更内在的层面,它同时指向精神领域("心");世间最可悲的现象,在于"心"随"形"化:

其形化,其心与之然,可不谓大哀乎!③

与"心"随"形"化相联系的是"心死":"哀莫大于心死,而人死亦次之。"④作为"心"的对应者,此处之"人"首先与形体相关。"心死"意味着精神生命走向终点,与之相对的"人死",则主要表现为形体生命

① 《庄子·刻意》。
② 《庄子·达生》。
③ 《庄子·齐物论》。
④ 《庄子·田子方》。

的终结。在"心"与"形"、"心死"与"人死"的如上对照与比较中,不仅生命的精神之维得到了具体的彰显,而且其价值意义也得到了进一步的确认:"哀莫大于心死"的内在含义便在于肯定精神生命在人的存在中具有更重要的意义。

作为以上看法的引申,庄子区分了"形"与"德"。在对养身作更具体考察时,庄子指出:"夫支离其形者,犹足以养其身,终其天年,又况支离其德者乎?"①"支离其形"的直接含义与形体的畸残(不同于通常的形体标准)相联系,但其更实质的意义则与前文提及的"养形之人"的行为相对:它要求超越对外在之形的刻意关注;"支离其德"则更多地涉及生命的精神之维:它意味着不受外在的礼义规范或世俗准则的约束,达到精神的逍遥。在庄子看来,真正的养生既不能限定于形体层面的刻意为寿,也不应当在精神的层面上为世俗的规范所束缚;相反,惟有逸出外在规范("支离其德"),才能在养生过程中达到更高境界。

"支离其形"与"支离其德"主要侧重于否定、超越世俗的形态和观念;从肯定的方面看,二者的相关,则具体表现为对"志意"与"寿命"的双重关注。在谈到人生过程时,庄子曾作了如下分析:"人上寿百岁,中寿八十,下寿六十,除病瘦死丧忧患,其中开口而笑者,一月之中不过四五日而已矣。天与地无穷,人死者有时,操有时之具,而托于无穷之间,忽然无异骐骥之驰过隙也。不能说其志意,养其寿命者,皆非通道者也。"②人的生命总是有限的,肯定生命价值,并不意味着无视这一事实;事实上,正是生命的有限性,从本体论的层面突显了生命价值的不可忽视性。"志意"主要指向生命的精神之维;"说

---

① 《庄子·人间世》。
② 《庄子·盗跖》。

（悦）其志意"相应地以实现生命的精神价值为内容；此处之"寿命"与"身"和"形"相联系，"养其寿命"所注重的首先亦为"身"和"形"。在这里，感性生命（形体）与精神生命（志意）呈现为生命存在的两个相关方面，而对生命价值的注重，则具体表现为在"养其寿命"的同时"说（悦）其志意"。庄子以二者的以上统一为"通道"的表征，无疑表现了对生命价值的独特理解。

二　齐　生　死

如前所述，与"生"相对的是"死"；对"生"的看法，离不开对"死"的理解。在肯定生命价值的同时，庄子对"死"也作了多方面的考察。与自然的原则及"齐物"的本体论立场相应，庄子从自然的观点看待"死"，也以"齐"与"通"的原则规定"死"。

《庄子·养生主》曾谈到老聃之死，并以寓言的方式记叙了老聃之友秦失与其弟子的对话：

> 老聃死，秦失吊之，三号而出。弟子曰："非夫子之友邪？"曰："然。""然则吊焉若此，可乎？"曰："然。始也，吾以为其人也，而今非也。向吾入而吊焉，有老者哭之如哭其子，少者哭之如哭其母。彼其所以会之，必有不蕲言而言，不蕲哭而哭者，是遁天倍情，忘其所受，古者谓之遁天之刑。适来，夫子时也；适去，夫子顺也。安时而处顺，哀乐不能入也，古者谓是帝之县解①。"

---

① 成玄英："帝者，天也。为生死所系者为县（悬），则无死无生县解也。夫死生不能系，忧乐不能入者，而远古圣人谓是天然之解脱也。"（〔唐〕成玄英：《庄子疏·养生主》）所谓"天然之解脱"，也就是自然的解脱。

这里首先将老聃之死理解为自然的现象,作为自然现象,人之逝去,既无须悲,亦不必哀;若以悲哀之心处之,便是所谓"遁天倍情"。值得注意的是,庄子在此将"生"、"死"与"适"联系起来。"适"即"适然",与偶然大致处于同一序列。按庄子的理解,人之生("来")是偶然现象,人之死("去")同样具有偶然性,二者都非人所能左右:"生之来不能却,其去不能止。"①就其现实形态而言,个体之获得生命,确实具有偶然的性质:它既未经过个体自身的选择,也非类的发展过程中必不可少的环节;存在主义认为人之来到世间,表现为一个被抛掷的过程,也有见于此。然而,与之不同,个体生命的终结("死")却具有较为复杂的形态:就个体走向生命终点的具体时间、方式而言,其中无疑亦具有偶然性;但尽管生命延续的具体时间有长短之别,生命历程结束的方式也各自相异,但"死"却是每一个体的必然归宿。同时,偶然与可能具有内在的相关性:"生"的偶然性在人生的展开过程中往往表现为往不同方向发展的多重可能。然而,这种可能在生命终结之时,又总是化为"死"的必然。从以上方面看,生与死之间无疑存在偶然、可能与必然之间的不对称性。庄子将人之生("来")与人之死("去")笼而统之地都归入"适"的领域,显然未能充分注意到二者关系的全部复杂性。

在庄子那里,将生与死都归之于"适",并非仅仅表现为理论上的粗疏,它有自身的另一特定寓意,后者具体表现为等观生死或齐生死:作为同属适然(偶然)的现象,生与死之间似乎并没有实质的区分。事实上,对生与死的如上理解,构成了庄子关于生死问题一以贯之的论旨,并展开于不同的方面;从庄子与惠施相关的讨论中,可以具体地看到这一点。庄子在其妻死后,曾"箕踞鼓盆而歌"。惠施见

---

① 《庄子·达生》。

此状而表示不满与不解,并提出了如下责难:"与人居,长子、老、身死,不哭亦足矣,又鼓盆而歌,不亦甚乎!"对惠施的如上指责,庄子作了以下回应:"不然。是其始死也,我独何能无概!然察其始而本无生,非徒无生也,而本无形;非徒无形也,而本无气。杂乎芒芴之间,变而有气,气变而有形,形变而有生,今又变而之死,是相与为春秋冬夏四时行也。人且偃然寝于巨室,而我嗷嗷然随而哭之,自以为不通乎命,故止也。"①此处依然运用了寓言的叙事方式,而其重要之点则在于对生命及死亡现象的理解:从生命存在向前追溯,便可臻于无生命的形态;从无生命的形态,又可以进一步向无形、无气的形态上溯。由无气、无形、无生到获得生命,又由生到死,这如同四季的交替,完全表现为一个自然的过程。换言之,生与死不过是天地演化过程中前后相继的两个相关环节;作为宇宙循环中的现象,死自然不必成为哀伤的对象。当然,肯定生与死的自然性质,其意义不仅仅在于对非礼义的行为方式(妻死鼓盆而歌)加以辩护,而且更在于对生与死界限的进一步消解:如前所述,在"适"然这一层面,"生"与"死"已无差别;同样,作为自然现象,二者也可以等量齐观。

关于生与死的如上议论,主要由特殊对象及具体境遇(老聃之死、妻死鼓盆而歌)而引发。从以上视域出发,庄子在更普遍的层面,对生与死的现象作了理论上的阐释:

人之生,气之聚也。聚则为生,散则为死。若死生为徒,吾又何患?故万物一也。是其所美者为神奇,其所恶者为臭腐,臭腐复化为神奇,神奇复化为臭腐,故曰:通天下一气耳。②

---

① 《庄子·至乐》。
② 《庄子·知北游》。

"通天下一气"是一个具有本体论及宇宙论意义的命题,它既涉及存在的构成,又对世界的统一性作了规定。作为一个形而上的命题,以上论点所涵盖的已不仅仅是"生"与"死"之域,而是天地万有;正是以气为本源,天地万物呈现了其统一的形态。从逻辑上看,庄子显然将生命现象与死的问题置于以上的本体论背景之下来考察,所谓"聚则为生,散则为死",便是在万物统一于"气"的前提下,用气的聚与散来解释人的生与死。作为同一本源("气")的相关形态,"生"与"死"再一次呈现了其相通性;相应于"气"的本体论性质,"生"与"死"的相通也获得了本体论的意义。作为"气"的不同形态,"生"与"死"同时融入万物:"夫天下也者,万物之所一也。得其所一而同焉,则四支百体将为尘垢,而死生终始将为昼夜。"①"气"侧重于构成的质料,"一"则突出了存在的相关性,在合于万物的过程中,生与死的相继如同昼夜的更替,展现为存在的自我变化。

以"气"的聚散为具体的表现形态,"生"与"死"源于自然又复归于自然。借用舜与丞对话的形式,庄子对此作了进一步的阐述:"舜问乎丞曰:'道可得而有乎?'曰:'汝身非汝有也,汝何得有夫道?'舜曰:'吾身非吾有,孰有之哉?'曰:'是天地之委形也。生非汝有,是天地之委和也;性命非汝有,是天地之委顺也。'"②天地即自然。作为大化流行过程的产物,人之"身"与"生"都本于自然,而非从属于人自身。"生"非人之所有,而为天地所委,这一看法着重从宇宙自然的大尺度定位人的生命意义,并将人之生归属于万物一齐的存在视域。与之相联系的是向自然的回归。《庄子·大宗师》中的虚构人物子来将死,其友人子犁前去探望,"倚其户与之语曰:'伟哉!造化又将奚

---

① 《庄子·田子方》。
② 《庄子·知北游》。

以汝为？将奚以汝适？以汝为鼠肝乎？以汝为虫臂乎？'"①这里的前提是将人的生命视为存在之链中的一环：人之"身"（"生"）源于自然,生命终结之后又回归自然,"为鼠肝"、"为虫臂",以十分生动的形式表明,人之死意味着融入自然、化为自然循环过程中的质料（可以将其作为"鼠肝"、"虫臂"等自然之物的构成）。作为一个循环的过程,"生"与"死"的往复在庄子看来具有无尽的性质："生有所乎萌,死有所乎归,始终相反乎无端,而莫知乎其所穷。"②

　　庄子对"人之生"与"人之死"的如上理解,着重于将二者还原为一种自然现象。如前所述,以有限性为内在的存在品格,人总是要经历从生到死的过程,作为人生的归宿,"死"常常与"鬼"等超验的存在相联系（"鬼"的原始词义即涉及"归"③）,并由此被引向彼岸的世界。在超验的形态下,"死"往往被蒙上神秘的色彩,由生而死则相应地似乎意味着远离现实存在、走向另一个世界。从原始的巫术,到后世的祭祀,其外在的仪式之后往往不同程度地渗入了仪式参与者对死这一类现象的神秘理解。相对于此,庄子以自然的自我循环、变迁为视域,将死置于自然之链中,无疑具有去魅的意义。不妨说,通过把死还原为一种自然现象,庄子也在某种意义上消解了死的神秘性。

　　从另一方面看,超验的存在对人而言往往具有陌生、异己的性质。当死以神秘、超越的形态出现时,它同时也表现为与现实人生对峙的异己存在。作为人无法左右而又不能不面对的现象,死每每引发各种形式的恐惧意识,事实上,神秘感与畏惧感时常联系在一起。

---

　　① 《庄子·大宗师》。
　　② 《庄子·田子方》。
　　③ 〔东汉〕许慎：《说文解字》："人所归为鬼。"《尔雅·释训》："鬼之为言归也。"

同时,死意味着个体存在的终结,后者不仅突显了生命有限、此生不永的本体论事实,而且使个体的存在本身似乎呈现走向"无"的趋向:终结在某种意义上表现为一种界限,它是此生的尽头,而在界限之外,则是与现实人生相对的"不存在"或"虚无",后者对个体而言往往表现为无尽之渊。在"生"(存在)的有限与"死"("不存在"或"虚无")的无尽这一强烈反差中,常常也容易自发地形成对死的畏惧。相形之下,庄子在确认"通天下一气"的本体论前提下,把生与死理解为"气"的不同存在形态,从而使"死"既非仅仅以异己的形式存在,也不再呈现为向虚无的无尽延伸,而是展示为自然循环过程中与"生"相继而起的相关环节。作为自然演化过程中的现象,生与死之间的相通、相齐,似乎取代了二者的彼此对峙和否定,所谓"死生无变于己"①。这一视域,无疑有助于淡化对死的畏惧。

然而,庄子在突出"死"的自然意义的同时,对其内含的社会意蕴似乎未能给予充分的关注。作为与人的存在相关的现象,"死"无疑具有自然的性质,后者不仅表现为自然之链等形而上的形式,而且可以从生命的新陈代谢等经验的层面加以考察。但这只是问题的一个方面。在更深沉的意义上,"死"又内含着其社会之维。从日常的语言中,我们已可看到这一点。"死"在日常语境中通常被表述为"去世"。就其直接的语义而言,"去世"与"在世"相对,"在世"的意思是活在人世或生活在这个世界中,与之相异,"去世"则意味着离开人世或离开这个世界,后者不仅仅表明生命或新陈代谢过程的终结,它的更深刻的含义在于社会生活或社会活动的停止:人无法再"活"动于这个世界、不能继续参与人世的"生"—"活"。当然,社会生活的终结,并不意味着人生过程中所形成的社会历史影响也随之消失,在此

---

① 《庄子·齐物论》。

意义上，"死"不仅仅是"去世"，而且也以某种方式涉及"在世"：个体虽逝，但他的文化创作成果却依然"在"历史中、"在"文明的延续过程中。"死"的如上社会意义，显然处于庄子的视野之外，除了主要以"气"的聚散等自然过程解释"死"之外，庄子一再强调的是："古之人与其不可传也，死矣。"①"传"可以理解为文化成果，古之人与其不可传俱死，表明人之"死"必然伴随着文化绵延的终结。如果说，仅仅从自然循环的过程理解"死"，主要在形而上的层面遮蔽了"死"的社会意义，那么，以"死"截断文化的延续，则使"死"的社会意义难以从文明的演进过程这一维度得到具体彰显。

同时，"生"与"死"的分而齐之对消解死的神秘化、超验化以及避免对死的过度畏惧固然具有积极的意义，但它同时又有另一重寓意。从逻辑上说，既然"生"与"死"之间并不存在截然相分的鸿沟，生或死都"无变于己"，那么，"生"似乎也就不需要特别加以注重，后者蕴含着如下价值取向：即对现实人生不必过于认真。当庄子以鼓盆而歌表明对待"死"的态度时，其中也渗入其对待"生"的立场。事实上，庄子一再将人生比作梦，强调"觉"与"梦"之间并非界限分明："不识今之言者，其觉者乎？其梦者乎？"②在庄周梦蝶的著名寓言中，我们可以进一步看到这一点：

昔者庄周梦为胡蝶，栩栩然胡蝶也，自喻适志与！不知周也。俄然觉，则蘧蘧然周也。不知周之梦为胡蝶与？胡蝶之梦为周与？周与胡蝶则必有分矣，此之谓物化。③

① 《庄子·天道》。
② 《庄子·大宗师》。
③ 《庄子·齐物论》。

庄周与蝶固然"必有分",但梦与觉则难辨。从本体论上看,与梦相对的"觉"代表的是现实之境,"庄周梦蝶"与"蝶梦庄周"之间的难以遽断,意味着梦境与现实之境无法截然加以区分。换言之,在存在形态上,二者"齐"而无别。梦与觉的如上关系体现于价值领域,则逻辑地蕴含着如下结论:人生如梦,人之"在"世也无需认真、执着。庄子曾借长梧子之口讥讽自以为"觉"的"愚者",并将孔子及其后学亦归入此列:"梦饮酒者,旦而哭泣;梦哭泣者,旦而田猎。方其梦也,不知其梦也,梦之中又占其梦焉,觉而后知其梦也。且有大觉而后知此其大梦也,而愚者自以为觉,窃窃然知之。君乎,牧乎,固哉!丘也与女皆梦也,予谓女梦亦梦也。"①世间之人,大都身处梦中;自以为觉者,无非是梦中之觉,实际上并未真正超出梦境。人生作为一场大梦,其崇高、超越的一面,似乎在本体论与价值论上都失去了根据。

对个体而言,"死"所显示的唯一性、独特性与存在的有限性总是相互联系。在宽泛意义上,人的日常活动固然也具有独特性,今日的起居与昨日的起居便不完全同一,但"死"显然以更严峻的形式突出了存在的这种独特性及不可重复性。个体的社会角色,具体作用诚然可以为他人所替代,但其生命过程却既不可重复,也难以替代。不仅如此,世界对个体所呈现的意义,也具有独特而不可重复的品格,王阳明曾指出:"今看死的人,他这些精灵游散了,他的天地万物尚在何处?"②王阳明在这里所关注的,首先是个体的"世界"("他的天地万物"),这种世界,也就是属于人的意义世界。作为自在之物的天地万物,其存在变化并不以人为转移。然而,意义世界却总是有其相对性的一面。天地万物与不同的个体,往往构成了不同的意义关系;换

---

① 《庄子·齐物论》。
② 〔明〕王阳明:《王阳明全集》上册,第 124 页。

言之,对不同的主体,天地万物常常呈现出不同的意义。从某些方面看,似乎也可以说,每一个人都有一个属于"他的"世界,而当他走向生命终点时,属于他的意义世界也即同时趋于终结,所谓"他的天地万物尚在何处?"便表明了此点。生命以及个体意义世界的这种无法重复、不可替代性质,从本体论的层面彰显了个体存在的一次性、有限性。就价值观的层面而言,与"死"的必然性相联系的此生有限的意识,可以通过引向对"生"的敬畏而表现为一种积极的人生取向。然而,从齐"生"、"死",到齐"梦"、"觉",存在的有限性却为生死之间的绵延相续、梦觉之间的彼此互融所掩盖,而当"死"不再使"生"的有限性成为严峻的事实时,则人生似乎也就无需以敬畏之心去面对。①

　　从先秦思想的演化看,儒家尽管并不热衷于谈鬼论死,但其"慎终追远"②的取向,也蕴含着对"死"的价值意义的确认。在"未知生,焉知死"③的立场中,"生"固然被置于更优先的地位,但这种关注又是以肯定"生"的有限性与"死"的必然性为前提的:正因此生有限,故首先应将关注之点指向"生";而通过以上的诘问("未知生,焉知死"),儒家同时也表现了对现实人生的注重和敬畏。事实上,从孔子开始,儒家便一再要求以"谨"、"敬"等态度,安身于世;而其"杀身成仁"的观念,则通过"生"与"死"的冲突进一步展示了人生的崇高性。在这方面,庄子显然表现了与儒家不同的价值取向,当它责难孔子及

---

　　①　王夫之曾区分了"患死"与"哀死"。(参见〔明〕王夫之:《周易外传》卷二,《船山全书》第一册,第889页)在引申的意义上可以说,"患死"表现了对"死"的恐惧,"哀死"则是基于对"生"的敬畏,庄子在超越"患死"的同时,似乎未能对"哀死"的意义予以必要的关注(妻死鼓盆而歌,等等,便已以形象的形式表明了此趋向),其缺乏"生"的敬畏,似亦与此相关。

　　②　《论语·学而》。

　　③　《论语·先进》。

其后学处于梦境而自以为觉时,其中似乎也包含着对儒家认真看待此生的某种批评。

三 "死"的理想化及其内蕴

"生"与"死"、"梦"与"觉"的打通,使"死"与"梦"在人的存在过程中获得了独特的意义。与之相辅相成的,是"生"的价值意义的某种淡化。事实上,庄子一再渲染人生的各种苦难,以此映衬"死"的正面价值。

对庄子而言,在礼义文明的形态中,人生总是呈现出可悲的性质:"一受其成形,不亡以待尽,与物相刃相靡,其行尽如驰而莫之能止,不亦悲乎! 终身役役而不见其成功,茶然疲役而不知其所归,可不哀邪? 人谓之不死,奚益? 其形化,其心与之然,可不谓大哀乎?"① 依此理解,生命的获得,便意味着苦难的开始;尽管人不断地奋斗、挣扎,但结果却徒劳而无益。即使获得荣华富贵,最后仍不免忧惧之苦:"夫天下之所尊者,富贵寿善也;所乐者,身安、厚味、美服、好色、音声也;所下者,贫贱、夭恶也;所苦者,身不得安逸,口不得厚味,形不得美服,目不得好色,耳不得音声。若不得者,则大忧以惧,其为形也亦愚哉! 夫富者,苦身疾作,多积财而不得尽用,其为形也亦外矣。夫贵者夜以继日,思虑善否,其为形也亦疏矣。人之生也,与忧俱生,寿者惛惛,久忧不死,何之苦也,其为形也亦远矣。"② 对生命过程的以上理解,似乎蕴含着对人生意义的某种质疑:既然"人之生也,与忧俱生",那么,其存在的意义究竟何在? 这里固然包含着对礼义化、功利

---

① 《庄子·齐物论》。
② 《庄子·至乐》。

化存在方式的批评，但其中无疑也渗入了对人生意义本身的某种困惑。

由以上的质疑和困惑，庄子进而对生命过程作了如下界说："生者，假借也，假之而生。生者，尘垢也。"①关于"假借"，成玄英作了如下解释："夫以二气五行，四支百体，假合结聚，借而成身。"②从本体论上看，以"生"为"假借"，意味着消解其实在性；从价值论上看，以"生"为"尘垢"，则是着重从消极的层面或负面的维度规定"生"的意义。对"生"的如上理解，无疑与视人生为梦境前后呼应：由"生"为假借，可以逻辑地引出人生如梦，而"生"之缺乏实在性，则犹"梦"之为幻。

与"生"的假借性、悲剧性形成对照的，是"死"的完美性。《庄子·至乐》以寓言的方式，记叙了庄子与髑髅之晤及二者的对话：

庄子之楚，见空髑髅，髐然有形，撽以马捶，因而问之曰："夫子贪生失理，而为此乎？将子有亡国之事、斧钺之诛而为此乎？将子有不善之行、愧遗父母妻子之丑而为此乎？将子有冻馁之患而为此乎？将子之春秋故及此乎？"于是语卒，援髑髅，枕而卧。夜半髑髅见梦，曰："子之谈者似辩士。视子所言，皆生人之累也，死则无此矣。子欲闻死之说乎？"庄子曰："然"。髑髅曰："死，无君于上，无臣于下，亦无四时之事，从然以天地为春秋，虽南面王乐，不能过也。"庄子不信，曰："吾使司命复生子形，为子骨肉肌肤，反子父母、妻子、闾里、知识，子欲之乎？"髑髅深矉蹙頞，曰："吾安能弃南面王乐而复为人间之劳乎？"

---

① 《庄子·至乐》。

② 〔唐〕成玄英：《庄子疏·至乐》。

这是一则颇具想象力且饶有趣味的寓言,其中渗入了庄子对"生"与"死"的独特理解。"死"与"生"之分,在此具体表现为"乐"与"劳"之别。"死"之为"乐",首先在于摆脱了君臣等社会政治、伦理关系的束缚,从而使人真正达到了与天地为一,完全同于自然。在返回人世与继续以"死"的方式存在这二者之间,髑髅毫不犹豫地选择了后者,而这一选择的前提,则是"死"的理想化:相对于"人间之劳","死"、"以天地为春秋",其乐胜过南面之王。

以"劳"与"乐"区分"生"与"死",意味着"生"并不值得加以留恋。事实上,与"死"的理想化相应,庄子确乎认为死者很可能后悔最初一意求生,其情形一如丽姬之后悔当初去晋时涕泣:"丽之姬,艾封人之子也。晋国之始得之也,涕泣沾襟,及其至于王所,与王同筐床,食刍豢,而后悔其泣也。予恶乎知夫死者不悔其始之蕲生乎?"[1]质言之,死无需畏,生不必求,而"真人"的特点,也在于不悦生恶死:"古之真人,不知说生,不知恶死。其出不䜣,其入不距。翛然而往,翛然而来而已矣。不忘其所始,不求其所终。"[2]真人即庄子所肯定的理想人格,不说(悦)生恶死,则在齐生死的前提下,进一步确认了"死"的意义。

"生"的"假借"性和"死"的理想性(南面之乐),使从生到死同时表现为一个"反其真"的过程,在《大宗师》中,我们便可以看到这一方面的观念:"子桑户、孟子反、子琴张三人相与友。……莫然有间,而子桑户死。未葬,孔子闻之,使子贡往待事焉。或编曲,或鼓琴,相和而歌曰:'嗟来,桑户乎! 嗟来,桑户乎! 而已反其真,而我犹为人猗。'"[3]这

---

① 《庄子·齐物论》。
② 《庄子·大宗师》。
③ 《庄子·大宗师》。

里的"真"既指本体论上的本然性和实在性,也指价值论上的理想性;以"死"为"反(返)其真",意味着将其理解为具有实在性的理想之境。孟子反、子琴张把"反(返)其真"与"犹为人"加以对照,似乎在肯定赋予"死"以本真性的同时,又表现了对"死"的某种向往。①

从齐"生"、"死",到将"死"的理想化,这一进路与注重生命价值的取向,似乎存在某种紧张。如前所述,以肯定生命存在的意义为前提,庄子一再反对"弃生殉物",并将"身"置于"天下"之上。然而,当"死"被视为"反其真"时,生命是否仍有正面的意义?这一问题将我们引向了庄子哲学中生与死论题更内在的层面。从前文的分析中可以看到,在庄子那里,"死"的理想性或本真性首先在于摆脱了"人间之劳"并超越了社会政治关系的限定,后者与无以人灭天、回归自然的要求,无疑呈现了内在的一致性:在超越礼乐文明、合乎存在的本然形态(天)这一点上,二者确乎彼此相通。按其实质,与自然为一,体现的是人的存在形态;这样,透过礼赞"死"这一现象,我们看到的乃是对存在("生")的关注。庄子曾论及"善生"与"善死"的关系:"故善吾生者,乃所以善吾死也。"②从形式上看,这里似乎仍以"善死"为指向,但在实质的意义上,它所涉及的却首先是"善生":当"善吾死"惟有通过"善吾生"才能实现时,后者("善吾生")无疑在现实的层面获得了优先性。这里似乎表现了某种悖论:"死"的关切("善吾死")最后落实于"生"的注重("善吾生")。

事实上,作为理想的存在形态,"死"在庄子那里一开始便既不同于虚无化,也有别于彼岸的现象,它在某种意义上表现为"在"世过程

---

① 王夫之曾认为庄子"详于言死而略于言生"(〔明〕王夫之:《读四书大全说》卷六,《船山全书》第六册,第750页),这一看法似亦有见于庄子的以上特点。

② 《庄子·大宗师》。

的延续。这种理解与通常对"死"的看法显然有所不同。按一般的流俗之见,"死"首先表现为生命的终结,而"终结"又意味着从"有"走向"无":不仅生命不复存在,而且存在的意义也似乎由此消逝。事实上,生命终结(死)的必然性,往往容易引向人生的无意义感或荒谬感;另一方面,在各种形式的超验视野中,"死"则往往与离开现实存在、走向彼岸世界相联系。无论作为生命的终结(虚无),抑或彼岸的现象,"死"似乎都蕴含着存在的中断。然而,当"死"使人超越"人间之劳"而返其真时,它无疑更多地与存在的绵延相联系:从"生"到"死"在此被规定为同一存在由不合乎理想的形态向较为合乎理想的形态转换;与化为虚无、走向彼岸不同,"死"作为存在的继续似乎成为"在"世("生")的独特形式,存在的意义也仿佛得到了某种延续。①在"未知生,焉知死"的提问方式中,"生"构成了把握人之"在"的本体论前提,在"死"与返其真的联系中,问题则转换为"未知死,焉知生",而"死"则相应地构成了反观"生"的出发点:"死"的理想化,一方面映射了既成之"生"(礼乐文明下的"生")的不完美,②另一方面又以独特的方式为"应当"如何"生"提供了范型。不难看到,在以"死"为"真"之后,内在的关切指向的乃是"生"。从"死"的自然化(齐生死)到"死"的理想化,庄子最后在实质上依然关注于现实的生命存在。③

　　当然,通过"死"的理想化以引导人的"此生",其中无疑也表现出

---

　　① 这样,"死"虽如前所述被理解为文化绵延的中断,但却又被视为"生"的某种独特"延续"。

　　② 前文提及的无需认真对待"生",似亦基于现实之"生"具有不完美性的预设。

　　③ 在此意义上,王夫之认为庄子"略于言生",似未能把握庄子生死之论的全部内涵。

某种消极的意向。就其现实形态而言,"在"世过程总是经历着存在的艰辛,从自我的实现到承担社会责任,从为道(追求理想)到日常实践,人生之路并不平坦,其间往往充满了曲折、困苦、磨难。人生的以上特点,要求人在存在过程中具有担当意识(包括承担与履行社会责任)、奋斗精神,并使之时时体现于生活实践中。在此意义上,存在确乎需要"勇气":当蒂里希提出"存在的勇气"(the courage to be)时,已从一个形而上的层面注意到了这一点。① 从另一方面看,人之"生"不同于动物之"活"的特点之一,就在于它本质上是一个不断创造的过程,王夫之在谈到"生"的意义时,曾指出:"要以未死以前统谓之生,刻刻皆生气,刻刻皆生理;虽绵连不绝,不可为端,而细求其生,则无刻不有肇造之朕。"②所谓"无刻不有肇造之朕",便已涉及生命的创生性质,后者在广义上不仅限于生命力量的自然展示,而且以勉力践行的价值创造为内容。庄子固然也有见于存在的艰辛,他以"与物相刃相靡"、"终身役役"、"茶然疲役"等描述人生的过程,便表明了此点。然而,庄子似乎未能从存在的艰辛引出存在的勇气或导向"生"的"肇造"。由"在"世的艰辛与困苦,他更多地转向了对"死"及其"本真"性的考察和认定,尽管如前所述,这一进路包含着扬弃现实之"在"的非理想性、以独特方式为此"生"提供价值范导等意,但其中显然也渗入了与积极创进的人生取向颇相异趣的立场。同时,通过视"死"为"生"的延续来克服"死"的必然所蕴含的无意义性,也因缺乏现实的内容而仅仅给人以思辨、抽象的满足。

对生与死的以上态度,与儒家的相关思考似乎形成了某种对照。

① 参见〔美〕保罗·蒂里希:《存在的勇气》,《蒂里希选集》上,上海:上海三联书店,1999 年,第 149—290 页。

② 〔明〕王夫之:《读四书大全说》卷六,《船山全书》第六册,第 751 页。

在谈到如何"在"世时,孔子曾指出:"士不可以不弘毅,任重而道远。仁以为己任,不亦重乎? 死而后已,不亦远乎?"①这里也提到了"死"("死而后已"),但其中更引人瞩目的是人的社会责任,而在承诺社会责任的背后,则是对存在("在"世)艰难性的意识。与"未知生,焉知死"的立场相应,孔子的关注之点始终指向"生",所谓"死而后已",也就是始终以积极、敬谨的态度承担和履行自身的社会责任,直至生命的终结。作为一种人生取向,"不可以不弘毅"既以存在的艰难性为背景,又体现了积极担当的意识与执着行道的精神。在"老者安之,朋友信之,少者怀之"②、"后生可畏,焉知来者之不如今也"③等价值取向和信念中,生命的意义又进一步与类的文化绵延相联系:"来者"指文化的继承者,对儒家而言,"来者"与"今"之间存在着历史的联系,每一个体在今天所创造的文化成果,并不会在未来消逝,相反,它们将为后人所继承并进一步光大。在"来者"与"今"的如上前后相承中,个体本身的存在意义也在文化的历史演进中得到延续,从而,他既无需通过超越此在、走向彼岸以获得永恒的依归,也不必因生命的有限而"畏"死:生命的终结对个体而言不再意味着导向虚无。相形之下,在庄子那里,齐生死所蕴含的人生崇高性的退隐与"未知死,焉知生"(以"死"观"生")的潜在前提相结合,使存在的艰难未能导向勉力践行、积极"在"世的价值取向,而与"无以人灭天"这一价值立场相联系的对文明演进的质疑、责难,则使其对生命意义的理解相应地缺乏历史的深沉性。

---

① 《论语·泰伯》。

② 《论语·公冶长》。

③ 《论语·子罕》。

第十章

逍遥之境

在庄子那里,"齐生死"和死的理想化诚然蕴含着某种消极趋向,但并没有导向对人生的悲观意识。事实上,"未知死,焉知生"最后所指向的,依然是人之"在"。以如何在现实的人世中达到合乎人性的存在为关切之点,庄子将逍遥引入了人的"在"世过程。尽管作为文本的《逍遥游》以鲲化而为鹏开篇,但与"在"世方式相联系的逍遥之境,却被理解为人的理想存在形态。

一　人性与天道

作为人的存在方式,"逍遥"首先与限定相对。①

---

① 王夫之曾从字源上分析了逍遥的含义:"逍者,向于消也,过而忘也。遥者,引而远也,不局于心知之灵也。"（转下页）

《逍遥游》曾描述了不同的"在"世方式。鲲鹏是《逍遥游》中最早出场者,它"背若泰山,翼若垂天之云。抟扶摇羊角而上者九万里",其势不可谓不盛。然而,它的飞翔却离不开风:"风之积也不厚,则其负大翼也无力。"[1]对风的依存,显然使鲲鹏难以真正达到逍遥之境。相对于鲲鹏,斥鴳显示了另一种存在境域:"斥鴳笑之曰:彼且奚适也?我腾跃而上,不过数仞而下,翱翔蓬蒿之间,此亦飞之至也。"[2]斥鴳所讥嘲的对象,即扶摇而上的鲲鹏。对斥鴳而言,飞翔的最高境界("飞之至"),便是"翱翔蓬蒿之间"。相对于鲲鹏主要受制于外在的条件,斥鴳在为外部境遇所限的同时,又受到自身视域的限定:将"翱翔蓬蒿之间"理解为"飞之至",便包含着某种自我限定。如果说,外在的限定与逍遥的存在方式难以相容,那么,自我的限定则构成了逍遥更内在的否定。

鲲鹏与斥鴳的存在方式,是对人之"在"的一种隐喻。就人本身的存在而言,其形态也具有多样性。庄子在《逍遥游》中区分了人的不同"在"世方式:

故夫知效一官,行比一乡,德合一君,而征一国者,其自视也亦若此矣,而宋荣子犹然笑之。且举世而誉之而不加劝,举世而非之而不加沮,定乎内外之分,辨乎荣辱之境,斯已矣,彼其于世,未数数然也。虽然,犹有未树也。夫列子御风而行,泠然善

(接上页)(〔明〕王夫之:《庄子解》卷一,《船山全书》第十三册,第81页)"消"蕴含着消解之意,"忘"则与执着相对;"引而远之",意味着走向界限之外,不拘于既定的精神世界("不局于心知之灵")。以上意义上的"逍遥",都以超越界限或限定为其指向。

① 《庄子·逍遥游》。

② 《庄子·逍遥游》。

也。旬有五日而后反，彼于致福者，未数数然也。此虽免乎行，犹有所待者也。若夫乘天地之正，而御六气之辩，以游无穷者，彼且恶乎待哉！故曰：至人无己，神人无功，圣人无名。

"知效一官，行比一乡"，涉及的是政治、伦理领域的实践过程。政治才干的发挥，需要一定的舞台；饮誉乡里，以一定的伦理关系为背景；如此等等。同时，是否在政治实践领域得到赏识，取决于在上者（如君主）的立场、态度；是否在道德层面获得赞誉，则依存于外在的评价系统及评价过程，在此，存在背景与评价系统构成了对个体的双重限定。

相对于前一类人物，宋荣子无疑进了一层：对外在评价，他不加任何理会，完全我行我素，所谓"举世而誉之而不加劝，举世而非之而不加沮"。就其不为外在评价所左右而言，他无疑较"知效一官，行比一乡"者更趋近"逍遥"。然而，宋荣子仍有自身的问题：在"定乎内外之分，辨乎荣辱之境"的思维模式中，内外之分、荣辱之别依然在其视域之内。"内外之分"意味着以自我的价值取向为"内"，以外在的评价、舆论为"外"，亦即其行为仅仅出于自己的内在的意愿，而不受制于外在的评价。执着于内、拒斥外在的影响，固然有别于依存于外，但内外之分、荣辱之别本身蕴含着界限，在执着于界限的前提之下，显然很难真正达到逍遥自在的存在形态。当庄子认为宋荣子"犹有未树"时，无疑也注意到了这一点。

较之宋荣子，"列子御风而行"，在形式上似乎带有更飘逸的特点。然而，按照庄子的理解，凭借风力而随意行走固然飘逸、自在，但却仍依赖于一定条件：与鲲鹏一样，离开风，列子便无法"免于行"。从这一意义上说，他的行为显然并不完全合乎逍遥的要求。以上几种存在的形态尽管具体表现形式有所不同，但在仍然受到限定这一点上,又是共通的。逍遥意味着超越限定,在受限制、被限定的形式下,难以真正达到逍遥之境。

限定即"有待",超越限定、摆脱限制则意味着走向无待,所谓"若夫乘天地之正,而御六气之辩,以游无穷者,彼且恶乎待哉",便表明了这一点。从消极方面说,"无待"即不依赖于外在的条件;从积极的方面说,"无待"则是指顺乎事物内在的本性,"乘天地之正"的内在含义,也体现于此。广而言之,顺乎事物内在的本性("乘天地之正")包括遵循存在自身的法则,避免对事物作人为的划界、分隔。如后文将进一步讨论的,在庄子那里,逍遥之境和自然之境呈现互融的形态。①

对庄子而言,"天"作为本然的存在,既涉及对象世界,也关联着人自身,从而,"乘天地之正"不仅仅意味着与存在法则的一致,而且表现为合乎人自身的天性。以逍遥为指向,自然同时被理解为合乎人性或人性化的存在形态。这里似乎存在某种吊诡:合乎人性以合乎天性为其实质的内涵。在"无己"之说中,这一思路得到了进一步的展开。如前述引文所示,紧接着"乘天地之正,而御六气之辩,以游无穷",庄子提出了"至人无己"之说。从形式上看,"无己"似乎意味着消解自我,然而,在逻辑上,没有自我,何来"乘天地之正"的主体?同时,逍遥也以自我为承担者,当自我不复存在时,逍遥之境又如何落实? 这里的关键是如何理解"己"。在天人之辩中,庄子区分了与天为一之"人"和同于世俗之"人",与之相应,"吾丧我"之说预设了

---

① 孟子在谈到豪杰之士的品格时,曾指出:"待文王而后兴者,凡民也。若夫豪杰之士,虽无文王犹兴。"(《孟子·尽心上》)"待文王而后兴",亦即"有待","无文王犹兴",则涉及"无待"。在要求理想的人格"无所待"这一点上,孟子与庄子的如上看法无疑有相近之处。不过,与推崇"富贵不能淫,贫贱不能移,威武不能屈"的"大丈夫"相应,孟子所主张的无所待,首先指个体在道德上的自觉与自立,较之庄子以逍遥与自然的统一为指向,这种道德挺立的要求显然表现了不同的旨趣。

二种自我：合于"天"(自然)之"我"与礼乐文明所塑造的"我"。

在庄子看来，礼乐文明是对人的外在束缚或抑制，在礼乐文明的形式下，人往往失去其本真的形态(导向非人化)；惟有消除礼乐文明对人的限定，才能使人的存在形态由非人化走向人化。本书第七章已论及，庄子所谓"无己"，并不是一般意义上否定自我，而是着重于消解礼乐文明所塑造的"我"，超越被约束和被限定的存在形态；从以上讨论中，无疑可以进一步看到这一点。事实上，前文所提及的受制于外在的社会评价，执着于内外与荣辱之分的"我"，便主要呈现为礼乐文明形态中的"我"或"己"。也正是基于这一语境，庄子提出了"无己"的要求：从"知效一官"、"定乎内外之分"到"圣人无己"的推论中，不难看到如上的逻辑进展。

通过"无己"而超越被限定的存在形态，由"乘天地之正"而达到逍遥，二者方式不同，但相辅相成，其共同的目标则是达到人化或本真的存在形态。在庄子看来，被限定与受束缚总是意味着对自身的否定。"泽雉十步一啄，百步一饮，不蕲畜乎樊中。"[1] "十步一啄，百步一饮"表现了觅食的艰辛，"畜乎樊中"却可饮食无忧，然而，泽雉却宁愿"十步一啄，百步一饮"而不求"畜乎樊中"，原因就在于后者是对其自身存在的限定。同样，在被限定的形态下，人也难以成为真正意义上的人。庄子区分了"化为人"与"化人"，并赋予前者以更为优先的地位："不与化为人，安能化人？"[2] "化为人"意味着与天性为一而达到人的本真形态，"化人"则涉及对他人的作用和影响。以"化为人"为"化人"的前提，蕴含着对合乎人性或人性化存在的肯定和注重。

---

① 《庄子·养生主》。
② 《庄子·天运》。

以"化为人"为指向,逍遥并非远离现实的生活世界。在《让王》篇中,庄子借隐者善卷之口,具体表达了这一含义:

> 舜以天下让善卷,善卷曰:"余立于宇宙之中,冬日衣皮毛,夏日衣葛绤。春耕种,形足以劳动;秋收敛,身足以休食。日出而作,日入而息,逍遥于天地之间,而心意自得。吾何以天下为哉?"

这里的直接主题是政治参与对个体的意义,但其内在的思路则涉及逍遥的形式。隐者通常被理解为离群索居,而疏远政治活动(包括治天下)则似乎意味着与社会的隔绝,然而,在善卷的如上自述中,与政治活动相对的逍遥,却并不仅仅表现为远离社会生活,相反,它具体地展开为"日出而作,日入而息"的日常活动,所谓"逍遥于天地之间",其实质的内容便表现为逍遥于生活世界。如上看法的值得注意之点,在于将逍遥理解为基于现实之"在"的存在方式,它所确认的,是逍遥的此岸性质。

在庖丁解牛的寓言中,逍遥的以上含义得到了具体的阐发。"庖丁为文惠君解牛,手之所触,肩之所倚,足之所履,膝之所踦,砉然,响然,奏刀騞然,莫不中音,合于桑林之舞,乃中经首之会。"[1]解牛本来是一种劳作活动,但在庄子的如上描述中,它却已具有审美的意义并取得了自由的形式。在解牛的过程中,通过"依乎天理,因其固然",庖丁"恢恢乎其于游刃必有余地"。如果说,"依乎天理,因其固然"可以看作是"乘天地之正"的体现,那么,"游刃有余"则具有逍遥的性质;庖丁在解牛之后"提刀而立,为之四顾,为之踌躇满志"[2],也确乎

---

① 《庄子·养生主》。
② 《庄子·养生主》。

体现了一种逍遥之境。① 如前所述,按其本来意义,解牛作为劳动过程,属生活世界中的日常活动,庄子通过对庖丁的赞赏而肯定解牛过程的逍遥性质,同时也从一个方面进一步将逍遥与人的日常之"在"联系起来。

与关于存在方式的以上看法相联系的,是对"江海之士、避世之人"的批评。如本书第七章所论及的,庄子区分了"江海之士"的闲处与"无江海而闲"两种"在"世方式,前者的特点是:"就薮泽,处闲旷,钓鱼闲处,无为而已矣。"②这种处世方式具有归隐避世的趋向:"此江海之士,避世之人,闲暇者之所好也。"③后一种"在"世方式则不刻意追求远离日常世界,而是在现实的日用常行中达到超脱逍遥,在庄子看来,惟有此种方式,才体现了道与圣人的品格:"此天地之道,圣人之德也。"④在以上的比较中,逍遥的此岸性以及逍遥与生活世界的联系,无疑得到了更具体的突显。

当然,肯定逍遥的此岸性,并不意味着否定其具有超越的一面。惠施曾以大树的无所取材,讽喻庄子之言的无用,对此,庄子作了如下回应:

> 今子有大树,患其无用,何不树之于无何有之乡,广莫之野,彷徨乎无为其侧,逍遥乎寝卧其下,不夭斤斧,物无害者,无所可

---

① 徐复观在分析庖丁解牛的内在含义时,也已注意到这一点:"他(庖丁)的精神由此得到了由技术的解放而来的自由感与充实感;这正是庄子把道落实于精神之上的逍遥游的一个实例。"(徐复观:《中国艺术精神》,沈阳:春风文艺出版社,1987年,第46页)

② 《庄子·刻意》。

③ 《庄子·刻意》。

④ 《庄子·刻意》。

用,安所困苦哉!①

"无何有之乡,广莫之野"可以看作是超越境界的隐喻,植树于"无何有之乡",彷徨其侧、寝卧其下,则是逍遥之境的形象描述。庄子将逍遥与"无何有之乡,广莫之野"联系起来,同时也暗示了逍遥之境本身的超越性。不过,在庄子那里,超越不同于走向彼岸:从"齐"、"通"的本体论立场及注重逍遥的此岸性出发,庄子显然难以接受与现实存在相对的另一个世界。从实质的层面看,庄子所理解的超越更多地表现为理想的存在形态。相对于有所待、受限定的现实处境,"无何有之乡"无疑呈现了理想的性质;对无何有之乡的向往和憧憬,则相应地既赋予逍遥以超越的形式,也内含着如下要求:"在"世过程不能为既成形态所限,而应不断引向理想之境。

庄子以合乎人性或人性化的存在方式为人"在"世的应然形态,逍遥的意义,首先便在于它体现了如上价值趋向。作为合乎人性的理想存在方式,逍遥既展示了现实的、此岸的性质,又具有超越的维度。在"乘天地之正"的形式下,循乎普遍天道与合乎内在人性相互统一,逍遥则超越了被限定与有所待的存在方式而展现了自由的品格。不难看到,以合乎人性的存在为指向,逍遥在价值的层面落实于人的自由。

二　自由与自然

与自由的追求和向往相联系,逍遥体现了个体或自我的存在之境。当然,以人的自由为价值内涵,逍遥意义上的无所待并不仅仅表

---

① 《庄子·逍遥游》。

现为囿于自我,事实上,"乘天地之正"这一规定已表明,逍遥无法离开存在的法则。从以上前提出发,庄子进一步阐述了逍遥与安命、达命、遂命以及逍遥与合自然等关系;通过上述关系的规定,庄子同时具体展开了其逍遥之说。

在主张逍遥于天地间的同时,庄子提出了达命、安命之论。"达命"首先与"达生"相关:"达生之情者,不务生之所无以为;达命之情者,不务知之所无奈何。"①从形式的方面看,"不务生之所无以为"、"不务知之所无奈何",似乎与逍遥的存在方式彼此相对,然而,在实质的层面,二者又具有一致性。如前所述,逍遥的含义之一是各本其性而无所待:本于自性与无待于外表现为同一过程的两个方面。以自性为本(以自性为根据),意味着不慕乎外,包括不勉强去做超越自身能力之事。所谓"生之所无以为"、"知之所无奈何",便涉及内在的能力所难以达到的行为领域;惟其超出了人的能力,因而人的作用无法施于其上。在此,"不务生之所无以为"、"不务知之所无奈何"意义上的"达命",与本于自性而无所待意义上的"逍遥",似乎并不冲突;不妨说,前者(不勉强超出能力所及的领域)在逻辑上表现为后者(本于自性而无所待)的引申。

"生之所无以为"、"知之所无奈何"意义上的"命",主要与个体自身的内在规定相联系。相对于此,在社会领域,"命"取得了另一种形态,人与"命"的关系也具有不同的意义:"夫事其亲者,不择地而安之,孝之至也;夫事其君者,不择事而安之,忠之盛也;自事其心者,哀乐不易施乎前,知其不可奈何而安之若命,德之至也。为人臣子者,固有所不得已,行事之情而忘其身,何暇至于悦生而恶死?"②"知不可

---

① 《庄子·达生》。
② 《庄子·人间世》。

奈何而安之若命,唯有德者能之。"①事亲、事君涉及的是社会的伦理、政治义务,尽管庄子对儒家的礼仪一再提出批评,但如前所述,他同时又一再肯定"群于人"②,主张"游于世而不僻,顺人而不失己"③,并反对"伏其身而弗见"之类的刻意离世④。与之相联系,他对人在社会领域所承担的义务并不简单地加以否定。事实上,对庄子而言,人存在于世,总是难以回避一定的社会义务,后者(社会义务)往往非个人所能任意拒绝,懂得了义务的以上性质并自觉地加以承担,便是德性的体现,所谓"知其不可奈何而安之若命,德之至也",即着重指出了这一点。亲子、君臣之间的义务,具有当然的性质,在这里,作为当然的义务取得了"命"的形式,而"安命"则相应地表现为认同并承担一定的社会义务。对"命"的如上理解,从另一个方面展示了逍遥的内在意义。如果说,"乘天地之正"表现为本于自身之性与循乎必然法则的统一,那么,以上语境中的"安命"则使逍遥与社会领域的"合当然"联系起来。以"循必然"与"合当然"为前提,逍遥进一步区别于单纯的任性。⑤

与社会义务相对的,是外在的物质境遇。庄子曾借虚构的人物子舆之口,自设问答如下:"吾思夫使我至此极者而弗得也。父母岂欲吾贫哉?天无私覆,地无私载,天地岂私贫我哉?求其为之者而不得也,然而至此极者,命也夫!"⑥"贫"是一种具有负面意义的生活境

---

① 《庄子·德充符》。

② 《庄子·德充符》。

③ 《庄子·外物》。

④ 《庄子·缮性》。

⑤ 如后文将论及的,庄子同时以自然无为界定逍遥。与之相应,他所理解的合当然,更多地表现为避免与当然相冲突,这与儒家所重之自觉地"行当然",意味颇有不同。

⑥ 《庄子·大宗师》。

遇,导致这种境遇的原因何在? 子舆从自然(天地)、社会(父母)等方面寻找其根源,但都不得其解,于是只能将其归之于命。作为人存在境域的一个方面,生死也有类似的特点:"死生,命也。其有夜旦之常,天也。人之有所不得与,皆物之情也。"①"人之有所不得与",亦即超出人的作用范围;与贫富一样,生死也非个体自身所能左右。总起来说,生死、贫富与"物之所利"相联系;作为自我无法支配的存在境遇,二者都可归属于"在外者":"物之所利,乃非己也,吾命有在外者也。"②对"在外者"与非"在外者"的区分,从某些方面看与孟子有相通之处。在谈到"求"与"得"的关系时,孟子曾指出:"求则得之,舍则失之,是求有益于得也,求在我者也;求之有道,得之有命,是求无益于得也,求在外者也。"③"求则得、舍则失",主要与内在德性的涵养相关,"求之有道,得之有命"则涉及外在的物质境遇,孟子将前者和后者分别与"我"和"命"对应起来,也意味着肯定物质境遇的追求超出了人的作用之域。当然,孟子之区分"在我者"与"在外者",其旨趣在于把人的注重之点引向德性的自我涵养,庄子以生死、贫富为"在外者",则着重于把物质境遇理解为逍遥的界限。正如循必然、合当然主要从积极的方面规定了逍遥所以可能的条件一样,以物质境遇为逍遥的界限,主要在消极的层面指出了逍遥并不是无止境的。换言之,对庄子而言,逍遥以超越界限为指向,但它又有自身的内在限度。

在逍遥有其自身限定这一意义上肯定"安命",当然并不意味着以"安之"为对待"命"的唯一方式。与"安命"之论相反而相成的,是

①《庄子·大宗师》。
②《庄子·山木》。
③《孟子·尽心上》。

"遂命"、"致命"之说,在谈到"圣者"与"神人"的品格时,庄子对此作了具体的阐释:

圣也者,达于情而遂于命也。①

愿闻神人。曰:上神乘光,与形灭亡,此谓照旷。致命尽情,天地乐而万事销亡。万物复情,此之谓混冥。②

此处的"圣者"与"神人"都指庄子所理解的理想人格,所谓"遂命"、"致命",则是指达到、实现人的内在之性所规定的潜能。庄子在这里将二者("遂命"、"致命")与"达情"、"尽情"联系起来,显然肯定了"遂命"和"致命"以完成、实现本然之性为实质的内容:在"尽其所受乎天"③(完成、实现本然之性)这一点上,遂命(致命)与达情(尽情)无疑彼此一致。较之"安命"的消极趋向,"遂命"、"致命"无疑更多地展示了人的内在力量,后者同时也从一个方面赋予逍遥以肯定的意义。

当然,安命、遂命尽管表现出消极与积极的不同趋向,但在本于自性、不在性分之外用力等方面,又有相通之处。作为逍遥的实现方式,顺乎自性而不务其外同时体现了无为的原则。在论及"游方之外者"时,庄子借孔子之口,对其"在"世的特点作了如下概述:"芒然彷徨乎尘垢之外,逍遥乎无为之业。"④相对于"游方之内者","游方之外者"被视为更高的人格形态,"彷徨乎尘垢之外",主要言其超越以身殉物,不为外在的名利等所限定;"逍遥乎无为之业",则肯定了"游

① 《庄子・天运》。
② 《庄子・天地》。
③ 参见《庄子・应帝王》。
④ 《庄子・大宗师》。

方之外者"的逍遥具有"无为"的形式。逍遥与无为的这一联系,当然并不仅仅体现于"游方之外者"的存在方式之中,在"逍遥,无为也"①这一类表述中,逍遥的"无为"义从更普遍的层面得到了确认。

如前所述,在安命、遂命的层面,逍遥所体现的循必然、合当然以及"尽其所受乎天",首先与个体自性及其实现的前提、方式相联系;以"无为"为形式,逍遥进一步表现为本于自性与本于天道的统一。在庄子看来,"道"本身以自然为其内在规定:"已而不知其然,谓之道。"②作为自然无为的过程,逍遥也以合乎道为其实质的指向。庄子曾以形象的方式描述了逍遥于天地间的各种形态,包括"大浸稽天而不溺,大旱金石流、土山焦而不热"③,等等,从一定意义上看,这些描述无疑具有某种神秘性,它在某些方面也表明:自然与超自然、自然主义与神秘主义之间每每包含互渗的可能。不过,在具体解释所以能达到以上存在境域的缘由时,庄子往往以"本乎天"、"登假于道"为视域:"至德者,火弗能热,水弗能溺,寒暑弗能害,禽兽弗能贼。非谓其薄之也,言察乎安危,宁于祸福,谨于去就,莫之能害也。故曰:天在内,人在外,德在乎天,知天人之行本乎天。"④"若然者,登高不慄,入水不濡,入火不热,是知之能登假于道⑤也若此。"⑥"火弗能热,水弗能溺"、"入水不濡,入火不热",云云,无疑带有夸张的叙事特点,但这种神秘描述的内在意蕴,则是突出逍遥内含的自由性质:不为水火

---

① 《庄子·天运》。

② 《庄子·齐物论》。

③ 《庄子·逍遥游》。

④ 《庄子·秋水》。

⑤ 成玄英:"'登',升也;'假',至也。"(〔唐〕成玄英:《庄子疏·大宗师》)林希逸:"知之能登假于道,言其所见,深造于道也。"(〔宋〕林希逸:《庄子鬳斋口义校注》,第 99 页)"登假于道",亦即达到道的境界。

⑥ 《庄子·大宗师》。

所伤,意味着超越外在力量的限定、逍遥而自由地"在"世。值得注意的是,在庄子看来,超越外在限定,本身又以对顺乎自然("本乎天")为前提,与之相联系,水火、寒暑之不能相害,并不是基于任性或盲目的冲动("非谓其薄之"①),而是在知"道"("登假于道")的前提下,依道而行,谨慎行动("察乎安危、谨于去就")。在逍遥于水火之中等神秘形式之后,我们仍可看到对自然之道的遵循与尊重。

相应于知"道"及循"道",作为"逍遥"表现形式的"无为",首先意味着"无为"于道,亦即顺乎道而不对事物的发展过程作人为的干预。就社会政治领域而言,它具体表现为"顺物自然而无容私":"游心于淡,合气于漠,顺物自然而无容私焉,而天下治矣。"②这里的"私"即个体的意向或意欲,"顺物自然"则是合乎存在法则。在此,"无为"取得了顺自然而超越个体意向或意欲的形式。从个体的行为方式看,"无为"则表现为随人而应、不显己意:"彼来,则我与之来;彼往,则我与之往;彼强阳,则我与之强阳。"③以悬置个体的意向、意欲为前提,"无为"与自然相通而又相融。

与自然相对的个体意向、意欲,在宽泛意义上可归入目的之域:有意而为之意味着按一定的目的而为;对个体意向、意欲的悬置,则同时以目的性的扬弃为指向。从自然无为的要求出发,庄子往往表现出疏离目的的趋向,在谈到"天"的内在含义时,庄子曾指出:"无为

---

① 郭象:"虽心之所安,亦不使犯之。"(〔晋〕郭象:《庄子注·秋水》)成玄英:"薄,轻也。"(〔唐〕成玄英:《庄子疏·秋水》)水火、寒暑、禽兽内含自身的存在、变化法则,在此意义上,它们亦受普遍之道的制约;"非谓其薄之"也就是不随意违逆体现于其中的普遍之道。

② 《庄子·应帝王》。

③ 《庄子·寓言》。

为之之谓天。"①所谓"无为为之",首先相对于目的性的追求而言,其特点在于非有意而为;这里的"天"则指理想的行为方式,以"无为为之"为"天"的内涵,意味着将目的性的扬弃视为理想的形态。以上趋向在关于"圣人"品格的描述中,得到了进一步的突显:"圣人不从事于务,不就利,不违害,不喜求,不缘道。"②"不从事于务",相应于自然而无为;"不就利,不违害,不喜求",主要表现为对有意而为之或有目的而为之的疏离;与以上二者一致的则是"不缘道"。这里的"缘道"不同于一般意义上的循道或合乎道,而是刻意地为实现某种目的("就利"或"违害")而追求道;"不缘道"则是超越这种有意为之的取向。

从哲学的视域看,逍遥所涉及的,是人的自由,以自然无为界定逍遥,人的自由问题与天人之辩呈现了理论上的相关性。在天人之辩上,庄子以自然(天)为人的理想形态,对逍遥的理解,也以合乎天性(自然)为出发点。③ 逍遥与自然的以上统一,无疑肯定了当然(理想)无法隔绝实然(现实),但自由与自然的重合,也蕴含着自身的理论问题。

作为本然之"在","天"或自然本身还处于人的文化创造过程之外,其存在形态尚未体现人的价值理想;以自然规定自由,意味着将自由的领域与人的目的、理想及文化创造的过程分离开来。事实上,就天人关系而言,自由的实质含义首先在于目的、理想的引入。自然本身并不具有自由的属性,只有当人根据自己的目的和理想作用于

---

① 《庄子·天地》。

② 《庄子·齐物论》。

③ 郭象在解释"逍遥"时,已着重指出了此点:"自然耳,不为也,此逍遥之大意。"(〔晋〕郭象:《庄子注·逍遥游》)

自然、使之成为人化之物并获得为我的性质时,自然才进入自由的领域。这一过程既体现于对象世界的变革,也与人自身之"在"相联系:通过自然的人化,人实现了自身的目的与理想,从而一方面,对象由自在之物转换为为我之物,另一方面,人自身由自在而走向自为。正是在这一过程中,人的存在逐渐展示了其自由的本质。目的、理想向存在领域的渗入,同时突显了自由的价值内涵:它使自由不同于纯然或抽象之"在",而表现为存在与价值的统一。庄子将自然的形态视为逍遥之境,以无为消解目的性,不仅或多或少忽视了自由与自在的区别,而且对自由的价值内涵也未能给予充分的注意。事实上,与质疑礼乐文明相联系,价值创造的意义,确乎在相当程度上处于庄子的视野之外。

三　逍遥于天地之间

　　疏离于价值创造过程的逻辑后果,是逍遥的实践意义的淡化。与之相应,逍遥首先指向精神世界;后者既表现为与天地合一的形而上观念,也展开为个体在精神领域中的独往独来。

　　在从总体上概述人与天地万物的关系时,庄子曾提出了如下论点:

　　　　天地与我并生,而万物与我为一。①

这里的"并生"、"为一",主要不是指在宇宙论层面上"我"与万物共生、同在,而是与精神世界的形成和建构相联系:"我"把天地万物"看

_____

　　① 《庄子·齐物论》。

作"或理解为与我合一的存在,由此获得独特的意义视域;而这种意义视域的形成过程,同时伴随着精神世界的建构。以"我"与天地万物的合一为内容,外部世界收摄于个体的意义之域,个体存在本身又内在于统一的精神世界,二者相互交融,展示了统一的精神之境。而在融入于天地万物的过程中,人同时又游于"逍遥之虚"①:物我之间不再横亘界限,与天地万物的融合,将人们引向了自由的精神空间。②前文曾提及,在谈到无所待的逍遥境界时,庄子将"乘天地之正,而御六气之辩,以游无穷"作为其内在特征,这里的"以游无穷",便既以合一于万物为形式,又表现为逍遥于天地之间。

作为逍遥的实现方式,与天地为一所体现的,首先是对统一、整体的关注,后者可以看作是"道通为一"的原则在逍遥之域的引申。当然,"齐"、"通"首先表现为本体论的原理,与天地并生、与万物为一则更多地展现了精神世界的视域。从"齐万物"、通于道,到齐是非、一生死,庄子从不同方面展开了"道通为一"的原则,而"万物与我为一"的逍遥之境,则以精神世界中物我之间的合一与相融,进一步突显了"齐"与"通"。

然而,逍遥作为自由的精神之境,同时又总是以自我(个体)为主体或承担者,后者决定了个体的不可消逝性。《庄子·天下》篇以"独与天地精神往来"概括庄子哲学的特点,"与天地精神往来"表现了逍遥的境界,"独"则强调了精神的逍遥以自我为主体。对"独"的这种注重,当然并不仅仅是庄子个人的哲学品格,如前所述,它同时也在普遍的意义上表现为一般的哲学立场:"出入六合,游乎九州,独往独

---

① 《庄子·天运》。

② 郭象将"乘天地之正,而御六气之辩"理解为"玄同彼我者之逍遥",其中亦已注意到"逍遥"与"玄同彼我"之间的联系。参见〔晋〕郭象:《庄子注·逍遥游》。

来,是谓独有。独有之人,是之谓至贵。"①六合、九州泛指天地或世界,"出入六合,游乎九州"也就是逍遥于天地间,而这种逍遥之游,同时又表现为个体的"独往独来"。庄子将逍遥于六合、九州的"独有之人"视为"至贵",无疑从精神自由的层面赋予个体性以相当高的价值意义。

精神世界既表现为个体的意义之域,又融合了存在的不同形态。以南伯子葵与女偊的对话为形式,庄子形象而具体地阐发了这一点:

> 南伯子葵问乎女偊曰:子之年长矣,而色若孺子,何也? 曰:吾闻道矣。南伯子葵曰:道可得学邪? 曰:恶! 恶可! 子非其人也。夫卜梁倚有圣人之才而无圣人之道,我有圣人之道而无圣人之才,吾欲以教之,庶几其果为圣人乎? 不然,以圣人之道告圣人之才,亦易矣。吾犹守而告之。参日而后能外天下,已外天下矣,吾又守之,七日而后能外物;已外物矣,吾又守之,九日而后能外生;已外生矣,而后能朝彻。朝彻,而后能见独;见独,而后能无古今;无古今,而后能入于不死不生。杀生者不死,生生者不生。其为物,无不将也,无不迎也,无不毁也,无不成也,其名为撄宁,撄宁也者,撄而后成者也。②

天下与物,涉及的是外部世界,"外天下"、"外物"的直接含义是不执着于外部世界或不以外部世界为意,引申而言,则是从与物相对走向与物无对;"生"首先与生命存在或"身"相联系,"外生"相应地意味着不再仅仅关注生命存在或"身"。③ 当外部世界("天下"和"物")

---

① 《庄子·在宥》。

② 《庄子·大宗师》。

③ 林希逸:"外生者,遗其身也。"(〔宋〕林希逸:《庄子鬳斋口义校注》,第111页)

与身都被悬而"外"之时,物与身的相融较之二者的界限似乎具有更实质的意义。然而,忘却以生命形态(身)为形式的个体,并不意味着无"我",事实上,从"外天下"到"外生",自我始终内在于其中:所谓"吾又守之"云云,便肯定了"我"("吾")的在场。作为理想的精神形态,"朝彻"既指心灵的明澈①,也表现为物我一体、内外贯通②。在庄子看来,一旦达到了如上视域,古今之别、心物之分便可超越,与之相随的则是不将不迎、从容自在的逍遥之境。

按庄子的理解,作为个体的意义之域,精神世界具有无所不极、不可限定的特点:"精神四达并流,无所不极。上际于天,下蟠于地。化育万物,不可为象。"③"四达并流"表明精神可以指向不同的方向,"无所不极"则意味着超越有限,二者通过空间的类比而肯定了精神的自由性质;"上际于天,下蟠于地"着重指出了其"通"(贯通天地)的性质;"化育万物"体现了精神的建构意义:精神指向对象("四达并流")的过程,同时也是对象进入精神之域,对个体呈现独特意义的过程;"不可为象"则既表现了精神作用过程具有无形的特点,也展示了精神世界与"逍遥之虚"的同一性。对精神活动及精神世界的如上描述,无疑具有形上思辨的特点,但其中又蕴含着对现实个体的承诺。

与肯定个体精神的独往独来相联系,庄子对"撄人心"的现象提出了批评:"天下脊脊大乱,罪在撄人心。故贤者伏处大山嵁岩之下,

---

① 林希逸:"朝彻者,胸中朗然,如在天平旦澄彻之气也。"(〔宋〕林希逸:《庄子鬳斋口义校注》,第 111 页)

② 钟泰:"彻者,通也。"(钟泰:《庄子发微》,上海:上海古籍出版社,1988年,第 147 页)从否定的方面看,"通"意味着打破界限;从积极的方面看,"通"则指融和合一。成玄英从后一意义上作了阐释:"死生一观,物我兼忘,惠照豁然,如朝阳初启,故谓之朝彻也。"(〔唐〕成玄英:《庄子疏·大宗师》)

③ 《庄子·刻意》。

而万乘之君忧慄乎庙堂之上。今世殊死者相枕也,桁杨者相推也,刑戮者相望也,而儒墨乃始离跂攘臂乎桎梏之间,意,甚矣哉!"①"撄"本有伤害、扰乱之意,"撄人心",亦即对个体精神世界的伤害。这里值得注意的是将"儒墨"与"桎梏之间"联系起来,儒墨之"攘臂",隐喻不同的意见、是非之争,"桎梏"是外在的束缚、强制,对庄子而言,在刑戮相望、死者相枕的时代("今世"),人们已普遍处于各种"桎梏"之中,而儒墨却仍以是非之辩争强斗胜,扰乱人的内在精神。这样,儒墨的地位似乎具有双重性:它们既自身处于束缚之中(在"桎梏之间"),又试图以各自的意见、观念束缚他人。与后者相联系,"撄人心"的实质内涵在逻辑上也具体地引申为对人心的束缚、禁锢。是非之分本来以自由思考为前提,但它一旦衍化为各是其是而各非其非,则容易导致将自己的意见强加于人,从而成为束缚、禁锢的手段。如果说,"撄人心"与"桎梏"的联系意味着对思想的束缚,那么,在反对"撄人心"的背后,则似乎多少蕴含着思想自由的要求:精神的逍遥与思想的无束缚在此确乎表现了某种一致性。②

人心一旦被束缚,往往会形成某种思维定势,所谓"成心"便表现为这样一种固定的思维趋向。与反对"撄人心"相联系,庄子提出了"解心释神"的主张:"解心释神,莫然无魂,万物云云,各复其根,各复其根而不知。"③"解"与"释"都有消除、解构的含义,所解所释的

---

① 《庄子·在宥》。

② 前文曾论及,从注重"齐"与"通"的立场出发,庄子对是非之争一再加以责难,并由此表现出某种独断的倾向,后者在逻辑上似乎蕴含着导向限制思想自由的可能。然而,对精神逍遥的如上追求,则使庄子在实质的层面更多地拒斥思想的禁锢而认同思想的自由。它同时也表明,在以道观之的前提下质疑各是其所是、非其所非,不同于基于"成心"的排斥他人意见:前者以智慧—逍遥之境为指向,并与自由之思相容,后者则疏离于这一过程。

③ 《庄子·在宥》。

"心"、"神"，则是已有的精神结构、思维定势，"各复其根"的本体论意义是向本源的回溯，而从它与人心、精神的关系看，则指反归本然的精神形态。本然既是自然，也意味着尚未受到束缚，在这里，回到自然与摆脱束缚呈现为同一过程的两个方面，它从另一方面表现了自然与自由（摆脱束缚而达到逍遥）的相关性和统一性。

人心之"撄"或精神的内在束缚不仅以成心等观念形式呈现出来，而且表现为情感的纷扰。走向精神的逍遥，相应地要求排除情感的这种影响："悲乐者，德之邪；喜怒者，道之过；好恶者，德之失。故心不忧乐，德之至也。"①悲、喜、好、恶、忧、乐是情感的各种表现形态，在庄子看来，它们往往偏离了"道"与"德"，以不同的方式干扰人的精神生活，使之为情绪所制，难以达到逍遥的境界；"心不忧乐"则意味着从情感的影响和制约中解脱出来。作为自由人格象征的"真人"，其特点便在于不为情感、情绪所支配和左右：

古之真人，其寝不梦，其觉无忧，其食不甘，其息深深。②

古之真人，不知说（悦）生，不知恶死，其出不欣，其入不距。翛然而往、翛然而来而已矣。③

"其寝不梦，其觉无忧"是对精神世界宁静无扰的形象描述；"不知说（悦）生，不知恶死"表明在生死等人生的根本问题上，也已超越了好恶之情；"翛然而往、翛然而来"所隐喻的则是逍遥的存在方式，通过摆脱情感的纷扰，人的精神便获得了自由的形态。

---

① 《庄子·刻意》。
② 《庄子·大宗师》。
③ 《庄子·大宗师》。

摆脱人心的桎梏、解心释神、超乎忧乐,从不同的方面涉及心灵的自由,以此为指向,逍遥更直接地关乎精神世界的净化,后者与心斋、坐忘等相联系,具体展现为"虚":

> 彻志之勃,解心之谬,去德之累,达道之塞。贵、富、显、严、名、利六者,勃志也;容、动、色、理、气、意六者,谬心也;恶、欲、喜、怒、哀、乐六者,累德也;去、就、取、与、知、能六者,塞道也。此四六者不荡胸中则正,正则静,静则明,明则虚,虚则无为而无不为也。①

贵、富、显、严、名、利,本来属外在的价值对象,在此指它们所引发的内在欲求;去、就、取、与、知、能涉及有目的或有意图的活动;容、动、色、理、气、意与恶、欲、喜、怒、哀、乐,则指与精神世界相关的诸种构成。在庄子看来,人往往既受名利等外在对象的限定,也为内在的欲求、目的、情意等所累;惟有消除各种内外束缚,才能使精神世界达到虚静而明的形态,正是后者,构成了"无为而无不为"的前提。所谓"无为而无不为",亦即超越刻意而为,自然地逍遥于天地之间。

从哲学上看,庄子首先以齐物、道通为一扬弃存在的分裂;以齐是非扬弃道术为天下裂,二者从不同的方面体现了对存在统一性的追求。另一方面,庄子又区分了礼乐文明塑造的"我"与本真之"我",强调"顺人而不失己"②,亦即反对遗忘本真之"我",并由此将"独"规定为人的理想品格,其中无疑包含着对个体性原则的注重。尽管如前文所论,庄子对"道"与"德"的双重肯定蕴含着沟通统一性与个体性的意向,但在统一性原理与个体性原理的不同展开中,二者似乎仍

---

① 《庄子·庚桑楚》。
② 《庄子·外物》。

呈现某种张力。然而,以逍遥之境为指向,以上张力却获得了某种化解。前文已论及,逍遥既以物我合一为前提,所谓"天地与我并生,而万物与我为一"便表明了这一点;又以自我为主体,并具体表现为个体在精神世界中的"独往独来"。在逍遥之境中,统一性的追求与个体性的承诺得到了双重确认。

庄子哲学的另一主题是天人之辩。一方面,通过批评"丧己于物"①、"以物易己"②,庄子表现了反对将人等同于物的立场,从价值趋向看,其中内在地蕴含着对合乎人性或人性化存在形态的向往与憧憬;另一方面,庄子又一再将自然(天)理想化,以"天人"(合乎天之人)为完美的人格之境,并要求"尽其所受乎天"③、"无以人灭天"④。对"天"与"人"关系的如上看法,显然存在着另一重紧张。在化解以上张力方面,逍遥之论同样展示了其独特的意义。如上所述,逍遥首先与人的存在意义的追求相联系,作为存在方式,其根本特点在于超越外在限定而合乎人性;正是在逍遥中,人性化的存在达到了理想的形态。但另一方面,庄子又通过自由与自然的合一,赋予逍遥之境以自然的内涵,在此意义上,走向逍遥的过程似乎又表现为通过"尽其所受乎天"达到合乎人性的存在。在谈到上古的理想人格"泰氏"的"在"世特点时,庄子具体地肯定了这一点。泰氏一方面"其卧徐徐,其觉于于",表现了与自然为一的存在方式,另一方面又"未始入于非人",亦即不同于物化而始终以合乎"人"性为其指向。⑤ 泰氏所体现的这种逍遥之"在",同样展示了"天"与"人"的内在统一。

---

① 《庄子·缮性》。
② 《庄子·徐无鬼》。
③ 《庄子·应帝王》。
④ 《庄子·秋水》。
⑤ 参见《庄子·应帝王》。

附录一

道与人[①]
——《老子》[②]哲学中的若干问题

一 道 与 名

《老子》在第一章中便开宗明义,对"道"与"名"作了界定,其中最值得注意之点,是区分了"可道"之"道"与"常道","可名"之"名"与"常名":"道可道,非常道;名可名,非常名。"从逻辑上看,"可道"之"道"有

---

① 本文的内容曾讲于华东师范大学哲学系研究生讨论班,由研究生根据录音记录,并经作者校订。

② 关于老子其人和《老子》其书,近人有不同的看法,这里不拟对此作详细考辨,而采用如下见解,即《老子》一书包含了老子的基本思想,但非仅出于一人之手,亦非成书于一时,其完成时间可能在春秋末年至战国初期。本文及附录二《面向存在之思——〈老子〉哲学的内在意蕴》所关注的,主要是《老子》这一文本所内含的哲学内蕴。

两方面的含义：一是言说，二是引导。"道"有言说之意，其原始的词义又可上溯到道路，道路总是通向或"导向"一定的处所，由"通向"、"导向"，复可进一步引申为"引导"；孔子所提出的"道之以德"①，其中的"道"也有引导之意。这里的"常道"，是作为《老子》哲学第一原理的"道"，在《老子》看来，它是不能言说的。言说是用日常概念来表述、把握，而"道"作为第一原理则超越于这样的言说范围。这一意义上的"道"也不同于在经验世界中引导我们从事日常活动的具体规范、规则。质言之，可以言说并在日常经验活动中引导、规范行为者，并不是作为哲学范畴的"道"。后面"可名"之名与"常名"之辨，实际上将以上含义从另一个角度更具体地彰显出来。"可名"之名主要是指日常生活经验中我们所运用的语言与概念，作为日常地标识事物、表述事物、进行交流的手段，"名"首先带有"分"的性质，以名称指称具体事物，意味着将该物与其他事物区分开来。存在本来处于统一的、混沌的状态，当我们用不同的名称去表示它们的时候，事物就被分门别类区分开来了。这种以"分"为指向的"名"能不能表述作为统一性原理、最高原理的"道"？《老子》对此显然持怀疑、否定态度。

对"名"与"道"的如上理解，与"道"本身的深层内涵相联系。在《老子》那里，"道"作为第一原理，既涉及存在的统一性，又和发展的过程相联系，所谓"反者道之动"②，便将"道"同事物的演化与发展联系在一起。不管是存在的统一性原理，还是发展原理，用日常经验中的"名"是很难把握的，因为经验本身首先带有"分"的功能，而"道"是大全，若以言来指称，便必然对它作限定；另外，从逻辑的角度看，大全是其大无外的，一旦用名去指称它，则大全之外尚有名，那它就

---

① 《论语·为政》。
② 《老子·四十章》。

不再是真正意义上的大全了。《庄子》后来对此作了具体的论证："一与言为二，二与一为三，自此以往，巧历不能得，而况其凡乎？"①在《庄子》看来，对整体的言说，总是难以避免逻辑的悖论。整体一旦被言说，便发生"说"与"所说"的关系：一方面，言说与被言说的整体彼此对待，另一方面，被言说的整体又无法将与之相对的言说纳入自身，二者都难以达到完全的整体性。

"道"作为第一原理，同时又有别于经验生活中指导我们具体行为的规则，它超乎程序化、规则化的过程；以道"导"之与用具体规则去约束，显然不同。这样，无论是从言说，抑或从引导行为的方式来看，"道"都与日常经验领域存在距离。可以看到，对"道"和"名"的如上区分，其着重之点在于将作为第一原理的"道"和日常经验的领域、现象的形态区分开来，《老子》整个理论的展开和发挥，都以"道"的这一形上性质为出发点。

就哲学思维的发展而言，《老子》在这里提出形而上的"道"，强调"道"的无规定性以及自我同一性、未分化形态、"道"的不同展开方式，等等，这一进路相对于前此的哲学思维，对存在的理解无疑推进了一步。从哲学的发端来看，在《老子》之前，原始的"五行说"把多样的世界归结为几种物质形态，其中固然也表现出试图把握世界统一性的意向，但它用五种物质元素（金、木、水、火、土）去说明这个世界，更多的是从质料的层面来理解存在。相对于"五行说"，原始的"阴阳说"主要侧重于分析存在之中不同力量之间的相互作用，通过不同力量的相互作用，以说明世界的变化、发展过程，回答世界是否变，如何变，等等。简而言之，"五行说"还停留于用质料因来解释世界的构成，并与具体的存在形态纠缠在一起，"阴阳说"则与占卜等观念相互

---

① 《庄子·齐物论》。

交错,二者或者没有完全从经验、现象层面超越出来,或者仍与神秘的意识相牵涉。相形之下,《老子》哲学系统中的"道"则既超越了质料因,也在一定意义上摆脱了神秘的形式,从而提供了更近乎本然世界的解释。作为统一性原理与发展原理的交融,"道"所展示的世界图景,无疑较原始的"阴阳"、"五行"说蕴含了更深沉的内涵。

二 有 与 无

在《老子》哲学中,"无"和"道"常常彼此通用。"无"可以理解为没有任何规定。经验生活中碰到的具体事物都有具体规定,如硬的、方的、圆的,等等。"道"作为第一原理、最高的本源、"大全",则没有任何规定:如果被赋予具体规定,它就变成了经验生活中的对象,这一点后来王弼作了细致的解释和阐发,他也注意到"无"所体现的,是"道"的无规定性。与之相对,"有"涉及具体规定。就"有"包含具体规定而言,它常常与"德"联系在一起。"德"的原始含义和"得"相通("德者,得也"),从《管子》开始这一点就被反复界说。"德"表明从"道"中获得了具体规定:"道"本身是没有规定的,"德"则开始呈现特定的属性和品格,并表现为具体的"有"。在具体的现象世界中,特定的事物都源自其他的特定事物:具体的"有"总是由另一个或另一些具体的"有"所生成或构成。从这个角度来说,"天地"和"万物"指称的含义有所不同,"万物"即"万有",是一个一个特定的对象,"万"言其多,"多"则涉及差异性、个别性、特殊性。"天地"在中国哲学中常常是和"整体"相联系或相通。没有具体规定的"道"构成存在的本源,所谓"无,名天地之始"[1];有具体规定的存在物则构成其他特定的、

---

① 《老子·一章》。

多样的存在物之源,在此意义上,"有,名万物之母"①。

《老子》往往要求从"无"的视域来看,在它那里,"以道观之"与"以无观之"彼此相通。对《老子》而言,世界的真实形态更多地呈现"不显现"或隐而不显的性质,当"道"以"无"或无规定作为其存在方式的时候,它所体现出来的更多的是一种隐而不显的形态。"隐而不显"从一个意义上看也呈现出了或者说彰显出存在问题的深沉性。"有"已经有了具体规定、有了具体呈现方式,所以它更多地表现为一种显现性、显明性。在"有"这样一种状态之下,万物敞开出来,都明亮地显现在外。这样,按照《老子》的理解,存在表现为不同的方式,其一是隐而不显,以"无"为状态;其二是显现在外,展开于经验世界中,能够被看到、被听到,总之,能为感官所把握。"明"、"暗","显"、"隐"常常是哲学家们喜欢用来隐喻、表述存在的方式,其意义在于彰显存在可以具有不同的呈现方式。当然,不管是"有",还是"无",都是"道"的存在方式,二者"同出"而"异名"。"同"关联"玄","玄"呈现为一种混沌的性质,"同"更多的是指自我同一的状态,从本然或原初的存在形态来看,"道"或"无"本身常常表现出一种未分化的形态。"玄"的原意是深、黑、不可测,在《老子》这里则表示浑然为一。"玄之又玄,众妙之门"②,如果追溯存在最原始的存在方式,最后便可以达到未分化的自我同一的形态。《老子》在讲作为存在之本原的"道"时,常常比较多地强调其自我同一、尚未分化这个维度,"玄"可以说是以一种形象化的方式来表达"道"的未分化或自我同一的形态。

相对而言,在西方传统的形而上学中,"有"似乎被视为更根本的

---

① 《老子·一章》。
② 《老子·一章》。

方面,按海德格尔在《形而上学导论》中的概括,形而上学的基本问题是:"究竟为什么在者在而无反倒不在?"①海德格尔所谓"在"(being),亦即"有",在以上追问中,"在"或"有"被断定为一个基本的事实,这一视域中的形而上学立场显然和《老子》有所不同。从这里也可以看出关于形而上原理或第一原理的理解具有不同的进路。在西方哲学的历史上,柏拉图把共相、理念作为最根本的存在;在亚里士多德那里,个体作为第一实体被赋予更本原的性质;后来黑格尔则把存在视为其逻辑学的出发点,而逻辑学在黑格尔的哲学系统中又有本体论的意义。无论是理念、实体,抑或存在,都属广义的"有",而不同于"无",这与《老子》将"无"视作整个存在的原初形态或本原形态,在思维进路上确乎有所不同。当然,必须再一次指出,《老子》的"无"以"道"为其实质的内涵,从而不同于绝对的虚无。

三 "为 无 为"

从形而上之道回到人的"在"世过程,《老子》进而提出了"为无为"的观念,②后者可以理解为对"无为"原则更具体的规定或解释。在"为无为"的形式下,"无为"已被看作是"为"的一种独特形式。通常容易将"无为"理解为一无所事,但这里恰恰是"为无为",亦即行无为之"为"或"处无为之事"③,这就表明,"无为"并不是指消极的拱手不做任何事情,而是指以一种独特的方式去"为","为无为"的提法事实上把"无为"的这一意思表达得比较清楚了。作为一种独特的方

---

① 〔德〕海德格尔:《形而上学导论》,北京:商务印书馆,1996 年,第 19 页。
② 参见《老子·六十三章》。
③ 《老子·二章》。

式,"无为"的着重之点就是遵循自然之道或自然的法则,避免人为(包括理性)的有意干预,这与黑格尔在《小逻辑》中提到的"理性的机巧"有相通之处。如果用另一种方式来表达,也就是把行为的侧重点放在合法则性、合规律性上,不用合目的性干扰合规律性。显然,"无为"在此并不是指无所事事,而是使整个行为过程合乎自然法则,不用人的观念、意图、目的去干扰自然法则的作用过程。

与"为无为"相联系的,是"智者不敢为"①。如果作进一步考察,便可发现,《老子》对"智"作了区分,一种是世俗之智,它主要与名利的追求相联系,另一种是道的智慧。所谓"智者不敢为"的"为"主要指追求世俗名利的活动,而"智者"之"智",则作用于这一过程。对《老子》而言,一旦名利作为价值追求对象本身被消解掉,不再成为人们孜孜以求的对象,那么以这样一些对象为目标的世俗之智也就相应地失去了它的存在意义和用武之地。《老子》试图从根本上转换价值观,消解世俗社会中名利等对象的价值意义,从而使以此为追求目标的行为失去根据。相对于此,"为无为"更多的是一种合乎道的行为方式。在《老子》那里,对文明进化过程中消极面的责难和对世俗之智的批评常常是联系在一起的,体现道的智慧的"为无为"与世俗的智者之"为",则相应地被视为彼此相对的两个方面。

四 本 然 之 "在"

与否定世俗之"智"相联系,《老子》一再以"婴儿"为喻,并把"婴儿"视作理想的存在形态,所谓"能如婴儿乎?"②便隐喻了这一点。

---

① 《老子·三章》。
② 《老子·十一章》。

从逻辑上说，"婴儿"作为人的最初存在形态，至少有三重特点：第一，他不具有后来形成的各种知识，对《老子》而言，婴儿的精神世界犹如一张白纸，尚未写下任何东西，也没有形成世俗之智的结构。从理论上看，这种理解当然并不确切，但他构成了《老子》关注婴儿形态的前提之一。在老子那里，对婴儿这种存在形态的赞美，实际上也意味着消解人在后来发展过程中积累、形成的各种知识，所谓"为学日益，为道日损"①，表达的也是类似的意思：人为增加的东西对人都有消极影响，"为道"就是要把积累的东西不断减少，回复到像婴儿那样原初的、尚未打上任何世俗印记的状态。"婴儿"的第二个特点是，作为生命的开端，他具有一种内在的活力，相对于其后的壮年、老年，婴儿更多地体现了一种生命的力量，在此意义上，肯定婴儿的完美性，隐含着对生命活力、生命力量的肯定。第三，从人的发展来看，"婴儿"又表现为人的一种可能形态，在婴儿阶段，人究竟会成为什么样的人，尚未预定。如海德格尔、萨特所说，人并不是既定的存在，而是通过自己的选择、谋划，经过一定过程才成为其所是。婴儿的特点就在于他作为未定之"在"或可能之"在"，可以向不同的方向发展；人一旦由婴儿到成年，就定型而难以改变了。这种可能性对《老子》来说是非常珍贵的东西，而对"婴儿"的注重，也从一个方面表现了对人的可能形态的肯定。

从本体论上看，可能的形态尚未被凝固在某一点上，它隐含着不同的发展方向。就人自身的存在而言，可能的形态同时也提供了一种更广的价值选择空间。按《老子》之见，一旦事物成为既成形态之后，就意味着固定、僵化并且导向"衰老"，从而丧失生命活力（所谓"物壮则老"）。现实在《老子》那里往往意味着凝固、僵化，走向衰

---

① 《老子·四十八章》。

亡,而在可能形态中,人可以始终保持像"婴儿"一样的活力,保持一种面向未来的自由,守护住这样的可能性在《老子》看来要比陷落于僵化的、走向终结的现实形态更重要。从另一方面看,对"可能"的注重在逻辑上也意味着对人自身作用的注重,尽管《老子》本身并没有强化自我的筹划,但在可能的形态下,人的自身选择在逻辑上却显得突出了:正是可能性,给人的选择提供了逻辑前提。海德格尔、萨特等存在主义哲学家也很重视可能的存在。海德格尔从时间之维讲存在,他一方面要求消解过去、现在、未来的界限,另一方面又把未来提高到了重要的位置。对他而言,未来隐含着可能(可能总是指向未来)。为什么"可能"如此重要?原因就在于它为"此在"的自我"筹划"、"谋划"提供了根据。对存在主义而言,人走向何方,这不是先天预定的,而是由人自己来选择、谋划的。当然,相对而言,在《老子》哲学中,与婴儿相联系的可能存在,往往表现为向开端的回复或对开端的守护,尽管可能的关注在逻辑上隐含着对未来的筹划,但未来意识与创造精神并没有在《老子》哲学中据主导地位。

五 "天 地 不 仁"

婴儿所涉及的,首先是"人"之"在",在《老子》那里,对"人"的考察,往往与"天"相联系。《老子》曾提出一个著名命题,即"天地不仁,以万物为刍狗"[1],这里的"天地"泛指自然,整个自然在《老子》看来并不像儒家所认为的那样,以人为中心。从天地自然的角度看,万物都是平等的,不同的事物之间没有优劣之分,也没有价值的高低之别。这一原则运用到社会领域中,则同样应肯定,人与人之间不存在

---

[1] 《老子·五章》。

价值上的高下、贵贱等等区分，所谓"圣人不仁，以百姓为刍狗"①，便表明了这一点。在本体论上，万物都是齐一的，后来庄子将其进一步引申为万物一齐、道通为一，认为世界最原始的存在状态是"未始有封"，即它一开始并没有界限，"封"在这里就有界限的之意。从"道"的角度看，不应该对其作种种区分，在此超越分界更多地带有本体论意味。从价值观的角度看，这里似乎还表现为超越以人为中心的观念。儒家的仁道的观念是以人观之，其基本要求是以人的存在价值为中心来考察万物，儒家一再强调天地万物人为贵，便表明了此点。《老子》"天地不仁"的观念则在一定意义上表现了试图消解把人视为万物中心的观念，这也构成了后来道家前后相承的思路。

从理论上看，这里涉及对所谓"人类中心"的理解问题。"人类中心"是现在经常提到的话题，对它的讨论以批评居多。然而，如果历史地看，恐怕对此也要作一些具体分析。在某种意义上，完全地超越人类中心可能是很困难的，从人自身的存在出发看待事物、看待存在、看待世界，是人难以避免的存在境域。现代的生态伦理、环境哲学强调天人和谐，反对生态破坏，通常我们将此视为对人类中心的超越，但事实上，重建天人统一、恢复完美生态等等，从终极的意义看，也还是为了给人提供一个更好的存在处境：天人失调、环境破坏之所以成了问题，是因为它危及了人本身的存在，就这一意义而言，完全超越人类中心，本身似乎缺乏合理的根据。此处似乎可以将狭义的人类中心论与广义的人类中心论作一区分。宽泛而言，人类当然无法完全避免"以人观之"，所谓生态危机、环境问题等在实质上都具有价值的意味：如上所述，生态、环境的好否，首先相对于人的存在而言，无论维护抑或重建天人之间的和谐关系，其价值意义最终都在于

---

① 《老子·五章》。

为人自身提供一个更完美的生存背景,就此而言,广义的人类中心确乎难以完全超越。然而,在狭义的形态下,人类中心论所关注的往往仅仅是当下或局部之利,而无视人类的整体(包括全球及未来世代的所有人类)生存境域,由此所导致的,常常是对人的危害和否定,这一意义的人类中心论,最终总是在逻辑上走向自己的反面,它也可视为狭隘的人类中心论。笼而统之地否定人类中心,往往会导致一种虚幻的、诗意的、浪漫的意向,这一点在时下的后现代主义观念及对所谓现代性或近代哲学的批判中经常可以看到:在后现代主义那里,诗意的想象常常压倒了对人类现实的社会历史过程的关注。《老子》哲学以自然为理想的形态,这一视域往往与批评文明的演化相联系,其中每每流露出对文明历史进步的疑虑,后者既具有提醒人们避免天人冲突的意义,也隐含着某种消极的历史意向。

六　美　与　善

“天地不仁”①,内在地蕴含着价值观的问题。从更普遍的层面看,价值观的讨论涉及广义的美与善。《老子》认为:“天下皆知美之为美,斯恶已;皆知善之为善,斯不善已。”②这里的“恶”,近于现在所说的“丑”,“美恶”犹言美丑。美和恶(丑)、善与不善相对而言,两者都属于价值论的问题,但侧重有所不同:美与恶(丑)更多地涉及审美之域,善与不善则更多地和道德评判相关。美恶(丑)、善不善的问题并不仅仅限于概念层面,它们同时与社会生活现象本身的美恶(丑)、善不善相关,也就是说它们涉及价值领域实际发生的现象。这一类

---

① 《老子·五章》。
② 《老子·二章》。

问题的讨论,同时又以《老子》关于天人关系的理解为背景。在《老子》看来,本然的存在形态(天或自然)无所谓美丑、善恶,美丑、善恶的问题是在天人相分之后,随着文明的进化而发生的。《老子》对文明进化过程的理解,与后来《庄子》的观念有相通之处,对他们而言,文明的进化不一定都向正面、积极的方向发展,相反,这一过程往往伴随消极的、负面的结果,美丑、善恶的相依相存性,便从一个侧面表明了这一点。具体而言,为什么一旦大家都知道美之为美,就会出现恶(丑)呢("天下皆知美之为美,斯恶已")?这是基于《老子》对社会现象的具体观察。从社会现象来看,一定的时期、时代或一定的社会阶层,总是有自己的价值判断标准,人们往往刻意地去迎合那些被共同接受、认同的标准,以便获得外在的赞誉,这种过程在相当意义上表现为有意而为之,它与自然无为的原则显然彼此冲突。同时,"天下皆知美之为美,斯恶已",也与《老子》对美本身的理解相关。《老子》认为,美应该是一种自然形态,如后来《庄子》所说,天地有大美而不言,自然本身就是美的,一旦有意造作,刻意而为之,那就变成了一种矫饰或外在模仿,美则由此失去了自然的形态而转换为自己的反面——恶(丑)。

另外,从艺术创作的层面看,美的概念一旦引入社会艺术领域,人们也容易模仿、效法一定时代所流行的样式、标准。天才艺术家创作的艺术品总是以创作冲动的形式体现了艺术家自身的率真之性和想象力,其中包含天性的自然流露,而仿作则完全是人为的依照,这与原始的创作之美意义颇为不同。《老子》认为"天下皆知美之为美,斯恶已",也包含原创与仿效之别。这里所表达的看法与前面所说的"为无为"相呼应,刻意仿效是有意而为之,在审美领域中有意而为之往往会破坏本然之美。

同样,善也是如此。一定的社会有一定的道德价值判断标准,对某一种行为、某一种言论每每是根据一定的标准作出评判,这种标准被普遍接受之后,社会生活中的人们往往会倾向于去迎合它们,以便获得正面的肯定。如果某种行为仅仅是为了获得外在的赞赏,如孔子所说的"为人"(亦即做给别人看),那么它常常会导致另一种意义上的有意而为之,后者在道德领域中常常会和通常所说的矫饰、虚伪联系在一起:有意而为之若进一步发展,很容易演变为矫饰、虚伪,而矫饰和虚伪显然是对本然之善的否定;这样,"天下皆知善之为善",则"斯不善已"。为了得到外在的赞赏,刻意去迎合某种标准,这样的行为往往不是出于真心或内在的真实意愿,其结果是导致道德行为趋向外在化,从而走向不善。对《老子》而言,自然状态下没有美丑、善恶之分,本然的存在是统一的,随着文明的演化,以上负面的现象才随之出现。在这里,价值观上对美、善的理解与自然的原则彼此交融。

当然,如果进一步考察,则可看到,《老子》固然有见于美与恶、善与不善之间可以相互转化,但似乎对转化的条件性没有给予充分注意。事实上,只有在完全违背美本身的规律而刻意仿效的情况下,美才会转化为恶(丑),"东施效颦"就是典型的例子。同样,善与不善的关系也是如此:惟有一味地从功利目的出发迎合外在标准,行为才会向矫饰、虚伪衍化。无条件地讲一旦皆知美之为美就会变成恶(丑)、皆知善之为善就必然化作不善,似乎容易流于抽象的推绎。

附录二

面向存在之思[①]
——《老子》哲学的内在意蕴

哲学之思总是不断地指向世界之"在"与人本身之"在"。作为中国哲学早期重要的文本,《老子》同样表现了对存在的关切。以道为总纲,通过终极之道与人的存在、道与德、为学与为道、既定之"有"与未定之"无"、超越已然与守护可能等关系的论析,《老子》展示了对存在的深层思考。

一 道、天、地、人

相对于先秦时代儒墨二大显学,《老子》似乎对形

---

① 本文的部分内容曾发表于《哲学研究》,1998 年第 5 期,全文刊于《学人》第 13 辑,后编入拙著《史与思》(杭州:浙江大学出版社,1999 年)。收入本书时,作了若干修改。

而上的问题表现出更为浓厚的兴趣：以道的辨析作为全书的出发点，一开始便展示了一种形而上的视域。而在《老子》哲学的展开过程中，我们确实可以一再看到对形而上学问题的追问和沉思。

一般而言，形上思维往往倾向于区分现象与现象之后的存在，《老子》一书似乎亦体现了这一特点。综观全书，我们常常可以看到如下这一类表述："大成若缺"、"大盈若冲"、"大直若屈"①、"明道若昧"、"质真若渝"、"进道若退"②。这里的"若"，主要与对象的外在显现相联系。完美地实在呈现于外时，往往似有缺陷（"若缺"）；充实的对象在外观上常常显得虚而空（"若冲"）；如此等等。在此，对象的真实存在与对象的外在呈现似乎展现为二重系列，质言之，在真实的存在与现象的呈现之间有着某种本体论上的距离。

这样，按《老子》的看法，本然的存在一旦取得现象的形式，便意味着失去其真实的形态。在谈到五色、五音等与人的关系时，《老子》进而指出："五色令人目盲，五音令人耳聋，五味令人口爽。"③此所谓色、音、味既对应于自然，又意指呈现于外的现象；从前一意义（与自然的关系）上看，五色、五音等作为人化之物意味着对自然状态的破坏，就后一意义（现象）而言，色、音、味又作为外在呈现而与真实的存在相对。《老子》认为"五色令人目盲、五音令人耳聋"，不仅表现了对人化世界的拒斥，而且也流露出对现象世界的贬抑和疏远。

现象世界的非真实性，决定了不能停留于其上。《老子》一书一再要求超越仅仅呈现于外的现象，以达到真实的存在。在对道的规

---

① 《老子·四十五章》。
② 《老子·四十一章》。
③ 《老子·十二章》。

定中,我们便不难看到这一点。对《老子》来说,由色、音、味等现象层层追溯,最后总是引向终极之"在",亦即道。作为终极的存在,道构成了万物的本源:"是谓天地根"①。相对于声、色等所构成的现象世界,道具有不同的特点,《老子》对此作了如下阐述:

> 视之不见名曰夷,听之不闻名曰希,搏之不得名曰微。此三者,不可致诘,故混而为一。其上不皦,其下不昧,绳绳不可名,复归于无物。是谓无状之状,无物之象,是谓恍惚。迎之不见其首,随之不见其后。执古之道以御今之有,能知古始,是谓道纪。②

视、听、搏以可感知的领域为其对象,所视、所听者都不外乎感性的现象。道则超越了现象之域,无法以名言来指称(不可名),也难以归结为某种具体的对象。《老子》常常用"无"来表示道,所谓"复归于无物",亦着重于指出"无"这一规定。这里所说的"无",并不是不存在,而是强调道不具有呈现于外的感性规定。黑格尔已注意到了这一点,在谈到《老子》的"无"时,他曾指出:"这种'无'并不是人们通常所说的无或无物,而乃是被认作远离一切观念、一切对象,——也就是单纯的、自身同一的、无规定的、抽象的统一。因此这'无'同时也是肯定的;这就是我们所叫作的本质。"③不妨说,在《老子》哲学中,"无"所突出的,是终极本体对外在现象的超越。

《老子》要求从可感知的现象世界走向"复归于无物"的道,无疑

---

① 《老子·六章》。

② 《老子·十四章》。

③ 〔德〕黑格尔:《哲学史讲演录》第一卷,北京:商务印书馆,1981 年,第 131 页。

展示了一种形而上的路向。作为天地之根,道构成了万物的第一原理,所谓"夫物芸芸,各复归其根"①,以及"天得一以清,地得一以宁"、"万物得一以生"②,便意味着具体的"有",向超越感性规定的"无"(道)回归。在这里,复归本根("复归其根")与追寻统一("得一")表现为同一个向度:道作为万物存在的根据,同时构成了世界的统一性原理。

天地万物既有其统一的本源,又展开为一个变化运动的过程。从自然对象看,"飘风不终朝,骤雨不终日"③,不存在永恒不变的现象;就社会领域而言,"金玉满堂,莫之能守"④,社会成员的地位、财富也都处于流变之中。《老子》从总体上对世界的变化过程作了如下概述:"反者道之动。"⑤这里的"反"既指向本源的复归,又泛指向相反方向的转化,后者意味着对既定存在形态的否定。在此,"道"从否定的方面,展现为世界的变化原理。

从哲学思维的发展看,自原始的阴阳说与五行说开始,早期的形上之思便试图对世界的统一性和发展变化作出不同的解释。阴阳说以两种对立的力量来说明现象的运动变化,表现了对世界发展原理的关注;宇宙论意义上的五行说以五种基本的物质元素来解释世界的构成,其思维路向更多地涉及世界的统一性原理。不过,在原始的阴阳、五行说中,作为动力因的阴阳以及作为世界构成的五行都仍与具体的质料纠缠在一起,而以某种特殊的物质形态来解释世界的统一和变化,显然有其理论上的困难。相形之下,《老子》将"复归于无

---

① 《老子·十六章》。
② 《老子·三十九章》。
③ 《老子·二十三章》。
④ 《老子·九章》。
⑤ 《老子·四十章》。

物"（不同于具体物质形态）的道,视为世界的第一原理,无疑已超越了质料因的视域。

《老子》由区分现象与现象之后的存在,进而追寻万物统一的本源,无疑表现了对存在的关注。如果我们把存在的追问视为一种本体论向度,那么,《老子》哲学确乎已开始表现出某种本体论的致思趋向。当然,在《老子》哲学中,本体论的沉思与宇宙论的构造界限往往还不很分明,道常常既被理解为存在的根据,又被视为万物的化生者,在所谓"天下有始,以为天下母"①、"天下万物生于有,有生于无"②等命题中,道与万物的关系便多少被赋予某种生成与被生成的性质。不过,无论是本体论的走向,抑或宇宙论的进路,都表现为对世界的终极性思考。

广义的存在不仅包括本体论意义上的"有"（being）,而且涉及人自身之"在"（existence）。《老子》在追问"有"以及"有"之本源的同时,并没有遗忘人自身的存在。为了更具体地了解这一点,我们不妨看一下《老子》的如下论述:

> 故道大,天大,地大,王亦大。域中有四大,而王居其一焉。③

这里的"王",主要不是表示政治身份,它所着重的,是与天、地、道相对的另一种存在形态,即"人";换言之,"王"在此首先被理解为"人"

---

① 《老子·五十二章》。
② 《老子·四十章》。
③ 《老子·二十五章》。此句中二"王"字,王弼、河上公本作"王",而唐傅奕《道德经古本篇》及宋范应元《老子道德经古本集注》作"人",但帛书《老子》及郭店楚简的《老子》（残简）都作"王",由此似可推知,早期文本中,作"王"的可能性较大。

的存在象征或符号①。在本章下文"人法地,地法天,天法道"之序中,"王"便直接以"人"来表示。这样,"四大"实质上包含着道、天、地、人四项,其中既包括广义的"物"(天地),亦涉及人,而涵盖二者的最高原理则是道。《老子》将人视为域中四大之一,无疑体现了对人的存在价值的肯定。

《老子》的四大之说,在某些方面使人联想到海德格尔的类似观念。海德格尔在后期的若干论著中,曾有天、地、人、神四位一体之说:"从一种原始的统一性而来,天、地、神、人'四方'归于一体。"②这四者的相互联系,便构成了世界:"天、地、神、人之纯一性的据有着的映射游戏,我们称之为世界(Welt)。"③这里首先当然体现了对人的存在的关切:人在大地之上、天空之下,面对诸神,向死而在。在《物》一文中,海德格尔曾分析了物在统一天、地、人、神中的作用,认为"物化之际,物居留大地和天空,诸神和终有一死者;居留之际,物使在它们的远中四方相互趋近"④。然而,作为四大的凝聚者,物并不是人之

① 王弼:"天地之性人为贵,而王是人之主也。"(〔魏〕王弼:《老子道德经注·二十五章》)这一解说亦主要以"人"释"王"。
② 〔德〕海德格尔:《海德格尔选集》,上海:上海三联书店,1996年,第1192页。
③ 〔德〕海德格尔:《海德格尔选集》,第1180页。
④ 〔德〕海德格尔:《海德格尔选集》,第1178页。海德格尔曾以壶为例,来说明物在统一四大中的作用。壶可以容纳水或酒,后者首先又与泉相联系。"在赠品之水中有泉。在泉中有岩石,在岩石中有大地的浑然蛰伏。这大地又承受着天空的雨露。在泉水中,天空与大地联姻。在酒中也有这种联姻。酒由葡萄的果实酿成。果实由大地的滋养与天空的阳光所玉成。在水之赠品中,在酒之赠品中,总是栖留着天空与大地。但是,倾注之赠品乃是壶之壶性。故在壶之本质中,总是栖留着天空与大地。"(〔德〕海德格尔:《海德格尔选集》,第1172—1173页)但壶同时又与人与神相联系。"倾注之赠品乃是终有一死的人的饮料。它解人之渴,提神解乏,活跃交游。但是,壶之赠品时而也用于敬神献祭。"(〔德〕海德格尔:《海德格尔选集》,第1173页)在此,天、地、人、神即通过壶这种物而相互联结。

外的自在对象。海德格尔通过对"物"的词源学的分析,指出:"它表示人们以某种方式予以关心与人相关涉的一切东西,因而也是处于言谈中的一切东西。"①换言之,物只有与人相联系,才具有沟通天、地、人、神的作用;在物的背后,乃是人的存在。

不过,与后期对技术专制的批评相应,除了以人的存在为关注之点外,海德格尔的天、地、人、神四位一体说还具有另一重含义。在谈到安居时,海德格尔指出:"终有一死者通过栖居而在四重整体中存在。""终有一死者栖居着,因为他们拯救大地——拯救一词在此取莱辛还识得的那种古老意义。拯救不仅是使某物摆脱危险。拯救的真正意思是把某物释放到它本己的本质中。拯救大地远非利用大地,甚或耗尽大地。对大地的拯救并不控制大地,并不征服大地——这还只是无限制的掠夺的一个步骤而已。"②控制、征服、耗尽侧重于对大地的支配和利用,它在要求化自在之物为为我之物的同时,又蕴含着片面或狭隘的人类中心观念。与之相对,天、地、人、神的四位一体,则意味着在安居于大地的同时,扬弃片面或狭隘的人类中心观念。换言之,物固然因人而在,但人亦与物共在:"栖居始终已经是一种在物那里的逗留。"③不难看出,在天、地、人、神的相互映射中,一方面,人的存在并没有被遗忘,另一方面,这种存在又始终处于四方的关系之中。

在关注人的存在这一点上,《老子》的道、天、地、人四大之说无疑表现了与海德格尔相近的思维趋向。当然,与后期海德格尔更多地以四位一体突出存在的共居性及相互映射性有所不同,《老子》将人

---

① 〔德〕海德格尔:《海德格尔选集》,第 1175 页。
② 〔德〕海德格尔:《海德格尔选集》,第 1193 页。
③ 〔德〕海德格尔:《海德格尔选集》,第 1194 页。

提升为四大之一,似乎旨在沟通对道的终极追问与人自身的存在:在道、天、地、人四大之中,形上的关切同时指向了本体论意义上的存在(being)与人自身的存在(existence)。海德格尔曾批评传统形而上学仅仅关注存在者,而遗忘了存在本身。所谓存在者,常常意指具体对象之后的"一般"存在,存在本身则首先与人自身的存在相联系。如果说,《老子》对道的追问多少近于探求存在者,那么,将人列入四大,则意味着超越对存在本身的遗忘。不难看出,道大、天大、地大、人亦大之说的内在哲学意蕴,在于对存在(being)与"在"(existence)的双重关注。

从人为域中四大之一这一前提出发,《老子》提出了知人的要求:"知人者智,自知者明。"①知人是认识他人,自知是认识自我,二者都指向广义的人。与面向道的形上之思有所不同,《老子》对人的把握主要并不表现为一种本体论上的终极追问,而是体现为对人的存在境遇及存在方式的关切。人存在于世,总是会遭遇各种生存处境,《老子》从不同方面考察了人的在世过程。强弱、荣辱是人生面临的基本问题之一,《老子》在反省了人生的强弱变化等种种现象之后,提出了如下的在世原则:"知其雄,守其雌。"②雄象征着强有力的状态,雌则代表弱势,根据"反者道之动"的原则,事物发展到一定阶段,便会向其反面转化,所谓"兵强则灭,木强则折"③。因此,在了解了何者为强之后,始终保持柔弱状态,才不失为明智之举。同样,就荣辱而言,在《老子》看来,合理的态度应当是"知其荣,守其辱",以达到"复归于朴"④,亦即不要过分地去追求世间的荣耀,而应保持一种质朴的

---

① 《老子·三十三章》。
② 《老子·二十八章》。
③ 《老子·七十六章》。
④ 《老子·二十八章》。

状态。

以上观念更多地表现为一种个体自我调节的原则。就自我与对象的关系而言,在世过程又涉及去取、予夺等交替变更:"将欲翕之,必固张之;将欲弱之,必固强之;将欲废之,必固兴之;将欲夺之,必固与之。是谓微明,柔弱胜刚强。"①这里固然涉及政治、军事等领域的具体谋略,但从哲学上看,它又广义地表现为一种应付存在境遇的方式,而柔弱胜刚强则是其核心原则。人生在世,总是要与他人打交道,而打交道又往往会有得失,柔弱胜刚强便被视为有效应付对手的方式。在这里,存在的关注似乎引向了处世方式的设定。类似的处世原则还包括:"知足者富"②、"甚爱必大费,多藏必厚亡"③、"知足不辱"④、"不敢为天下先"⑤,如此等等。

相对于海德格尔,《老子》对存在的如上考察,显然表现了不同的视域。从批评存在的遗忘这一立场出发,前期海德格尔将存在者的存在转换为此在,并以此在的时间性为切入点,对此在作多方面的分析,这种分析被称为基础本体论,具有独特的哲学意义。对此在的这种本体论层面的分析,确乎体现了深沉的哲学洞见。与海德格尔有所不同,由沟通终极之道与人的存在,《老子》往往将注重之点指向了人在各种境遇中的"在",其追问的对象亦常常由人在世的本体论意义,转向人在世的具体方式。这种思路突出了存在的现实之维以及人与日常处境的联系,体现了日用即道的哲学向度;它对于抑制思辨的走向,避免存在的超验化,无疑具有不可忽视的意义。然而,将存

① 《老子·三十六章》。
② 《老子·三十三章》。
③ 《老子·四十四章》。
④ 《老子·四十四章》。
⑤ 《老子·六十七章》。

在的关切与在世方式的探寻联系起来,似乎亦容易使存在的追问衍化为某种处世哲学,从而限制存在之思的深沉性,道家哲学后来在某些方面被引向"术"(谋术、权术、长生术等等),与此似乎不无关系。

《老子》以道为第一原理,从而超越了原始的阴阳五行说;又以道大、天大、地大、人亦大的四大之说确认了人的存在,从而不仅以本体论上的"有"(being)为关注之点,而且将人自身的"在"(existence)引入了哲学之思。从理论上看,存在的探寻总是与人自身的"在'联系在一起。相对于本体论意义上的"有"(being),人自身的"在"更多地展开于人的生存过程:它在本质上表现为一种历史实践中的"在"(existence)。离开人自身的"在",存在(being)只具有本然或自在的性质;正是人自身的"在",使存在向人敞开。因此,不能离开人自身的"在"去对存在作思辨的悬想。当然,人自身的"在",也并非处于存在之外,它总是同时具有某种本体论的意义。这样,人一方面在自身的"在"(existence)中切入存在(being),同时又在把握存在的过程中,进一步从本体论的层面领悟自身的"在"。尽管《老子》在对道作终极追问的同时,还没有完全自觉地将其与人自身的"在"联系起来,事实上,在某些方面,道的沉思往往还游离于人自身的"在",然而,《老子》在四大的形式下,将人与道、天、地加以联结,似乎又蕴含着沟通存在(being)与"在"(existence)的意向。总之,就其在某些方面离开人自身的"在"去追问终极之道而言,《老子》哲学无疑还没有完全超越以思辨的方式去追问存在者的存在;但就其以四大统一人、地、天、道而言,它又显然多少有别于对存在的遗忘。

以道的形上追问与人的形下关切为双重向度,《老子》的第一哲学确乎展示了自身的特点。在道、天、地、人的四重关系中,形上之道与人的存在从相分走向相合,但与后期海德格尔以天、地、人、神的相互映射扬弃片面的人类中心观念,亦即由人走向天、地、神有所不同,

《老子》的逻辑秩序是道、天、地、人,亦即从道走向人。这种思路一方面通过面向人的现实之"在"而多少抑制了对道的超验承诺,但同时亦容易使存在的关切导向处世哲学,从而限制存在之思的深沉性。

二　尊道贵德

与存在和"在"的双重关注相联系,《老子》对道与德的关系亦作了独特的考察。关于道,《老子》有过多重界说;如前所述,作为万物的根据,道具有形而上的性质。《老子》在第二十五章中对此作了更具体的规定:

> 有物混成,先天地生,寂兮寥兮,独立而①不改,周行而不殆。可以为天下母,吾不知其名,字之曰道,强为之名曰大。

"混"主要相对于已分化的个体而言,它所表现的是道的统一性品格;"先天地"与"大"隐含了时空上的无限性;"寂"、"寥"则表征了道的超感性这一面;"独立而不改",表明道不依存于外部对象而以自身为原因;"周行而不殆"确认了道与发展过程的联系;最后,"可以为天下母",则隐喻了道对万物的本源性。

道自我统一而又先于天地,以自身为原因而又超越感性的存在,在道这一层面,世界似乎更多地具有形而上和未分化的特点。如何由形而上的道过渡到形而下的物?《老子》提出了"德"这一范畴:"道生之,德畜之,物形之,势成之。是以万物莫不尊道而贵德。"②

---

① 王弼本无"而",此据帛书《老子》(乙本)校补。
② 《老子·五十一章》。

"德"在《老子》哲学中有多重含义。从本体论上看,所谓"德",意味着有得于道,或者说,由道而得到的具体规定。黄老一系的《管子》在界说道与德的关系时,曾指出:"德者道之舍,物得以生生,知得以职道之精。故德者,得也。得也者,其谓所得以然也。"①这里固然渗入了《管子》作者的思想,但亦展示了与道相对的"德"这一范畴的本来含义。事实上,在以上所引《老子》的论述中,也不难看到"德"与"得"的这种联系:所谓"道生之",是接着"可以为天下母"而说的,其内在含义在于强调道的本源性;"德畜之",亦即得之道的具体规定构成了物生成的潜能;"物形之",涉及特定质料与具体物质形态的关系;"势成之",则着重指出内在必然性(必然之势)对事物的推动作用。从形而下世界的形成看,道作为本源,同时表现为一种自然的原则,所谓"道法自然"②,即表明了此点。就这一意义而言,"道生之"亦可理解为物自生;而物的这一自生过程,又以"德"为现实的出发点:物的发生与形成,总是表现为"德"的展开。

道作为未分化的超验存在,往往无具体的规定,在此意义上,也可视为"无";德相对于道,已有所"得",亦即取得了某种"有"的形态。这样,"道与德"的关系和"无与有"的关系,便有了一种逻辑上的相通性。《老子》在第一章已指出:"无,名天地之始;有,名万物之母。"③以"无"

① 《管子·心术上》。
② 《老子·二十五章》。
③ 此句在断句上历来有分歧。王弼等以"无名"、"有名"为断,王安石则以"无,所以名天地之始;有,所以名往万物之母"解释此句,亦即以"无"、"有"为断。(参见容肇祖辑:《王安石老子注辑本》,北京:中华书局,1979年,第1页)从内容上看,二者的含义事实上是相通的:"无名"即无法以经验领域的名言加以表示者,"无"则意谓无具体规定者,二者所指实为一(道),"有名"与"有"的分别亦类此。从文句结构上看,以"无"、"有"为断,与本章后二句"常无,欲以观其妙;常有,欲以观其徼"似更为一致。

名天地之始既强调了道的超时间性,亦隐喻了道的未分化性(无天地之分、万物之别),而天下万物(一个一个的对象)总是以具体的规定为其现实的出发点,这里的"有"在包含具体规定上,与"德"无疑彼此相近,所谓"有,名万物之母",与"德畜之",似乎亦可互释。

《老子》哲学中的"有"与巴门尼德的"有"或"存在"显然有所不同。在巴门尼德的哲学系统中,"有"或存在构成了世界的第一原理,而这种"有",又被理解为没有内在区分的单一的存在,它与思想同一而与特殊的事物相对。在这种无分别的"有"之中,"万物的多样性已沉没在这全一之中"①。质言之,巴门尼德的"有"更多地表现为一种与个体相对的统一性原理。较之巴门尼德,《老子》的"有"与个体或特殊对象似乎有着更为切近的联系:在《老子》哲学中,世界的统一本源并不是"有"而是"无"(或道)。所谓"天下万物生于有,有生于无"②,强调的便是"有"与万物的相通性:作为万物之源的"有",也就是获得了具体规定(成其"德")的存在;万物生于有,犹言具体之物总是源于具体之物。从终极的意义上看,"无"或"道"构成了形而上的存在根据;就万物之间的相生而言,"有"或"德"又是事物化生的现实出发点。在此,本体论的视域与宇宙论的规定再次交错在一起。如果说,"无"或"道"主要表现为统一性原理,那么"有"或"德"则更多地展示了个体性的原理。

道与德、有与无作为世界的二重原理,并不是彼此悬隔的,所谓"天下万物生于有,有生于无",已表明了这一点。在第五十二章中,《老子》以母子为喻,对此作了进一步的阐释:

---

① 〔德〕文德尔班:《哲学史教程》上卷,北京:商务印书馆,1989 年,第57 页。

② 《老子·四十章》。

天下有始，以为天下母。既得其母，以知其子。既知其子，复守其母，没身不殆。

此所谓母与子，大致对应于道与德、无与有。这里既涉及了认识之维，又渗入了本体论的视域。从认识之维看，一方面，在把握了存在的统一本源和形上根据之后，又应当进而切入具体的"有"（知其子）；另一方面，对存在的考察不能停留在"有"的层面，而应不断向形上本源回复。知母（把握形上根据）与得子（切入具体存在）的这种互动关系，在逻辑上又以道与德、有与无、母与子的统一为其本体论的前提，这种统一既表现为从道到德，即不断从无具体规定走向具体规定，又以从德到道的返归为内容："玄德深矣，远矣，与物反矣"①，反（返）即意味着复归本源。本体论上的从道到德和由德返道与认识论上的得母知子和知子守母，从不同方面展示了道与德的统一。

　　不难注意到，通过肯定道与德、无与有、母与子的互动，《老子》表现出沟通统一性原理与个体性原理的趋向。事实上，当《老子》强调"尊道而贵德"②时，便已明确地表明了这一立场：尊道意味着由现象之域走向存在的终极根据，贵德则蕴含着对个体的关注；在尊道贵德之后，是对统一性原理与个体性原理的双重确认。如果说，肯定域中有四大（道、天、地、人）着重于道与人、存在与"在"的沟通，那么，尊道而贵德则要求在更普遍的层面，打通形上本体与形下个体，二者可以视为同一思路的展开。

　　《老子》对道与德的规定，在某些方面使人想到了柏拉图和亚里士多德。柏拉图对真实的存在与虚幻的存在作了区分，以为唯有一

---

① 《老子·六十五章》。
② 《老子·五十一章》。

般的理念才具有真实性,而理念本身又表现为一个层层上升的序列,其最高形态即至善。与理念相对的,是作为感性对象的个体,后者在柏拉图看来只是理念的影子或摹本,并不具有实在性。这种以共相为第一原理的形而上学,显然未能对个体原则作出合理的定位。在柏拉图之后,亚里士多德将存在的考察与实体的研究联系起来,认为"什么是存在(being)"与"什么是实体"是同一问题。① 实体本身有第一与第二之分,第一实体主要指个体,第二实体则包括类或种。在亚里士多德看来,第一实体是最真实的存在,它构成了其他一切事物的基础,如果第一实体(primary substance)不存在,"其他任何事物也都不可能存在"②。在这里,亚里士多德似乎表现出回到个体本身的趋向:相对于柏拉图将存在的普遍性和统一性这一面提到至上的地位,亚里士多德更多地强化了存在的个体之维。古希腊哲学的这一发展趋向在尔后的西方哲学演进中一再得到了折射:从中世纪的唯名论与唯实论之争,到近代哲学中的经验论与唯理论之辩,都在不同意义上内含普遍性原理与个体性原理的某种对峙。相形之下,《老子》以"尊道贵德"沟通普遍性原理与个体性原理,无疑展示了不同的思维路向。

作为道在"有"之中的体现,"德"不仅表现为内在于事物的具体规定,而且与人的存在相联系。在《老子》第五十四章中,我们可以看到如下论述:

> 修之于身,其德乃真;修之于家,其德乃余;修之于乡,其德

① 参见 Aristotle:*Metaphysics*,1028b5,*The Basic Works of Aristotle*,New York:Random House,1941,p.784。

② Aristotle:*Categoriae*,2b5,*The Basic Works of Aristotle*,p.9.

乃长;修之于国,其德乃丰;修之于天下,其德乃普。

这里的"德",已不仅仅是本体论意义上的具体规定,它作为人的品格而具有了德性的意义。正如道内在于物而表现为对象的现实规定一样,道体现于人,便展示为人的具体德性。在此,道似乎构成了德性的形上根据。从形上之道到人的德性,既是道在人之中的具体化,又表现为道本身超验性的扬弃:形上的根据显而为现实的德性。在后一意义上,由道而德,又可以视为道的某种自我限制,当《老子》说"失道而后德"时,其中亦多少包含着这一含义。

就德性本身而言,其形态又有高下之分。《老子》常常以赤子隐喻理想的德性:"含德之厚,比于赤子。"①赤子亦即智慧未开的婴儿,它象征着一种未经人化的自然状态。在《老子》看来,完美的德性就在于回归或保持人的自然状态,超越一切有意的人为,唯有如此,才能真正达到得道的境界。同于赤子的这种纯厚之德,也就是所谓"上德",与之相对的则是"下德"。《老子》曾对这两种不同形态的德性作了比较:"上德不德,是以有德。下德不失德,是以无德。上德无为而无以为,下德为之而有以为。"②上德不德,是指具有完美德性者并不自居其德而有意为之,惟其如此,故成其为德;下德没有达到此种境界,往往执着于德性并以此标榜,其结果则是纯厚之德的失落。这里的下德,亦可视为德性的某种异化,从德性的角度看,它意味着远离自然之美,就道与德的关系而言,它则表现为对道的偏离。由这一层面而视之,则所谓"失道而后德",似乎亦包含着对德性沦落的批评。

如前所述,相对于道,"德"更多地展示了个体性的原理,后者既

---

① 《老子·五十五章》。
② 《老子·三十八章》。

体现于对物的规定,也表现在道与人的关系之上。从广义的存在看,由道而德,展开为从"无"(无具体规定的未分化形态)到"有"(获得具体规定)的过程;就人的"在"而言,由道而德,则同时伴随着德性的分化(上德与下德等)过程。《老子》既肯定了从道到德的进展,又要求不断向道复归,确乎表现了沟通统一性原理与个体性原理的意向。在尊道而贵德的形式下,一方面,"天网恢恢,疏而不失"①,普遍之道涵摄一切存在,另一方面,道与万物的关系又是"生而不有,为而不恃,长而不宰"②,其中蕴含着对个体的某种开放性,后者无疑为存在的多方面分化及存在的多重样式提供了本体论的根据。统一性原理与个体性原理的这种交融,在尔后道家的本体论及价值论中一再以不同方式得到了折射。

三　自然无为:二重内涵

道与德的统一表明,作为存在的终极根据,道并不是一种外在的主宰;毋宁说,它更多地表现为存在的自我统一。循沿这一思路,《老子》进一步提出了"道法自然"说。在前文曾引及的第二十五章中,紧接"域中有四大,而王居其一焉",《老子》写道:

> 人法地,地法天,天法道,道法自然。

从本体论上看,所谓"道法自然",也就是道以自身为原因。《老子》在第四十二章中曾说过:"道生一,一生二,二生三,三生万物。"这里的

---

① 《老子·七十三章》。
② 《老子·五十一章》。

"一",也就是道自身,道生一,犹言道自生或道自我决定。在生成关系这种外在形式之后,是对自因(道以自身为原因)的肯定。《老子》强调"反者道之动",同样意味着将变化理解为一个自我运动的过程,其中蕴含着发展原理与自因的统一。

法自然的自因义,主要侧重于天道。从人道的角度看,法自然又与人的行为相联系。在第五十三章中,我们读到:"使我介然有知,行于大道,唯施是畏。"从字源学上看,"道"本有道路之意,引申为主体应当遵循的规律等。《老子》在这里似乎利用了"道"这一词的双关性,在行进于大道这一语义之中,同时寄寓了推行、遵循大道之意。后者在第四十一章得到了更明确的表述:"上士闻道,勤而行之。"所谓勤而行之,便是指自觉地推行、遵循道,在此,法自然取得了合于道的形式。

人道意义上的自然,在《老子》哲学中往往又与价值领域相联系。在价值观的层面,自然常常被理解为一种与人化相对的存在形态,而法自然则相应地具有保持或回归前文明状态之意。正是在后一意义上,《老子》对人化过程及与之相关的文化形态提出了种种批评:"大道废,有仁义。慧智出,有大伪。六亲不和,有孝慈。国家昏乱,有忠臣。"[1]从本体论上看,道具有未分化的特点,后者同样体现于价值领域。作为人化过程产物的文明形态,往往有善恶之分,诚伪之别;相对于此,与道为一的自然状态,则是无分别的:以道观之,无论是正面的仁义、智慧、孝慈,抑或负面的大伪、六亲不和,都是人为的结果,二者从不同方面表现了对自然的偏离。在这里,大道已具体化为自然的原则,而文明社会的规范,则被视为对自然原则的否定:"大道废,有仁义",便展现了二者的这种紧张关系。

----

① 《老子·十八章》。

人文与大道、文化与自然的如上紧张，使法自然逻辑地导向了对人化过程及其产物（文化）的疏远，所谓"绝圣弃智，民利百倍；绝仁弃义，民复孝慈；绝巧弃利，盗贼无有"①，便表明了这一立场。作为一般的价值取向，这种立场既体现于个体的人生理想，也渗入于普遍的社会模式。在人生理想之域，法自然取得了"见素抱朴"②的形式，就社会模式而言，法自然则意味着回归小国寡民的社会形态："小国寡民，使有什佰之器而不用；使民重死而不远徙，虽有舟舆，无所乘之；虽有甲兵，无所陈之。使人复结绳而用之。甘其食，美其服，安其居，乐其俗。邻国相望，鸡犬之声相闻，民至老死，不相往来。"③什佰之器包括广义的工具，结绳而用则与文字的运用相对。在自然状态下，从工具到文字，文化的各种样式似乎都失去了其存在价值。

与自然相辅相成的是"无为"，《老子》所谓"辅万物之自然而不敢为"④便肯定了二者的这种联系。如前所述，法自然既以自觉地行道为向度，又意味着向自然状态的回归。前者主要从积极的方面——推行并合于道——展示了法自然的内涵，无为则首先从消极的方面——避免反乎道的行为——表现了类似的趋向。在《老子》看来，人为的过程往往会导致消极的社会后果："天下多忌讳，而民益贫；民多利器，国家滋昏；人多伎巧，奇物滋起；法令滋彰，盗贼多有。"⑤反之，遵循无为的原则，则能达到国泰民安："我无为而民自化，我好静而民自正，我无事而民自富，我无欲而民自朴。"⑥在这里，无为

---

① 《老子·十九章》。
② 《老子·十九章》。
③ 《老子·八十章》。
④ 《老子·六十四章》。
⑤ 《老子·五十七章》。
⑥ 《老子·五十七章》。

与自然是一致的："功成事遂，百姓皆谓我自然。"①

从无为的原则出发，《老子》要求对"欲"加以限制，所谓"是以圣人欲不欲"②，等等，便表明了此点。这种无欲的主张，在形式上与儒家无疑有类似之处。不过，儒家所理解的欲，首先与感性的欲望相关，而无欲或寡欲也相应地意味着以理性的观念抑制感性的欲望。这里内在地蕴含着某种理性优先的原则，在尔后的理欲之辩中，便明显地表现出这一趋向。较之儒家主要从理欲关系上讨论"欲"，《老子》着重将"欲"与有意而为之的人为过程联系起来，而"欲"则更多地被理解为一种有所为的意向。无人为之欲与顺自然之化往往被视为同一过程的两个方面，也正是在此意义上，《老子》强调"不欲以静，天下将自定"③，亦即将消除人为的冲动，视为达到自然之境的前提。

当然，无为并不是一无所为，《老子》要求"为无为"④，亦意味着将无为本身看作是一种特定的"为"。与法自然的要求相联系，以无为的形式表现出来的"为"，首先相对于无视自然之道的人为而言。在第三十七章中，《老子》对无为之"为"作了更具体的解释："道常无为而无不为。侯王若能守之，万物将自化。"在此，无为之"为"（无不为）与万物之自化便具有内在的一致性。不难看出，这种无为之"为"的特点，在于利用对象自身的力量而不加干预，以最终达到人的目的。《老子》以政治领域的实践为例，对此作了说明："善用人者为之下，是谓不争之德，是谓用人之力，是谓配天，古之极。"⑤这里的用人

---

① 《老子·十七章》。

② 《老子·六十四章》。

③ 《老子·三十七章》。

④ 《老子·三章》、《老子·六十三章》。

⑤ 《老子·六十八章》。

之力不仅仅是指善于选用人材,它的主要含义在于利用各种政治势力。高明的当政者并不直接与人相争,而是善于利用各种政治力量的相互作用,以实现自己的政治意图。这一意义上的"无为",同时便表现为一个合乎自然(配天)的过程。用对象之力而不加干预作为无为之"为"的形式,不仅体现于政治领域,而且构成了"为无为"的一般特点。所谓"事善能,动善时"①便从更广的意义上展示了以上原则:事、动属广义的"为",而善能、善时都从不同的侧面强调了"为"应当合乎自然(配天)。

《老子》所说的无为之"为",在某些方面使人联想起黑格尔所谓"理性的机巧"。关于理性机巧,黑格尔在《小逻辑》中有过如下论述:

> 理性是有机巧的,同时也是有威力的。理性的机巧,一般讲来,表现在一种利用工具的活动里。这种理性的活动一方面让事物按照它们自己的本性,彼此互相影响,互相削弱,而它自己并不直接干预其过程,但同时却正好实现了它自己的目的。②

在此,理性的机巧具体展现于人的活动,而这种活动首先又表现为一个合规律性的过程:它让对象各按自己的本性相互作用,而不作人为的干预。质言之,一方面,主体在这一过程中并非无所作为,相反,整个过程一开始便引向主体的目的;另一方面,主体又并不违背事物的固有本性而横加干预,这里蕴含的内在观念,是合目的性与合规律性的统一。尽管《老子》在总体上更强调法自然、合乎道,但它主张"为无为",并把无为之"为"理解为利用对象的力量以实现自身的目的,

---

① 《老子·八章》。
② 〔德〕黑格尔:《小逻辑》,北京:商务印书馆,1980年,第394页。

这一意义上的"无为",无疑近乎理性的机巧。

"为无为"的原则贯彻于治国实践,便要求尊重被统治者的意愿。《老子》在谈到圣人与百姓的关系时,曾指出:"圣人无常心。以百姓心为心。"①与无为非完全无所作为相一致,无心也并不是无任何意念;但正如无为之"为"并非以人为干预自然过程一样,统治者之有心,并不意味着将自身的意志强加于被统治者:在这里,合乎百姓之心(以百姓心为心)可以看作是合乎自然的逻辑引申。以此为前提,《老子》对各种人为的统治方式提出了批评:"民不畏死,奈何以死畏之?"②"民之饥,以其上食税之多,是以饥。民之难治,以其上之有为,是以难治。"③如此等等。这里显然包含着一种社会批判的趋向。从中国文化尔后的演进看,道家与儒家确实形成了不同的社会批判传统,而道家批判传统的历史源头,则可以追溯到《老子》。就其内在特点而言,由《老子》开其端的这种社会批判,既以自然状态的理想化为前提,并相应地表现出对文明和文化的某种疏离,又以"为无为"为根据,并多少相应地渗入了尊重民意以及宽容和不干预等观念。

自然无为的原则在《老子》哲学中不仅展开于社会领域,而且亦体现于天人之际。在第五章中,我们可以看到如下论述:"天地不仁,以万物为刍狗;圣人不仁,以百姓为刍狗。"仁是儒家的核心观念,建立于其上的儒家仁道原则,要求确认人的价值并以人为关切的对象,孔子所谓"仁者爱人"④,便言简意赅地表明了这一点。与之相对,将人与万物都视为刍狗,则似乎使人的价值失去了存在的根据。《老子》的这一看法无疑表现出以自然原则消解仁道原则的趋向:等观人

---

① 《老子·四十九章》。
② 《老子·七十四章》。
③ 《老子·七十五章》。
④ 《论语·里仁》。

与物,意味着人与物在自然这一层面并无本质的差别,而人的优先性亦相应地不复存在。

然而,如果由此而把《老子》哲学理解为一种反人道的系统,则往往不免失之偏颇。事实上,如前文所述,人的存在始终是《老子》哲学沉思的重要对象。在"四大"之说中,人即被规定为域中四大之一;正是以此为出发点,《老子》一再表现出对人的关怀:"是以圣人常善救人,故无弃人"①,并要求"爱民治国"②,与之相联系的是反对战争和暴力:"以道佐人主者,不以兵强天下。"③"兵者不祥之器,非君子之器。"④"夫乐杀人者,则不可以得志于天下矣。"⑤在肯定人(救人)与否定人(杀人)的对峙中,《老子》明确地表明了自己的价值立场。

由以上前提反观人为刍狗之说,便很难将其列入反人道之列。从其内在逻辑看,视人为刍狗,首先是相对于"仁"而言(所谓"圣人不仁,以百姓为刍狗")。作为一种价值原则,"仁"既意味着对人的价值的肯定,亦包含着"以人观之"的趋向,在后来儒家对仁道的阐发中,便不难看到这一点。以仁道为原则,儒家往往强调人超越于天地万物这一面,这里无疑渗入了从自然状态走向文明形态(自然的人化)的要求,但同时也可能导致合目的意义上的"以人观之"压倒合法则意义上的"以道观之"。

相对于此,《老子》在天地不仁、圣人不仁的前提下视人为刍狗,似乎要求从"以人观之"回到"以道观之"。不难看出,这里的核心观念是自然的原则:"以道观之"在《老子》那里同时也就是由自然的观

---

① 《老子·二十七章》。
② 《老子·十章》。
③ 《老子·三十章》。
④ 《老子·三十一章》。
⑤ 《老子·三十一章》。

点视之,而从自然的规定看,人并不具有对于物的优先性。

对天人关系的如上理解,同时亦内含了对天人统一的确认。对《老子》来说,就本然的形态而言,天地万物与人一开始便是彼此统一的,"道"、"朴"、"玄同"等等,便从不同的角度肯定了这一点。经过由道而德等过程,往往形成了分化、区分,所谓"朴散则为器"①,亦隐喻了这种转换。但在既分之后,又应向原始的统一回归,这一过程在《老子》那里往往被称为"归根"、"复命":"夫物芸芸,各复归其根。归根曰静,是谓复命,复命曰常,知常曰明。"②这里不仅涉及道与物的关系,而且在广义上指向天人之际。就后一意义(天人之际)而言,天人之间同样应当重建统一,所谓"绝仁弃智"、"绝圣弃义"、"见素抱朴",等等,都意味着从"仁义"、"圣智"等人化形态回归于与自然为一的理想之境。

在合于自然的思维趋向之后,可以看到某种天人合一的观念。不过,与儒家要求化天性(人的自然之维)为德性(人的社会之维),亦即在自然的人化的基础上达到天与人的统一有所不同,《老子》更多地表现出对自然的认同。如果说,在儒家那里,天与人似乎统一于人化过程,那么《老子》则要求天与人合一于自然。这里既呈现出对文化创造及其成果的不同态度,又交错着人类中心与自然至上的不同价值取向。《老子》对人化过程和人文价值的批评,当然有其历史的局限,它将自然状态加以理想化,亦包含着内在的理论偏向。不过,人道原则的过分突出,也往往潜含天(包括人的天性)与人(包括社会规范)的紧张,《老子》所确认的自然原则对于化解如上紧张、抑制"以人观之"对"以道观之"的遮蔽,无疑有不可忽视的意义。

---

① 《老子·二十八章》。
② 《老子·十六章》。

四 为学与为道

自然无为作为一般的原则,不仅仅体现于价值之域;在更广的意义上,它亦涉及为道的过程。《老子》对为道与为学作了区分:"为学日益,为道日损,损之又损,以至于无为。"①为学是一个经验领域的求知过程,其对象主要限于现象世界与人化世界;为道则指向本体世界,其目标在于把握统一性原理与发展原理。在《老子》看来,经验领域中的为学,是一个知识不断积累(益)的过程,以本体世界为对象的为道,则以解构已有的经验知识体系(损)为前提,后者构成了无为的另一内涵。

从为道的角度看,无为首先意味着回到事物本身:"以身观身,以家观家,以乡观乡,以国观国,以天下观天下。"②身、家、国、天下等,可以表现为现象层面的存在,也可以指身之为身、家之为家、天下之为天下的本质规定。与区分呈现于外的现象和现象之后的存在,并进而追寻万物的统一本源相应,这里的"身"、"家"等等,主要不是作为外在呈现的现象,而是现象之后的存在;而所谓以身观身、以天下观天下,则要求超越外在的呈现,而深入到对象的内在规定,亦即从本体的层面来考察存在。当主体的视域尚停留在现象层面时,他往往自限于为学的过程,唯有从本体的层面切入存在,其思维才具有为道的性质;前者(限定于现象)属主观的人为,后者则顺乎道而无所为。

可以看到,以身观身、以天下观天下旨在回到事物本身,而事物本身又被理解为本体世界。在《老子》的系统中,向本体世界的这种回归,同时表现为一个"日损"的过程。作为为道的内在环节,日损所指向的,

---

① 《老子·四十八章》。
② 《老子·五十四章》。

首先是现象世界。在第五十六章中，我们可以看到如下的论述：

塞其兑，闭其门，挫其锐，解其纷，和其光，同其尘，是谓玄同。

"兑"按俞樾之说，当读为"穴"，引申为耳目口鼻等感官①；门则泛指面向外部对象的通道。由感官的门户所达到的是现象世界；作为为学过程，它所积累的，主要是经验领域的知识。《老子》要求"塞其兑，闭其门"，意味着关闭通向现象世界的门户；它从一个侧面表明，以身观身等并不是从现象的层面把握对象。如果说，回到事物本身（以身观身等）的内在意蕴在于复归本体世界，那么，"塞其兑，闭其门"则将悬置经验领域的知识规定为达到本体世界的前提：从"塞其兑"到"玄同"，体现的正是这样一种逻辑的进展。

"塞其兑"主要相对于现象之域而言，与之相联系的是"绝圣弃智"："绝圣弃智，民利百倍；绝仁弃义，民复孝慈。"②仁义属社会的观念

---

① 参见〔清〕俞樾：《诸子评议·老子评议》。又，奚侗《老子集解》注曰："《易·说卦》：'兑为口。'引申凡有孔窍者皆可云兑。《淮南·道当训》：'王者欲久持之，则塞民于兑'。高（诱）注：'兑，耳目口鼻也。老子曰塞其兑是也。'"

② 《老子·十九章》。此句在郭店竹简的《老子》残篇中表述为："绝智弃辩，民利百倍；绝巧弃利，盗贼亡有；绝伪弃虑，民复孝慈。"与通行本的主要差异在于没有提及"仁义"。然而，从哲学的层面看，两种表述在含义上并没有根本的区别。"仁义"可以作广义或狭义的理解，从狭义上说，它们与儒家提倡的规范系统相一致，从广义上看，则可以泛指一般的社会规范系统；与之相应，对仁义的批评，既针对儒家的伦理原则，也涉及一般的规范系统。对《老子》而言，世俗之智及社会规范系统（包括儒家的伦理原则）之所以应当疏离，主要在于它容易偏离本然之性而导致伪善之举，前一章（十八章）提到一旦本然之道被抛弃、世俗之智得到发展，便常常引来各种外在之"伪"，所谓"大道废，有仁义；慧智出，有大伪"。郭店竹简的《老子》提到"绝智弃辩"、"绝巧弃利"、"绝伪弃虑"，事实上也体现了类似的思路，它的实质含义在于要求消解引发外在伪善之举的内在根源。

与规范,圣智与仁义并提,主要亦涉及人化世界。如前所述,人化的世界与自然相对,是经过人为的过程而形成的,圣智作为人化过程的产物,也具有人为的性质。惟其人为而非出于自然,故往往不免导致负面的社会后果,所谓"慧智出,有大伪"①,便强调了这一点。与人化世界中的圣智相对的,是以知常为内容的"明":"知常曰明。"②知常亦即把握作为统一本源的道,而明则是关于道的智慧。较之人化世界中的圣智,道的智慧具有不同的形态:"我愚人之心也哉,沌沌兮。俗人昭昭,我独昏昏。"③此所谓愚,乃大智若愚之愚。世俗的圣智往往长于分辨,昭昭即为一种明辩形态;道的智慧则注重把握统一的整体,沌沌即为合而未分之貌。执着于分辩、智巧,伪与恶等等往往亦随之而产生,达到了道的智慧,则趋向与天地为一之境。正如塞其兑、闭其门旨在从现象世界回归本体世界一样,绝圣弃智意味着从世俗的圣智走向道的智慧,后者既表现了对人化世界的疏离,亦蕴含着超越对待、追求统一的形上意向。

相对于道的智慧,世俗的圣智似乎处于知性思维的层面。知性思维的特点在于分别地从某一方面或某一层面把握对象,而未能进一步再现对象的整体。尽管它不失为面向存在之思的必要环节,但停留于此,则往往不免明其分殊而昧于统一。为道的过程力图超越对分殊的这种执着,回到统一的道。就其关注整体,追寻统一而言,《老子》的为道确乎有别于昭昭于分殊的知性思维。由此进而反观《老子》的绝圣弃智之说,便不难看到,其中既渗入了从人化世界回到自然之境的意向,又包含着悬置知性思维的要求。

当然,悬置了世俗的圣智,并不意味着道的境界亦将随之而至。

---

① 《老子·十八章》。
② 《老子·十六章》。
③ 《老子·二十章》。

在既成的视域与道的境界之间,往往存在某种距离,自觉地意识到这一点,是为道过程的重要方面。《老子》指出:

> 知不知,上。① 不知知,病。夫惟病病,是以不病。圣人不病,以其病病,是以不病。②

知不知,即自知无知,这里涉及了知与无知的关系。关于知与无知的关系,先秦的另一些哲学家也已注意到。如孔子即指出:"知之为知之,不知为不知,是知也。"③按通常的看法,"不知"便是缺乏知识,而在孔子看来,对"不知"这种状态的认识,本身也是一种知。不过,孔子更多地把知与无知的统一视为求知过程的开端:自知无知构成了"知"的出发点。相形之下,《老子》所谓"知不知",主要突出了为学与为道之间的张力:通过为学过程而积累经验知识,并不逻辑地导向对道的认识;后文的"不知知",从反面进一步强调了这一点:"不知知"在于忽略了为学与为道的区分,将为学之知等同于为道之知,以致虽对道无知,却仍以为有知。

与知和不知相联系的,是名与言的问题:"知者不言,言者不知。"④按《老子》的看法,作为第一原理的道,并不是言说的对象,所谓"道可道,非常道"⑤、"道常无名"⑥、"道隐无名"⑦,便表明了这一

---

① 此句《帛书》甲、乙本皆作"知不知,尚矣"。
② 《老子·七十一章》。
③ 《论语·为政》。
④ 《老子·五十六章》。
⑤ 《老子·一章》。
⑥ 《老子·三十二章》。
⑦ 《老子·四十一章》。

点。这里的名与言,首先涉及经验领域。就本然的形态而言,道表现为"无名之朴"①,随着由道而德的分化过程,逐渐形成了经验领域的具体对象("朴散则为器"②),名则由此而产生:"始制有名。"③作为朴散而为器的产物,名的作用范围亦有自身的限制:"名亦既有,夫亦将知止。知止可以不殆。"④名与现象领域之"器"的以上联系,决定了它无法把握普遍之道。而从另一方面看,"道常无名"也突出了道超越名言的性质。

概而言之,"塞其兑",表明感官的门户无法达到道;"绝圣弃智",彰显了世俗的圣智与道的智慧的差异;"道常无名",则突出了道与名言之间的距离。道对现象界、经验界与名言界的如上超越,决定了为道的日损之维:所谓日损,便意味着悬置经验领域的知识、名言系统。

悬置经验、圣智、名言之后,如何走向道?《老子》提出了静观玄览之说:

> 致虚极,守静笃,万物并作,吾以观复。⑤

就本体论而言,"复"所表示的是向统一本源的回归,从为道的角度看,"观其复"则意味着回到世界本身——本体层面的世界,而这一过程又以虚与静为前提。所谓"致虚极",也就是剔除已有的认识内容,净化内在的精神世界;"守静笃"则表现为一种静观反省,二者的统

---

① 《老子·三十七章》。
② 《老子·二十八章》。
③ 《老子·三十二章》。
④ 《老子·三十二章》。
⑤ 《老子·十六章》。

一,又称玄览:"涤除玄览,能无疵乎?"[1]这种以悬置日常经验和知识名言为前提的玄览,显然带有直觉活动的特点。

静观玄览是就得道(把握道)的方式而言。广义的为道过程不仅涉及道之"得",而且关乎道之"达"(对道的表达)。从后一方面看,为道过程又无法割断与名言的联系。如前所述,《老子》曾强调了道的超名言性质("道常无名"),这里的无名,首先是在"为道日损"的意义上说的,而其中涉及的名言,则主要与日常经验相联系。除了这种日常经验意义上的名言系统外,还有另一种语言表达方式,所谓"正言若反"[2],便肯定了这一点。这是一种以否定的形式表现出来的名言表达方式,《老子》常常以此来概述有关道的智慧:"道常无为而无不为"[3]、"上德不德,是以有德"[4]、"信言不美,美言不信。善者不辩,辩者不善"[5]如此等等。如果说,与道相对的日常名言基本上处于知性的层面,那么,以"正言若反"的形式出现的名言,则似乎带有辩证的性质。

不难看出,《老子》对为学与为道的辨析,主要围绕日常的知识经验与道的智慧而展开。日常的知识经验所指向的是存在于特定时空中的对象(亦即作为"朴"散产物的"器"),它总是分别地把握具体事物或事物的某一方面、某一层面,并以确定的名言概括认识的内容。道的智慧则指向世界的统一性原理和发展原理,它所要把握的不是存在于特定时空中的一个一个具体对象,而是宇宙万物的第一因和人生的最高境界,是贯穿于宇宙人生中无不通、无不由的统一原理。

---

① 《老子·十章》。
② 《老子·七十八章》。
③ 《老子·三十七章》。
④ 《老子·三十八章》。
⑤ 《老子·八十一章》。

质言之,这里所涉及的,是无条件的、绝对的、无限的东西,它显然很难仅仅通过经验知识的积累来达到:经验知识所把握的,始终是有限时空中的对象。从日常知识经验到道的智慧,本质上表现为一种认识的飞跃,而这种飞跃的实现,往往意味着突破日常的逻辑运演模式,其中亦常常渗入了直觉等思维形式的作用。《老子》强调"为道日损",要求悬置日常的圣智,并以静观玄览为回归道本身的方式,似乎亦注意到了从知识到智慧转换过程的某些特点。

与日常知识经验与道的智慧相联系的,是道与名言的关系。名言的自然形态首先存在于日常经验领域,日常语言是名言的本然形式和原始形态,知识经验与日常的名言往往亦有较为切近的联系,在涉及特定时空中的对象这一点上,二者无疑有一致之处。然而,在把握普遍之道方面,日常名言却有自身的限度:道作为统一性原理或最一般的存在(being),总是具有超越于特定时空的一面,以特定时空中的具体存在为对象的日常名言,往往难以完全表达道的这种无限性。同时,对统一性原理的把握,并非仅仅以言说为其形式,它总是进而化为主体的境界,并融合于主体之"在"(existence)。从这些方面看,道确乎又有超名言的一面。《老子》认为道不可言说("道可道,非常道"),强调"道常无名",似乎亦有见于此,它在某种意义上以否定的方式,展示了道与日常名言之间的距离。

当然,日常的知识经验与道的智慧、道与名言之间固然存在某种张力,但二者亦并非截然相斥。就知识到智慧的飞跃而言,仅仅通过经验知识的积累诚然难以实现二者的转换,但如果完全离开知识经验,飞跃往往便会导向虚幻的思辨或神秘的体悟。对统一性原理的把握,总是既表现为对日常之思经验的超越,又以知识经验为其出发点并不断地向其回归。《老子》将为学与为道的过程截然加以分割,显然未能注意到这一关系,而它由此渲染静观玄览,也确实带有某种神秘的意味。同时,宇宙的第一因和人生最高境界诚然有超越日常名言的一面,但亦并非完全隔绝于名言;辩证的概念在拒斥静态形式的同时,本身也包含着确定性的要求。《老子》由强调道与日常名言的距离,进而突出正言若反的名言形式,虽然对辩证的思维形式开始有所注意,但似乎未能全面地把握道与名言的关系及名言的确定性。

五　回归本然与守护可能

为学与为道的辨析,着重彰显了道的智慧与经验知识的差异,而在二者的区分之后,则蕴含着超越现象界的意向。现象界存在于特定的时空关系之中,具有既定的、直接呈现的性质,这种既定性,使现象界同时表现出已然或既成的特点。

在谈到声、色、味等所构成的世界时,《老子》曾指出:"五色令人目盲,五音令人耳聋,五味令人口爽。"[①]如前所述,这种声色世界既与人化过程相联系,又是显现于外的现象之域,相应于此,《老子》的以上批评不仅表现出以自然拒斥人化的立场,而且亦包含着反对停留和执着于现象之域的意向。现象的呈现与耳目的感知在某种意义上可以看作是同一过程的两个方面,二者都具有已然或既成的性质。《老子》在疏离声色世界的同时,又要求塞其兑(关上感官的门户),无疑从双重意义上表现出超越已然或既成之"在"的趋向。

超越已然之"在",同时也就是超越对象的既成形态。以此为背景反观《老子》复归于道的要求,便不难看到,其中的内在意蕴之一,即是从已然或既成状态,向作为出发点的本源回归。

在《老子》那里,这种本源也就是道。如前所述,道作为本源,往

---

① 《老子·十二章》。

往被理解为"无";向道复归,同时亦意味着"复归于无物"。"无"首先相对于具体的"有"而言,"有"总是有某种规定,是此物便非彼物,"无"则无任何具体规定,惟其无具体规定,故可以如此,亦可以如彼;换言之,它包含着无限的发展可能。这样,就其为万物之源而言,道表现为一本然的世界,事实上,对《老子》来说,作为理想状态的自然,同时也就是本然;就其蕴含了不同的发展向度而言,道又展示为一可能的世界。质言之,道的非既成性表现为本然与可能的统一。

就道所蕴含的可能维度而言,从"无"到"有"的衍化("有生于无"),也可以看作是可能的展开过程。《老子》所谓"朴散则为器",便已隐喻了这一关系:朴即本然之道,其中包含着不同的可能,器则是可能在实现之后所取得的具体形态。不过,在《老子》看来,这一过程往往带有消极的意味,所谓"失道而后德",亦多少暗示了此点:"德"作为具体规定,是道所内含的各种可能的展开和实现,尽管它亦表现了存在的个体之维,但对于道的统一形态(包括本然与可能的统一),却又似乎破多于立。进而言之,"大道废,有仁义"①,仁义作为具体的规范,也可以视为道的分化,但它一旦出现,却同时表现为对统一之道的否定。在这里,可能的展开与存在的既成之维似乎被重合为一:道所内含的可能在展开和实现之后,便立即定格为一种既成形态。《老子》对分化了的人化世界的批评,在某种意义便以此为其立论的前提。

既成形态的超越与回到原始的可能形态具有内在的关联:既然可能一旦展开便分化和定格为一种已然或既成形态,那么,超越既成的根本途径便是返归原始的可能。由此反观《老子》的"见素抱朴"②

① 《老子·十八章》。
② 《老子·十九章》。

说,便不难发现,其中亦包含着某种本体论的意义:守护道所内含的可能。按《老子》之见,如果不能守住原始的可能而任其展开,往往便会导致事物的衰亡:"物壮则老,是谓不道,不道早已。"①壮象征着可能的完成形态,而事物的完成同时也意味着走向终结,在《老子》看来这是一个悖乎道(不道)的过程。与之相对,合于道就在于保持事物的未完成形态——可能形态。

返归与守护原始的可能当然并不仅仅体现于物,这一原则同样与人自身的存在相联系。从"物壮则老,是谓不道"的前提出发,《老子》一再将婴儿视为人的理想状态:

专气致柔,能婴儿乎?②

知其雄,守其雌,为天下豀。为天下豀,常德不离,复归于婴儿。③

相对于人的成熟形态,婴儿更多地表现为一种可能的存在:作为人之初,它蕴含了人在以后的全部发展可能。然而,在《老子》看来,可能一旦展开,人便总是被限定于某种既成的形态,并同化于外在的特定文化模式,逐渐由壮而老,失去其内在生命力。《老子》要求复归于婴儿,无疑流露出对自然状态的向往,而其更内在的意向则是保持存在的可能形态。

《老子》对可能之维的关注,很容易使人联想到海德格尔的某些看法。海德格尔对存在考察的引人瞩目之处,首先在于将时间视为

---

① 《老子·三十章》。
② 《老子·十章》。
③ 《老子·二十八章》。

存在的基本规定,海德格尔明确指出:"一切存在论问题的中心提法都植根于正确看出的和解说了的时间现象以及它如何植根于这种时间现象。"①而在时间的诸维中,将来又具有优先的地位:"源始而本真的时间性的首要现象是将来。"②就时间与存在的关系而言,将来往往与存在的可能之维相联系:可能的展开总是指向将来。这样,肯定将来在时间中的优先地位,便意味着突出可能性在人的存在中的意义,在海德格尔的如下论断中,便不难看到这一点:"此在总作为它的可能性来存在。"③就其反对执着于既定的"有"或"存在者",并将存在的可能形态视为本然的形态而言,海德格尔的观点与《老子》似乎不无相通之处。

不过,稍加分析便不难注意到,二者对可能的理解又存在着重要的差异。如前所述,《老子》要求从"有"复归于"无",从人化的存在复归于婴儿状态。就存在的内涵而言,"无"、婴儿意味着无具体规定但又包含各种可能向度;就时间之维而言,这种复归具体表现为从现时向过去的回溯。这样,在《老子》那里,可能似乎主要与过去相联系。相形之下,海德格尔更多地将可能这种存在形态与将来联系起来,并着重突出了可能向将来敞开这一面:"只有当此在是将来的,它才能本真地是曾在。曾在以某种方式源自将来。"④尽管海德格尔反对把将来仅仅理解为一种尚未来到之在,但它确实又不同于向过去的回溯。

由肯定可能的将来维度,海德格尔进而将筹划引入了存在。作

---

① 〔德〕海德格尔:《存在与时间》,北京:生活·读书·新知三联书店,1987年,第24页。

② 〔德〕海德格尔:《存在与时间》,第390页。

③ 〔德〕海德格尔:《存在与时间》,第53页。

④ 〔德〕海德格尔:《存在与时间》,第386页。

为可能的存在,人不同于既成的、被规定的存在,而具有未定的性质,可能的展开与超越未定形态是同一过程的两个方面。按海德格尔的看法,人一旦被抛掷到世间,便面向着未来,他必须为自己筹划,并通过筹划以塑造自己的未来:"此在是委托给自己的可能之在。""此在作为此在一向已经对自己有所筹划。只要此在存在,它就筹划着。"①这种筹划内在地关联着选择与实现可能的过程,它使可能的"在"成为现实的"在",而这种选择筹划又贯穿于此在的整个展开过程:"筹划始终关涉道在世的整个展开状态。"②

较之《老子》对可能状态的守护,海德格尔无疑更注重可能的实现过程,前者对应于回溯过去这一时间向度,后者则构成了向将来敞开的具体内容:正是在世过程的筹划活动,使"此在生存论上向来所是的那种可能之在,有别于空洞的逻辑上的可能性"③。可以看到,在时间的不同侧重(回归过去与敞开将来)之后,是对可能的两种态度。海德格尔以选择、筹划等方式展开此在内含的可能,既表现了近代哲学家的自信,又在哲学的层面上展示了存在的可能之维与存在的历史性之间的现实联系。

与海德格尔将可能理解为存在的出发点有所不同,《老子》似乎多少把可能本身视为存在的某种终极形态。这种看法在逻辑上与其无为的立场彼此一致,事实上,在《老子》那里,向"无"等可能形态的复归,与无为意义上的静,常常联系在一起,所谓"归根曰静"④,便表明了这一点。然而,从更内在的层面看,《老子》对可能的执着与守护,同时还具有另一重意义。与存在相联系的可能,并不仅仅是一种

---

① 〔德〕海德格尔:《存在与时间》,第 176、177 页。

② 〔德〕海德格尔:《存在与时间》,第 178 页。

③ 〔德〕海德格尔:《存在与时间》,第 175 页。

④ 《老子·十六章》。

逻辑上的无矛盾状态,它总是有其现实之源,并构成了发展的内在根据;离开植根于现实的可能,存在便缺乏自性,发展亦将仅仅成为外在的变迁。就此而言,《老子》要求保持与守护以"无"、婴儿状态等形式表现出来的可能,显然又意味着注重存在与发展的内在根据:守护可能,同时也就是守护存在的根据。也正是在同一意义上,《老子》一再强调"深根固柢"①,并以此为达到存在恒久性的必由之道。

从超越存在的既定性,到守护可能,《老子》将存在的考察与时间之维联系起来,展示了对存在、时间、可能以及发展根据等问题的独特视域,尽管其中内含了多重理论限度,但它对存在的切入,无疑又在一定程度上超越了日常在"世"的规定而达到一个较为深刻的层面。与道、天、地、人"四大"之说前后呼应,以上观念同时表现为《老子》形上之思的进一步展开。

---

① 《老子·五十九章》。

附录三

《逍遥游》释义[①]

本篇以"逍遥"为名,关于"逍遥"一词,各家注说很多。宽泛而言,它更多地与人的自由相联系:自由之境与逍遥之境在庄子那里具有内在的相通性。

原文:

北冥有鱼,其名为鲲。鲲之大,不知其几千里也。化而为鸟,其名为鹏。鹏之背,不知其几千里也;怒而飞,其翼若垂天之云。是鸟也,海运则将徙于南冥。南冥者,天池也。

---

① 本文系《庄子》释义之一(《逍遥游》为《庄子》首篇),曾讲授于研究生讨论班,由研究生根据录音记录而成,并经作者校订。这里收入的部分侧重于《庄子》哲学意蕴的诠释和阐发,关于具体字词的注解从略。

释义：

此段以拟人化的方式，借鲲鹏隐喻人，而不是直接讲何为人的自由，人如何去追求自由。从这里，我们可以看到，庄子作为一个哲学家，具有某种诗人的气质，善于用诗的语言来言说。哲学问题可以有各种说法，其中，诗意地说是一种重要的方式，庄子便每每以诗意的方式来表达哲学的思考。"大"从外在的形式来看，首先涉及空间的问题，庄子在此极言鲲鹏之大，突出空间的广延，从而给人提供了一种宏阔的想象图景。当然，广大并不仅仅具有空间的意义，庄子真正指向的问题，是逍遥之境（自由之境）。空间的广大首先是以直观的形式，给人一种自由的形象，它为尔后逐渐地深入到内在精神层面的理解作了铺垫。我们要注意的是，这里所说的"鲲鹏"，并不是庄子自由理想之中终极的存在形态。他一开始便先声夺人，借鲲鹏这一气势不凡、在空间上超乎常形的存在之物，展示自由翱翔的特点，并由此给人一种震撼。但作者最终所指向的，并不是外在空间意义上的自由形象。从本篇（《逍遥游》）后面的论述中可以看到，由外在空间中的存在方式，渐次展开的是与每一个体之性相关联的内在逍遥之境，其前后论述很有起伏，体现了诗意地说哲学的特点。

本篇的开端，可以与《论语》作一比较。如所周知，《论语》首篇为《学而》，讨论的首先是广义的"学"。在庄子这里，最先出场的则是鲲鹏，这里似乎已体现出对文明形态和自然之境的不同关注："学"更多地涉及对文化发展成果的接受、对社会规范的把握、从天性到德性的提升，等等，这一过程始终与文明或文化的演化相联系。鲲鹏则首先是自然之物，与之相应的是自然的存在形态。这样，从开篇之中，我们就可看出侧重之点的差异，尽管以上文序不一定是出于孔子或庄子之手，因为《论语》和《庄子》各篇序列都在不同程度上打上了某种历史的印记，但二者在历史衍化中所形成的现存形态，无疑亦从一个方面表现了儒、道相异的价值取向及哲学立场。

原文：

《齐谐》者，志怪者也。《谐》之言曰："鹏之徙于南冥也，水击三千里，抟扶摇而上者九万里。去以六月息者也。"野马也，尘埃也，生物之以息相吹也。天之苍苍，其正色邪？其远而无所至极邪？其视下也，亦若是则已矣。

释义：

此段从内容上看紧接第一段所引出的话题。庄子首先引用文献来进一步展开他关于鲲鹏存在方式的描述，后文依然更多地从鲲鹏这一角度看待自然。鲲鹏扶摇而上九万里，直达高空，从空中举目四望，宇内各种不同存在物在其视野中呈现了多样的形态。这里所说的"天"以及"野马"、"尘埃"等等都是自然景象。人们举目看天的时候，也可以注意到云气的千姿百态，鲲鹏一怒而飞到高空，由上俯视，所见的情景与通常由下仰视所看到的情景有类似之处。弥漫在空间中的各种现象也是呈现千差万别的形状，这种形状按照庄子的描绘完全具有自然的性质，是云气变化过程中自然形成的，而不是出于有意的安排。

"天"在庄子那里大致有两方面的意思：一是"苍苍之天"中的"天"，与"地"相对而言；一是自然意义上的"天"，后者本身又被赋予不同的规定：《庄子·秋水》篇所说的"牛马四足，天也"以及《庄子·天地》篇中"无为为之之谓天"，便从不同方面展开了后一意义上的"天"之内涵。自然意义上的"天"与"道"具有内在的相通性。作为和"地"相对而言者，这里所说的"天之苍苍"中的"天"可作天空解。以上二重意义上的"天"本身又彼此相关："苍苍"之天同时亦属自然之域。

在庄子看来,鲲鹏飞到高空之上而向下俯视所见到的,不外乎通常自下而上观察时所见到的情形。这里的内在寓意是:不论从哪一角度(自上而下抑或自下而上)去考察对象,其自然本性是相通的,并非到了苍天之上,自然之景就变得非常神秘:自然之性在这里依然未变。从诗意言说的角度看,这里同时又是用形象化的语言来描述鲲鹏在天空飞翔时极目所见的景象,这种无穷广阔的自然之境在某种意义上给人以美感。通过这种描述,庄子一方面肯定了自然之境本身的相通性(不管从哪个角度与视野去看,对象世界在合乎自然这一点上总是一致的);另一方面,也暗示了自然之境包含美的维度,并由此隐喻了逍遥之境同时也具有审美的意义。不难看到,在庄子那里,逍遥之境、自然之境和审美之境本身是相互贯通的。

"天之苍苍,其正色邪? 其远而无所至极邪?""天"作为一种自然对象,本来到底是什么形态? 文中没有对这一问题作出正面的回答,从后文整个展开的思路来看,自然涉及每个对象所具有的本然之性。以"天"而言,"苍苍"之色就是它的自然本性之一,这种规定并不是其他存在强加给它的。庄子所关心的不是自然背后是不是还有一种超自然的力量,而是对象本身如其所是的本然形态。"自然本身到底是什么形态"(何为其"所是")与"自然背后究竟有无更终极的存在",这两个问题看似相近,但其实质的含义却相去甚远。

原文:

且夫水之积也不厚,则其负大舟也无力。覆杯水于坳堂之上,则芥为之舟;置杯焉则胶,水浅而舟大也。风之积也不厚,则其负大翼也无力。故九万里,则风斯在下矣,而后乃今培风,背负青天而莫之夭阏者,而后乃今将图南。

释义：

这一段笔锋一转，从以夸张的方式描述鲲鹏之"在"，转向考察生活经验中的事例（水与舟等的关系），以此表明鲲鹏事实上并未完全达到逍遥之境：其展翅高飞需要凭借一定的条件（"风之积"），而真正的"逍遥"应该是无所依傍的。前面通过形象的描绘衬托出它在高空中自由翱翔的景象，这种飞翔似乎逍遥自在，而这里又从实质的层面指出了其翱翔的条件性问题，条件性决定了它有所依赖，有所依赖则意味着尚未完全达到理想的逍遥之境。不过，关于何为逍遥，这里仍未从正面作出具体的规定。后文仍继续从鲲鹏与蜩及学鸠等等的比较中，对鲲鹏的存在方式加以描述，肯定其相对于蜩、学鸠而言，仍具有某种逍遥性质。整个论述过程起起伏伏，直到最后概括性的总结之后，所谓"逍遥"的真正内涵才逐渐敞开。

原文：

蜩与学鸠笑之曰："我决起而飞，抢榆枋，时则不至而控于地而已矣，奚以之九万里而南为？"适莽苍者，三飡而反，腹犹果然；适百里者，宿舂粮；适千里者，三月聚粮。之二虫又何知？

释义：

前面几段涉及鲲鹏本身和外在背景，如空间、风等的关系问题，这一段则进一步讨论追求逍遥之境的不同存在形态。从某种意义上说，蜩、学鸠、鲲鹏等等都在追求逍遥之境，但它们对逍遥之境的理解又确实存在很大的差异。尽管鲲鹏就本身而言还有赖于风，从而尚未真正达到庄子意义上的逍遥之境，然而，相对于蜩与学鸠这样一些对象而言，它又处于一个更高的层面。可以看到，庄子似乎在暗示：走向逍遥涉及不同的层面与不同的境界，这一点有必要作进一步的分疏。逍遥之境可以视为终极的目标,在走向终极目标的过程中,不同的存在形态往往面临不同的境域,从蜩与学鸠、鲲鹏等等之间的差异中,也可以看到这一点。不能说蜩与学鸠完全没有追求逍遥的意识,也不能说它们与逍遥之境完全隔绝,但它们的存在规定及存在处境具有自身的特点,这种特点既制约着它们对逍遥之境的设定,也影响着它们与其他存在物(如鲲鹏)之间的相互理解。以逍遥之境作为参照的目标,可以看到不同对象的差异性,而这种差异性往往又容易产生彼此理解上的困难甚至鸿沟,庄子一开始就把这个问题提了出来。按其实质,逍遥乃是人的存在方式,庄子在此似乎以物喻人,用物的不同存在形态隐喻人的不同存在境域,并由此将存在境域与理想的设定、存在境域与相互理解的关系突显出来。

逍遥之境的不同层面与不同的存在形态之间的联系,同时也使逍遥呈现某种过程性。如果将鲲鹏与蜩、学鸠分别理解为对人的不同存在形态的隐喻,则它们的不同存在方式似乎也表明:走向逍遥是一个涉及不同境界的过程。这里需要辨析两种观点:一种看法以为,庄子肯定任何一种存在物都可以完全地达到他所理解的逍遥之境,郭象的解释在某种意义上接近于此观点;另一看法认为,世间的存在物与逍遥之境完全无缘,这是另一个极端。从庄子的描述中可以看到,一方面,相对于终极或理想的逍遥之境而言,鲲鹏与蜩、学鸠确实都有距离,但另一方面,它们又并非与逍遥之境完全隔绝,它们之间的差异,在某种意义上便可以理解走向逍遥过程中所呈现的不同境界。

原文:

小知不及大知,小年不及大年,奚以知其然也?朝菌不知晦朔,蟪蛄不知春秋,此小年也。楚之南,有冥灵者,以五百岁为春,五百岁为秋。上古有大椿者，以八千岁为春，八千岁为秋。而彭祖乃今以久特闻，众人匹之，不亦悲乎！

释义：

　　相对于前几段侧重于形象性的描述、较少理论上的阐释，这里开宗明义，首先指出"小知不及大知，小年不及大年"，非常概括地提出总结性的看法。在这里，"小知"、"大知"与"小年"、"大年"需要加以区分。"小年"、"大年"是客观的存在形态，"小知"、"大知"则更多的是观念的形态，与个体本身所达到的认识状况联系在一起，从而涉及人的观念世界。为什么庄子将"小知"、"大知"与"小年"、"大年"加以并提？这可能与他对逍遥之境的理解相联系。在庄子那里，所谓逍遥之境，并不仅仅取决于外在的、实体性的存在结构及其功能或属性，不是由于大鹏的形体结构比学鸠等更大，它能够飞得更高、更远，因而它的自由程度就更大。对庄子而言，逍遥之境更内在地与观念世界联系在一起，这里就涉及"知"的问题，涉及如何把握、看待世界的问题。"小年"、"大年"是对象意义上的存在，其性质是无法改变的，正如大鹏生来就比蜩与学鸠大，他与后者之间的大、小关系难以随意变更。但是，就观念形态或如何看待、理解这个世界而言，情形却有所不同：观念世界是可以变化的。原来对世界作如是观，通过认识的提升、转换，可以对世界以及其意义获得新的理解。这里的"知"并不是指狭义的科学认知，而是涉及对意义世界的理解：你所面对的世界对你来说到底呈现什么样的意义？你把世界"看作"或理解为什么？这里已涉及价值的观念，而不限于认知之域。

原文：

　　汤之问棘也是已。穷发之北有冥海者，天池也。有鱼焉，其广数千里,未有知其修者,其名为鲲。有鸟焉,其名为鹏,背若太山,翼若垂天之云,抟扶摇羊角而上者九万里,绝云气,负青天,然后图南,且适南冥也。斥鴳笑之曰:"彼且奚适也?我腾跃而上,不过数仞而下,翱翔蓬蒿之间,此亦飞之至也。而彼且奚适也?"此小大之辩也。

释义:

此段对鲲鹏的故事从另一个方面作了复述,指出不同存在境域之中的个体对外界及行为的看法往往彼此相异,相互之间每每存在理解的鸿沟。这里所说的"小大之辩"与前面"小知"与"大知"、"小年"与"大年"之分,前后显然相承。"小大之辩"同时涉及世界的多样性问题:对这个世界来说,确实存在着具有不同特点的对象,不是整齐划一,而是多样的、具有个性差异的。各种有差异的事物共同存在,这是一个本体论的事实,非人所能选择。就人的存在而言,由此又发生了彼此之间相互理解的问题:具有不同存在规定的个体之间,如何沟通?"小知"如何理解"大知"?斥鴳之笑鲲鹏,进一步呈现了存在形态的差异以及由此导致的理解困难。它表明:小大之辩并不仅仅关乎外在的存在形态,而且更与"小知"、"大知"之分相联系,并涉及看待世界的不同视域。

原文:

故夫知效一官,行比一乡,德合一君而征一国者,其自视也亦若此矣。而宋荣子犹然笑之。且举世而誉之而不加劝,举世而非之而不加沮,定乎内外之分,辩乎荣辱之境,斯已矣。彼其于世未数数然也。虽然,犹有未树也。夫列子御风而行,泠然善也,旬有五日而后反。彼于致福者,未数数然也。此虽免乎行,犹有所待者也。若夫乘天地之正,而御六气之辩,以游无穷者,彼且恶乎待哉!故曰:至人无己,神人无功,圣人无名。

释义:

在这一段中,庄子首先对人的存在方式作了具体的分析。从文本来看,庄子的表述没有展开为严密的逻辑推理,而是借助隐喻、形象性的描绘等方式。对这种形象性的方式,我们要给予相当的关注。整篇《逍遥游》讨论的是何为逍遥之境以及如何达到逍遥之境,这一段也没有离开这一主题。一开始所列举的几种形态,从存在方式来看,都具有受限制的性质。限制可以有不同的意义。第一种情形,即"知效一官,行比一乡,德合一君",一般指当时社会政治领域的得志之士,他们在伦理、政治领域受到赞赏及正面的肯定,并相应地获得名和利。然而,按照庄子的理解,这种肯定与赞誉仍依赖于外在的社会评价,其存在方式相应地依然有限制:是否获得某种名或利,取决于他人、社会对他的评价,离开了这种评价,其成功形态也就不复存在。宋荣子进了一层,他对外在评价不加理会,完全我行我素,"举世而誉之而不加劝,举世而非之而不加沮",不管外界赞誉与否,他总是走自己的路。第一种存在形态完全依赖于外在的社会评价,一言一行还受外在规范、评价的限定;就其依存于外而言,显然尚未达到逍遥的自由之境。宋荣子则已经开始超出这样的限定,在此意义上,他似乎比前者更逍遥自由一些。然而,他也有自身的问题:他仍然"定乎内外之分,辩乎荣辱之境",即还要区分内和外(以"己"为内,以外在的评价、舆论为外),辨别荣和辱。他的特点是完全按照自己的内在意愿去行动,不理会外在的评价,亦即执着于内,而拒斥外在的影响。不过,他固然不依赖于外,而仅仅以自己的内在意愿与观念为出发点,但内外之分依然存在,从而,仍受制于界限:内和外、荣和辱都是一种界限。在执着于界限的前提之下,很难说已经达到了真正的逍遥形态。后面谈到"列子御风而行",从形象的角度来看,驾着风随意地到处行走,似乎更表现出飘逸的形态,这是对逍遥之境诗意化的描述。然而,按照庄子的理解,列子在外在形态上固然似乎非常飘逸自在,但仍然依赖于一定条件(无风则难以成行),从这一意义上说,显然也尚未达到真正的逍遥之境。前述的几种形态尽管存在的具体方式有所不同,但在被限定这一点上,又彼此相通。逍遥意味着超越限定,被限定、受限制与逍遥、自由之境无疑存在距离。

如何才能超越限定、超越限制?庄子提出"乘天地之正,而御六气之辩,以游无穷",作为对这一问题的回应。从实质的层面看,"乘天地之正"意味着无所凭借、不依赖于外在的条件(无待)。无所凭借,从消极方面来说,是不为外在条件所限;从积极的方面来说,则是顺乎事物内在的本性。对庄子而言,每一事物都有自身的自然之性,"乘天地之正",无非是顺乎每一个事物自身所具有的内在之性。广而言之,这同时也就是遵循自然本身的法则。自然法则并不是超验的存在,并不呈现为外在的主宰,相反,它就内在于事物之中,体现于事物的相互关系及互动过程。按庄子的理解,惟有遵循、顺乎事物的内在的法则,才能真正达到他所追求与向往的逍遥之境。可以看到,在这一意义上,逍遥之境和自然之境彼此合二为一。事实上,自由和自然在庄子那里确乎相互重合:真正的自由之境同时意味着合乎自然。

值得注意的是,庄子特别提出了"至人无己,神人无功,圣人无名"。"至人"、"神人"、"圣人"的区分在此并不特别重要,这里更具有实质意义的首先是"无己"之说。按照其字面的含义,"无己"意味着消解自我,但对这一概念不能仅仅地从表层的语义去理解,而应从更内在的方面去分析。从形式上看,庄子确实是在讲"无己",然而,如果"无己"就是完全否定、消解自我,那么,逍遥本身也将成为问题:

没有自我,何来逍遥的主体? 逍遥的主体不复存在,逍遥之境又如何落实? 显然,我们需要更深入地考察"无己"的真实含义。综观其整个思想,便可以注意到,相对于其他的各派,如儒家、法家或墨家,庄子哲学的显著特点之一便是把个体性提到突出的位置。如所周知,儒、法、墨都较为注重社会或群体的原则,比较而言,道家从《老子》到庄子都对个体的原则非常关注,从庄子对其他学派的批评中也可以看到这一点。如《天下》篇批评墨子"以此自行,固不爱己";批评宋钘、尹文"其为人太多,其自为太少"。明确地对"己"和"人"作了区分,并对仅仅为他人而忘却自我表示不满。这种批评的前提,是对"己"的肯定和承诺。从这方面来看,庄子显然并未否定自我。

那么,"无己"的真实含义究竟是什么? 前面已提到,庄子对自然给予了相当的关注,逍遥之境同时被理解为自然之境。这一理解以先秦的基本哲学论题"天人之辩"为其背景。天和人的关系,是庄子反复辨析的问题。一些哲学家,如荀子,曾批评庄子"蔽于天而不知人",这里的"天"不限于和"地"相对的苍苍之天,而是指广义的自然,"人"则包括人的文化创造、人的文化创造的成果以及文明形态、人化的原则,等等。所谓"蔽于天而不知人",也就是仅仅突出"天"或自然的原则,而完全忽视了人的文化创造及文明形态的意义。荀子这一批评是否完全确当,这里不作详论,不过,注重"天"(自然),推崇、坚持自然原则,把自然状态理解为一种理想化的形态,对礼乐文明及人化的规范、文明的成果持批评的态度,这确乎构成了庄子在天人之辩上的主导立场。天人关系上的以上趋向,同时成为庄子考察"己"或自我的前提,它决定了庄子所说的"无己",不同于完全否定自我,而是更多地表现为超越社会化、文明化的"我"。对庄子而言,由社会的规范塑造起来的"我",并不是真正的"我","无己"就是要摆脱这种由礼乐文明所规定的"我"。从前面的叙述中可以看到,社会化的"我"仍受制于外在的社会评价,受制于荣辱之分,无法走出文明规范所规定的界限。在庄子看来,停留在这种文明化的"我",往往很难摆脱被限定的状态,所谓"无己"就是要超越外在规范塑造的"我",回到与自然为一的真实的"自我"。

事实上,在《齐物论》的"吾丧我"之说中,以上含义得到了更具体的阐释。"吾丧我"中的"我"更多地与礼乐文明的活动及其影响与制约联系在一起,"丧我"也相应地意味着消解文明化或人化之"我"。可以看到,庄子所要"丧"、要消解的,并不是一般意义上的"我",而是礼乐文明中的"我"。与此相联系,在"丧"或"忘"的过程中,完成"丧"或"忘"的主体始终不会失去;也就是说,"吾丧我"中的这个"吾"总是存在着。这个作为遗忘主体的"吾",就是庄子所理解的真正"自我",用海德格尔的表述来说,也就是本真的"我"。与"丧我"并不意味着完全否定自我一样,"无己"也不能等同于消解自我。

要而言之,庄子事实上对"我"作了区分:其一为他所追求的真实之"我",其二为他所否定的、打上了礼乐文明印记的"我",后者具有被限定的性质。所谓"无己",也就是以真实的"我"超越被限定的、取得礼乐文明形态的"我"。这里,我们可以看到其整体上的思维趋向,即对礼乐文明的疏远乃至否定。对庄子而言,对逍遥的限定,都是与礼乐文明联系在一起的,而摆脱礼乐文明的制约,达到超越外在束缚的真实之"我",则意味着与自然合一。由此可以进一步注意到,庄子所说的自然,包括两个方面:其一与自我的存在形态相联系,另一则涉及外部对象。前者以人的天性为内容,所谓天性,亦即未经文明改造的本然之性;后者则是尚未人化的本然世界,包括其中内含的自然法则。与之相应,从个体来说,合乎自然就是合乎自身的内在天性,避免以人为的外在规范对其天性加以扭曲;个性和天性在庄子那里是统一的,礼义规范在庄子看来都可能导致戕害、扭曲天性。从人与外部对象世界的关系来说,合自然则意味着一切行为都要顺乎自然的法则。

对真实之"我"的规定与对逍遥的理解,在自然的原则之上获得了内在的统一。自我作为逍遥的主体以合乎天性(自然)为特点,逍遥之境则以顺乎内在自然(自我的本然之性)与外在自然(对象世界及其法则)为指向。总起来说,自由与自然的合一,构成了逍遥之境的实质内涵。

原文:

尧让天下于许由,曰:"日月出矣,而爝火不息,其于光也,不亦难乎!时雨降矣,而犹浸灌,其于泽也,不亦劳乎!夫子立而天下治,而我犹尸之,吾自视缺然。请致天下。"许由曰:"子治天下,天下既已治也,而我犹代子,吾将为名乎?名者,实之宾也。吾将为宾乎?鹪鹩巢于深林,不过一枝;偃鼠饮河,不过满腹。归休乎君,予无所用天下为。庖人虽不治庖,尸祝不越樽俎而代之矣。"

释义:

庄子在这里借传说中的历史人物之口来表达自己的观点。这段文字的重心不在评判谁更逍遥,而是通过对话,把话题引向社会政治领域。这一讨论的概念框架,显然与前面所探讨的观念前后相承。具体而言,它以自然的原则为出发点,并由此将这一原则进一步运用于社会政治领域。首先,从治国方式来看,通过爝火与阳光的比较,显示太阳照耀大地的自然性质。这里依然运用了隐喻的方式,暗示治国过程也应像太阳的照耀那样,自然而然,避免人为的设定、谋划。这种治国方式,体现了《老子》"自然无为"的原则。同时,这里又涉及对理想的社会形态的理解。按照后世的看法,尧至尊而为君,在万人之上,许由则只是一个隐士,没有任何社会的名分、地位。但是,从以上对话中,我们可以看到,二者之间并不存在上下尊卑的严格区分问题,尧与许由都不把君主看成一种崇高的社会等级,从这一角度看,二者似乎可以说立场相近:都视社会政治地位(包括君主之位)为无足轻重之物。相对于此,儒家往往严于君臣之义的辨析:按儒家政治哲学的观点,君为主、臣为辅,这种关系是严格而不可动摇的。然而,借尧与许由的对话,庄子显然将这种尊卑关系淡化了。可以说,通过将自然的原则引用于社会政治领域,庄子在某种意义上表现出淡化甚至解构社会政治结构的趋向。

许由的回应同时涉及"名"的问题。这里的"名"既有认识论的意义,又指社会的名誉、声望。许由把"名"视为"实之宾","宾"具有从属的性质,"实"则既指对象,也关乎人的实际生存状态。就名实关系而言,名应合乎实;从人的"在"世过程来看,相对于实际生存状态,名声、名望不过是一种从属的、次要的东西,根本不值得去追求。后一观点实际上紧接着前面提到的"圣人无名"之说而言,可以看作是"无名"观念的具体引申、发挥。总起来说,治国的方式、社会政治结构、社会的名声(世俗之名),这三个方面都涉及社会政治领域。从治国方式来说,庄子拒斥人为的谋划,将人的作为比作阳光之下的爝火,认为这类活动纯属多此一举,卑微而不足道;从社会政治结构来说,庄子肯定君臣之间完全可以互易其位;从社会名声的角度来看,庄子则强调声望不过是从属性的"宾"而已,不值得追求。总体上,以上三个方面都体现了自然的原则,可以视为自然原则在社会政治领域中的具体展开。

原文:

　　肩吾问于连叔曰:"吾闻言于接舆,大而无当,往而不返。吾惊怖其言,犹河汉而无极也;大有径庭,不近人情焉。"连叔曰:"其言谓何哉?"曰:"'藐姑射之山,有神人居焉。肌肤若冰雪,绰约若处子,不食五谷,吸风饮露,乘云气,御飞龙,而游乎四海之外。其神凝,使物不疵疠而年谷熟。'吾以是狂而不信也。"连叔曰:"然。瞽者无以与乎文章之观,聋者无以与乎钟鼓之声。岂唯形骸有聋盲哉?夫知亦有之。是其言也,犹时女也。之人也,之德也,将旁礴万物以为一,世蕲乎乱,孰弊弊焉以天下为事!之人也,物莫之伤,大浸稽天而不溺,大旱金石流,土山焦而不热。是其尘垢秕糠,将犹陶铸尧舜者也,孰肯以物为事?"

释义:

　　这里所说的"神人",从一个方面体现了庄子所理解的理想人格。庄子对理想人格的描绘,在不同的场合往往呈现不同的特点。按照以上描述,作为理想人格的"神人",似乎已带有某种超自然的特点。他餐风吸露,不食人间烟火;乘云御龙,不惧水火,颇似后来道教所渲染的仙人。事实上,这里的神人确乎已具有某种神仙的品格。由此不难看到,从道家到道教,其间似乎存在历史的延续性。作为近乎神仙的存在,神人已不是一种自然意义上的对象,而是具有超自然的特点。这是一种很有意思的现象:庄子本来推崇自然,而他所描绘的理想人格却在相当程度上向超自然的形态衍化。与自然主义的取向相对,认同超自然形态,无疑容易引向神秘主义。自然主义和神秘主义是两种不同的理论形态,但它们之间并没有严格的界限,在一个具体的哲学家那里,二者往往两极相通,相互过渡;这同时也表现了一个哲学家思想品格的多样化、复杂性。从历史的层面看,自然主义与神秘主义的相互渗入,似乎为从推崇自然原则的道家走向建构神仙世界的道教提供了某种理论的前提;从理论层面来说,自然的观念如何走向超自然的观念,自然主义与神秘主义如何沟通,这一问题本身又值得深入研究。

当然,联系《庄子》一书的其他论述,我们又可以注意到,在超自然、神秘的描述之后,仍可看到,庄子在总体上并没有离开循乎道、法自然的原则。在《秋水》篇中,我们可以读到如下文字:"至德者,火弗能热,水弗能溺,寒暑弗能害,禽兽弗能贼。非谓其薄之也,言察乎安危,宁于祸福,谨于去就,莫之能害也。故曰:天在内,人在外,德在乎天,知天人之行本乎天。"类似的表述也见于《大宗师》:"若然者,登高不栗,入水不濡,入火不热,是知之能登假于道者也若此。"这里值得注意的是"非谓其薄之"、"察乎安危"、"谨于去就"、"登假于道"等表述,"登假于道"意味着对道的把握,"非谓其薄之"表明不同于盲目的冲动,"谨于去就"则是在把握道的前提下,以道为依据而谨慎行事。在此,本乎天、循乎道并未完全淡出庄子的视野。

这里,我们同时应注意庄子的一个提法,即"孰肯以物为事"。这一表述的前提是区分"物"与"事",反对以"物"为"事"。类似的表述亦见于《德充符》:"彼且择日而登假,人则从是也,彼且何肯以物为事乎?"中国哲学史上的一些学派往往倾向于沟通"物"和"事",这一点在儒家那里表现得特别明显。儒家常常以"事"界定"物",郑玄在解说《大学》中的"物"之时,便认为:"物,犹事也"。① 这一界定一再为后起的儒学所认同,朱熹在《大学章句》中,便上承了对物的如上界说。王阳明也认为:"物即事也。"② 王夫之对此作了类似的阐释:"物,谓事也,事不成之谓无物。"③ 可以说,从汉代一直到明清之际,以

---

① 《礼记注·大学》。

② 王阳明:《传习录中》,《王阳明全集》上册,第47页。

③ 王夫之:《张子正蒙注·诚明》,《船山全书》第十二册,第115页。

"事"来解释物构成了儒家的传统。"事"的特点在于涉及人的活动和人的作用：与"物"表现为对象性的存在不同，"事"首先展开为人的实践活动。逻辑上看，"物者，事也"，意味着化"物"为"事"，"物"与"事"的以上沟通与儒家注重人为相关，它意味着化自然存在状态为人化的存在状态。庄子反对以"物"为"事"，明确地对"物"化为"事"持否定的态度，这一立场既意味着反对自然的人化，也表现为对有意而为的拒斥；也正是在相近的意义上，庄子强调"圣人不从事于务"①。对庄子来说，理想的形态就是保持对象的本然形态，而不要去改变自然以合乎人的要求，这一论点同时又与逍遥的追求联系在一起。在此，自然的原则与逍遥的理想同样彼此交融。

原文：

宋人资章甫而适诸越，越人断发文身，无所用之。尧治天下之民，平海内之政，往见四子藐姑射之山、汾水之阳，窅然丧其天下焉。

释义：

章甫（冠）之喻所要表达的意思是：对不需要戴帽子的社会群体来说，帽子完全是无用之物；同样，以平治天下为指向的礼乐文明对视自然为理想形态的人来说，也没有价值。不难看到，这一论题涉及礼乐文明及其意义。这里的整个叙事用寓言的方式展开，人物、对象都带有虚托形态，不同于历史的叙述。与以上的叙事方式相应，所谓"四子"，也没有明确地指出究竟是哪几位人物②，我们可以把他们理

---

① 《庄子·齐物论》。

② 高亨认为："'四'疑原作'是'，声近而误，'是子'即指前文藐姑射之山之神人也。"（高亨：《诸子新笺》，第 54 页）此似可备一说。

解为一种象征,喻指与文明形态相对或超越于文明形态者,"四子"所在的"藐姑射之山、汾水之阳",则隐喻自然之境。与之相对,"治天下之民,平海内之政"则是礼乐文明社会中的存在方式。在庄子看来,身处平治天下的社会政治活动之中,并不会意识到这种存在方式没有意义,但一旦走出这一世界、来到自然之境,便会有不同的感受。章甫与断发文身、尧与"四子"、天下海内与"藐姑射之山、汾水之阳"的比照,彰显的是自然与文明、道法自然与有意为之等差异,借助帽子的隐喻,通过突出尧在"四子"之前若有所失,庄子着力肯定了自然之境相对于礼乐文明所具有的优越性、理想性。

原文:

惠子谓庄子曰:"魏王贻我大瓠之种,我树之成而实五石。以盛水浆,其坚不能自举也;剖之以为瓢,则瓠落无所容。非不呺然大也,吾为其无用而掊之。"庄子曰:"夫子固拙于用大矣。宋人有善为不龟手之药者,世世以洴澼絖为事,客闻之,请买其方百金。聚族而谋曰:'我世世为洴澼絖,不过数金,今一朝而鬻技百金,请与之。'客得之,以说吴王。越有难,吴王使之将。冬与越人水战,大败越人,裂地而封之。能不龟手,一也,或以封,或不免于洴澼絖,则所用之异也。今子有五石之瓠,何不虑以为大樽,而浮乎江湖。而忧其瓠落无所容,则夫子犹有蓬之心也夫!"

惠子谓庄子曰:"吾有大树,人谓之樗。其大本拥肿而不中绳墨,其小枝卷曲而不中规矩。立之涂,匠者不顾。今子之言,大而无用,众所同去也。"庄子曰:"子独不见狸狌乎? 卑身而伏,以候敖者;东西跳梁,不辟高下;中于机辟,死于罔罟。今夫斄牛,其大若垂天之云。此能为大矣,而不能执鼠。今子有大树,患其无用,何不树之于无何有之乡,广莫之野,彷徨乎无为其侧,逍遥乎寝卧其下。不夭斤斧,物无害者,无所可用,安所困苦哉!"

释义:

这两段都以隐喻的方式,涉及有用和无用之辩,因而可以结合起来理解。何为有用,何为无用? 这一话题背后的内在含义是关于道的学说是否有意义,用今天的话语来说则是哲学是否有用。《老子》已区分为道与为学,关于道的沉思、言说可以归入为道之域;庄子对逍遥的论辩,亦属为道之说。这一类的理论或言说有无意义? 惠施认为"今子之言,大而无用",显然对此提出了质疑。"子之言"即庄子之言,其内容涉及的是庄子的哲学思想。在一般人看来,庄子之言汪洋恣肆,庄子之思大而无当,不能解决人生的具体问题,从而也没有实际的意义。惠施的以上质疑,便明示了这一点。针对这种责难,庄子在这里作了层层的辨析和讨论。

在"子之言"之后,是更广意义上的为道之言或哲学之言。道的学说或哲学到底有没有用? 如前面所提到的,按通常的观点来看,道的论辩,包括逍遥之说并不能解决人生的切实问题,所以显得没有什么意义。庄子以瓠与树为喻,对此作了反驳,并由此进一步从正面阐述为道之学的意义。他首先区分了不同的"用"。首先是技术层面、手段意义上的"用",如树能被取材"用"来制作器具,瓠能被"用"作盛水的容器,等等,这种"用",便属技术或手段意义上的"用";它们主要相对于外在的目的而言。对这一类的"用",庄子更多地持批评态度,他对机事、机械、机心的看法,亦表明了这一点。在《天地》篇中,我们可以注意到如下议论:"有机械者,必有机事;有机事者,必有机心。机心存于胸中,则纯白不备;纯白不备,则神生不定;神生不定者,道之所不载也。"机事、机械无疑亦有其用,但这种"用"主要服务于外在目的,从而与"道"难以相容。就人的存在过程而言,"技"或手段层面的"用"固然可以给人以不同之利（如"不龟手之药"或用于洗涤过程而使人获得防护,或用于战事而使人得以裂地封土）,但它也同样可以带来负面的危害,对狸狌的描述便隐喻了这一点:狸狌身怀捕鼠等技,但最后仍不免"中于机辟,死于罔罟";庄子似乎以此暗示了经验之域的"技"和"用"具有二重性。

与技术的层面的外在之"用"相对,为道之学体现了另一种意义上的"用"。庄子以瓠(葫芦)与树为例,对此作了阐述。大瓠既不能盛水,也不能"剖之以为瓢",大树同样难以取材,工匠也无法用它来做各种器具,从以上方面来说,二者似乎都是无"用"之物。但是,把瓠剖开放在江湖中,使之如同一叶扁舟,而人则置身其间,随意荡泛;将树植于"无何有之乡",人寝卧其下,徘徊其侧,则又显示出另一种意义:泛舟江河,身处"无何有之乡"的树荫之下,这更多地表现为一种逍遥、飘逸的存在方式。这种存在方式并非服务于外在目的,而是以人自身价值的实现为指向:逍遥之境即自由之境,而达到自由的存在形态,则是人所追求的内在目标。这样,瓠与树在手段与技术的层面上固然无"用",但却具有更深刻意义上的大"用"。

瓠与树所隐喻的,是为道之学;惠施所理解的"用",则仍停留于技术、功利之域。前面已提到,有用与无用之辩,从今天来看,实质上涉及的是哲学之用。"哲学何为"与"何为哲学"相联系,是哲学的元理论层面的问题;自其诞生之日起,哲学便不断面临着以上追问。从某种意义上说,庄子是以一个哲学家的自觉,对以上问题作了回应。如前所述,惠施对庄子的责难("子之言,大而无用"),从今天来看,也就是对"哲学究竟有没有用"的质疑,这一类的质疑现在依然时有所闻。庄子通过区分不同的"用",将为道之言(包括其逍遥之论)理解为"无用之大用":说它无用,是因为它无法解决经验领域具体的、功利的问题,亦即确乎无工具意义或手段意义上的"用";说它有大

"用",是因为这种学说、观念能够超越工具、手段的意义,将人引向逍遥、自由之境,从而实现人自身的内在价值。对为道之学的意义作这样自觉的辩护,在先秦哲学家中似乎并不多见。今天在对"哲学何为"的问题作思与辩时,庄子的以上思考无疑仍有启示意义。

可以把《逍遥游》的开篇和最后两段联系起来看。从某种意义上说,庄子从谈"逍遥"开始,至论"逍遥"终结。最后关于"逍遥"的讨论同时又兼及为道之学或哲学的意义。如前面所论及的,对庄子而言,为道之学或哲学之"用"具体体现于引导人达到逍遥、自由的存在形态,在此意义上,《逍遥游》的整个篇章似乎前后呼应。

《逍遥游》作为一篇哲学文献,有其内在主题,具体而言,何为逍遥、如何达到逍遥,是庄子在其中讨论的主要问题。从内在的实质含义来看,"逍遥"主要表现为"乘天地之正",后者("乘天地之正")既指顺乎自然的法则,也指合乎自我的天性。与之相联系的是"无己"、"无功"、"无名"。"功"往往和"利"联系在一起,名"则"涉及外在的声誉。庄子一方面要求从整体上超越社会对个体的约束,由此达到本真之"我",另一方面又主张扬弃对外在名利的追求。礼乐文明的规范以及名、利等等,对庄子来说都是达到逍遥之境的限定,受其限定便是有所"待",在此意义上,"无待"与超越限定是一致的。这种观念当然也可能导致对自由的思辨、抽象理解,从而有其片面性,但庄子肯定逍遥之境与存在法则以及人的内在之性的统一,无疑包含值得注意之点。以此为前提,庄子又通过对"用"的辨析,从走向逍遥、达到自由的层面,确认了为道之学的意义。《逍遥游》的这一进路,同时也从一个方面展示了庄子哲学的内蕴。

附录四

《齐物论》释义^①

　　本篇以"齐物"为题。从逻辑上说,"齐物论"包含
"齐物"论与齐"物论"二重含义,"齐物"论指向世界万
物,后者虽呈现千差万别的形态,但从"齐物"论的角
度看,则最终可以分而齐之或不齐而齐。齐"物论"之
"物论"直接所指,涉及关于"物"的不同观点,但在宽
泛意义上则关乎一切是非之辩,"齐"广义论域中的
"物论",意味着消解是非的分辨和是非论争。总起来
说,"齐物论"以"齐"为视域,既要求超越存在之域的
分别,也试图消解观念之域的是非之辩。

————————

　　①　本文亦系《庄子》释义之一,曾讲授于研究生讨论班,由
研究生根据录音记录而成,并经作者校订。这里收入的部分同样
侧重于《庄子》哲学意蕴的诠释和阐发,关于具体字词的注解则
从略。

原文：

　　南郭子綦隐机而坐，仰天而嘘，苔焉似丧其耦。颜成子游立侍乎前，曰："何居乎？形固可使如槁木，而心固可使如死灰乎？今之隐机者，非昔之隐机者也。"子綦曰："偃，不亦善乎，而问之也！今者吾丧我，汝知之乎？女闻人籁，而未闻地籁，女闻地籁，而未闻天籁夫！"子游曰："敢问其方。"子綦曰："夫大块噫气，其名为风。是唯无作，作则万窍怒呺，而独不闻之翏翏乎？山林之畏佳，大木百围之窍穴，似鼻，似口，似耳，似枅，似圈，似臼，似洼者，似污者；激者，謞者，叱者，吸者，叫者，譹者，宎者，咬者。前者唱于而随者唱喁。泠风则小和，飘风则大和，厉风济则众窍为虚。而独不见之调调之刁刁乎？"子游曰："地籁则众窍是已，人籁则比竹是已。敢问天籁。"子綦曰："夫吹万不同，而使其自己也，咸其自取，怒者其谁邪！"

释义：

　　以上为开篇第一段。南郭子綦旧说为楚昭王庶出之弟，但也可能是虚拟的人物，庄子或假其名以表达自己的思想。在这一段中，首先值得注意的是"丧其耦"的提法。"耦"是一种形象性的表述，从字面的含义看，它有两两相对或彼此"对待"之意。从后面的具体展开中可以看到，所谓"对待"或"耦"，既关乎形与神或身与心的关系，也与"我"和外部世界或物和"我"之间的关系相涉，"丧其耦"意味着超越以上对待。广而言之，"齐"的内在旨趣在于超越分别，在形而上的层面，它趋向于克服分裂的存在形态，达到混而未分的本然形态，《齐物论》从不同的角度反复论述这一基本观念，而"丧其耦"则一开始就以形象的方式将问题提了出来。尽管在此庄子并没有以义理分析的方式展开"齐物"的论述，但通过形象性的描述，以"齐"为中心的基本观点已经开始初步地展现出来。

"形固可使如槁木,而心固可使如死灰"以形和心这两个方面为具体的关注之点。"形固可使如槁木",表明不必执着于躯体的存在:躯体的存在是与生命联系在一起的,但它并非恒久不变,而是可以取得类似枯萎之木的形态,从而既不再作为生命存在与外部对象对峙,也不作为形体与内在之心相对。心则与精神世界、意识状态相关联,"心固可使如死灰"意味着个体之心可以远离社会意识层面的理想追求,达到超越已有社会化意识的状态。通过身、心双遣,既忘却肉体存在,又消解外在的社会化的意识,个体的精神世界便可实现某种转化,使今之"我"不同于昔之"我"。所谓"今之隐机者,非昔之隐机者",即蕴含了以上观念。这种转化的实质含义表现在:一方面,从我和外部世界的关系看,忘却和超越我和世界的对立,亦即物我两忘;另一方面,就自我涉及的身心关系而言,扬弃身和心的对立。二者从不同的维度体现了齐物之境。

本段中同时需关注"吾丧我"这一提法。从语法结构看,以上表述中的"吾"与"我"有主宾之分,广而言之,"吾"和"我"两词在古代汉语中用法上有所区别。但哲学讨论不能仅仅限于语法意义上的分别。在上文的特定语境中,"吾"与"我",可以视为对两种自我的指称,其中的"我",主要与社会化、文明化的自我相联系,"吾"则表现为庄子心目中的本真之"我"。从同一文本中也可以看到这一理解的依据。《齐物论》在后文提到"非彼无我,非我无所取",其中"彼"的含义之一,是庄子罗列的诸种社会现象,包括外在的人与人之间的纷争、内在的个体精神纷扰,等等。在庄子看来,如果没有这样的社会环境和现象,也就不会有文明化、社会化层面的"我",在这一意义上,"我"更多地和社会化活动及其影响联系在一起。在本段中,"吾"、"我"之别,与天人之辩相互关联:真实之"吾",也就是与"天"(自然)为一的我,所丧之"我"则是"人"化(文明化或社会化)的我。不难看到,庄子所要"丧"或消解的,并不是一般意义上的"我",而是与"天"(自然)相对的社会化的"我"。与此相联系,在"丧"或"忘"的过程中,完成"丧"或"忘"的主体始终不会消解,这一主体,也就是"吾丧我"中的"吾",按庄子的理解,后者同时表现为合乎"天"(自然)的真实自我或本真之"我"。上述论域中的"吾丧我",可以与《逍遥游》篇中提到的"圣人无己"联系起来加以理解。在《逍遥游》"圣人无己"的表述中,"己"近于受社会影响而形成的自我,也可以说是社会化的"我"。与之相应,"无己"并不是完全地遗忘自我,而是更多地表现为解构受社会影响而形成的有待之"我"。与"无己"不能等同于消解自我一样,"丧我"也并不意味着完全否定自我。当然,作为语言符号,"我"、"吾"、"己"等也可以在不同意义上使用,事实上,在《庄子》一书(包括《齐物论》篇)中,同一名或概念往往被赋予不同意义。

要而言之,在庄子那里,存在着两种意义上的自我,其一为社会化的"我"或"己",其二为本真的"我"或"吾",按庄子的理解,前者将流而为追逐外在世俗名利的个体,所谓"以物(外在名利)易己(本真之我)"①,从而在实质上停留于"分而不齐",后者则以后文所说的"天地与我并生,而万物与我为一"为指向,并由此实现"分而齐之"。

庄子在本段同时区分了"人籁"、"地籁"与"天籁"。"籁"本指作为乐器的箫,引申而言,"人籁"是通过乐器演奏而形成的音乐,"地籁"是风吹过之后,大地上各种洞穴发出的不同声音,"天籁"则是庄子着重要说的东西,其核心在于自然的和谐。为什么这里以音乐为喻? 这乃是基于音乐本身的特点。音乐可以看作是在时间中动态展开的和谐:随着时间的绵延,各种乐器的演奏相互协调,共同合成美

---

① 庄子在他处一再要求"不以物易己"(《庄子·徐无鬼》)、"不以物害己"(《庄子·秋水》),其中亦包含对"以物易己"的否定。

的乐章,在这种绵延之美中,同时又渗入了和谐性、统一性。通过天籁,庄子着重突出了两个方面:一是"籁"(音乐)所隐喻的和谐,一是"天"所彰显的自然。所谓"自然",意味着没有外部力量的有意作用。与之相对,"怒者其谁"中的"怒者",则可以理解为外部的推动者,"咸其自取,怒者其谁"实际上是用反诘的形式否定自然的和谐背后有一个推动者或主宰。"怒者"同时包含内在意识,其行动表现为有目的、有意识的谋划过程,"怒者其谁"这一反诘形式在否定存在的和谐与统一有一个外在推动者的同时,也否定了以天籁形式呈现的自然之和是基于有目的、有意识的谋划。在此,庄子既以自然的观念拒斥超验的推动者,也以自然的观念否定目的论的看法,而这一立场,又与其在天道观和人道观(价值观)上坚持的自然原则相一致。可以注意到,通过"天籁"、"地籁"、"人籁"诸形态的区分,庄子着重突出了"天籁"所内含的统一义与自然义。"人籁"是人演奏的结果,基于人为的过程;"地籁"虽显示出自然的趋向,但其所成之声主要是关乎风和"众窍"(洞穴)之间的关系。如果进一步追问,"吹万不同",其源何在?则唯有引入"天籁",才能予以具体回应:"天籁"表明,天地间的乐章,其根源并非外来,而是形成于"自取"的过程("咸其自取")。通过三者的区分,庄子一层一层地消解了具有目的性的外在推动力量,最后突出自然之和所具有的那种超越主宰、扬弃目的性的特点。

从内在含义看,天籁与前面提到的"吾丧我"存在理论上的关联。一方面,"吾丧我"所丧之"我",是在社会化或人化过程中塑造起来的"我",这种"我"在庄子看来不仅与他所推重的自然相对,而且是对本然天性的扭曲或破坏,"丧我"即要求从这种社会化、人化的形态中解脱出来,回到本然而合乎天性(自然)的状态;另一方面,"吾丧我"又意味着从心与形、物与我的彼此对待,走向二者的"齐"一。以上两重含义与"天籁"所蕴含的自然(天)之和(齐),无疑具有相通性。

从本体论上说,天籁之"和"意味着整体的协调和统一,这种统一的形态与分离、差异构成了某种对照,它所体现的是本篇的主旨之一——"齐"的观念。从价值观的角度考察,天籁之"和"同时也把"和"的观念突显出来。按其本义,"和"包含着不同方面的统一,就音乐而言,"和"体现为不同声音、不同节奏之间的统一,后者不同于绝对的同一。这一意义上的"和"在某些方面与儒家所说的"和"存在相通之处:如所周知,儒家也一再提出并强调"和"的原则。当然,进一步的分析又表明,同样地关注"和",儒家与庄子的具体侧重又有所不同。在儒家那里,"和"乃是通过外在规范(礼义等)的约束而形成:对儒家来说,唯有基于"礼"、"义"等普遍的规范,社会的和谐才成为可能,从而,外在的规范不仅必要,而且构成了"和"所以可能的条件。在庄子那里,以天籁为形式的"和"则更多地与自然过程相联系,其形成既非基于外在的规范,也非出于内在的目的,"咸其自取",完全源于自然。

哲学家"说"哲学(表达哲学思想)可以有不同的方式,包括诗意地说(以形象性的描述和隐喻的方式言说)、批判地说(侧重于对现实的批判性考察)、思辨地说(注重形上或超验的推绎)、逻辑地说(关注形式层面的逻辑分析)。在庄子那里,诗意地说和思辨地说往往结合在一起,其思想系统中既有思辨的构造,又充满了想象和隐喻,二者的交错构成了其言说方式上的个性特点。哲学的内容和形式并非截然分离,"说什么"(哲学的内容)与"怎么说"(表达哲学内容的方式)之间有着内在的联系,不同的言说方法并不完全是外在的东西,它与所说的内容常常联系在一起。在开篇第一段,庄子已比较典型地显示了其诗意地说哲学的方式,这种言说,又包含实质的内容。以天籁为喻,《齐物论》中的基本观念("齐"及"自然"),以形象化的方式得到了突显。"齐"要求破除对待,达到"通"的境界;"自然"则侧重于扬弃目的性及超验的存在。当然,从庄子的整个思想系统看,在肯定自然、天性的同时,庄子对文化与文明本身的正面价值似乎未能给予充分关注;在拒斥目的论及外在推动力量的同时,对人的目的性活动及其意义,往往缺乏适当的定位。

原文:

大知闲闲,小知间间;大言炎炎,小言詹詹。其寐也魂交,其觉也形开。与接为构,日以心斗。缦者,窖者,密者。小恐惴惴,大恐缦缦。其发若机栝,其司是非之谓也;其留如诅盟,其守胜之谓也。其杀若秋冬,以言其日消也;其溺之所为之,不可使复之也;其厌也如缄,以言其老洫也;近死之心,莫使复阳也。喜怒哀乐,虑叹变慹,姚佚启态;乐出虚,蒸成菌。日夜相代乎前,而莫知其所萌。已乎,已乎! 旦暮得此,其所由以生乎!

释义:

这里首先提到了"大知"、"小知"、"大言"、"小言"。就"知"言,"闲闲",带有某种宽泛、综合的特点;"间间",则侧重于分辨或分析。从"言"看,"炎炎"似近于雄辩,"詹詹"则略同乎琐碎。从根本上说,不管"大知"还是"小知"、"大言"抑或"小言",都还未能忘怀于庄子所描述的各种得失计较,没有真正地从纷争的世界超越出来,从而,"大知"和"小知"、"大言"和"小言"尽管在侧重点、思考问题的方式和表述方式上彼此有差异,但总体上依然陷于庄子所具体描述的冲突世界之中,而尚未达到理想的存在之境。①

---

① "大知"、"小知"往往被庄子赋予不同的含义。在《逍遥游》中,"小知"、"大知"之别与"小年"、"大年"的区分相关,主要涉及视域的差异;在《外物》所谓"去小知而大知明"的表述中,"大知"更多地与经验层面以物为对象的"小知"相对而言;在《齐物论》的以上论述中,"大知"、"小知"则均被视为是非之辩中的不同现象。

在这一段中,庄子以隐喻为形式,生动地描述礼乐文明所构成的社会及其特点。具体而言,其中既涉及人与人之间的关系,又关乎个体内在精神世界。从人与人之间的关系看,庄子形象地描绘了人与人之间尔虞我诈、相互算计、彼此冲突等状况,所谓"与接为构,日以心斗";其交往过程或形似随意(缦者),或深藏不露(窖者),或周文深纳(密者);进行是非之辩时,言词尖刻激烈若发射弩机,彼此沉默时,又显得讳莫如深;如此等等。从内在精神世界看,个体同样也时时处于紧张的存在形态之中,无论是清醒时,抑或睡梦中,精神都不得安宁,所谓"其寐也魂交,其觉也形开"。或心神不宁("小恐惴惴"),或失魂落魄("大恐缦缦");或忧思("虑叹变慹"),或张扬("姚佚启态");以上各种精神形态彼此更替而不知其缘由。总之,在礼乐文明所构成的社会中,人的整个精神世界不是处于宁静之中,而是以躁动、不安为其形态;紧张、冲突构成了人的基本生存状态。这种描述在某些方面类似海德格尔、萨特等存在主义者对现代文明社会的刻画。事实上,从庄子的描述中,也似乎可以得出类似萨特那样的结论,即"他人即地狱",人与人之间就是一种对抗的关系,随时需要防范他人。同样,别人也以类似的观念看待我。由此,个体的精神世界始终处于冲突、紧张之中,难以达到逍遥、从容的形态。在这里,庄子试图表明,礼乐文明的进步并不一定能使整个社会及人与人之间的关系走向和谐,也并不能保证人的精神世界臻于理想之境。相反,这种文明常常引发了人与人之间的明争暗斗,导致精神的不安宁和纷扰。质言之,文明的进步,不仅没有赋予社会生活以合乎人性的内容,反而在某些方面使之趋向于非人性化。

与礼乐文明相对的是自然的存在形态。对庄子而言,在未进入礼乐文明的自然状态下,人与人之间并不存在礼乐文明中所呈现的紧张、冲突关系,从而,人能够如同处于"天籁"之中,宁静生活,彼此和谐相处。这样,一方面,文明并不一定使人的生活更趋于人性化;另一方面,文明社会中的紧张、冲突又反衬出文明之前自然状态的理想性:正是自然的终结,导致了前面所描述的紧张关系。"其所由以生乎"所追问的,就是礼乐文明生活中诸种问题产生的根源。庄子没有直截了当地解释,但是从其整个论述中可以注意到,在他看来,之所以导致以上状态,根源在于类似"天籁"的自然之和被破坏:自然之和不复存在,便必然会使人与人之间的关系趋于紧张,并导致精神世界的分裂、紧张与纷扰。在形式的层面,前面"天籁"的描述与这里社会现象的分析,似乎没有什么直接的联系,但文明社会的不合乎人性,却衬托出自然的完美。不难发现,其中蕴含的内在观念,依然是对自然之和的肯定。

原文:

非彼无我,非我无所取。是亦近矣,而不知其所为使。若有真宰,而特不得其眹。可行已信,而不见其形,有情而无形。百骸,九窍,六藏,赅而存焉,吾谁与为亲?汝皆说之乎?其有私焉?如是皆有为臣妾乎?其臣妾不足以相治乎?其递相为君臣乎?其有真君存焉!如求得其情与不得,无益损乎其真。一受其成形,不忘以待尽。与物相刃相靡,其行尽如驰,而莫之能止,不亦悲乎!终身役役而不见其成功,苶然疲役而不知其所归,可不哀邪!人谓之不死,奚益!其形化,其心与之然,可不谓大哀乎?人之生也,固若是芒乎?其我独芒,而人亦有不芒者乎?夫随其成心而师之,谁独且无师乎?奚必知代而心自取者有之?愚者与有焉。未成乎心而有是非,是今日适越而昔至也。是以无有为有。无有为有,虽有神禹且不能知,吾独且奈何哉!

释义：

本段首先讨论了彼我的关系问题。从逻辑的层面看，彼我关系涉及两个方面：其一，一般意义上外部对象和"我"的关系。自我总是相对于外部世界而言，而外部世界的特定意义又对"我"而呈现。没有外部对象，"我"便不再是与物相对的存在，同样，离开了"我"，外部世界将失去其呈现于我的意义。由此，"我"和外部对象形成相互依存的关系。其二，如前面所论，这里的"彼"可以看作是庄子在上文描述的各种社会现象，亦即人与人之间的紧张关系以及形成于这一过程中的精神纷扰。如果没有这些社会现象（"彼"），也就不会有"我"。这一意义上的"我"，是带有社会烙印、文明印记的存在，所谓"大知"、"小知"、"大言"、"小言"等都与这一视域中的"我"相关。从后一视域看，一方面，社会中各种紧张、纷扰的关系塑造并影响了"我"，另一方面，"我"反过来也参与了这种社会纷争，所谓"非彼无我，非我无所取"，便彰显了两者之间的这种互动关系。

从庄子的角度看，"彼"、"我"的如上分离，既不是存在的本然形态，也不是存在的终极形态。分化是整个世界的完美形态被解构之后才形成的，而不是真实、原初的存在形态。世界本来合而为一，不存在分与别。在彼我相分之前，本然的存在"齐"而未分。那么，这种本然的存在是否表现为超越的主宰（真宰）？庄子对此显然持质疑的态度。由无"彼我之分"到有"彼我之分"，似乎存在"真宰"（超越的主宰），但这种真宰却无现实的根据可以确证。对庄子而言，彼我相分，意味着合而为一的自然状态不复存在，然而，这种超越分化的自然本身非真宰，偏离自然状态也非真宰使然。自然既是原初的也是自然的，其后不存在超越的"真宰"。"可行己信"意味着生活中可以依据的，应当是得到确证、从而为自我所接受的形态，而"真宰"则缺乏可信的根据，形似真切，实则虚无缥缈，无法确信。从正面来说，

"真宰"之缺乏确证,同时表明了存在非为超越之物所主宰,而是呈现自然的形态。

"真宰"似有而实无,对此,庄子进而以人体为例作了论证。如所周知,人作为生物,其器官涉及合目的性:人体某种器官的存在,似乎是为了满足身体其他器官或部位的需要,这种需要仿佛同时构成了相关器官存在的目的,如唇的存在,便似乎是为使齿免于寒冷,所谓"唇亡齿寒"便涉及唇与齿的以上关系,如此等等。与之相联系,器官之间似乎也形成了各种亲疏关系。庄子在此段罗列了人体的诸种部位和器官,并指出:这些器官之间事实上并不具有目的性关联或主宰与被主宰(君臣)关系,其存在完全自然而然。无论是众多的骨节(百骸),抑或眼耳口鼻等九窍或心肺肝肾等六脏,其间都既不存在亲疏关系,也非互为目的。这里提到的"真君"与前面所说的"真宰"具有相关性。"真宰"主要关乎一般意义上的存在,表现为个体、精神世界、万物之上的主宰;"真君"则以君臣关系,隐喻心之官和其他人体器官之间的关系。无论是"真宰",抑或"真君",其含义都涉及两个方面:其一,主宰、支配;其二,有目的的作用。在庄子看来,从一般的存在意义上说,整个世界并没有一个绝对支配者,也不存在有意识的作用过程;从个体器官之间的相互作用看,心之官和其他器官之间也不存在这样一个有意识的作用与被作用的过程,在这方面,否定"真宰"和否定"真君"具有一致性。通过人体器官之间自然关系的描述,庄子进一步以自然的原则否定了目的论的观点。与否定"真宰"相近,这一看法可以视为前面"咸其自取,怒者其谁"的引申,其要义也体现于以自然否定外在的主宰、以合自然扬弃目的性。

进一步看,器官的隐喻,同时关乎对秩序的理解。器官具有不同功能,彼此职能相异,但又相互协调,其间呈现内在的秩序。然而,这种秩序又非源于"真君"的支配和安排,而是自然形成。广而言之,世间万物之间,也非妄而无序,其间包含内在之序,这种秩序同样呈现自然形态,而非由"真宰"所决定。在这里,对外在主宰和目的论的扬弃,与肯定万物之序的自然性质也呈现一致性。

以质疑真宰为前提,庄子对礼乐文明中人的存在状态,作了批判性的考察。"一受其成形",即一旦成而为人,则人的悲剧性生活也就开始了。人来到这个世界之后,从年少到年老,忙忙碌碌,既与物打交道,又与人彼此互动,终其一生,都为各种身外之事所支配,后者包括逐利与求名;与名利相关的诸种外在社会因素,都构成了对人的束缚和限定。身陷此境,人不知出路何在("不知其所归"),更遑论追求人性化的生活。这种生存过程,在相当程度上被赋予异化的色彩,对此种生存状态的概述和前面"日以心斗"的描述显然前后呼应,其根源则同样被归诸执着于物我之分、为世俗的价值取向所左右。

基于存在过程的以上描述,庄子进一步提出人生的意义问题。"终身役役而不见其成功,苶然疲役而不知其所归",这样一种生存方式在庄子看来是无意义的:"人谓之不死,奚益?"如此活着,虽存于世,实无异于死。与批评以上生活方式的无意义性相联系,庄子同时从正面呼唤存在的自觉或存在意义的自觉:"人之生也,固若是芒乎?其我独芒,而人亦有不芒者乎?""芒"有浑浑噩噩、昧而不知之意,处于此种精神状态,表明还没有达到存在意义的自觉。人是否注定处于昧然不明之中而缺乏存在意义的自觉? 在这个世界上,是不是有些人已经真正达到了存在的自觉? 这是以问题的方式,唤起人对自身存在意义的关注,并重新反思"终身役役"、"不知其所归"的无意义人生,由此逐渐走向真正合乎人性的存在形态。对存在意义的这种自觉反省,本身无疑有其重要的意义。

与反思或自觉意识形成对照的是"成心"。"成心"首先异于自然,表现为一种人为的观念,这种观念通过社会的作用而形成,以世俗的价值取向为内容。具体而言,从认识论的角度看,"成心"表现为主观的成见,否定"成心"意味着反对主观的成见,后者类似孔子所说的"毋意"、"毋我",其内在意向在于避免以个人成见影响对外部世界的观照和理解。从价值观上考察,"成心"则受世俗的价值系统和价值取向的影响而形成,在这种世俗意识的制约之下,人们难以达到对存在的自觉,无法从存在的悲剧性和无意义性中解脱出来。在以上层面,"成心"的提出,旨在揭示人们未能达到存在意义之自觉的内在根源:人们之所以虽处于不合乎人性的存在形态却昧而不知,与"成心"的影响无法分离。

在先秦哲学的发展中,存在着观念的前后联系,前述孔子之主张"毋意"、"毋我",后来荀子要求"解蔽",等等,都包含消除个体已有成见或主观观念之意,并以此作为达到比较正确地把握人和事物的前提,庄子对"成心"的批评,与之无疑有相通之处。当然,在庄子那里,消解"成心"又与悬置、解构已有的观念世界联系在一起,庄子在《人间世》《大宗师》中提到"心斋、"坐忘"等要求,即与之相互关联。在庄子看来,已有的观念世界往往衍化为人的"成心",后者可能进而把人引向各种形式的偏见,因此具有消极的意义。从认识论的角度看,对已有观念的如上理解,似乎存在自身的问题。现实的认识过程,无论以外部世界为指向,抑或以人自身为对象,都无法从无开始,而总是基于已经积累起来的认识成果和知识结构,这种已有的认识对新的认识过程并不仅仅呈现负面的影响,相反,它不仅可以使新的认识过程展开于更高的层面,而且常常为这种认识提供正面的引导。现实的认识过程难以真正完全消解已有的认识结果,如果一切都从无出发,那么,认识过程就难以达到真正的积累。庄子关于"成心"的看法,与他对儒墨所认同的文明形态的批评具有某种关联:对庄子而言,文明成果的积累更多地呈现负面的意义,这种成果影响之下形成的观念世界,也相应地具有负面性,从而需要加以解构、悬置。不难注意到,庄子对已有认识成果和新的认识之间关系的理解,存在偏颇之处。他注意到对存在的理解可能会受到"成心"的影响,但对这种影响仅仅是从负面去理解,从而表现出某种片面性。从更宽泛的角度看,"成心"按庄子之见又构成了是非之分的根源。为什么会有是非之辩? 在庄子看来,其内在根源就在于人各有其"成心":如果每一个人都执着于自己认为正确的观念,就会出现后文所提到的"各是其所是"、"各非其所非"的现象。如前所述,"齐物论"以"齐"为内在旨趣,宽泛而言,"齐"既指向外部对象以及物我关系,也涉及人的观念,其具体方面包括:"齐"不同之物、"齐"物(对象)与我、"齐"身与心、"齐"是非。"齐"与"分"相对,"分"既表现为对象世界的差异,也呈现为观念世界之对峙,是非之辩即属观念世界之"分",与前者(对象世界之分)一样,后者(观念世界的是非之分)也被视为偏离了本来统一的存在形态,对这种现象,庄子一再持批评的态度,对"成心"的责难,也与之相关。

在以上这一段,庄子首先考察"彼我"之分,由此将"分"的问题彰显出来。"彼"、"我"的具体含义又可以从不同的方面去理解:或者着重于物我或对象世界和"我"的关系,或者关注于由社会塑造而成的"我"与社会背景之间的关系。执着于"彼我"之分、沉溺于名利追逐等世俗社会的价值取向,则无法避免存在意义的失落。以上现象的内在根源,与"成心"相涉,与之相联系的是消除"成心"。在这一视域中,成心与世俗的价值形态相联系,后者表现为偏离自然的文明衍化结果,以自然扬弃这种人化的产物,同时旨在从一个方面消除"成心"产生的根源。从本体论的层面来说,"成心"的产生主要与分化的世界联系在一起,如果世界依然是分化的世界,那么"成心"便仍有它产生的土壤,只有当分化的世界回复到原初统一的形态,"成心"形成的本体论的根源才能被消解。"成心"本来似乎主要与认识论问题联系在一起,但消除"成心"却不仅仅关涉认识论,而是与价值观、本体论的问题联系在一起:扬弃"成心",同时意味着在价值观和本体论上"分而齐之"。就此意义而言,在庄子那里,认识论、价值观和本体论之间并没有严格的区分,其间更多地呈现关联性。

从认识论的层面看,庄子更多地从否定的角度看待"成心",这一立场用现象学的话来说,也就是悬置判断。对庄子而言,在社会影响之下形成的知识,往往会限定人对整体世界的把握。这一看法与解释学的立场存在明显差异:解释学一再强调"前见",认为"前见"既不可避免,也不仅仅具有负面作用,任何人在解释过程开始之前总是已有一定的看法,不会完全处于虚无状态;在解释过程中,"前见"与新的理解之间也并非一定相互排斥。解释学的以上观念,无疑注意到了认识过程的若干现实方面。相形之下,庄子的理解更多地带有理想化的色彩,这种理想化往往又容易走向抽象化。当然,从现实的形态看,认识过程常常面临肯定"前见"和消除偏见的张力。如前所述,人的认识确实难以从"无"开始,不管是认识事物还是解释文本,都无法完全摆脱前见的制约。但另一方面,"前见"过强,也可能扭曲对事物的认识,与之相联系,避免为"成心"所支配,似乎又是必要的。从后一意义上说,庄子的理解显然不无所见。

原文:

夫言非吹也。言者有言,其所言者特未定也。果有言邪?其未尝有言邪?其以为异于鷇音,亦有辩乎?其无辩乎?

释义:

"吹"关乎风,"夫言非吹也",表明"言"不同于风之吹。之所以将言与"吹"比较,可能与一开始所讨论的"人籁"、"地籁"相关:"人籁"、"地籁"都与"吹"联系在一起,以此为背景,言也首先被用来与"吹"作对比。"言者有言",表明"言"是有内容的,而非空洞无物:所谓"有言",也就是"言"所说的东西。在这方面,言不同于风:风吹去吹来,可能影响相关事物,但风本身却飘然而过,并不留下具体的东西。不过,"言"所涉及的对象常常又是不确定的,所谓"其所言者特未定也",这构成了"言"的困难之所在。"言"总是有所说,没有内容的"言",不是真正的言说,然而,这一"言"说的对象或内容恰恰又是不确定的。不确定的东西如何去说? 从形式的角度看,"言"本身的形式总是相对确定的,相对确定的东西怎么去说不确定的东西? 具体而言,相对确定的语言形式如何去表达不确定的言说内容? 这是语言表达过程所面临的问题。后面"果有言邪? 其未尝有言邪?"的疑问就是接着这个问题而来的,既然有"言",那就在逻辑上预设了它有内容,既然有内容,也就承认它确实有所言说,但到底说了什么内容? 由于所说的对象缺乏确定性,对此便无法加以断定。要而言之,从其有内容着眼,可以说有所"言",从所言对象不确定,从而言说内容无法判定看,则又可以说无所"言",有言与无言之间的界限本身难以确定。

进一步看,"言"作为一个有内容的过程,有其意义,这种有意义的陈述过程,不同于鸟类的鸣叫声,鸟的鸣叫固然也可以视为某种符号的表达方式,但这种表达方式异于语言,其符号意义也不同于语言层面的意义:动物的鸣叫声也可以有意义,但后者不是语义层面的意义。从言说与语义的关系来说,它显然不同于鸟鸣,但是,就言说也涉及声音(语音)而言,它又类似于鸟鸣。那么,言说与鸟鸣到底有没有区别? 语义层面(言说)的意义与非语义层面(鸟鸣)的意义界限究竟何在? 总之,按庄子的理解,言与非言的差异并不清楚,不同意义的界限也不容易区分。尽管庄子所谓"其所言者特未定",主要强调了言说对象及言说内容的不确定性,对其中包含的相对确定这一面,则未能给予充分的关注,但他对言说提出的问题,本身仍有其意义:言与非言、有所表达与无真正表达、表达是否包含意义、包含何种意义,等等,这些问题都值得追问,并需要从哲学层面加以思考。

原文:

　　道恶乎隐而有真伪? 言恶乎隐而有是非? 道恶乎往而不存? 言恶乎存而不可? 道隐于小成,言隐于荣华。故有儒墨之是非,以是其所非而非其所是。欲是其所非而非其所是,则莫若以明。

释义:

　　这里涉及"道"和"言"的关系问题。在宽泛意义上,"言"与"名"相涉,既关乎语言,也涉及概念。"言"或概念总是无法摆脱真实与否的问题,进一步追问,真伪的问题本身何以发生? 这就牵连道的敞开与遮蔽问题。按照海德格尔的考察,真理的原始含义与"敞开"、"解蔽"相联系,从这一角度考察,则在"道"被遮盖的情况之下,对道的把握、理解便会面临是否真实的问题。言隐而不现,即"言"不能展示其真实意义,当语言的意义不能真实地展示出来的时候,是非之辩便会发生。简言之,真伪之分的形成以"道"被遮蔽为其根源,而是非的产生则与言说的真正意义被遮蔽联系在一起。

　　"道"遍在于万物,这是庄子的基本观点,"道恶乎往而不存?"是用反问的方式来表明"道"无处不在。在《知北游》中,庄子明确地用"周"、"遍"、"咸"来表示"道"的普遍存在。"言恶乎存而不可"中的"言"应被理解为体"道"之言。体"道"之言就像"道"本身一样,在任何情况下都具有真实性,如果真切地把握"道",让"道"以真实的形式显现出来而不被遮盖,则这种"言"便无往而不可,就像"道"无往而不存一样。

本真之"道"如何会被遮盖?在庄子看来,"道"的被遮盖与世俗的功利行为无法相分。追逐名和利,其结果就是获得功利层面的所谓"小成",在专注于这种世俗"小成"的过程中,"道"往往被置于视野之外。以名利为指向的世俗"小成"突出的是目的性和功利性这一人化之维,"道"则是自然的过程。追名逐利固然合乎人的功利目的,但却悖离道和自然,并最终将使"道"完全被遮盖。从语言的层面看,这里又涉及语言的表达形式和内容或"文"和"质"的问题,华丽的辞藻常常使真实的意义被遮蔽,外在的形式过分浮泛,真实的意义反而隐而不显。在诸子各派中,庄子对儒墨批评比较多,这里的批评更直截了当地指向儒墨。儒墨两家都各以其是非其所非,也就是说,各自执着于一种非此即彼的立场,以自己的观点为正确,视对方的观点为错误,彼此相争。当然,在此庄子乃是以儒墨为例,评判一般的是非之争,并非仅仅限于儒墨这些特定学派。按庄子的理解,社会中的所有是非之争与儒墨之争一样,都各自执着于自己所认为正确的,以批评其所认为错误的。儒墨作为当时的两大显学,在这方面具有一定的代表性。

所谓"欲是其所非而非其所是",也就是避免限定于各家各派的视域,超越他们对是非的理解,扬弃片面的是非观。从更普遍的层面看,也就是拒绝执着于是非之辩的立场。如前所述,在是非之辩中,各家都是以自己的观点为是,以他人的观点为非,庄子提出"莫若以明",对此加以解构。关于"莫若以明",历来解释很多,其具体的理解,需要联系整个文本以及庄子的哲学立场。与"齐是非"这一总的观念相应,"莫若以明"的"明",可以视为本来意义上的观念形态,其特点在于自然而然、无是非之分。这一点在同一文本中也得到了印证,在本篇下面一段论述中,庄子提到"是以圣人不由,而照之于天"。这里圣人所"不由"者,即人为的划分方式:就存在而言,分别彼我,从观念来说,则区分是非,这种划分方式在庄子看来悖离于自然(天)。与之相对,"照之于天"中的"天"则意谓自然和本然。总起来说,"圣人不由,而照之于天",意味着拒绝那种物我相分、是非相争的人为划分方式,以合乎自然的方式来考察外部世界及人的观念,回归与是非之争相对的本然形态。对庄子来说,是非之辩与彼我之分一样,都是分化的形态:后者(彼我之分)是对象世界的分化,前者(是非之辩)是观念世界的分化;超越这种分化的途径,则是回到未分化的自然形态,此即所谓"照之于天"。以这样一种观点看待是非之辩,可以视为分而"齐"之的方式之一。

要而言之,在庄子看来,超越是非,不是用一种观点来否定另一种观点,如果这样,依然会陷于类似儒墨之间的"各是其所是,各非其所非"。从根本上消除是非之争,需要回复到未分化的世界,也就是从统一、本然的存在形态来观照和看待外部世界和人的观念,由此进而达到"齐是非",后者相应于"莫若以明"。"明"在庄子那里表现为高于"知"(包括"大知"或"小知")的观念形态,追溯得更远一些,《老子》已开始把"明"与一般意义上的"知"区分开来,将其视为合于道的智慧形态。从对象考察,表现为"明"的智慧形态所指向的是未分化的、统一的世界;就观念形态而言,所谓"未分化",则意味着超越是非之辩、达到本然的无是非之境。

从认识论上看,庄子以"齐是非"为取向,无疑有失之抽象、简单的问题。在现实的认识过程中,执着于一偏之见固然难以达到对世界的真实把握,但认识本身的发展,又是通过不同观点、意见的相互批评、争论而实现的,消解是非之争而回到未分化的本然形态,既具有非历史的一面,也往往使认识的发展失去了内在的推动力。不过,就其试图超越执着于一端的立场、追求认识的智慧之境而言,庄子的以上看法又包含值得关注之处。

原文:

物无非彼,物无非是。自彼则不见,自知则知之。故曰彼出于是,是亦因彼。彼是方生之说也。虽然,方生方死,方死方生;方可方不可,方不可方可;因是因非,因非因是。是以圣人不由,而照之于天,亦因是也。是亦彼也,彼亦是也。彼亦一是非,此亦一是非。果且有彼是乎哉? 果且无彼是乎哉? 彼是莫得其偶,谓之道枢。枢始得其环中,以应无穷。是亦一无穷,非亦一无穷也。故曰莫若以明。

释义:

理解这一段,需要联系全篇的主旨。本篇是在"齐物论"这个总题目下展开的,"齐物"尽管包含多重含义,但主导趋向是消解差异、走向相通。从本体论的层面看,庄子认为考察对象分别涉及二重视域,一是以"道"观之,一是以物观之。以"道"观之,则对象处于原始的统一状态,本身并无差别:从"道"的观点看,整个世界是统一;"以物观之",则世界分化而呈现差异。换言之,分化的世界相应于"以物观之"。庄子在这里提到事物多样的呈现方式,就本体论而言,它们表现为统一的世界分化之后所形成的形态,从认识论上说,它们则是在经验的层面上所把握的现象。

庄子首先从"彼"、"是"这个角度来讨论问题。此处之"是"意即"此","彼"、"是"犹言"彼"、"此"。在庄子看来,彼此是一种具有相对意义的现象,从自身的角度看是"此",而从他物的角度看则为"彼"。就其包含"彼"这一面而言,物均可被视为"彼",就其包含"此"这一面而言,则又都可被看作"此"。同样,在考察事物时,有不同角度的差异,"自彼则不见,自是则知之",从"彼"那一角度看无法把握,从"此"这一角度观察则可有所知。引申而言,认识世界与认识人自身都涉及不同的视域,以自我与他者而言,从自我的视域去考察世界,可以获得某种认识,从他者的角度去看世界,则可能形成另一种认识结果,这种视域的差异,构成了前面庄子所批评的是非之争的根源之一。

就彼此本身而言,二者既存在区分的相对性,又相互具有依存性:无彼则无此,反之亦然,这就是所谓"彼出于是,是亦因彼"。由"彼是(此)"之分,庄子进而讨论更广意义上的生死、可不可、是非的区分与关联。生死、可不可、是非之间具有可转换性,这种可转换性既体现了存在的变化性或不确定性,也表现了生死、可不可、是非之间区分的相对性。所谓"方生方死,方死方生"、"方可方不可,方不可方可"、"因是因非,因非因是",等等,是以强调的形式,描述变化的世界和观念。按庄子的理解,在本体论的层面上,以上种种现象乃是在统一的存在分化之后所形成;从认识论的角度看,这种现象又对应于不同视域的分化。如何超越以上限定? 庄子以"是以圣人不由,而照之于天"对此作了回应。"圣人"在此可以理解为庄子心目中能够以"道"观之的主体,"天"即原初的自然,其特点在于既未经历对象的分化,也未形成视域的分野,"照之于天"和前文及后面的"莫若以明",都要求超越分化的经验世界和观念世界,回到本然、原始的统一形态。如前所述,"莫若以明"中的"明"不同于分而别之的知,而近于道的智慧,与之相应,"照之于天"与"莫若以明",都意味着在"道"的智慧观照之下,重新回复到统一的存在形态。通常把庄子在本段所作的描述,视为其相对主义的表征,这一看法的前提是以上面描述的世界为庄子所确认的真实世界,也就是说,庄子把世界看成是如此这般的形态。事实上,从"齐物论"的主旨看,以上这一类变化、不确定的现象,并不是世界的真实状态,恰好相反,按庄子的理解,这些现象都是世界分化之后所形成的,这种分化表现为两个方面:其一,从本体论上说,本然世界被分化为多样的、变化的现象;其二,就认识论而言,从不同视域去看问题,往往形成关于世界的多样而不确定的看法。以上二重意义的分化,都是"齐物论"试图加以消解和超越的。具体而言,如何消解或超越分化、变化的世界和观念?"照之于天"、"莫若以明"便可以视为庄子所理解的进路,这一进路的目标,则是回到"天"与"明"所表征的本然和自然之境。

顺便指出,按其内在逻辑,"齐物论"可能更容易走向绝对主义与独断论而非相对主义。如前所述,"齐"所侧重的是消解差异,后者既包括超越对象世界本身的差异、物我彼此的差异,也以扬弃是非之间的差异为指向,后者即所谓"齐是非"。是非之争本来是不同观点和意见之间的争论,其中蕴含着对多样性和不同看法的宽容,"齐是非"在超越是非之争的同时,也意味着消除多样的观点,回复到未分化的、统一的看法。从认识论上看,走向统一既表现为对统一之"道"的追求,也在逻辑的层面趋向于拒斥多元的观点。对思想多元性的这种摒弃,无疑蕴含走向强化一元的绝对主义或独断论的可能,在这方面,以上观念与相对主义主张认识标准的多元化显然有所不同。庄子以"齐物"立论,由此出发,相对主义对认识多元性的肯定,在逻辑上无疑难以为其所接受。如果将庄子的以上看法归结为相对主义,则在某种意义上把庄子所批评、否定和解构的东西当作庄子本身所赞成的观点。

本段还谈到"彼是莫得其偶,谓之道枢"。"偶"有相对之意,"莫得其偶"意味着消除对待,前面所述"方生方死"中有"生"和"死"的对立、"方可方不可"中有"可"与"不可"的分化、"因是因非"中有"是"与"非"的区分,"莫得其偶"意味着把其中两两相对("偶")的方面加以消除,回复到无对待的统一形态,在庄子看来,唯有如此,才能应付这个世界的各种变化。可以注意到,庄子的正面立场是由"分"而"齐",亦即从分化的世界回到统一的存在形态,"照之于天"、"莫若以明"都体现了这一点;"莫得其偶",则可以视为"照之于天"、"莫若以明"具体内涵的进一步概述,正是在此意义上,庄子将其称为"道枢"。按庄子的理解,以此为总的原则,便可以应对千差万别、不断变化的对象和观念,此即所谓"以应无穷"。

原文:

  以指喻指之非指,不若以非指喻指之非指也;以马喻马之非马,不若以非马喻马之非马也。天地一指也,万物一马也。

释义:

  理解这一段中"指"的含义,需要联系公孙龙"指物论"中的"指"。"指"的直接或本来之意可能与以手指"指"物相联系,逐渐衍化之后,便开始获得与"名"相关的含义:作为用以指称、表述对象的形式,"指"本身可以被抽象化为一般的符号。引申而言,与"名"相关的"指"也可以被理解为概念。在"以指喻指之非指"中,前两个"指"可以理解为我们运用来区分、指称事物的概念,"非指"之"指"则可以视为"指"所指向的对象,后者与"所指"有相通或相近之处。"以指喻指之非指",意即通过运用某种概念来说明概念与概念所指称的对象之间具有不一致的关系,或对象无法用一般的概念来指称。在庄子看来,概念具有不足以把握对象的特点,概念与它所指称的对象之间也往往彼此悖离。反过来,对象也无法完全合乎概念的全部内涵,二者之间总是存在差异。总起来说,所谓"以指喻指之非指,不若以非指喻指之非指也",其意即是通过运用概念来表示概念所指称的事物与概念本身并不一致,不如直接消除概念本身或不使用概念来表明以上关系。在此,"不若以非指喻指之非指也"中的前一个"非指"表示超乎概念,后一个"非指"则表示所指称的对象,并涉及概念与对象的区分。就其强调名言与对象之间的张力而言,庄子的以上观念与《老子》的"无名"论有相通之处。后面关于"马"的论述与"指"的讨论前后相承。"以马喻马之非马"中,前面的两个"马"是指"马"这一概念,后面的"马",则是指作为对象的"马"。所谓"以马喻马之非马,不若以非马喻马之非马也",也就是用"马"的概念来说明马并不是"马"这个概念所表示的对象(即"马"这一对象不合乎"马"的概念),不如不用"马"这一概念指称与表示"马"这样的对象。前面"以指喻指之非指"主要从一般的层面考察,涉及概念与对象的一般关系,"以马喻马之非马"则关乎特定概念与特定对象的关系。

庄子为什么从上述角度讨论问题?这恐怕与概念的本性相联系。"名"或概念总是有"分"的特点,"名"(特别是具有指称意义的"名"),总是把事物、对象一个个地区分开来:在没有为概念所指称之前,对象世界浑然一体,当人运用概念去指称对象时,对象便被区分开来,在此意义上,概念与"分"联系在一起。可以看到,庄子在这里更多地关注概念的区分功能,在他看来,如果运用概念,那就势必把统一的世界分解成不同方面,多样的概念意味着把世界分解成多样的对象,由此,一个本来"未始有封"、没有界限的世界,就变得有界限了。齐物论的主导趋向是要消除界限,这与康德注重划界正好形成某种对照:康德趋向于在不同领域之间划界,并相应地强调概念的作用,庄子则在"齐物"这一总的观念与原则之下,一再地试图超越界限。"名"或"指"往往与划界联系在一起,正是"名"或"指"的这一特点,决定了庄子倾向于限制或消解其作用。为什么庄子在前面分析了各种分化的现象之后,紧接着在此提出"指"的问题?从以上分析中,不难发现其中的内在缘由:对"指"的以上讨论固然关乎先秦名学的一般背景,但在更实质的层面则与分而齐之的进路相联系。

后面"天地一指也",表明不仅具体的某一"指"无需指称某一个对象、某一"名"或概念不必用以指称特定对象,而且一般概念与天地之间一切现象的关系都是如此。质言之,不需要用概念把整个世界分割成不同的形态。同样,"万物一马也"也表明,天下万物与概念的关系,也像"马"这个概念和它的对象一样。前面庄子谈"指"和"非指"、"马"和"非马",这里相应地也用"指"和"马",从总的方面来强调"名"和对象世界的关系具有消极意义,从而,应当从普遍的层面超越以名辨物。联系全篇,可以看到,庄子对"名"和"言"的理解前后一致,对一般意义上的"名"、"言"能不能把握具体事物与"道",总体上持存疑的态度。这一立场的形成当然有多方面的根源,就上文所述而言,这种存疑似乎更多地与强调"名"、"言"对世界的分而论之相联系。

概括而言,这一段与前一段相互关联,总体上追求"齐"或未分化的存在形态。庄子在前一段所描绘的分化、变化的现象世界,相应于以物观之,这种经验层面的现象,是庄子试图加以否定与超越的,所谓"莫得其偶"、"莫若以明",便表明了这一点。对"指"的讨论,进一步趋向于消解概念的区分功能,由此回复到本然的世界。在庄子看来,本然的世界是一个未分化的世界,界限形成于各种因素的作用,在认识论上,导致分化的最重要因素是考察事物的视域:物我、彼此之分都关乎以物观之的视域。这一段对"指"的看法,侧重于名学层面的分析,其中既蕴含着《老子》"无名"论的影响,也在内在逻辑上体现了"齐"这一本篇的主旨,后者在此具体表现为通过消解名言对世界的区分,以超越差异和界限。

原文：

　　可乎可，不可乎不可。道行之而成，物谓之而然。恶乎然？然于然。恶乎不然？不然于不然。恶乎可？可于可。恶乎不可？不可于不可。物固有所然，物固有所可。无物不然，无物不可。故为是举莛与楹、厉与西施，恢恑憰怪，道通为一。其分也，成也；其成也，毁也。凡物无成与毁，复通为一。唯达者知通为一，为是不用而寓诸庸。庸也者，用也；用也者，通也；通也者，得也；适得而几矣。因是已。已而不知其然，谓之道。劳神明为一而不知其同也，谓之朝三。何谓朝三？狙公赋芧，曰："朝三而暮四。"众狙皆怒。曰："然则朝四而暮三。"众狙皆悦。名实未亏而喜怒为用，亦因是也。是以圣人和之以是非而休乎天钧，是之谓两行。

释义：

　　在这一段中，首先提出"可"与"不可"的关系问题。根据庄子的立场，"可"与"不可"的区分本身也是从人的视域考察对象的产物。这里提到的"可于可"、"不可于不可"，涉及通常形式逻辑所说的同一律，在"可"和"不可"已经分化的前提之下，对事物或观念的肯定（可）或否定（不可），都需要遵循同一律。"道行之而成"的直接含义即路是人走出来的，当然，在庄子的陈述中，又蕴含更为深层的含义。这里的"道"与作为存在原理和存在法则的"道"有相通的一面，"道"的原始含义即关乎道路。从存在原理和存在法则的把握看，"道行之而成"，意味着"道"乃是在人"以道观之"这一作用于世界的过程中具体呈现的，在此，道之所成与"以道观之"表现为同一过程的两个方面。"物谓之而然"，则是指事物到底被称为什么，取决于人的指称过程：正是通过人的称谓过程，某一事物获得了相关之名，如人以"火"称谓火这类对象，而火之获得"火"这一名称，便源于这一过程。抽象地看，"然"也有"如此"、"这样"之意，从这一层面说，"物谓之而然"，也就是物通过被称谓，而获得如此这般的"名"，从而可以被辨识。就此而言，这里似乎指出了"名"的形成具有约定性的一面，后来荀子对此作了更为明确的说明，所谓"名无固宜，约之以命，约定俗成谓之宜"①。从存在形态看，然与不然、可与不可，依据其自身的存在规定；从名与实的关系看，然或不然、可或不可则关乎历史过程中的"谓之"过程。引申而言，从认识论上说，对然与不然、可与不可的判定，既基于事物本身的规定，也关乎历史过程中形成的名实关系。

从存在层面"然与不然"、"可与不可"的意义出发，庄子作了进一步的推绎。就事物都各有其自身的肯定规定（"然"、"可"）而言，可以说"无物不然"、"无物不可"。由此，庄子对分化的对象世界所呈现的种种差异重新作出判断。对庄子而言，一般所理解的差异与区分，包括大和小、美和丑、成与毁，等等，都源于以人观之。如果从"道"的角度看，则这些似有差别的事物其实处于统一的形态，所谓"道通为一"、"复通为一"便表明了这一点。可以注意到，庄子在此并未简单地否定差异，这里的重要之点在于他对"以物观之"、"以人观之"与"以道观之"作了区分。在庄子看来，存在的真实形态需要通过"以道观之"加以把握。从理论进路看，这里体现的是一个"有而无之"的过程：首先承认在经验层面，与以人观之和以物观之相联系，现象世界呈现大小、美丑、成毁等差异，从经验和物的层面看，经验世界存在这种差异是无法否认的。但是，按庄子的理解，不能仅仅停留于这样的经验层面，而是应进一步从"道"的观点看，一旦以道观之，则事物之间的差异便可加以消除与解构。后面"唯达者知通为一，为是不用而寓诸庸"，更明确地把视域的转换提到重要的位置，这里的"达者"可

---

① 《荀子·正名》。

以理解为臻于智慧之境的人,其特点在于已超越经验层面的以物观之而提升到以道观之的层面。唯有如此,才能真正达到"道通为一"的境界。庄子所假定的本然存在处于没有分化而统一的形态,分化乃是伴随着是非之辩等不同视域的出现才逐渐形成的,庄子所追求的,就是回复到本然意义上的统一形态,这样的回复唯有通过视域的转换才能实现。要而言之,如何看待与理解这个世界,与人的视域无法相分:从经验的角度考察,看到的是分化和差异的世界,从"道"的角度视之,看到的则是"道通为一"的世界。"为是不用而寓诸庸"中的"庸",具体地和"通"联系在一起:"庸也者,用也;用也者,通也;通也者,得也。"总起来说,"为是不用而寓诸庸"也就是超越执着于"分"的形态,达到"通"的视域并以"通"观之,由此真正地把握世界的真实形态。以道观之的如上视域,非源于刻意求之,而是在放弃以人观之和以物观之以后,自然形成,所谓"已而不知其然,谓之道"。

后面提到"劳神明为一而不知其同也",其中关乎"一"与"同"之别。这里所谓"一"有其特定含义,主要指实际上并不存在差别,却执着于以为有差别,"朝三暮四"和"朝四暮三"便表明了这一点:"朝三暮四"和"朝四暮三"在总量上是一回事,并无差别,但众狙(猴)却特别地要从无差别中找出差别,执着于"朝四暮三"而反对"朝三暮四"。这就是庄子所谓"劳神明为一",亦即虽执意加以区分,但实际结果却并无差别,这和前面提到的"为是不用而寓诸庸",正好形成对照:"为是不用而寓诸庸"表现为超越"分"的视野,并以"通"观之。

当然,从另一角度看,"朝三暮四"和"朝四暮三"尽管在总量上一样,但其意义并不完全相同,这里的"意义"包括语用学上的意义和语义学上的意义。从语义学上说,"朝三暮四"和"朝四暮三"这两个词的词义显然不一样;在语用学层面上,"朝三暮四"和"朝四暮三"对个体来说,其意义差别显得更为明显:在不同时间(朝或暮)获得不同份额(三或四),对相关个体及其生活常常会带来不同影响。可以看到,从逻辑上分析,"朝三暮四"和"朝四暮三"之间无疑存在内在差异,然而,庄子却认为二者虽表述不同,但"名实未亏"。"名实未亏"意味着"名"与"实"完全一致、没有差异。事实上,以上分析已表明,对此显然不能作这样的断定,在这方面,庄子的看法无疑存在逻辑上的问题。就内在取向而言,庄子的以上理解背后,则蕴含着消解、超越概念内涵差异的立场。

本段最后一句为"是以圣人和之以是非而休乎天钧,是之谓两行",其中"天钧"指自然的等同或统一。"和之以是非",意味着从"道"与"通"的观点出发,消解是非之分或是非之辩;"休乎天钧"则进而将事物的差异还原于自然的等同或统一形态,这一意义上的"天钧",同时构成了"和之以是非"的本体论根据。以上二重含义,也就是所谓"两行"。具体而言,对庄子来说,在本体论上,对象世界本身不存在什么差异;在认识论上,是非之分也缺乏真实依据。由此,庄子对认识论上的是非之分和本体论上的对象差异作了双重的排遣。可以看到,这一段核心的观念体现于"道通为一",其中既蕴含了本体论的看法,也渗入了认识论的立场,事实上,在庄子那里,认识论的视域与本体论的观念无法截然相分。

原文:

古之人,其知有所至矣。恶乎至? 有以为未始有物者,至矣,尽矣,不可以加矣。其次以为有物矣,而未始有封也。其次以为有封焉,而未始有是非也。是非之彰也,道之所以亏也。道之所以亏,爱之所以成。果且有成与亏乎哉? 果且无成与亏乎哉? 有成与亏,故昭氏之鼓琴也;无成与亏,故昭氏之不鼓琴也。昭文之鼓琴也,师旷之枝策也,惠子之据梧也,三子之知几乎,皆其盛者也,故载之末年。

唯其好之也,以异于彼,其好之也,欲以明之。彼非所明而明之,故以坚白之昧终。而其子又以文之纶终,终身无成。若是而可谓成乎?虽我亦成也。若是而不可谓成乎?物与我无成也。是故滑疑之耀,圣人之所图也。为是不用而寓诸庸,此之谓以明。

释义:

这一段首先从"知"谈起。"古之人,其知有所至矣",这是就人的认识所达到的形态来说。后面区分了几种不同的认识形态,这种认识形态同时也涉及看待和理解世界的不同方式。其一,"以为未始有物",即认为最初并不存在"物",这是最高的形态,所谓"未始有物"意味着还未发生"有"和"无"之分,当我们说"有物"时,此"物"便与"无"相对,在"未始有物"之时,"物"既不存在,"无"和"有"的区分也无从发生,这是最原初的认识形态,也是最高形态,所谓"至矣,尽矣,不可以加矣"。其二,"以为有物",即开始确认"物"的存在,但此时,物的世界还处于混沌状态,没有界限,没有分化。所谓"未始有封"。其三,"以为有封",即混沌的世界开始出现了区分,但是,此时还没有是非之辩。最后,是非之辩开始出现,道也随之被遮蔽,并失去其整体性和全面性,所谓"道之所以亏"。"知"的以上衍化之后,是存在本身的不同呈现形态:在最原初的状态中,无物存在;其次,开始有"物",但物本身还处于混沌状态,尚未分化;再次,出现了分化和界限,但这种"分"主要表现为对象世界的分化;最后是观念世界的分化,其特点表现在是非之辩的出现。一旦观念世界出现分化,"道"就不再展现为统一、整体、全面的形态,而是有所"亏","亏"与整体、全面相对而言:直观地看,整体缺了一部分,即为"亏"。这里的"亏"可以理解为不全面或片面,"道"本来是一整体,是非之辩出现以后,论争的各方往往抓住一点而不及其余,"道"由此不再以全面的形态呈现。"道"一旦被片面化,基于个人偏爱的观点(一偏之见)就随之出现,这也就是所谓"道之所以亏,爱之所以成"。庄子的以上看法将"道"和个人的偏见对立起来:"道"本身是整体、全面的,一旦偏离了"道",必然会形成一偏之见。对个人偏爱的这种批评既与前面责难"成心"相互联系,又关乎本体论的视域:一偏之见的形成与道的片面化,被视为同一过程的两个方面。

庄子以"鼓琴"为例,对以上观点作了进一步的说明。琴在演奏的过程中,其音调总是错落有致,所谓"有成有亏",如果宫商角徵羽等所有的音调都同时出现,那就不成曲子。欲"无成与亏",那就唯有不"鼓琴"。然而,从音乐审美的角度看,不"鼓琴"往往会形成更高的审美效应,所谓"大音希声"、"此时无声胜有声",昭氏(昭文)作为善鼓琴者,便深谙此道。广而言之,有所为总是会同时带来一些欠缺,在"无为"的状态中,整个过程便没有什么成和亏之分。昭文之鼓琴是如此,师旷之击鼓、惠子(惠施)之论辩也不例外,"三子"怀技虽各异,但在把握"成"与"亏"的关系方面却彼此相通,故都能享誉晚年。不过,在庄子看来,"三子"所好,固然不同于常人,但他们又试图通过"明之"而彰显其所好,如此彰显,则导向消极后果,后来的离坚白之类的论辩,便与这种趋向相关:尽管"三子"之一的惠施在名学上主张"合同异",从而不同于"离坚白",但以"明之"为形式的彰显,其特点仍在于分辨(分疏而明辨之),在此意义上,"明之"不仅与避免"亏"(道的片面化)存在张力,而且容易引发不同形式的辩说,包括坚白之辩。由此,庄子认为,所谓"成",具有相对的意义,而迷惑人心的各种巧辩(滑疑之耀),则为圣人所鄙视,这里的"圣人",可以视为前面提及的达到智慧之境的"达者"。最后,庄子再次提到"为是不用而寓诸庸",这里的"庸"("用")同样与"通"相联系,"为是不用而寓诸庸"也就是由执着于"分"的"明之",走向统一而无所"亏"(没有片面化)

的道。

可以看到,庄子在本段的主要的看法依然是破除各种区分与对待。对庄子而言,最原始的存在中甚至没有物与非物之分,后来各种形式的分化都是对这种真实形态的扭曲与破坏。同样,不同的片面观点,都是在分化之后出现的现象,在没有是非之辩以前,真理表现为全体。从认识论的角度看,"道"本来以整体、统一为其形态,有所"亏"便无法达到道的真理。不难注意到,对庄子而言,认识论的进路和本体论的进路是相互统一的,他一开始说"其知有所至矣",似乎更多地涉及人的认识所达到的境界,然而,这一问题同时又与他对整个世界的看法联系在一起,亦即和本体论的问题相关联。同样,是非之辩在狭义上本来属于认识论的问题,但庄子却把是非之辩放在本体论的领域来加以讨论,也就是说,存在的图景和对存在的认识彼此互融。总之,在庄子那里,认识论问题的讨论和本体论问题的讨论总是相互交错,而非彼此分离。这样的进路也许会使认识论本身不能充分展开,但就其拒绝将认识的问题和存在的问题截然分开而言,无疑又不无所见。

在以上视域中,同时包含着对界限的拒斥。"封"即界限,真实的世界没有界限,"封"的出现表明本然世界开始被扭曲。庄子看到了一般的经验世界中存在界限,而他本身则不断地试图超越、解构这种界限。这样的理解当然也有其问题,如后面将看到的,完全消除界限在理论上将导致对世界的思辨理解。但是,超越界限仍有正面的意义。对统一性的追求、对分化世界的扬弃,意味着不能人为地把整个世界切割成一个一个壁垒分明的界域,并停留在这种截然相分的世界之上,而应该从统一的层面去把握这个世界。总之,庄子的一些思辨表述或许不能为我们所接受,但在破除界限、扬弃存在的分裂状态、追求统一等方面,其思考依然有其意义。

原文:

今且有言于此,不知其与是类乎? 其与是不类乎? 类与不类,相与为类,则与彼无以异矣。虽然,请尝言之。有始也者,有未始有始也者,有未始有夫未始有始也者。有有也者,有无也者,有未始有无也者,有未始有夫未始有无也者。俄而有无矣,而未知有无之果孰有孰无也。今我则已有谓矣,而未知吾所谓之其果有谓乎,其果无谓乎? 天下莫大于秋毫之末,而太山为小;莫寿于殇子,而彭祖为夭。天地与我并生,而万物与我为一。既已为一矣,且得有言乎? 既已谓之一矣,且得无言乎? 一与言为二,二与一为三。自此以往,巧历不能得,而况其凡乎! 故自无适有以至于三,而况自有适有乎! 无适焉,因是已。

释义:

本段首先提出如下问题: 这里已有所言,但所谈论的这些内容与其他的言说和观念是不是属于同一类? 此处值得注意的不是彼此不同的言说和观念是不是同属一类,而是由此引出的"类"与"不类"的关系问题。从日常的经验看,不同的类确实彼此有区分,但是从更普遍的观念看,这些彼此相分的类又从属于更大的类,相应地,本来不属于同一类("不类")的对象,其差异也将消解在更大的类之中。这里,庄子从个体间的关系进一步推向类与类之间的关系,就齐物而言,不仅需要扬弃个体之间的差异,而且需要消解类与类之间的分别。类与类之间的关系涉及逻辑意义上的推论,与之相联系,对差异的消解也有其逻辑的意味,从后面庄子关于"始"和"有"、"无"关系的讨论中,可以看到,其论说蕴含逻辑上的设定。在逻辑的层面,我们可以追问存在的开端("始"),从具体事物,到整个世界,都可以追问其开端。由开端的追问,进一步又可以提出如下问题: 开端之前

（"未始有始也者"）是什么？开端之前的之前（"未始有夫未始有始也者"）又是什么？如此不断地追问,将导致无穷的后退。"有无"问题也与之类似:首先可设定"有"（"有有也者"）,"有"之前又可设定"无"（"有无也者"）,"无"之前,还可设定"无"之前的存在（"有未始有无也者"）,进一步,还可设定"无"之前的"无"尚未形成的存在形态（"有未始有夫未始有无也者"）。"有"、"无"涉及存在与否的问题,"开端"则关乎时间的问题,从更本源的方面看,二者都与界限相涉:时间意义上的起点（"始"）或存在意义上的起点（"有"或"无"）,都构成了某种界限。按照庄子的推论,在达到某种界限以后,可以进一步追问:界限之前是什么？由此不断地往前追溯。不管是存在意义上的有无,还是时间意义上的开端,在形成界限后,都可以层层地往前推,从而在逻辑上引向无穷的后退。无穷后退在哲学讨论中一般都试图加以避免:无穷后退意味着永远达不到一个确定的点,由此也难以形成对世界真正有意义的理解。界限的设定与逻辑上无穷后退的以上关联,表明界限本身有其内在问题。从庄子的角度看,界限与"齐物"又彼此相对:"齐物"以统一的存在形态为指向,既无时间上的开端,也不发生"有"与"无"的问题,从而没有界限可言。既然设定有分有界的世界必然导致逻辑上的无穷后退,那么,视域便应转向无界限的齐物之境:对庄子来说,唯有后者才是真实的世界。

庄子的推论从"始"、"有"、"无"等入手,无疑具有形而上的意义,然而,庄子对形而上学问题的讨论以及"齐物"的论证,同时又渗入了逻辑的视域:形而上的话语和逻辑的推论在这里相互交错和渗透,其中包含着对形而上学问题的某种逻辑的言说。按通常的理解,从逻辑分析的角度去讨论形而上或本体论的问题是西方哲学的特点,中国哲学似乎主要不是从逻辑的层面去讨论本体论的问题。然而,从庄子的以上思想中可以看到,中国哲学在讨论形而上学问题时,同样也渗入了逻辑的视野,对形而上学问题作逻辑的言说,也内在于中国哲学之中。庄子在本段中的论述,并不直接表现为对实际世界的论定,而是首先从逻辑推论的层面展开,"有始"、"未始有始"以及"有"、"无"都关乎逻辑设定和推绎。这些论说无疑是一种言说,所谓"今我则已有谓矣",便表明了这一点,然而,就其主要不是对世界本身加以论断而言,又可以对其是否真正作了言说提出疑问,所谓"未知吾所谓之其果有谓乎,其果无谓乎?"即关乎此种疑问。从另一角度看,这种疑问本身也表明其以上言说不同于通常意义上的事实判定,而是更多地侧重于逻辑层面的推绎。就哲学史而言,这种推绎的意义之一,在于从一个方面体现了中国哲学讨论形而上学问题的特点。

后面提到了差异的问题。"秋毫"和"泰山"涉及空间上小大之别,"殇子"和"彭祖"则关乎时间上的长短之异。在分化的世界中,人们往往执着于各种差异,包括大小、长短、有无等等。正由于差异只是存在于已分化或有界限的世界中,因而,这样的区分从实质的层面看只具有相对的意义,所谓"天下莫大于秋毫之末,而太山为小;莫寿于殇子,而彭祖为夭",便指出了这一点:通常以"秋毫之末"为小,但从其合乎自身的规定性看,它并无不足,就此言,也可以说没有什么更大于"秋毫之末";泰山一般被归于大的存在形态,但从与自身存在规定一致看,也并没有任何多余,就其未超出自身言,也可视其为小。在生命的长短方面,殇子与彭祖的关系也与此类似。

"天地与我并生,而万物与我为一"进一步涉及自我与世界的关系。就人的存在而言,在"以人观之"的前提下,"我"与外部世界的区分,往往构成二者关系的基本形态。然而,个体如果转换视域,走向"以道观之",则自我与天地万物便不再彼此相对、隔绝,而是在时间和空间上都呈现统一性。这里的"并生"、"为一",涉及视域转换之后对个体与世界关系的理解,其内在旨趣在于扬弃二者的分离、对峙。

对庄子而言,存在的界限归根到底是以人观之的结果,从"以道观之"或存在的本来形态看,这种界限本身就可以得到消解。

最后,庄子进一步从"言"和"说"的角度加以讨论。在"齐物"或未始有"封"(没有界限)的存在形态中,"言"与"所言"、"说"与"所说"之间的界限(区分)也并不存在。"既已为一矣,且得有言乎?"如果能真正理解"万物与我为一"的存在形态,那么"说"和"不说"的区分也就不需要再坚持了。如果依然要对存在有所言说,在庄子看来便可能陷于另一种逻辑上的无穷后退。"一"表现为"其大无外"的本然存在形态,"言"是人之言说,本然的存在形态和人的言说加起来是所谓"二",对"二"这样的形态再作论定或者言说,则形成"三",对"三"的形态进一步加以言说,便形成新的累加,如此不断延续,其结果便难以避免逻辑上的无穷后退。所谓"一与言为二,二与一为三。自此以往,巧历不能得,而况其凡乎!"进一步看,"自无适有以至于三,而况自有适有乎!"从非具体的存在,到具体的存在,尚且如此,从一种具体的存在走向另一种具体的存在,如果也这样不断地追溯,就更将永无终结。从庄子的角度看,以上问题的根源在于执着于"分"——"说"和"所说"的分离。人的言说和言说的对象本身表现为一种对待关系,在所说者之外总是还可发现有待进一步言说的东西,一旦执着于这一区分,逻辑上就会导致无穷的后退,要避免此种归宿,便必须放弃以上取向,所谓"无适焉,因是已"。可以注意到,庄子所持的立场是超越说和所说的对立,这与观念领域的"齐是非",本身前后相通。

就言说而言,以上讨论同时涉及本体是不是可以"说"的问题。在形而上的层面,"一"可以视为大全,对"一"这种大全是不是可以有所言说?对此,庄子在这里似乎持存疑的态度。在他看来,一旦有所说,就必然形成说与所说的对待,由此进而导致某种逻辑悖论。类似的问题在后来的哲学家中仍被提出,如在中国现代哲学中,冯友兰亦曾涉及大全是不是可以言说的问题:在他看来,所谓大全总是"至大无外",而对其言说则在此大全之外,这样,"说"与"大全"便形成某种对待关系,一旦对它有所说,则大全便不再是真正的"至大无外",因为此大全之外还存在与之相对的言说。比较而言,庄子似乎更侧重于从层层累加将导致逻辑上的无穷后退这一角度,质疑"一"的可言说性,其内在的指向,则依然是分而齐之。

原文:

夫道未始有封,言未始有常,为是而有畛也。请言其畛:有左,有右,有伦,有义,有分,有辩,有竞,有争,此之谓八德。六合之外,圣人存而不论;六合之内,圣人论而不议。春秋经世先王之志,圣人议而不辩。故分也者,有不分也;辩也者,有不辩也。曰:何也? 圣人怀之,众人辩之以相示也。故曰:辩也者,有不见也。

释义:

本段首先再次提到"道"和"言"的问题。"道未始有封",即"道"是统一的整体,本身没有界限。"言未始有常"则表明,相对于"道","言"往往多变而不具有恒定性。"言"的这一特点进一步引向各种区分:一旦对这个世界有所言说,便会出现不同形态的分别,所谓"为是而有畛也"。后面从不同的领域,包括存在本身的形态和人的精神及观念世界,列举了"分"、界限的各种表现形态。诸如左(处下)与右(居上)、社会领域中伦(人伦)和义(规范)、分(分疏)与辩(论辩)、竞(热衷辩说)与争(争强斗胜),庄子将其称为八种不同的规定(八德)。以上看法的意义之一,在于把言说和"分"联系起来:只要对这个世界或存在形态有所言说,就必然会导致各种形式的区分。这一理解的前提是：由言说而形成的区分不仅仅关乎语言的表达形式，而且体现了人对世界的看法以及人在实践过程中的立场。在庄子那里，对"言"的定位与理解，比较多地侧重于"言"的分析性特点。"言"本身确乎具有分析性的一面，从日常经验看，名称在把握对象的时候，首先将相关对象与其他对象区分开来，当人们用不同的名去指称不同的事物时，这个世界就开始在观念层面被区分。从齐物的立场看，本来统一的世界在用不同的名称分别加以指称和把握后，界限就随之出现。这里，庄子着重对经验层面的言说提出批评：按其理解，以经验的方式去言说，总是导致对世界的划分，由此形成分而不合的存在形态。

可以看到，庄子对"言"的分析性这一层面关注比较多，对其综合性之维则不免有所忽视。事实上，如果较为全面地看待"言"，便可注意到，"言"确有对世界加以区分的一面：当用不同的语言、名词和概念对多样对象分别加以把握时，世界就以不同于混沌的方式呈现在我们面前。但另一方面，"言"也有概括的功能，并相应地具有综合性，事实上，当庄子用"道"这一概念去把握真实而未分化的世界时，便同样运用了"言"，这里的"言"更多地展现了其综合、概括的一面。从总体上考察，庄子在具体讨论言说的过程中，所注意的主要是"言"的分析性功能：对他来说，一有所言，则这个世界就变为分化而有界限的存在，与之相应，庄子往往对"言"持批评的态度，并把思维的综合功能和无言联系在一起，他所说的"心斋"、"坐忘"，都蕴含消解言的要求。对"言"的以上理解，无疑存在片面性。

这一段同时提到了所谓"六合之内"和"六合之外"的问题。六合的直接含义是天地（上下）与四方，从形而上的层面，可以把"六合之外"理解为现实的世界之外的存在形态，或者说，是人的知行领域之外的世界。对这个世界人只能"存而不论"，无法作具体言说：知行领域之外的世界,固然不能否定其存在(有),但要对它作进一步的言说,则唯有在这一世界进入人的知行之域以后才可能。从形而上的角度看,这一立场意味着拒斥对存在的思辨构造:对尚未进入知行领域的"六合之外"的论说,总是以超验的推绎或设定为内容,后者最终将导向"真宰"之类的思辨观念。庄子以"存而不论"的立场对待"六合之外",与质疑"真宰"显然前后相承。

与"六合"相关的是"春秋","六合"侧重于空间意义上的存在,"春秋"则关乎时间之维的历史:"春秋"的直接所指为《春秋》这一历史典籍,其中展现的则是社会历史衍化的过程以及体现于其中的政治理念(先王之志)。"春秋经世先王之志,圣人议而不辩。""议而不辩"涉及对文明历史的展开过程的言说方式。在庄子那里,"六合之内"中的对象世界与《春秋》所载文明历史的展开过程以及体现于其中的政治理念,分别与"论而不议"与"议而不辩"相涉。"论而不议"意谓可以提出某种看法,但不作具体讨论,因为一旦讨论,就会出现意见的分歧,有所"议",即有所"分"。"辩"本来关乎论辩,但由此容易导向论争,"议而不辩"表明虽加以讨论,但不进一步引向论争。"六合之内"与《春秋》中的社会历史进程,都是世界分化之后的存在形态,在庄子看来,对既已分化的存在,合理的方式是避免执着于过度的"议"与"辩"。庄子最后特别强调不能限定于"辩","辩"以争胜为目的,往往会远离存在的本然形态和真实的观念,所谓"辩也者,有不见也"。一般人(众人)与得道之"达者"(圣人)的区别,就在于前者热衷于论辩以显示自己的高明,后者则以不同于"辩"的包容为取向:所谓"众人辩之"、"圣人怀之",便指出了这一点。

原文:

夫大道不称,大辩不言,大仁不仁,大廉不嗛,大勇不忮。道昭而不道,言辩而不及,仁常而不成,廉清而不信,勇忮而不成。五者园而几向方矣。故知止其所不知,至矣。孰知不言之辩,不道之道?若有能知,此之谓天府。注焉而不满,酌焉而不竭,而不知其所由来,此之谓葆光。

释义:

"大道不称"中的"称"有指称、称谓之意。真正的"道"是统一的整体,无法用分而别之的名言加以指称。"大辩不言"中的"大辩"区别于通常意义上的"辩",通常所谓"辩",往往在言词上争锋,所谓强词夺理、争强斗胜。"大辩"则不屑于争胜于言词,而是侧重于把握存在的本然形态,这种本然形态未始有封,没有分化与界限,从而无需以言说加以分辨。可以看到,"大道不称"和"大辩不言"乃是从不同的层面讨论同一个问题。"大仁不仁"则更多地就社会领域中的各种现象而言,"仁"有仁爱的意思,包括对家庭成员及社会成员表示关心和关爱,等等,这样的关心和关爱总是指向特定的对象。更高层面的仁即"大仁",则并不基于特定的区分,亦即不是把仁爱的原则仅仅运用于特定的对象,而是对所有的存在都一视同仁。引申而言,真正的廉洁并不以外在谦让的形式呈现,真正的勇敢也非表现为侵犯他人。以上关系从另一方面看也就是:以名言显现于外,则非真正的道;以辩相胜之言,非大道之言;限定于某一方面,非真正的仁;过度求清廉,非可信之廉;侵犯他人,非真正的勇敢。从哲学的层面看,庄子在这里突出了形式与实质、外在现象与真实规定之间的张力。以道与言的关系而言,言作为外在的形式,无法体现道的实质内涵,同样,对仁、廉、勇等的把握,也往往涉及外在现象与真实规定之间的不一致。

后面进一步提到"知",所谓"知止其所不知,至矣"。此句的直接含义为:人的认识总是有其限度,认识应停留在这一限度之内,不要试图去越过这一限度。从正面看,这样的观点体现了认识的有限性意识。人不是无限的存在,这是庄子一以贯之的观点,在承认个体有限性的前提之下,要求"止其所不知",蕴含某种反神秘主义的意向,这一观点与前面"六合之外,存而不论"的立场彼此呼应。然而,从更内在的层面看,以上看法的着重之点,在于进一步指出日常经验意识的有限性:在分而知之的前提下,任何认识都有自身的限定,自觉地理解这一点,至关重要。换言之,只要以分化的世界为出发点,认识总是面临自身限度,在这一认识层面,最高的境界就在于自觉止于这一限度,所谓"止其所不知"。与经验领域的这种限定之知相对的是"不言之辩、不道之道",后者超越了与分辨相关的界限,回归于本然形态的道。以此为指向的"知",具有自然而未分化的品格,庄子用"天府"来概述这一类知的特点。以自然而未分化为形态,"天府"之知同时超越了外在的限定,其形成过程也非基于分而论之的辩说,而是自然而然,所谓"不知其所由来"。这种以道为指向的"知"扬弃了人为的分辨,既深沉而无限定("注焉而不满,酌焉而不竭"),又蕴而不显,所谓"葆光",即就此而言。

　　齐物论的主题是超越分化的世界,达到存在的统一形态。从哲学的层面看,这样的观念无疑不无所见。通常对世界的把握,容易限定于某一方面或某一层面,由此达到的往往是分化的世界图景。庄子不满足于这种"道术为天下裂"的形态,要求回到统一的世界,从一个方面体现了以道观之的视域。不过,由此,庄子也表现出追求混沌的整体、拒绝进行分门别类探索的趋向。逻辑地看,注重"合",贬抑"分",以回归混沌而未分化的整体为目标,认为一旦有所分,便是对真实世界的破坏,这样的看法不仅本身具有抽象性,而且至少从观念的层面上容易限制对世界的经验层面研究。庄子所提出的"技"进于"道",也与之相涉:"技"属经验的层面,"道"则体现了形而上的整体,不限定于"技",诚然体现了对经验视域的扬弃,但如果仅仅强调这一进路,则也可能弱化对世界的经验性、实证性的研究。可以看到,对庄子思想中蕴含的注重"合"、追求统一的进路应该作具体的分析,不宜将其绝对化。

原文:

故昔者尧问于舜曰:"我欲伐宗、脍、胥敖,南面而不释然。其故何也?"舜曰:"夫三子者,犹存乎蓬艾之间。若不释然,何哉?昔者十日并出,万物皆照,而况德之进乎日者乎!"

释义:

这里提到尧和舜之间的对话,话题的直接内容关乎是否要讨伐宗、脍、胥敖这几个国家。讨伐表示兴师问罪,而政治上的兴师问罪是以区分是非为基本前提,在此意义上,其出发点仍涉及是非之辩。尧欲伐三国,但又于心未安,舜虽未直接对是否应该讨伐作出回答,但"存乎蓬艾"与"十日并出,万物皆照"的隐喻则表明,可以让那些不同的国家各自生存:"存乎蓬艾"表现为一个自然过程,"十日并出,万物皆照"则意味着不同国家可以如同为十日所普照的万物一样,相互并存。这里隐含着两个方面的观念:其一,不要执着于政治上的是非之辩,这与庄子批评是非之分的立场基本上一致;讨伐以是非之分为前提,既然是非之分无需执着,则此类举动也就失去了依据。其二,庄子借舜之口肯定,根据自然原则,可以让这些国家各自按照自己的政治模式去生存,如同"存乎蓬艾"之合乎自然。在庄子看来,十日尚且可以让"万物皆照",为什么德性比日更高的君主(尧)不能让这些国家存在下去呢?这里显然同时隐含着政治上的宽容观念。庄子既在认识论上强调齐是非,又在价值观上注重自然,在这一段中,以上两个方面具体地体现于政治领域。

　　稍作分析便不难看到,庄子的上述观念内含二重趋向:一方面,从"齐物"的立场出发,要求超越界限和是非之辩,这是对"分"和界限的否定;另一方面,从自然的原则出发,又逻辑地倾向于政治上的宽容,包括对政治多样性的容忍。这两种观念内在地交错在一起,从一个方面体现了庄子思想系统的内在张力。从总体上看,庄子既在本体论上强调齐物,又在价值观上注重自然,齐物要求消除差异,自然则既与本然的存在形态相联系,又意味着事物可以各按自身规定发展。在逻辑上,自然的后一重含义与齐物之间,似乎呈现某种紧张,事实上,在一个具体的思想家那里,思想的复杂性就在于:一些似乎有差异甚至彼此内含张力的观念,往往交错或并列在一起。

原文:

　　齧缺问乎王倪曰:"子知物之所同是乎?"曰:"吾恶乎知之!""子知子之所不知邪?"曰:"吾恶乎知之!""然则物无知邪?"曰:"吾恶乎知之! 虽然,尝试言之。庸讵知吾所谓知之非不知邪? 庸讵知吾所谓不知之非知邪? 且吾尝试问乎女:民湿寝则腰疾偏死,鳅然乎哉? 木处则惴慄恂惧,猨猴然乎哉? 三者孰知正处? 民食刍豢,麋鹿食荐,蝍且甘带,鸱鸦耆鼠,四者孰知正味? 猨猵狙以为雌,麋与鹿交,鳅与鱼游。毛嫱丽姬,人之所美也;鱼见之深入,鸟见之高飞,麋鹿见之决骤。四者孰知天下之正色哉? 自我观之,仁义之端,是非之塗,樊然殽乱,吾恶能知其辩!"

释义:

　　这里着重讨论知和无知等问题。所论的具体话题关乎共同标准,所谓"同是"。"同是"可以理解为不同个体普遍接受的准则。齧缺与王倪是传说中尧时代的贤者,庄子首先通过这两个人物的对话,对"同是"是否可以把握提出疑问。由此展开的话题在更广层面涉及一般意义上知和无知的关系问题。从对话中可以看到,其最后的结论是:对以上问题都无法确知。这里同时关乎知和无知的界限的问题:知和无知的界限是不是很清楚?人是不是可以明确地知道自己处于知的状态或无知状态?所谓"知"是不是真有所知?所谓无知是不是真的毫无所知?对庄子而言,这些问题都无法给出确定的回答。此处的观点与庄子在前面表达的基本思路前后相承:在庄子看来,各种界限都有其问题,应当加以破除,这一立场贯彻于对知和无知关系的讨论,即具体表现为强调知和无知的界限也难以划定。这样的认识论立场不同于后来一些哲学家,对后者而言,划界是认识过程展开的前提。康德便一再致力于划界,试图由此确定人的认识能够达到与不能达到的界限,庄子正好相反,要求破除这样的界限。按他的理解,一切的界限,包括知和无知的界限,都是人为的,应该加以超越。

庄子在这里表达的认识论观念,以存疑为主导倾向:人既不知道自己是否真的有知,也不知道自己是否真的无知。然而,其中关于知和无知的界限具有相对性的看法,却有其重要的意义。对知和无知的界限如果作绝对或独断的肯定,往往会否定认识的相对性这一面。从认识史看,知和无知的区分确实有不确定的一面:一定时期被认为正确的认识,随着认识的进一步发展,可能会发现其中包含某种错误,唯有克服这种错误,才能推进对相关事物的认识,而这种认识的转换,即以肯定知识界限的相对性为前提。在此意义上,注意到认识界限的相对性,无疑有其积极的一面。当然,仅仅以质疑的态度看待知与无知的关系,也包含走向怀疑论的可能。

后文从何为"正处"(合适的居住空间)、何为"正味"(美味)、何为交往的适当对象、何为"正色"(美貌)等方面,对普遍的判断准则

（所谓"同是"）是否可能提出了进一步的质疑。在以上方面，人与人之外的动物，存在着完全不同的感知，对相同的问题（"正处"、"正味"、"正色"等），也存在着截然不同的判断。同样，在仁义、是非等问题之上，也意见纷杂，难以作出确切的断定。这里关乎生存环境、审美对象（美的问题）、道德领域（仁义问题），等等。在所有这些方面，似乎都缺乏被共同接受的、具有普遍意义的准则。

从逻辑上看，以上质疑显然需要再思考：人和动物属不同的"类"，不同类的事物无法放在同一个层面加以讨论，庄子把不同的类放在一起，指出其间无共同的准则，这种讨论方式本身在逻辑上似乎忽视了异类不比的原则。然而，在其具体的看法背后仍蕴含着如下重要问题，即在分化、多元的世界中，普遍准则是否可能存在？从现实的角度看，显然不能仅仅停留在多元、分化的价值原则或判断准则之上：在缺乏普遍准则的背景之下，社会生活的合理运行便会面临问题。这里特别需要留意的是，庄子在本段所列举的诸种现象，实质上乃是分化世界中的现象，对这种分化的世界，庄子的态度不是肯定，而是否定。不能把庄子所批评的现象，视为他追求的目标。事实上，以齐物为前提，庄子真正关心的问题在于如何超越这种相对、多元的价值原则，达到具有普遍意义的准则。从主导的趋向看，庄子对以上现象并非无条件地加以赞赏，毋宁说，他更多地以批评性的态度来谈论以上问题：所谓"樊然殽乱"，显然是一种否定性的评价，与之相应，这种情形并未被视为合理的观念形态。由此可以进一步追问：为什么会发生以上现象？从齐物的角度考察，其根源就在于世界的分化：在分化的世界中，很难避免价值原则和判断准则的多元化。逻辑地看，要避免这种各执一端的价值判断，便应当超越分化的存在状态，回到无所区分、破除界限的本然形态，只有在这样的存在背景之下，普遍的准则才是可能的。就其强调"齐"、责难"分"而言，庄子的齐物思想无疑包含着某种绝对主义的趋向,后者与他一再批评是非之辩,也彼此一致。

如前面所提及的,这里真正有意义的问题是:在一个多元、分化的世界中,普遍的准则如何可能?庄子没有从正面给出回答,他对问题的解决途径是把各种界限、区分以有而无之的方式加以消除,由此形成普遍、一致的观念。如后文将进一步提及的,这种解决之道当然有自身的限定,但他提出的问题却有其意义。现代的哲学家依然在不断地讨论相关问题,如哈贝马斯的交往理论,便以主体间的对话作为达到主体间一致的途径,在这种讨论背后仍可以看到对如何达到一致的关切。人们生活在一个多元的世界中,这构成了讨论普遍准则的背景。庄子对这种多样的存在形态持批评的态度,认为分化的世界破坏了真实的存在图景,由此产生各种形式的问题,诸如普遍标准阙如、是非"樊然殽乱",等等,通过批评以上现象,庄子试图从一个方面论证回归原初统一形态的必要性。这一进路以齐物为其出发点,显然未能摆脱思辨的趋向。从价值的领域看,真正意义上的普遍性,植根于社会生活及其历史发展过程之中,而非源于思辨的设定,对此,庄子似乎未能给予必要的关注。

原文:

齧缺曰:"子不知利害,则至人固不知利害乎?"王倪曰:"至人神矣!大泽焚而不能热,河汉沍而不能寒,疾雷破山飘风振海而不能惊。若然者,乘云气,骑日月,而游乎四海之外。死生无变于己,而况利害之端乎!"

释义:

本段首先谈到利害的问题。在世俗的世界中,利与害一般都为人们所关切。利害也属于前面提到的价值领域的问题,知利知害,都涉及价值判断。"至人"和"真人"、"圣人"在庄子那里常常是互通的,指超越常人的人格之境。在此对话中,庄子首先用比较夸张的形式,描绘了"至人"的存在的特征,包括不怕水、火,不惧雷、风,甚而能乘云驾月,并不为生死所动。这种描述一方面带有寓言化的特征,并不一定是对真实人物的刻画,另一方面,从思维方式看,则试图引导人们超越寻常的思维路向而达到某种认识上的洞见。在通常的理解中,对利害和名利等问题的考虑,很难跳出习常的逻辑思维模式。超越常人的思路,往往需要借助不同寻常的存在境遇,在一定意义上,庄子对一些人物所作的神话般的描述,也意在将其置于超常的背景下,由此引导人以不同于日常习惯的思维路向来思考问题。当然,从实质内容看,这里又包含把"至人"加以超自然化的趋向。《齐物论》通篇将自然原则作为主导性的观念,但在某些具体描述过程中,又似有把自然加以超自然化的一面:这里的"至人",便已不再是自然意义上的存在,而是带有某种超自然的品格。从中也可以看到,自然和超自然在庄子那里每每纠缠在一起。这一点对以后道家思想的发展,特别是从道家到道教思想的演化,产生了不可忽视的影响:道教中的很多人物都具有超自然的特征。

这里同时提出了"死生无变于己"的问题,生死对个体而言无疑关系重大,按照庄子在这里的描述,"至人"已经超越了生死之变对自己的制约,"无变于己"即体现了对生死的达观态度:虽面临生死变化,依然保持超然之态,不为所动。生死尚且无法让其改变,世间的利害就更难对他产生影响。这里所展现的,是一种不同于常人的精神形态和人格之境。

这段对话讨论的具体主题是如何对待利害的问题,从讨论的结论看,"至人"已经超越了利害的计较。超越利害的计较可以看作是价值观上的主张,涉及如何对待日常世俗社会中的利害问题。在这段对话中,庄子首先要求达到"至人"的境界,其蕴含的前提是:唯有达到这种境界之后,才可能最后在价值领域中超越利害。也就是说,价值观上的立场与人的整个人格之境联系在一起,人在本体论上的存在形态,构成了其在价值领域中超乎利害的内在根据。至此,可以看到庄子设定"至人"的内在意蕴:"至人"作为特定人格,其存在之境构成了其超利害的前提。广而言之,人的存在之境与价值取向之间也存在普遍的关联。

原文:

瞿鹊子问乎长梧子曰:"吾闻诸夫子,圣人不从事于务,不就利,不违害,不喜求,不缘道;无谓有谓,有谓无谓,而游乎尘垢之外。夫子以为孟浪之言,而我以为妙道之行也。吾子以为奚若?

长梧子曰:"是黄帝之所听荧也,而丘也何足以知之!且女亦大早计,见卵而求时夜,见弹而求鸮炙。予尝为女妄言之,女以妄听之。奚旁日月,挟宇宙?为其吻合,置其滑涽,以隶相尊。众人役役,圣人愚芚,参万岁而一成纯。万物尽然,而以是相蕴。"

释义:

前面谈"至人",这里则议"圣人"。如上所述,从宽泛的层面看,"圣人"和"至人"在庄子那里并没有很严格的区分,都属他所肯定的理想人格。对话者之一瞿鹊子据说从学于长梧子,长梧子则曾封于长梧,故又称长梧封人,《庄子·则阳》即提及"长梧封人问子牢"。当然,两人不一定是实际的历史人物,庄子可能借其名以表达自己的思想。他首先借瞿鹊子所听到的传闻,对"圣人"的特点作了描述。首先,是"不从事于务"。从直接的含义看,"不从事于务"似乎是不参加实践活动,但庄子的真正意思与超越利害相联系,即不对世俗的利益孜孜以求、不积极地参与那些与利害相关的世俗事务,而非不参与任何实践活动。后面"不就利,不违害,不喜求",与前面"至人"超越利害的特征具有一致性。从表面上看,后面提到的"不缘道"似乎与庄子一再主张遵循"道"相左,但从前后语境看,"不缘道"所指主要是不以"缘道"作为手段去获取某种世俗利益,而不是说实践活动可以完全不遵循"道"。"无谓有谓,有谓无谓"则是对有言(谓)与无言(无谓)之间界限的超越:人们一般总是执着于说与不说、言与非言之别,二者似乎界限分明,但在"圣人"那里,说与不说的界限并不像世人那样划得那么清楚,这与庄子注重"齐"的基本主张具有一致性。最后,所谓"游乎尘垢之外",则意味着在总体上超越世俗之见。

按庄子所言,关于圣人的以上看法是孔子向瞿鹊子转述的一种观念,孔子本人对这种看法不以为然,但瞿鹊子却"以为妙道之行",这里蕴含了某种张力。在庄子看来,圣人固然内含不同于世俗的人格,但他本身并不具有可以刻意仿效的确定形态,对前面的描述,甚至黄帝也会感到疑惑,孔子(孔丘)就更无法作出判断,所谓"丘也何足以知之"。以上情形表明,到底"圣人"是否具有上述品格,或者以上品格算不算是"圣人"所应该具有的品格,并不很清楚。一旦以此为"妙道之行",便难免"大(太)早计"。所谓"太早计",即意味着反自然:首先确定"圣人"的人格之境,然后刻意地按照这样的模式去行事,以达到这一境界,这样的方式按庄子之见显然悖离自然。事实上,在庄子心目中,真正的"圣人"乃是通过自然的途径而达到,不是以操之过急、刻意努力的方式去追求。这里庄子再次表现出对自然形态的肯定与关注。要而言之,这两段的讨论既涉及"圣人"之境应具有何种品格,又关乎达到"圣人"之境的途径与方式,庄子一方面并没有否定"圣人"可以具有某种境界,另一方面又着重强调不能以反自然的方式来达到这种境界：走向"圣人"之境的过程应当合乎自然。

后面提到"为其吻合"，把"合"的问题突显出来。"旁日月，挟宇宙"意味着与日月、宇宙相合而非相分，所谓"为其吻合"便指出了这一点。"合"相对于"分"和"别"而言，与"齐"属于同一序列的概念，前面描述的"圣人"之境就是与整个日月、宇宙合而为一，从而超越各种区分，包括上下之分、尊卑之别，等等。正是在这种合一的世界中，以上分离和差异才不断地被超越。如何达到这一点？庄子在后面对此作了提示。"众人役役，圣人愚芚"，一般的人都忙忙碌碌、孜孜外求，所求无非是世俗的"名"和"利"，这种世俗的取向总体上是追求明白的区分，包括分别自然中的各种对象、社会领域的尊卑上下。"圣人"则与之相对，以"愚芚"为表现形式，其特点在于混而不分。以上看法与《老子》"俗人昭昭，我独昏昏"类似，昭昭即明于辨析，对各种事物分别得很清楚，"昏昏"则不去对世俗的事务包括社会上的各种等级界限加以区分。与《老子》的"昏昏"相近，"愚芚"在庄子那里实际上被视为大智若愚之境，相对于这种智慧之境，"众人"的"役役"则还停留在世俗的理智层面。联系前面所述，可以看到，庄子试图表达的内在观念在于：要达到与宇宙、世界的"吻合"之境，其前提即是超越世俗的"昭昭"、"役役"状态，获得"道"的智慧。后面"参万岁而一成纯"进一步把时间的概念引入进来，"万岁"直接表现为时间上展开的过程，"纯"的本来意思与杂相对，即纯粹而没有任何其他东西相杂，"参万岁而一成纯"，也就是在万年的时间展开过程中，始终保持体现"道"的智慧境界。从历史观的角度看，这里也意味着肯定与人的存在相关的历史过程中，蕴含着一以贯之的内在之"道"，这一观点在后来的哲学家中同样得到了关注，如王夫之在其哲学论著《俟解》中便提到庄子"参万岁而一成纯"的观念，当然，他同时强调应当通过考察历史的具体过程,包括"天运之变,物理之不齐,升降污隆治乱之数,质文风尚之殊",以"知其常"(把握历史演进过程中普遍的规定)。庄子在某种意义上也肯定了历史的变迁包含时间中的绵延统一,这种统一性具体即基于历史衍化过程("万岁")中所隐含的前后相承之"道"。在庄子那里,后者同时从时间和过程的角度,体现了存在的"齐"和"合"。

原文:

予恶乎知说生之非惑邪!予恶乎知恶死之非弱丧而不知归者邪!丽之姬,艾封人之子也。晋国之始得之也,涕泣沾襟;及其至于王所,与王同筐床,食刍豢,而后悔其泣也。予恶乎知夫死者不悔其始之蕲生乎!梦饮酒者,旦而哭泣;梦哭泣者,旦而田猎。方其梦也,不知其梦也。梦之中又占其梦焉,觉而后知其梦也。且有大觉而后知此其大梦也,而愚者自以为觉,窃窃然知之。君乎,牧乎,固哉!丘也与女,皆梦也;予谓女梦,亦梦也。是其言也,其名为吊诡。万世之后而一遇大圣,知其解者,是旦暮遇之也!

释义:

这一段首先提及对待生死的态度。一般人往往悦生而恶死,庄子则对此提出了质疑。他以丽姬之例,表明通常对待生死的态度,并不合乎生死的实际情形。丽姬出嫁晋国之初,悲伤涕泣,但到了晋国宫殿,享受荣华富贵,从而后悔当初不该如此伤心。恶死而求生者,与当初的丽姬可能无异。这里涉及究竟如何对待生死的问题。对庄子而言,死亡并不是一种需要畏惧的归宿,从人的存在这一角度看,死可能比生更好,此所谓"更好",不是在宗教意义上可以到达天国或实现精神的升华。庄子更趋向于从齐物和自然演化这一过程看待生死。在齐物的意义上,生与死的界限本身并非截然分明;从自然的过程看,生死则表现为自然循环的不同环节。庄子在《养生主》中谈到老聃之死时,便指出:"适来,夫子时也;适去,夫子顺也。"即老聃之生与老聃之死,都是一个自然的过程。在《知北游》中,庄子进一步从形而上的层面对此作了论证:"人之生,气之聚也。聚则为生,散则为死。"在此,人的生死即被视为气之自然演化的结果,而"死"的意义,具体即表现在以自然的方式参与自然的过程,就此而言,它与"生"相比,并无任何逊色之处。庄子对待生死的态度,显然基于对生死的上述理解。

由生死之辩,庄子进而讨论现实之境和梦境之间的关系。按照庄子的理解,现实之境和非现实的梦境之间的界限是很难确定的,自以为在现实之中,实际上却可能尚处于梦境,梦与非梦、觉与非觉的区分往往无法确切地断定。庄子以一些具体的事例,包括反差非常强烈的情形,来说明这一问题,如梦中或许处于哭泣的悲惨之境,但早上起来却可能兴致勃勃地前去围猎。梦和非梦、觉和非觉之间差异的相对意义,与庄子"齐物"、破除对待的主旨无疑具有一致性:以"齐物"为视域,不仅事物之间和是非之间的差异可以加以超越,而且梦和现实之间的差异也同样可以加以消解。从以上前提出发,在逻辑上便可能引出如下结论,即现实的人生和梦境并无根本区别,也可以说,人生如梦。进而言之,既然现实人生类似梦境,那么,似乎也不必对人的现实存在过程过于执着和认真。

但是,从另一方面看,庄子又肯定,"且有大觉而后知此其大梦也",亦即没有完全否定"大觉"。一般人往往自以为"觉",而实际上却依然在梦中,一旦达到"大觉"的境界,则可以判断现实到底是梦还是非梦,从这一意义上说,梦和非梦又并不完全无法判定。当然,达到"大觉"这一层面是不容易的,这一形态的存在与庄子前面提到的"至人"、"圣人"的境界相联系：从人格之境说，"大觉者"也就是有达到智慧境界者，唯有真正获得以道为内容的智慧，才能判断梦、觉之别。后面"万世之后而一遇大圣"中的"大圣"，便与以上人格形态相联系："大圣"即"大觉"，其智慧之境，使之能够判断觉与非觉之分。

庄子的以上思想似乎内含双重性：一方面，如果把"齐物"的观点贯彻到底，便可以推论出对梦和觉的界限不要过于执着，因为任何界限都是可以而且应该超越的；另一方面，从"至人"和"圣人"之境出发，梦和觉、真实和虚幻之间又可以作出区分，所谓"有大觉而后知此其大梦"。齐与分之间的这种张力，庄子称之为"吊诡"，"吊诡"现在常常被用以翻译 paradox，含有悖论之意。以上情形，确实包含某种内在的张力。当然，进一步看，按照庄子的理解，一般世俗的人对世界中的各种贵贱、喜悲等等的区分，都未超出梦境：从"道"的角度看，他们所执着的仅仅是梦而已，并不是真实的形态。对庄子而言，真实之境离不开以"道"观之，"大觉"所"觉"，便是这样一种存在之境。这样，归根到底，在以道观之这一层面，梦和觉之间的区分也可以得到消解。

原文：

既使我与若辩矣，若胜我，我不若胜，若果是也，我果非也邪？我胜若，若不吾胜，我果是也，而果非也邪？其或是也，其或非也邪？其俱是也，其俱非也邪？我与若不能相知也，则人固受其黮暗。吾谁使正之？使同乎若者正之？既与若同矣，恶能正之！使同乎我者正之？既同乎我矣，恶能正之！使异乎我与若者正之？既异乎我与若矣，恶能正之！使同乎我与若者正之？既同乎我与若矣，恶能正之！然则我与若与人，俱不能相知也，而待彼也邪？化声之相待，若其不相待。

和之以天倪，因之以曼衍，所以穷年也。①

释义：

在这一段中，庄子再次回到关于论辩和是非的问题。从认识论的层面看，论辩过程中能不能找到一个共同的判断标准？他假定了几种可能的情况：你我之间辩论，"你"和"我"作为论辩的双方，所持观点都不能作为标准。如果有第三方参与进来，则可能出现几种情形：或者该第三方与"你"的观点一样，如此便与"你"处于同一方，从而不能成为标准；或者他与"我"的观点一样，既然与"我"一样，也不能成为标准；或者其自身有独立的观点，在此情况下，他的观点不过是"你"和"我"观点之外的第三种观点，亦即构成新的一方，同样也不能成为三方共同的标准；或者与"你"和"我"一致，既然与"你"和"我"都相同，也无法构成具有普遍性的标准。这样，不管处于哪种情形，每种观点都无法成为能够把论辩的各方都统一起来的共同准则。从以上分析中，只能得出如下结论，即不存在普遍的标准。可以看到，庄子的以上推论，旨在进一步消解是非之辩：从逻辑上说，一旦有是非之辩，就会有观点的差异，在缺乏共同评判标准的情况下，不同观点之间孰是孰非便无法确认，从而，论辩本身将变得没有意义。由此，庄子引出结论：对于各种不同的言与论（所谓"化声"），都应超越其间的彼此"相待"（对待），超越的具体方式，则在于"和之以天倪，因之以曼衍"。"倪"本有分际之意，但"天倪"则表现为自然之分，对庄子而言，自然之分与自然之齐在"自然"这一层面彼此相通，与之相

① "化声之相待，若其不相待，和之以天倪，因之以曼衍，所以穷年也。"原在下一段"则然之异乎不然也亦无辩"之后，"忘年忘义，振于无竟，故寓诸无竟"之前，但吕惠卿本、宣颖本均将其置于此，蒋锡昌、王叔岷、陈鼓应等亦然之。现据以校改。

联系,"曼衍"则表现为自然的变化。总起来说,"和之以天倪,因之以曼衍"也就是顺乎自然,超越人为执着的是非之辩。

从理论上看,庄子关于论辩缺乏普遍判断准则的推论,自身包含认识论层面的问题。考察庄子的论证,可以注意到,其整个分析、推论过程的基本特点,在于仅仅限于主体之间的关系:不管是你与我,还是你、我、他,都只涉及讨论的参与者之间的关系,亦即不同主体之间的关系。庄子试图在主体之间找到一个共同的标准,其前提是:是非之辩不超出主体间关系的论域。仅仅在这样的关系和论域之中讨论问题,确实将如庄子所言,很难找到一个各方都能接受的普遍标准。可以注意到,庄子把主体间的关系放在一个非常突出的位置,并以十分尖锐的方式,把主体间关系在认识论中的意义突显出来,这在先秦哲学中是比较独特的,在整个中国哲学史上也有其重要的意义。庄子的内在局限在于仅仅囿于主体间关系的视野考虑问题,亦即把是非之辩完全限定在主体间的关系上:如此考察,必然难以找到普遍的是非判断准则。从广义的角度看,认识论固然应关注主体之间的关系,但同样不能忽视主体和客体之维,主体、客体、主体之间这三重关系是认识过程中无法回避的基本关系。仅仅执着于客体这一端,将导向机械论或直观的反映论;单纯地局限于主体这一面,则可能走向先验论。同样,仅仅停留在主体间的关系上,也会陷于庄子在这里所讨论的情景:消解普遍的判断准则。合理的进路在于主体、客体、主体之间的互动,这种互动最终又应置于实践的层面。庄子在这里所涉及的理论局限,对我们考察、评判现代哲学的某些思考也具有意义。在现代哲学中,哈贝马斯、维特根斯坦、列维纳斯等哲学家,往往比较多地关注主体间或自我和他者之间的关系,视野所及,往往未能进一步超越主体间这一狭隘的论域。仅仅限于这样的领域,确实会面临很多的问题,包括普遍准则何以可能,等等。相应地,对庄子的批评,也在某种意义上适用于以上现代哲学家。

从另一角度看,这里重要的也许并不是庄子在解决相关问题上提出了什么样的具体见解,而在于他揭示了问题之所在。庄子的很多洞见往往体现在这一方面:他虽然不一定为相关问题提供令人满意的解决方案,但却常以诗人的直觉揭示出常人不太容易注意到的问题,后者本身同样具有重要的理论意义。

原文:

何谓和之以天倪?曰:是不是,然不然。是若果是也,则是之异乎不是也亦无辩;然若果然也,则然之异乎不然也亦无辩。忘年忘义,振于无竟,故寓诸无竟。

释义:

本段和前面一段存在逻辑上的关联:前面侧重于对普遍准则的质疑,并由此引出“和之以天倪”:既然论辩过程缺乏普遍标准,那么可能的选择就是不执着于是非的论辩,以“和之以天倪”的方式来消解是非之辩。这里进一步对“和之以天倪”作了具体的阐释,并以“是不是,然不然”为其实际内涵。所谓“是不是,然不然”,也就是消解“是”与“不是”,“然”与“不然”之间的差异。按庄子的理解,一切论辩都试图明辩“是”与“不是”、“然”与“不然”,在论辩的展开过程中,实际情形往往呈现为:你以为“是”,他以为“不是”;你以为“然”,他以为“不然”,反之亦然。在这一过程中,论辩各方总是各执一端,彼此相互否定。这样的执着与相分常常没完没了,难有尽期。然而,“是”如果为“是”,则无需通过论辩去表明它与“不是”的区别;同样,“然”如果为“然”,也无需借助论辩去表明它与“不然”的差异。换言之,“是”与“然”都是一种自然的状态,不必人为地刻意执着。这种任其自然的态度,也就是"和之以天倪",其内在的指向在于消解是非之间的截然相分的界限,回到彼此无分的自然形态。

上述视域中的"和之以天倪"与前文的"莫若以明"虽然表述不同,但实际的含义却彼此相近。"莫若以明"是以道观之,这里的"和之以天倪"也蕴含类似的观点,其要求是超越执着于相分的情景,回到是非无别的本来形态。两者都涉及是非论辩的问题,后者同时也构成了"齐物"中的重要问题:如前所述,"齐物"不仅涉及物与物、物与"我"之间的关系,而且关乎是非之辩,"莫若以明"与"和之以天倪"着重从是非之辩的角度来讨论如何分而齐之,超越差异。对庄子而言,通过"和之以天倪"以消解是非之辩,可以使人在观念和精神的层面避免纷扰,由此忘却生死,从有限之界达到无限之境,所谓"忘年忘义,振于无竟,故寓诸无竟"。

宽泛而言,中国哲学中的"是非"本身包括两个方面,其一关乎真假,其二涉及对错或正当与不正当。真假主要是就认识论上对事物的把握而言,与之相关的问题指向是否真实地把握对象的实际状况;对错或正当与不正当则包含价值观的意义,这一论域中的问题指向一定的言与行是否合乎普遍的价值原则:与价值原则一致,即为对或正当,反之则被视为错或不正当。从以上角度看,是非之辩既有狭义的认识论上的意义,也有价值观上的意义,对是非之辩的消解,则相应地意味着既无需在认识论上执着于真假之分,也不必在价值观领域中执着于正当与非正当、对与错的区别。庄子以"和之以天倪"为解决是非之辩的途径尽管合乎齐物的前提,但在认识论和价值观上,无疑都包含消极的一面。

原文:

　　罔两问景曰:"曩子行,今子止;曩子坐,今子起;何其无特操与?"

景曰："吾有待而然者邪？吾所待又有待而然者邪？吾待蛇蚹蜩翼邪？恶识所以然！恶识所以不然！

释义：

"景"即"影"，"罔两"则是影外之阴影，亦可在一定意义上视为"影"之"影"。"影"通常是随形而动，从而依赖于形。形影相随：形行则影行，形止则影止。罔两由此批评影无特操，亦即无独立性或自主性。"影"的回应是：我所以如此是因为有所待(依凭)吗？我所待者本身是否又有自身所待(依凭)者？我所依凭的东西是否如蛇的蚹鳞和蝉的翅膀？对此，无法作出确定的判断。通过"影"与罔两的对话，庄子似乎表达了如下观念：在有待的条件之下，个体总是缺乏自主性，一旦有所待，则意味着有所依赖，其自主性亦随之丧失。在有待的条件下，不仅自我自主的能力不复存在，而且每一"待"的背后还可以追溯它所待的对象，一旦设定"待"，这种序列就会无限延伸：从逻辑的层面看，待者有所待，被待者又有其所待，如此类推，以至无穷，难以达到确定的结论。《齐物论》多次涉及这一类的无穷后退，并由此在逻辑上论证分而齐之的意义。

在本段中，庄子对"影"所提出的问题没有给出确定的回答，最后似乎以存疑的方式悬置了问题。然而，揭示无穷后退，在逻辑上蕴含着对分而齐之的肯定，与此一致，在以上存疑的背后，同时可以看到庄子的内在立场，即超越"待"。"待"意味着"待"与"所待"的区分，在此意义上包含某种对待。同时，如上所述，"待"又与依存、依赖相联系，有所待即表明缺乏自主性。在《逍遥游》中，庄子已经提到"待"的问题，认为要达到逍遥之境，就需要超越"对待"，包括对外物的依赖，这里又重新回到了"待"的话题。如果说，消除"待"与"所待"的区分体现了"齐物"的旨趣，那么，摆脱依存的要求，则以走向逍遥的自由之境为指向。在这里，"齐物"与"逍遥"呈现了彼此呼应的关系。

原文：

　　昔者庄周梦为胡蝶，栩栩然胡蝶也，自喻适志与！不知周也。俄然觉，则蘧蘧然周也。不知周之梦为胡蝶与，胡蝶之梦为周与？周与胡蝶，则必有分矣。此之谓物化。

释义：

　　"庄周梦蝶"是著名的寓言，关于这一寓言的含义，各家说法很多。前文已谈到梦与觉的关系问题，在这里，庄子首先上承前文讨论相关问题的思路，肯定梦和觉之间的界限并非截然分明。梦和觉体现了人的不同意识状态，这种差异，关乎人的自我认同：在庄周梦为蝶的梦境中，庄周自认为蝶，不复觉其为庄周，由梦而觉，则又惊愕地意识到自己为庄周。在哲学的层面，这里涉及"我是谁"的问题：梦中之"我"与觉中之"我"，究竟哪一个是真正的"我"？具体而言，在庄周的存在过程中，究竟是庄周梦为蝶，还是蝶梦为庄周？梦中之"蝶"与觉中之"周"，到底谁是主体？

　　对以上问题，庄子没有作进一步的追问。循沿分而齐之的思路，其关注之点最后转向所谓"物化"。从本体论的角度看，庄周和蝶是两种不同的存在形态，此即所谓"必有分"，但对庄子而言，这两种不同存在形态之间并无凝固不变的鸿沟，而是可以相互转化，"物化"的含义之一，即体现于此。从人把握世界的角度看，庄周梦蝶与蝶梦庄周的交错，同时体现了"分而齐之"的视域，其中包含超越划界、不执着于界限之意。总起来说，"物化"包含两重含义：其一，不同存在形态之间可以相互融合、彼此转换，而无固定不变的界限；其二，从人的视域看，应当突破经验世界中各种分而视之的考察方式，形成超越划界的立场,达到物我交融的境界。不难看到,通过"物化"的观念,庄子最终以物我为一涵盖了自我认同的问题。这一进路与《齐物论》一开始所提出的"吾丧我"存在着理论上的关联。"吾丧我"一方面包含对人化之"我"的消解,另一方面则依然承诺"丧我"之"吾"的存在,后者通过"与天地并生"、"与万物为一",进一步获得了物我一齐的内涵。在《齐物论》的最后一段中,庄子通过梦觉之辩,以蕴含的方式,重新提出自我及其认同的问题,而其理论归宿,则是以"物化"沟通"我"与"物"。在以上方面,《齐物论》的前后论说,无疑存在实质意义上的关联。

"庄周梦蝶"这一寓言以及它的表述方式都很有诗意,通常比较多地从文学作品这一维度去鉴赏和评价它,但如上所言,在诗意的表达中,同时隐含着庄子的哲学观点,后者以形象的方式,体现了"齐物"的主旨。庄子把这一段文字安排在《齐物论》的结尾之处,显然非随意、偶然,而是有其独特的寓意。从开篇的"丧其耦"(扬弃对待)、"吾丧我",到最后由"庄周梦蝶"而引出"物化",其中蕴含的"齐物"(包括齐物我)之旨贯穿始终。

可以注意到,尽管《齐物论》并非以形式推论的方式,从逻辑上层层展开其论点,但是,在实质的层面,却包含内在的宗旨或核心观念。这一核心观念如篇题所示,即"齐物"。"齐"与"分"相对,"齐物"意味着超越"分别"。具体地说,首先是在本体论的层面超越物与物之间的"分",由此扬弃分裂的存在形态,走向统一的世界图景。其次是超越"物"和"我"之"分",所谓"天地与我并生,万物与我为一"便集中地体现了对"物"和"我"之间界限的消解。第三是超越是非之"分",在庄子看来,是非之分构成了分而观之的观念根源,从而,需要加以拒斥;从把握对象的方式看,后者同时蕴含着超越划界、破除对待之意。在总体上,以上趋向表现为分而齐之或"齐其不齐"(章太炎:《齐物论释》)。就哲学的层面而言,扬弃"道术为天下裂"的形态,通过以道观之达到存在的统一形态,无疑不无所见,然而,从现实的形态看,世界既呈现关联和统一之维,又内含多样性和差异性,所谓"物之不齐,物之情也"①。以否定和拒斥的立场对待"分"与"别",在逻辑上很难避免对存在的抽象理解,与之相涉的分而齐之,也容易疏离于真实、具体的存在而引向思辨意义上的形而上学。在庄子的齐物之论中,以道观之与抽象齐之两重取向交错而并存,呈现了多方面的理论意蕴。

---

① 《孟子·滕文公上》。

后　记

　　本书的部分内容,曾在华东师范大学博士研究生及硕士研究生讨论班上作过讲授。讨论班中的问答,将书中的有关论点由个体性的沉思引向了主体间的对话,它使我有机会对这些看法作进一步的阐释。成书过程中,主要章节曾在《哲学研究》、《中国社会科学》、《中国学术》、《学术月刊》、《文史哲》等刊物发表,这既使相关的看法进一步面向了更广意义上的学术共同体,也为我提供了参与更广泛的对话、讨论的可能。

　　正文之后的附录分别涉及《老子》哲学和《庄子》的文本(《逍遥游》)。收入关于《老子》哲学的两篇文稿,主要意在为庄子思想的理解提供更广的背景;以《逍遥游》的哲学释义为附录,则试图通过特定文本的解读,从一个侧面更具体地把握庄子哲学的原始形态。

　　方旭东、陈赟博士曾通读了书稿,并在引文的核对等方面作了十分细致的工作,在此深致谢忱。

杨国荣

2005 年 12 月

2021 年版后记

　　本书于 2006 年由北京大学出版社初版,2007 年,台湾水牛出版社出版了繁体字版。2009 年,作为我的著作集中的一种,本书由华东师范大学出版社再版。2017 年,生活·读书·新知三联书店将本书收入我的"作品系列"予以再版,其中增补了《〈齐物论〉释义》,作为全书新的附录。此次出版,大致上承了前一版的形式。

杨国荣

2021 年 1 月